모험 놀이치료

Jeffrey S. Ashby · Terry Kottman · Donald DeGraaf 공저
진미경 · 김혜진 · 박현숙 · 채은영 · 김모라 · 조진희 · 이호진 공역

Active Interventions for Kids and Teens

Adding Adventure and Fun to Counseling!

학지사

Active Interventions for Kids and Teens:
Adding Adventure and Fun to Counseling!
by Jeffrey S. Ashby, Terry Kottman, and Donald DeGraaf

역자 서문

놀이치료에 대해 교육을 하며 놀이치료가 아동만을 대상으로 하는 것인지, 청소년과 성인들에게는 놀이치료를 적용할 수 없는지에 대한 질문들을 받게 된다. 이에 대한 답은 '놀이의 치유력은 아동에게만 국한되는 것은 아니다'이다. 그러나 실상 국내외 유아와 아동을 위한 놀이치료 책이 소개된 양에 비하여 청소년과 성인을 위한 놀이치료 책을 찾아보기란 어렵다. 그러다가 『아들러 놀이치료(Partners in Play: An Adlerian Approach to Play Therapy, 3rd ed.)』의 저자인 코트먼(Kottman) 박사를 통해 애슈비(Ashby) 박사의 책을 만나게 되었다. 이 책에는 청소년과 성인에게 놀이치료를 적용할 수 있는 다양한 활동이 구체적으로 소개되어 있다. 각각의 활동에 대한 설명에는 활동 진행 방법, 활동을 위한 이상적인 집단 크기, 필요한 도구나 준비물 등이 상세히 소개되어 있다.

이 책은 청소년과 성인에게도 놀이치료를 적용하고자 하는 이들과 언어상담을 하면서 다른 매체의 활용을 모색하는 이들에게 아이디어를 제시하고, 청소년과 성인 대상의 집단상담에서 다양한 기법을 모색하고자 하는 이들에게 유용하게 활용될 수 있을 것이다.

누구에게나 놀이는 필요하고, 성인들에게도 놀이가 강력한 치유의 힘을 제공할 수 있다는 점이 이 책을 통해서 전해졌으면 한다. 또한 상담 및 심리치료사, 심리학자들이 상담 및 치료라는 그들의 일을 수행함에 있어 즐거움과 재미라는 가치를 좀 더 높일 수 있기를 기대한다. 우리는 상담 및 심리치료 활동들이 재미있을 수 있다고 생각하고 그 재미를 통해 내담자에게 학습, 발달, 통찰력 그리고 변화를 실제로 촉진할 수 있다고 생각한다. 이 책에 소개된 다양한 활동이 현장에서 상담자와 내담자 모두에게 즐겁고 재미있게 활용될 수 있기를 바란다.

마지막으로 이 번역서를 위해 수고해 주신 학지사와 편집부에 감사의 마음을 전한다. 또한 이 책의 번역 작업에 함께 뜻을 모아 동참해 준 공동 역자들과 아낌없는 지지와 격려를 보내 준 소중한 가족을 비롯한 많은 분에게 마음 깊이 감사의 마음을 전한다.

2018년 6월

역자 대표

진미경

한국어판 출간을 축하하며

이 책의 공동 저자인 테리 코트먼(Terry Kottman) 박사와 도널드 디그라프(Donald DeGraaf) 박사를 대신하여 『모험놀이치료(Active Interventions for Kids and Teens: Adding Adventure and Fun to Counseling!)』의 한국어 번역본이 완성되었음을 알리게 되어 매우 자랑스럽게 생각합니다. 이에 대해 우선 진미경 교수님과 동료분들께 축하의 말씀을 드리고 싶습니다. 우리 세 저자는 이 책의 번역본을 탄생시키기까지의 진미경 교수님과 동료분들의 노력에 매우 감명받았으며, 그들의 노고 덕분에 우리가 제시한 상담 기술을 독자와 공유할 수 있게 되어 더없이 기쁩니다. 부디 여러분 모두 이 책을 즐겁게 읽기를 바라며, 특히 이 책에 실린 상담 기술과 전략을 효과적으로 사용하여 내담 아동과 그 가족들에게 도움을 줄 수 있기를 바랍니다. 어린아이들과 그 가족들의 상담 치료에 애쓰시는 정신건강 분야 전문가들과 함께 이 책을 다루게 된 것을 뜻깊은 영광이라고 생각합니다.

미국 전문가심리학위원회 공인 놀이치료 전문가
상담심리학 프로그램 교수 및 연수원장
스트레스, 트라우마 및 회복력 연구센터 공동이사
미국 조지아 주립대학교 교수
제프리 애슈비(Jeffrey Ashby)

저자 서문

서문을 읽어 주시다니 감사합니다. 대부분의 사람은 보통 서문을 읽지 않죠. 그래서 더욱 감사하네요. 우리가 이 책을 쓴 이유는 여러 가지가 있습니다. 그중 첫 번째 이유는 유치원과정부터 중학교 3학년 학생들을 대상으로 상담을 해 주는 학교의 상담교사들을 위해 비슷한 책(『Adventures in Guidance』)을 집필했을 때 매우 즐거웠던 기억 때문입니다. 그 책에 대한 반응이 매우 뜨거웠고 몇몇 분은 '다음에 예정된 집필 활동이 있는지' '더 큰 아이들이나 어른들을 위한 활동은 없는지' 또는 '~를 위한 또 다른 활동이 있는지' 등의 질문을 해 왔습니다. 우리의 대답은 거의 항상 "네, 있습니다."라거나 아주 가끔은 "지금 바로 생각나는 것은 없지만, 제프리(Jeffrey)나 테리(Terry), 던(Don)은 알 거예요. 제가 물어보겠습니다!"였습니다. 앞서 말한 그 다른 활동들이 이 책에 포함되어 있습니다. 그 활동들이 우리 마음속에서 다음으로 제쳐 두었던 활동들(이전 책을 집필할 때 채택하지 못한 활동)인 것은 아닙니다. 이 책은 우리가 가장 좋아하는 몇몇 활동을 담고 있고, 또 우리가 자주 활용하는 활동 중 다수를 포함하고 있습니다. 또한 중학교 3학년 이상의 청소년들과 성인들에게 잘 맞는 활동들도 있습니다.

이 책을 쓴 두 번째 이유는 상담자, 심리치료사, 심리학자들이 자신의 일을 더 즐기는 것에 대한 가치를 높일 수 있도록 하기 위함입니다. 우리는 이러한 활동들이 재미있을 수 있다고 생각하고 그 재미를 통해 우리가 내담자들에게 이끌어 내고자 하는 학습, 발달, 통찰력 그리고 변화를 실제로 촉진시킬 수 있다고 생각합니다.

이 책을 집필하게 된 세 번째 이유는 이러한 활동들의 활용은 여러분이 내담자를 상대로 달성하고자 하는 목적 및 목표를 실제로 이룰 수 있게 해 줄 것이라고 생각하기 때문입니다. 그러한 목적과 목표는 정신의학의 전형적인 목표들과도 일맥상통하며 학교의 상담교사들이 전통적으로 사용하고 있는 지도 과정의 목표도 반영합니다.

우리가 이 책을 독자들이 한 번에 쉽게 읽어 내려갈 수 있도록 집필하였습니다만, 거의 대부분의 사람이 한 번에 읽지는 않을 것이라고 생각합니다. (한 번에 다 읽는 특권을 누리실 몇 안 되는 사람이 되기 위한 도전 또는 초청이라고 생각해 주십시오.) 이 책의 대부분(제7장)은 특정 목적 및 목표를 달성하기 위해 행해지고 추진될 수 있는 50가지의 활동을 다룹니다. 우리는 여러분 중 대다수가 곧바로 그 50가지의 활동을 목적, 목표, 등급에 따라 정리한 부록 B로 건너뛰실 것이라고 예상합니다. 만약 여러분의 내담자들이 '감정을 명료하고 건설적으로 표현하고' '다른 사람들의 감정을 인지하고 받아들일 수 있기'를 진정으로 바라신다면, 부록 B로 넘어가서 여러분의 목적과 목표에 해당하는 칸을 찾아 그 목적을 달성하는 데 도움을 줄 수 있는 많은 활동을 접할 수 있을 것입니다. 각각의 활동에 대한 설명에는 그 활동을 어떻게 하는 것인지, 이상적인 집단 규모는 무엇인지(여러분과 내담자, 단 2명부터 100명까지 모두 가능합니다), 필요한 도구나 준비물이 있는지 그리고 안전요소가 무엇인지(여러분의 눈을 쏘지 않도록 조심하세요!) 등이 포함되어 있습니다. 더불어 각 활동은 그 활동을 생산적으로 현실에 접목할 수 있는 논의로 이어 줄 수 있는 접목질문(processing questions)의 목록을 수반합니다. 요약하자면, 우리는 여러분이 이 책을 적극적으로 '사용'하시라고 썼습니다. 여러분이 이하 장들을 절대 읽지 않으시겠다면, 우리는 이해할 수 있습니다. 하지만 이 책을 책꽂이에만 꽂아 두신다면 우리는 매우 실망할 것이고 상처까지 받을 수 있습니다. (그렇다고 너무 혼자 자책하지는 마세요.)

활동들과 그 활동을 목적, 목표, 활동 유형에 따라 구분한 부록과 더불어, 6개의 매우 재미있는 장들을 썼습니다. 우리는 이 장들을 '즐기기 전에 여러분이 알아야 할 것'으로 간주하고 있습니다. 제1장에서 우리는 게임과 모험을 통한 치료개입 전략을 아이들과 청소년을 상대로 일종의 치료 형태로 사용하기 위한 이론적 근거를 간략하게 논의합니다. 또한 이 책에 포함된 게임 및 활동의 네 가지 범주 또는 유형에 대해 설명하고 그것을 언제 어떻게 사용할지를 알려 드립니다.

제2장에서는 아이들과 청소년을 대상으로 모험활동의 사용에 수반되는 실질적

인 요소들에 대해 논의합니다. 만약 여러분이 아이들과 청소년의 치료를 계획하면서 발달상의 고려사항이 있다면 이 장을 읽어 보시면 됩니다!

제3장은 이러한 활동들을 안전하고, 목적 달성을 촉진시키며, 재미있는 방법으로 수행하기 위한 실용성에 대한 내용을 담고 있습니다. 우리는 모든 종류의 질문을 다룹니다. 예를 들어, "저도 함께 놀이하나요? 아니면 그냥 이끌어 주고 지켜보나요?" 등의 질문들까지 다루었습니다.

제4장에서는 모험활동을 통해 치료를 현실에 접목하는 것을 다룹니다. 게임을 하는 과정에서 생긴 통찰력을 현실에 접목하고 참여자들이 이렇게 얻은 통찰력을 다른 관계와 상황에 일반화하는 것을 도와주기 위한 다양한 아이디어를 논의합니다.

제5장은 이 책에서 다루는 다양한 활동을 사용하고 자신에게 맞추어 활용하기 위한 지침을 제공하고, 제6장은 활동들을 활용하는 방법을 더 자세하게 설명합니다. 우리는 강의들을 구성하는 데 사용된 템플릿의 각 구성 요소, 지도 및 치료의 목직과 목표에 관련해 활동들이 어떻게 분류되어 있는지 그리고 각 구성 요소들을 넘나들며 몇 개의 각기 다른 목적을 달성하기 위해 어떻게 상호 간 동시에 참조되고 사용될 수 있는지에 대해 논의합니다.

독자 여러분은 분명 필요한 부분이나 장으로 이동할 것입니다. 우리는 실용적이고자 노력했고 집필하는 과정을 즐기려 노력했습니다. 여러분도 우리와 같을 것이라 믿고, 이제 즐겁게 이 책을 사용하시기를 바랍니다.

저자 일동

차례

제1장 모험치료란 무엇인가, 왜 아동과 청소년에게 사용하는가 · 17

제2장 발달적으로 적절한 모험놀이 개입과 구현 요소 · 33

제3장

어떻게 모험적이면서 안전하게 집단을 이끌 것인가 · 49

제4장

모험활동을 접목하는 방법 · 71

제5장

활동의 적용 방법 · 87

제6장

모험활동 사용법 · 101

제7장

활동 · 111

제1장

모험치료란 무엇인가, 왜 아동과 청소년에게 사용하는가

임상가들이 놀이적인 치료 스타일을 사용하게 되면, 아동은 자신들이 재미있는 아이라는 메시지를 받게 되는 커다란 이익을 얻을 뿐 아니라 치료 계획의 일부분으로서 필요한 놀이 기술을 배우게 된다.

- 베벌리 제임스(Beverly James)

이 장에서는 몇 가지 질문과 답을 하려고 한다. '모험치료란 정확하게 무엇인가?' '왜 아동과 청소년들에게 모험치료 개입 전략을 사용하는가?' '아동들이 얻는 것은 무엇인가?' '효과가 있는가?' '학교와 정신건강 환경에서는 모험활동들을 어떻게 사용하는가?' 그리고 중요한 것으로 '모험치료는 무엇처럼 보이는가?'와 같은 질문들이 포함되는데, 이 질문들은 단지 가설적이거나 학문적이기만 한 것은 아니다. 우리는 자주 이 활동들을 사용하기 때문에 "도대체 무얼 하고 있는 건가요?"라는 식의 질문들을 받는 것이 익숙하지 않다. 아동, 청소년과의 마지막 집단 회기에서 쿵(p. 121) 활동을 하며 아동과 청소년을 치료하고, 부모들에게 설명하는 장면을 상상해 보자. "왜 이 회기에서 그런 것을 했나요?"와 같은 직접적인 질문을 하거나, 또는 눈썹을 치켜올리며 비언어적으로 같은 질문을 하는 것은 있을 수 있는 일이다. 경험적으로 지지된 치료와 연구가 개입을 뒷받침하던 시대에는 게임만 하는 게 아니라 어떤 연구를 지지하는 어떤 개입을 사용할 것인지를 질문 받곤 하였다. 게임은 개입의 한 부분이 될 수 없기 때문에 곧 끝날 것이라는 가정을 포함한 '진짜' 치료 또는 상담이 언제 시작되는지에 대해 질문을 종종 받곤 한다. 만약 이러한 질문들이 익숙하지 않다면, 특히 만약 당신이 이 책을 이용한 재미를 사용하기 시작한다면 그 방법들은 곧 당신도 사용할 방법이 될 것이다. 다음은 이러한 유형의 질문에 일반적으로 반응하는 법을 살펴보고 모험치료가 무엇인지에 대해 생각하게 한다.

☆ 모험치료는 정확하게 무엇인가

모험치료에 대한 다양한 정의가 있을 수 있지만, 이 책에서는 이 책만의 것을 제공할 것이다. 우리는 모험치료를 집단 과정의 발달, 대인관계, 개인의 성장, 치료 효과를 촉진하기 위한 게임, 활동, 계획 그리고 최고치의 경험의 사용으로 정의한다. 모험치료는 경험적 치료이다. 모험치료 활동에 중요한 과정(예: 앉거나 서서 어떤 것에 대해서 이야기하기) 요소들이 있지만, 주요 강조점은 활동의 경험이다. 해티, 마시, 닐 그리고 리처즈(Hattie, Marsh, Neill, & Richards, 1997)는 "모험 프로그램의 가장 두드러진 공통점은 개인의 일상적인 환경으로부터 벗어난 신체 활동을 하는 것을 포함한다는 것이다."(p. 44)라고 언급하였다.

☆ 왜 아동과 청소년에게 모험치료 개입 전략을 사용하는가

이 질문에는 다음 질문으로 대답하곤 한다. "당신은 초기 청소년 남자아이들 집단을 조용히 앉혀서 50분 내내 건설적인 이야기를 하게 한 적이 있나요? 어땠나요?" (우리도 해 본 적이 있고 잘 되지 않았기 때문이다.) 조금 거슬릴 수도 있지만 이 질문은 초점을 잘 말해 준다. 이 전략을 사용하는 중요한 이유는 아동과 청소년이 움직이기를 원하기 때문이다. (실제로 성인 또한 움직이기를 원한다고 생각한다. 이 내용은 다른 책에서 다룰 것이다.) 경험상 대부분의 부모, 교사 그리고 상담자는 아동과 청소년들과 대화하고, 대화하고 또 대화하는데, 이는 성공하기가 어렵다. 우리가 대화에 반대하는 것은 아니다. 사실 우리도 활동에서 치료자가 대화하는 것을 성공하도록 돕기 위해(특정한 목적과 목표를 완수할 수 있게) 모든 활동에 '접목질문'을 가지고 있다. 주요 초점은 경험적 개입에 참여하는 것(제7장에서 50가지로 서술된 것 같은)이 아동과 청소년들을 움직이게 하고, 단순히 대화하는 것보다는 그들이 생각하고 인식하도록 하는 어떤 것들을 '경험하는' 기회를 준다는 것이다. 예를 들어, 갈등을 해결하기 위한 의사결정 기술을 적용하는 연습을 하고, 그들의 행동에 대해 피드백을 얻으며, 비슷한 내용이기는 하나 다른 환경에서 연습할 수 있는 활동(부록 A의 목적 3, 목표 F 참조)에 참여하는 것이 아동과 청소년에게 유의한 가치가 있다는 것이다. 갈등 해결과 의사결정에 대해서 이야기하고 역할극을 연습하는 것(피드백을 받을 수 있는 기회를 얻을 수 있다)이 도움은 되지만, 아동과 청소년이 이러한 기술들을 연습할 수 있고 모델링할 수 있으며, 갈등 해결을 위해 의사결정 기술을 적용하지 않는 '논리적 결과'인 이러한 활동(역할극으로 느끼지 못하는)에 참여하는 것이 더욱 가치가 있다는 것이다.

이 예시는 이 모든 목적과 목표들(부록 A 참조)이 잘 적용된 것이다. 특정 목적과 목표를 나타내는 활동에 참여할 기회를 가졌다면, 이야기 나눌 수 있는 경험을 공유하게 된다. 십대들은 종종 "우리가 ○○하고 놀았을 때 같아요."라고 말하는데 '○○'은 논의되고 있는 주제들이 제시되어 있는 활동이다. 활동이 재미있고 지나치게 격렬하지 않다면, 활동은 대화하는 것에 대한 정서적으로 더 안전한 기준점이 된다(앞서 제시한 갈등 해결과 의사결정의 예시와 같이 부모, 교사, 형제 또는 다른 권위 있는 인물과의 실제 갈등과 비교해 볼 때).

이러한 활동들을 사용하는 또 다른 이유는 아동과 청소년이 활동을 즐겁게 한다는 것이다. 우리는 내담자가 치료에 참여하기를 원하는데, 재미있을 때 그들이 치료에 개방적이게 되고 참여할 가능성이 높아진다. 많은 활동이 의도적으로 재미있게 고안되었다.

☆ 무엇이 아동을 그만두게 하는가

이전 질문과는 조금 다르지만 대답은 다소 중복된다. '무엇이 아동을 그만두게 하는가?'라는 질문은 '만약 모험 게임과 활동이 효과가 있다면, 왜 또는 어떻게 효과가 있는가?'라는 질문이다. 코트먼, 애슈비 그리고 디그라프(Kottman, Ashby, & DeGraaf, 2001)의 다른 책에서는 이에 대해 언급하였지만 여기에서도 간단한 개관과 확장을 언급하려 한다. 간단히 말하자면 우리는 신중히 잘 준비되며 계획적으로 진행되는 이러한 활동에 아동과 청소년이 참여할 때 긍정적 변화가 생긴다고 생각한다.

아동과 청소년이 이러한 유형의 활동에 참여할 때 그들은 자기효능감을 증진시키게 된다(Bandura, 1986). 당신은 자기효능감이 어떤 과업을 완수하거나 해낼 수 있다는 믿음이나 기대라는 것을 기억할 것이다. 또한 어떤 경우에 자기효능감은 능력보다 더 나은 수행의 예측변수라는 것을 기억할 것이다. 단순하게 보자면, 낮은 자기효능감은 아동과 청소년을 사회적, 학업적으로 불리하게 만든다. 자기효능감은 자아존중감[더 광범위한 내용을 보려면 반두라(Bandura, 1986) 참조] 같은 행복의 여러 변인들과 관련이 있다. 모험활동들은 아동과 청소년이 자기효능감의 세 가지 주요 자원(성공 경험, 간접 학습-대리경험, 언어적 설득)을 통해 자기효능감을 강화시킬 기회를 제공한다. 이러한 활동 참여를 통해 아동과 청소년들은 과업을 수행하고, 다른 사람들의 과업 수행을 살펴보며(두 경우 기술, 대인 간 전략, 충동조절 등을 사용하는 것을 포함), 그리고 활동 중의 그들의 행동과 태도에 대한 피드백을 얻게 된다면 다른 영역에서 생겨난 자기효능감은 강화될 수 있다. 이것은 매우 좋은 일이다.

또한 인간 중심 시각(Rogers, 1959)에서도 모험활동의 가치는 설명될 수 있다. 인간 중심 치료의 치료적 요소와 일치되게, 모험활동은 참여자들이 자유롭게 그들의 감정, 현실검증을 표현하게 하고 환경, 자기, 타인 그리고 경험에 대한 지각을 더욱 인식하게 해 준다. 활동들은 참여자들이 구조적인 방법으로 신뢰와 수용(집단 활동에서 촉진된)의 맥락에서 자기지각 검증을 하게 한다.

질문에 대한 또 다른 좋은 답은 얄롬(Yalom, 1985)의 치료적 경험의 주요 요소에 근거한다. 얄롬은 희망을 품게 함("나는 더 잘 될 거야."), 보편성("다른 사람도 나처럼 느낄 거야."), 정보의 전달("다른 사람한테 배울 수 있어."), 이타심("다른 사람을 돌 볼 수 있어."), 초기 가족의 교정적 재현("더 나은 방법으로 초기 가족 경험을 재경험할 수 있을 거야."), 사회적 기술 개발("나는 다른 사람들과 관계할 수 있어."), 대인 간 학습("나는 너랑 상호작용하면서 배울 수 있어."), 집단 응집력("나는 집단의 한 부분이야.")을 포함한 다양한 이유로 집단치료가 '효과'가 있다고 주장한다. 모험치료 활동들은 이러한 치료적 요소의 각각에 다소 특별한 발판을 제공한다. 집단 응집력이 생기고 나서 아동과 청소년은 문제를 함께 해결하려 시도할 때 자신이 강력하게 집단의 일부임을 느끼게 된다(집단 응집력). 스트레스인 복잡한 대인 간 역동 문제를 해결하는 경험을 함으로써 그들은 서로 상호작용하면서 배우게 된다(대인 간 학습과 사회적 기술 개발). 그들은, 집단은 모두 함께라는 공유 경험 감각을 느낄 가능성이 있다(보편성). 얄롬은 이러한 요소들이 전통적 집단 심리치료에 존재하며 치유적이라고 주장하는데, 모험 도전 활동을 사용하는 집단도 치유적이며 이 요소들이 더 확실하게 존재한다고 볼 수 있다. 전통적 집단 심리치료처럼 방 안에서 다 함께 앉아 있는 것보다는 집단이 함께 문제 해결을 하며 도전을 맞닥뜨릴 때 이러한 효과들이 더욱 두드러지게 나타나는 것은 당연하다.

지금까지 언급한 내용 이상으로, 기법으로서의 모험 기법을 다양한 이론적 시각에서 개념화하고 설명할 수 있다. 만약 당신이 인지행동주의자라면 모험치료 기법은 내담자들이 도식을 전환하고, 인지적 왜곡을 알아차리며, 세상에서 실행하는 새로운 방법에 대한 행동주의적 실시의 맥락을 받아들이게 하는 데(예: Beck, 1976) 도움이 될 수 있을 것이다. 만약 당신이 게슈탈트 치료자라면 모험치료 기법은 당신의 내담자가 미완성된 과제에 초점을 맞추고 활동의 '여기 그리고 지금'에서 작업하는 것(Yontef & Jacobs, 2005)을 도울 수 있다. 만약 당신이 현대 정신역동 치료자라면, 모험 기법은 당신의 내담자가 전이를 발전시키고, 통찰을 얻으며, 이전에 해결되지 않은 것에 대한 지적 · 정서적 숙달감(Arlow, 2005)을 발달시킬 독특한 환경을 제공해 줄 수 있을 것이다. 만약 당신이 아들러 심리치료자라면 모험치료 기법을 내담자와 관계를 맺는 데 이용할 수 있고 내담자들이 생활양식을 탐색하게 하고 그들의 생활양식에 대해서 통찰을 얻고 문제 해결과 의사소통 기술을 학습하고 연습할 수 있게(Kottman, 2002) 할 수 있을 것이다. 즉, 당신의 이론적 지향이 무엇이든지 관계없이 모험 기법이 당신의 치료적 도구에 가치 있는 부가물이 될 수 있을 것이라 생각한다.

☆ 모험치료는 모두 좋은 것처럼 들린다. 그런데 정말 효과가 있는가

치료자들이 좋아하지 않더라도 개입에 대한 경험적 지지에 대한 요구는 증가하고 있다. 학교 체계, 사설 치료사들, 정신건강 복지사들은 경험적 지지를 필요로 하는 것이 현실이다. 그래서 이 책에서는 기꺼이 이에 대해 대답하려 한다.

모험치료가 효과가 있을까? 가장 쉬운 대답은 해티 등(Hattie et al., 1997)의 고전 연구 논문을 참조하는 것이었다. 해티 등은 96개의 연구에서 151개의 각기 다른 표본을 추출하여 1,728개의 효과 크기에 메타분석을 시행하였다. 그들은 .34의 평균 효과 크기에 .17의 후속 효과 크기를 발견하였다. 한스(Hans, 2000)는 더욱 최근의 메타분석에서 유사한 효과 크기를 발견하였다. 연구들에 포함된 측정된 결과들은 자기개념, 대인 간 그리고 성격특성의 다양한 변인이었다. 이 프로그램에 참여하거나 또는 개입을 받은 아동과 청소년들은 다양한 증상의 완화와 행복의 증가를 경험하였다. 게다가 효과 크기가 개별 심리치료와 비슷한 것으로 나타났다(Wampold, 2001). 즉, 효과가 있다는 것이다. 또한 이 기법의 효율성에 관한 경험적 증거들이 물론 많이 있다. 비록 표면적으로는 이러한 이야기들과 사례들이 과학적으로 설득력이 있지는 않으나, 우리는 해티 등과 한스와 같은 사람들로 증명된 양적 자료를 실증하고 더 확장하는 많은 방법을 발견해 왔다.

☆ 학교에서는 모험활동을 어떻게 사용하는가

모험활동들은 다양한 학교 환경에 매우 적절하다고 볼 수 있다(Kottman et al., 2001). 이 활동들이 사용되는 하나의 중요한 방법은 학급 상담이다. 미국 학교상담협회(American School Counselor Association: ASCA, 1984, p. 1)에 따르면, 발달 상담은 "모든 지역의 개인의 전반적 발달을 강력하게 자극하고 적극적으로 촉진하는" 프로그램이다. 우리는 학생들의 발달을 '강력하게 자극하고' '적극적으로 촉진하기' 위해 모험치료가 가장 좋다고 생각한다. 이 활동들은 많은 경우 30명까지 참여할 수 있기 때문에 자연스럽게 학급 상담 상황에 활용될 수 있다. 게다가 활동들이 특정 목적과 목표(부록 A 참조)를 완성하기 위해 촉진될 수 있고 진행될 수 있기 때문에 상담자들은 특정 목적을 완수하기 위해 고안된 다른 기법 또는 활동들을 대신해서 간단하게 활동들로 대체할 수 있다.

학교 상담자들은 또한 이 활동들을 현재 진행하고 있는 집단에 사용할 수 있다. 예를 들어, 만약 슬픔, 사회적 기술, 이혼 극복 또는 다른 초점화된 화제를 주제로 집단을 진행하고 있다면, 상담자는 각 집단 회기에 특정 목적을 가지고 있을 것이다. 상담자는 활동들을 특정 목적을 완수하기 위해서뿐만 아니라 집단의 발달(예: 응집, 라포, 과정)을 촉진하는 데 사용할 수 있다. 모험활동들은 집단을 개편하는 가장 좋은 방법이 될 수 있다. 많은 학교 상담자가 한 회기에 한 가지 모험활동만을 사용하고 그러고 나서 다른 기법들을 사용한다(예: 미술, 토론, 역할극). 어떤 상담자들은 집단 회기 계획에서 전부는 아니지만 여러 번 모험활동을 사용한다. 학교 상담자들은 오로지 모험활동만을 이용하여 전체 주제 초점 집단을 운영할 수도 있다.

학교 상담자들이 모험활동을 사용하는 또 다른 방법은 내담자와의 일대일 상황이다. 짝 활동(짝과 함께 참여자가 하는 활동)도 개별 상담에서 이용될 수 있다(이 사례에서 짝은 상담자와 내담자가 된다). 개별 내담자에게 모험치료 기법들을 사용하는 것은 상담에 더욱 경험적 작업을 제공해 주는 방법이 된다. 어떤 내담자들은 미술과 스토리텔링에 반응하지만 어떤 내담자들(적어도 우리 경험으로는 소년들)은 모험활동들의 적극적인 면에 더욱 반응할 것이다.

☆ 정신건강 환경에서는 모험활동을 어떻게 사용하는가

모험활동은 정신건강 환경에도 매우 적절하다. 모험활동을 사용하는 한 가지 방법은 심리교육 집단에 학습을 촉진하는 것이다. 이 활동들은 다양한 목적을 완성하기 위한 여러 방법으로 소개되고 촉진되며 진행될 수 있기 때문에, 여러 심리교육적 주제들을 설명하고 논의를 시작하는 데 이용될 수 있다. 정신건강 환경에서 사용하는 또 다른 방법은 가족들에게 이 활동들을 하는 것이다. 어떤 활동은 한 가족(예: 3~6명의 참여자가 적당하다)에게 더 잘 어울리며, 어떤 활동은 가족 집단(한 가족 이상)에 더 적당하다. 이 활동들을 가족에게 적용하는 것은 경계를 허물고 논의를 증가시킨다. 활동들은 논의할 때에 모든 가족 구성원이 판단기준으로 사용할 수 있는 공유 경험을 제공한다. 모험활동은 또한 진단 도구로 사용될 수 있는데, 상담자는 가족 구성원들이 서로 관계하는 것(또는 하지 않는 것), 서로 신뢰하는 것(또는 신뢰하지 않는 것), 문제를 해결하는 것(또는 해결하지 않는 것)을 관찰할 수 있다.

학교 상담자가 작업하는 것과 유사하게 모험치료 기법들은 정신건강 집단상담 환경에서 이용될 수 있다. 이 활동들은 집단상담 회기를 위한 특정 목적과 목표를 달성하도록 이끄는 것뿐 아니라 집단 발달을 촉진하는 데 사용될 수 있다(예: 집단이 더욱 빨리 함께하도록 돕는 것). 특히 청소년과 아동들과 함께 할 때 모험활동들은 집단 발달을 촉진하는 좋은 방법이 될 수 있을 것이다. 활동적 움직임, 어느 정도의 자기 개방, 웃음, 재미로 구성된 모험치료는 집단원들이 서로를 알아 가도록 돕고, 서로 관계를 맺고, 주제에 대해서 대화하는 것에 편안함을 느끼게 돕는 데에 매우 효과적이다. 모험치료 기법들 없이도 이 과정이 발달할 수는 있지만 모험치료 기법들이 있다면 더욱 빠르게 발달할 것이다.

모험활동들은 또한 정신건강 집단상담 환경에서 특정 치료 계획 목적을 설정하고 충족시키는 데에 사용될 수 있다. 또 학교 환경처럼 모험활동들은 집단 회기들의 어떤 목적을 완수하기 위해 설명되고 촉진되며 진행되는 데 사용될 수 있다. 주제 초점 집단(topic focused group)을 이끌 때나 집단 회기의 특정 목적(예: 심리적 외상, 섭식 장애)이 있을 경우에 모험활동은 특히 유용하다.

또한 정신건강 환경의 상담자와 치료자들이 모험활동을 이용하는 다른 한 가지 방법은 개별 상담이다. 앞서 언급했듯이 치료자는 개별 치료에서 짝 활동(참여자가 짝과 함께 함)하는 것을 선택할 수 있다(치료자와 내담자가 짝이 됨). 개별 내담자에게 모험활동을 사용하는 것이 아동과 청소년 모두에게 유용하다. 아동들은 늘 놀이를 하고 놀이적 개입에 익숙하며, 청소년들은 대화만 하기보다는 움직이고 경험하는 치료 기회를 환영한다.

☆ 모험치료는 무엇처럼 보이는가

우리는 활동들을 쇼엘과 마이젤(Schoel & Maizell, 2002)의 작업에 근거하여 크게 네 가지(중복되기도 함)로 분류하였다. 이러한 활동의 분류 방법은 특정한 목적 또는 목표에 따라 활동을 배열하는 것이다. 활동들은 독자적으로 사용할 수도 있고(예: 믿음 쌓기 활동 단독 사용), 다른 활동들 간의 연결다리로서 사용할 수도 있다. 연결다리에 대해 말하자면, 집단을 실행 단계로 이끌고 집단원들이 서로에게 피드백 주기를 원한다면 그렇게 하기 위해 가장 좋은 방법은 도전하기 활동이라고 볼 수 있다. 그러나 도전하기까지의 전 단계 없이는 도전하기를 시작하는 것이 어렵다. 활동의 제시 순서(친해지기, 빗장 풀기, 믿음 쌓기, 도전하기)는 활동에서 참여와 유용함을 최대한 얻기 위해 쇼엘과 마이젤이 제안한 순서이다.

친해지기

친해지기(Icebreakers)는 시작하기에 매우 좋은 활동이다(왜냐하면 어색함을 깨기 때문이다). 친해지기는 재미있고 위협적이지 않는 것으로 고안되어 있고 성공하기 쉬움을 강조한다. 친해지기에서 재미는 중요한 강조점이다. 참여자는 종종 조금 바보 같아질 것(특히, 만약 집단의 다른 사람들을 아직 잘 알지 못하다면, 도전적일 수 있는 정도로 너무 바보스럽지는 않은 정도)을 요청받는다. 친해지기는 참여자가 개인적 노출을 조금 하게 하거나 개인적 위험이 적은 대인관계 상황(의자에서 일어나기, 돌기, 공 던지기)을 경험하게 한다. 관계를 맺는 첫 번째 단계가 될 수 있다. 친해지기는 이상적으로 비위협적이다. 이 활동들은 다른 참여자들에 대해서 조금은 알게 하는 기회와 재미의 경험을 공유하는 기회를 제공함으로써 참여자들을 집단 환경에 참여시키게 하는 방법이다. 어떤 집단 과정은 집단 웃음, 움직임, 공유로 발달할 수 있다. 친해지기는 경쟁하도록 고안되지 않는데(경쟁은 좀 더 나중에 할 수 있다), 그래서 이기거나 성공하는 것에 대한 압박이 거의 없다. 친해지기의 주요한 목적 중 하나는 참여자들이 치료자를 알아 가도록 하는 기회를 제공하는 것이다. 친해지기는 치료자와 내담자 사이의 치료적 동맹을 촉진시키는 기법이기도 하다. 겔소와 카터(Gelso & Carter, 1985)는 작업 동맹은 내담자와 치료자 간의 신뢰와 목표를 공유한다는 느낌을 포함한다고 주장한다. 친해지기의 특징 중 하나는 치료자가 자주 참여한다는 것이다. 재미있는 활동에 치료자가 참여하는 것은 신뢰감을 형성하고 내담자가 치료자를 위협적이지 않고 재미있는 사람으로 보게 한다. 결국 내담자와 더 많이 함께해야 더 빨리 더 개방적이게 된다. 더구나 친해지기는 치료자가 진단적 정보를 모을 기회를 제공한다. 이 책에서는 넓은 의미에서의 '진단'이라는 단어를 사용한다. 친해지기에 내담자를 참여시키게 되면, 치료자는 내담자가 서로 관계를 맺는 법, 대화하는 법, 일반적으로 협동하는 법, 어떻게 제멋대로가 되는지, 어떻게 자기인식을 하는지 등 다양한 변인들에 대한 정보를 모으게 된다. 이 정보는 치료자가 집단에 가장 잘 맞는 치료 계획을 세우고 개입(모험활동뿐 아니라 개입의 여러 형태)을 계획하는 데 도움이 된다. 다음의 예시는 집단에서 초기 친해지기를 사용한 것인데, 이유가 무엇이든지 간에 집단은 매우 적극적이게 되어, 치료자는 오늘 "너무 흥분했어."라고 말하게 될지도 모른다. 그리고 결국 다른 다음 활동을 선택해야 할지도 모른다(우리가 계획하지 않은 긍정적 집단 발달을 저해할 수 있는 격렬한 피구 시나리오로 빠르게 변할 수 있으므로 공 던지기에 참여하지 않는 사람에게는 미리 말하는 것이 좋다.).

친해지기가 다른 활동들을 연결해 줄 수 있는 시작 활동으로 매우 좋으나, 또한 은유적으로도 진행될 수 있다. 제4장에서 진행하는 것과 은유를 이용하는 것에 대해 자세히 살펴볼 것이다(여기서는 언급하지 않겠다). 친해지기는 매우 좋은 시작 활동이다. 이 활동들은 집단 과정의 발달과 치료적 동맹을 도울 수 있다. 이 활동들은 매우 좋은 연결 활동인데 잠재적으로 더욱 도전적이고 대인 간 위험하거나 경쟁적인 다른 활동을 시작할 수 있게 한다. 이 활동들은 어떤 종류의 집단인지, 집단의 현재 위치에 대한 정보를 얻기에 좋은 사정 활동으로 이용될 수 있다. 친해지기는 또한 효과적으로 진행되고, 논의를 이끌며, 치료자의 목적과 목표를 달성하는 것의 학습 모두를 재미있게 하는 독립적 활동이 될 수 있다.

빗장 풀기

빗장 풀기(Deinhibitizers)는 집단이 조금 진행되었을 때 사용하는 것이다. 참여자들이 서로의 이름을 알면 도움이 된다(친해지기는 이것을 필수적으로 요구하지 않으며 이름 알기를 용이하게 한다). 친해지기가 새로 만들어진 집단에게는 자연스러운 활동이지만 빗장 풀기는 새 집단을 더욱 확장할 수 있게 한다. 이 활동들은 참여자들에게 집단의 사람들과 함께 조금 더 약점을 드러내게 하고 조금 더 자기노출을 하게 한다. 빗장 풀기로 집단을 시작하게 되면 잘 알지 못하는 사람들과의 우스꽝스러움과 어색함으로 인해 불편해지기 때문에 몇몇은 집단을 나갈 수도 있다. 하지만 또한 빗장 풀기는 성격특성을 이끌어 내기도 한다. 말하자면 제프리는 참여하지 않는 것을 선택하기 쉬울 것 같고 반면, 테리는 게임을 할 것이다. 그러나 빗장 풀기가 친해지기 다음에 선택된다면 이는 친해지기를 하는 동안 초기 집단 과정이 발달되었기 때문에, 확장이 그다지 크지 않을 것이다(예: 다른 사람 이름 알기).

빗장 풀기의 특징 중의 하나는 매우 우스꽝스러울 수 있다는 것이다(좋은 방향으로 우스꽝스럽게 생각하라). 이 활동들은 재미있고, 활동의 성공 혹은 실패를 넘어서는 좋은 노력을 강조한다. 빗장 풀기는 참여자들이 개인적인 위험을 다소 경험하고 책임을 증가시키는 기회를 주도록 고안되어 있다. 이러한 위험들은 다른 사람들 앞에서 조금 많은 정도의 자기노출과 서투름을 기꺼이 보이는 것을 포함한다. 참여자들은 모두 같은 배를 타고서 결코 시도하지 않았거나 시도할 욕구가 없었던 것들을 보여 주거나 시도하기 때문에, 빗장 풀기는 집단 발달을 촉진하다. 이러한 공유된 경험과 초기 신뢰 구축 또한 치료적 동맹의 발달을 촉진한다. 참여자는 스스로 더욱 도전적이거나 우스꽝스러운 상황에 처해질 것을 요구받는다. 빗장 풀기는 참여를 격려하고 적절한 위험을 감수하도록 하는 협동적이고 지지적인 분위기를 강화한다. 또한 내담자가 가능한 한 최소의 불편과 좌절(내담자를 편안한 영역에서 벗어나게 해서)의 정서적 · 신체적 위험들을 감수하는 것을 연습할 맥락을 제공해 준다. 친해지기처럼 빗장 풀기는 중요한 연결다리 활동(잠재적으로 더욱 집중적인 다른 활동으로 이끄는), 그리고 사정활동(집단과 개인에 대한 핵심적인 정보를 더 많이 수집할 수 있는 방법)으로서 개념화될 수 있다. 이 활동들은 또한 친해지기처럼 효과적인 독립 활동들이다. 이 활동들은 특정 목적과 목표를 이끄는 방법으로 이끌어지고 진행될 수 있다. 그러나 앞서 언급하였듯이 초기에 친해지기 활동 혹은 다른 방법을 통해서 집단이 서로 조금씩 알아 가고 집단 과정이 어느 정도 진행된(즉, 친해지기를 이미 한) 집단에 빗장 풀기를 사용하는 것이 좋다.

믿음 쌓기

믿음 쌓기(Trust)의 속성은 비교적 분명하다. 이 활동들은 신뢰와 관련이 있다. 믿음 쌓기 활동의 특정한 하나의 목표는 참여자들이 다른 사람들에게 신체적 · 정서적 안전을 신뢰할 기회를 제공하는 것이다. 믿음 쌓기는 일반적으로 신체와 언어 모두의 개입과 상호작용을 포함한다. 이 활동들은 참여자에게 다른 사람들이 그들을 신뢰할 수 있게 하는 기회를 제공하며, 신뢰할 수 있다는 것이 증명되면 참여자들이 다른 사람들을 신뢰하게 되고, 신뢰할 수 있다는 것을 증명할 기회를 주게 된다. 이것은 대개 신체적 신뢰(예: 신체 접촉과 지지)를 통해 이루어진다. 믿음 쌓기에서 참여자들은 다른 사람들이 그들에게 말 그대로 기대는 것이 어땠는지 배울 수 있고 그들을 신뢰할 수 있다는 것을 발견할 수 있다("나는 네가 나에게 기대어도, 너를 떨어뜨리지 않아! 너는 나를 믿었고 나는 너를 위해 해냈어"). 믿음 쌓기는 재미있지만 또한 어느 정도의 두려움도 포함될 수 있다. 믿음 쌓기는 다른 사람들의 안전을 고려해야 하는 경우 집단원들의 지지와 협조를 요구한다. 이러한 이유로 믿음 쌓기는 순서대로 배열하는 것이 중요하다(예: 친해지기와 빗장 풀기를 사용하고 나서). 믿음 쌓기를 시작하는 데에는 다양한 방식으로 위험한 부분이 분명이 있다. 사람들이 서로의 이름을 아는 것이 도움이 되며 그들에게 다른 사람들의 신체적 안전을 책임지라고 요구하거나(믿음 쌓기에서 종종 일어나는 것) 또는 그들의 안전을 다른 사람에게 맡기라고 요구하기 전에 어느 정도의 편안함과 친밀감이 있어야 한다. 친해지기와 빗장 풀기는 집단 과정이 비교적 편안하게 다음 단계인 믿음 쌓기로 진행될 수 있게 해 준다.

도전하기

활동의 마지막 범주는 도전하기(Challenge/Initiative)이다. 이 활동들의 특징은 집단이 초기 활동들로부터 얻는 것에 기반을 둔다는 것이다(즉, 친해지기, 빗장 풀기, 믿음 쌓기). 도전하기는 문제 해결 또는 과업 완수뿐 아니라 전형적인 도전 활동이다. 과업 또는 문제는 대개 참여자가 효과적으로 의사소통하고, 협력하고, 서로 타협할 것을 요구하는 집단 문제이다. 그러기 위해서 집단원들은 서로의 이름을 알 필요가 있고, 서로 편안해야 하며, 어느 정도의 신뢰를 가져야 하고, 의사소통을 연습할 필요가 있다. 집단이 형성되고 발달되면서 공동체 의식은 과업 수행 혹은 문제 해결의 동기화에 기여한다. 도전하기는 참여자들의 스트레스 감정에 도움이 된다. 문제 해결과 도전에 응답하는 이러한 스트레스 상황은 인생과 매우 유사하다. 이 활동으로 참여자들은 새로운 행동을 연습해 보고 서로 피드백을 해 보고 그들이 어떻게 지각되는지에 대한 피드백을 얻고, 그들이 해냈거나 할 수 있는 도전이 무엇인지에 대한 피드백을 얻는 기회를 갖게 된다. 활동들은 경청하기, 협동하기, 협상하기의 중요성을 강조한다. 더 나아가 또 다른 강점은 이 활동들이 모두 재미의 맥락 안에서 일어난다는 것이다.

☆ 결론

이 장에서는 모험치료가 무엇인지, 어떻게 적용하는지, 효과가 있는지 등 모험치료에 대해 간단히 소개하였다. 당신이 가졌을 법한 질문들에 대답하고자 하였고 다른 사람들이 가졌을 법한 질문들에 대한 대답들을 해 주려고 하였다. 또한 제7장에 포함된 활동들의 범주의 간단한 개요를 설명하였다. 만약 활동으로 바로 넘어가고자 한다면, 지금 제7장을 읽으면 된다. 그러나 모험 개입에 대한 계획과 시행에 관한 내용들이 다른 여러 장에 실려 있으므로 만약 관심이 있다면 읽을 것을 권한다.

제 2 장

발달적으로 적절한 모험놀이 개입과 구현 요소

아동 및 청소년들과의 모험활동을 준비할 때 중요한 사항들이 있다. 어떤 내담자에게 적절한 활동이 다른 내담자에게는 적절하지 않을 수도 있다는 사실이다. 따라서 내담자에게 모험놀이를 소개하기 앞서 활동에 대해 깊이 생각해 보아야 한다. 모든 내담자에게 발달적으로 적절한 모험활동을 설계하고 구현할 수 있으려면 내담자의 발달 수준을 고려해야 한다. 개별적으로 내담자가 좋아하거나 싫어하는 것과 내담자의 욕구를 고려해야 하는데, 이러한 요인이 일반적인 발달 요인보다 때로는 더 중요하다. 집단으로 접근하는 경우, 발달적인 고려사항 외에도 집단의 구성, 공간, 집단원 간의 신뢰 수준 및 집단의 목적에 대해 생각해야 한다. 또한 가장 중요한 사항은 내담자와 활동하는 목적이 무엇이고 그것이 적절한지에 대해 고려해 보아야 한다.

☆ 내담자의 발달 수준은 왜 중요한가

발달 단계가 각기 다른 아동들은 그들의 발달 수준에 맞추어 활동해야 한다. 유치원 아동들에게 적절한 방법은 5학년에게는 적절하지 않다. 6학년 아동들에게 적절한 방법은 고등학생에게 적절하지 않을 수 있다. 어린 아동들은 보다 구체적인 지시 사항, 스스로 구성하기, 각 활동 시간을 단축하기, 감독을 강화하기, 구체적인 처리능력과 소그룹으로의 구성, 간단한 어휘 및 처리 문제에 대한 세부적인 제안이 필요하다. 일반적으로, 나이가 많은 아동 및 청소년은 규모가 큰 집단으로 활동하며 더 복잡하고 추상적인 과정(예: 누가 먼저 시작할 것인지, 소그룹으로 어떻게 나눌 것인지 등)을 기대할 수 있도록 하면서 스스로 게임의 여러 측면을 파악할 수 있게 한다.

☆ 다양한 연령이 속한 집단과 활동할 때 어떠한 발달 요인을 고려해야 하는가

우리는 학령초기 아동, 초등학생, 중학생, 고등학생으로 발달 시기를 분류한다. 이러한 분류가 우리에게는 유용하였다. 우리는 각 발달 단계마다 발달의 중요한 요소, 해당 나이의 활동방식, 개인 또는 집단 접근방식을 사용할 때의 고려사항, 놀이 및 활동 과정에 필요한 구조, 모험활동의 지속시간, 활동 내에서 시간을 사용하는 방법, 과정에 대해 생각하는 방법에 대해 논의하였다.

학령초기 아동(유치원생, 초등학교 1~2학년)

학령초기 아동은 운동과 놀이를 좋아하기 때문에 모험놀이활동 기술은 이 연령대의 아동들에게 사용할 수 있는 훌륭한 개입 전략이다(Muro & Kottman, 1995; Thompson & Henderson, 2006; Vernon, 2004; Vernon & Clemente, 2005). 이 연령의 아동이 활동에서 최대한 많은 것을 배울 수 있도록 하기 위해 몇 가지를 고려해야 한다. 친해지기와 빗장 풀기는 이 연령대의 아동들에게 잘 적용될 수 있는 데, 이 연령대의 아동들은 성인들에게 뛰어다니고 장난쳐도 된다고 허락받는 것을 좋아한다. 그러나 게임에 대한 규칙을 이미 알고 있는데 다른 방법으로 게임을 하라고 한다면 혼란스러울 수 있다. 그럴 때에는 이전의 방식보다 새로운 방식으로 게임을 한다면 더 재미있을 것이라고 설득하는 것이 좋다. 학령초기의 아동들은 기꺼이 믿음 쌓기를 하려고 하는데, 아직 의심하는 것이 익숙하지 않기 때문이다. 상담자는 아동들이 집단원과 안전하게 수행할 수 있도록 해야 하고 너무 장난스럽지 않도록 해야 한다. 왜냐하면 믿음 쌓기에서 벽이나 다른 사람과 충돌하는 것 등의 문제가 발생할 수 있기 때문이다. 도전하기 활동은 이 연령대의 아동들에게도 효과적이지만, 활동 자체가 너무 어려워서는 안 된다. 왜냐하면 나이가 많은 아동들과는 다르게 이런 활동 속에서 어려운 일들에 대처할 수 있는 전략을 아직 습득하지 못했기 때문이다.

개인 및 집단 접근 방식은 학령초기 아동에게 잘 통하는데 아이들이 성인들, 특히 교사, 상담자, 보조교사와 같이 관계를 맺어 온 성인들과 함께 활동하기를 좋아하기 때문이다. 그래서 다른 놀이들과 함께 모험활동을 포함한 상담치료는 매우 유용할 수 있다(Kottman, 2001). 또한 학령초기 아동들은 집단으로 활동하는 것을 즐긴다. 아이들은 서로를 좋아하며 다른 아이들과 노는 것이 평범한 놀이보다 낫다고 생각한다. 학령초기 아동들은 나이가 많은 아동들보다 더 많은 설명과 도움을 필요로 한다. 즉, 활동 방향을 설명할 때 매우 구체적이고 정확해야 하며 활동에 대한 설명이 모호할 때는 이해할 수 있도록 잘 설명해야만 한다. 만약 활동이 집단으로 하는 것이거나 혹은 집단 내의 소그룹들을 구성해서 하는 것이어야 한다면 자신과 같은 성을 가진 사람을 찾는다든가 하는 방식으로 소그룹별로 잘 나뉠 수 있게 도와주어야 한다. 또한 누가 게임에서 어떤 역할을 맡고 있는지 파악할 수 있게 도와주어야 한다. 학령초기 아동의 경우, 집단을 다소 작게 유지하거나 큰 집단을 소그룹으로 나누고, 가능하면 소그룹에 성인 리더를 배정하는 것이 도움이 되는데, 이는 아동들이 도움을 많이 요청하기 때문이다. 집단으로 활동할 때, 교사, 부모 또는 감독자가 함께 참여할 수 있는 경우에는 성인들의 역할이 매우 중요하기 때문에 활동이 더욱 다양해지고 의미 있어진다.

이 연령대의 아동에게는 집중 시간이 제한되어 있기 때문에 약 20분 정도로 짧게 정하는 것이 좋다. 활동하는 데 후안점을 두면서 활동에 소요되는 시간을 제한하는 것도 도움이 된다. 만약 우리가 저학년의 아동과 함께 모험 기술을 사용하려고 한다면, 약 15분 동안 활동을 하고 최대 약 5분의 과정을 사용할 것이다.

이 수준의 아동은 여기 그리고 지금에 중점을 두는 경향이 있으므로(Muro & Kottman, 1995; Vernon, 2004; Vernon & Clemente, 2005) 과거 혹은 미래에 중점을 둔 응용 접목질문보다 개인화 접목질문이 더 유익하다. 유아기의 자기 중심주의에서 점차 벗어나기 시작하면서 학령초기 아동들은 다른 사람들의 인지적 · 정서적 관점을 취하는 것이 어렵기 때문에 상황에 대해 다른 사람이 생각하거나 느끼는 것을 생각해 보도록 하는 일은 매우 어려운 일이다. 이 연령대의 아동들은 추상적인 방식으로 생각할 수 있는 능력이 아직 발달하지 못했기 때문에 처리 과정을 구체적으로 하는 것이 더 효과적이다. 예를 들면, “이 활동을 할 때 가장 좋았던 것은 무엇이었니?” 혹은 “이 활동을 할 때 힘든 점이 무엇이었니?”와 같은 질문이 보다 효과적일 것이다. 이 연령대의 아동들에게는 질문하는 것보다는 추측하게 하거나 잠정적인 가설을 만들 수 있도록 한다(Muro & Kottman, 1995; Thompson & Henderson, 2006). 또한 이렇게 할 때 상담자는 아동들의 비언어적인 반응에 집중해야 한다.

초등학생(3~5/6학년)

초등학생은 모험놀이활동 전략을 위한 완벽한 대상자이다. 그들은 자신의 감정을 인식하고 이야기할 수 있다. 또한 자신과 다른 사람들에 대한 통찰력을 키우기 시작하고 특히 친구들과 적극적으로 상호작용하기를 좋아한다(Muro & Kottman, 1995; Thompson & Henderson, 2006; Vernon, 2002, 2004; Vernon & Clemente, 2005). 이 연령대 아동은 대부분 네 가지 유형의 모든 활동에 기꺼이 참여하려고 한다. 친해지기와 빗장 풀기는 장난과 움직일 수 있는 기회로 간주된다. 그러나 이 연령대의 아동들은 더 어린 아이들보다 자의식을 더 많이 느끼는 경향이 있으므로 때로는 격한 빗장 풀기 활동에 어려움을 겪을 수도 있다. 특히 5학년과 6학년의 아동은 관심이 자신에게 집중되는 것을 싫어하기 때문에 스토리텔링 기법 중 일부는 적용하기 쉽지 않을 수 있다. 초등학생 대부분은 다른 사람을 신뢰할 수 있기 때문에 대개 믿음 쌓기에 참여하고자 한다. 상담자는 무의미한 행동을 하거나 상대를 위험에 빠뜨리는 행동을 할 수 있는 아동들이 있는지 확인해야 한다. 자신과 타인의 안전에 부주의한 아동의 경우 리더가 안전한 행동에 대한 지침을 꼭 언어로 전달해 주어야 한다. 또한 다른 사람을 신뢰하는 것이 어렵고, 고통스러운 과정을 겪었던 경험이 있는 아동들이 있다면 누구인지 알고 있어야 한다. 믿음 쌓기가 너무 어려운 아동들은 활동에서 제외하거나, 집단 믿음 쌓기 과정에서 그들이 신뢰할 수 있는 성인과 짝지어 주는 게 좋은 방법이다. 도전하기 활동은 아마도 초등학생이 가장 좋아하는 활동일 것이다. 그들은 문제를 해결하는 것을 좋아하며 문제가 복잡해질수록 더 재미있어 한다. 우리는 아동들이 자기효능감을 키우고 다른 사람들과 협력할 수 있는 능력을 키우기 위해 쉬운 도전 활동부터 시작하여 점점 더 어려운 도전 단계로 향해 가게 한다. 이 연령대에서는 대부분의 아동이 스트레스와 좌절감을 극복하기 위한 전략을 개발하고, 활동 중에도 전략을 사용하라는 언어적 지시를 필요로 할 수도 있다.

개별 상담은 초등학생 아동들에게 효과적이다. 특히 상담자나 치료사에게 이야기하기를 원하지 않을 수 있으므로 모험활동이나 미술과 같은 능동적인 기술을 사용하여 이 과정에 참여시키는 것이 좋다. 그러나 집단적 접근법은 개별 상담보다 훨씬 더 효과적일 수 있다. 특히, 이 연령대 아동들의 경우엔 더욱 그렇다. 또래 집단이 중요해지면서 점차 성인의 영향력을 대체하고, 다른 아동들과의 포용과 수용이 아동들에게 가장 중요한 것이 된다. 그들은 다른 친구들이 생각하고 느끼는 것에 관심을 가지며, 집단 내에서 그들의 위치를 찾는 것에 관심을 가지게 되는데, 이러한 이유로 집단상담 방법이 유용할 수 있다. 또한 이 연령대의 아동들에게 서로 접촉하는 활동은 곤란할 수 있다. 활동하는 동안 서로 손을 잡으라고 할 때 아이들이 "우웩"이라는 표현을 하기도 하는데, 이러한 일을 피하기 위해 서로의 손보다는 펼쳐진 양말을 붙들게 하기도 한다. 그러나 손을 잡는 것보다 더 많은 스킨십을 필요로 하는 활동도 있다. 이러한 활동은 아예 하지 않거나 스킨십이 있는 부분만 변경할 수 있는 방법을 찾아야 한다. 그러나 때로는 아동들이 성취해야 할 과제가 있을 때 문제 해결에 집중하고 있기 때문에 스킨십의 문제가 발생하지 않는다는 것이 관찰되기도 했다.

초등학생 아동은 학령초기 아동만큼은 아니지만 그래도 구조화는 필요하다. 우리는 일반적으로 지시를 내린 다음 질문을 허용하고 때로는 그 질문에 대답해 주기도 한다. 이 연령대의 아동들은 누가 먼저 할지, 누가 술래인지, 어떤 소그룹에 누가 속할지 결정할 때 지침을 필요로 할 수 있다. 생일이 첫 번째인 사람, 가장 머리카락이 긴 사람, 가장 손톱이 짧은 사람, 가장 높이 뛰는 사람, 수학 문제를 가장 빨리 푸는 사람 등을 결정할 때 창의력을 발휘할 수 있다. 집단 활동을 하는 경우 스스로 집단을 나눌 수 있는 방법을 찾게 하기도 한다. 우리는 일반적으로 수체계(1, 2, 1, 2 등)를 사용하여 활동을 위해 어떻게 집단을 나눌지 결정한다. 이 연령대의 아동들에게는 짝을 지어 활동하게 하거나, 나이가 어린 아이들에게 사용했던 집단을 소그룹으로 나누어 구성하는 경향이 있다. 실제로 한 집단 내의 구성원이 6명이나 8명일 때 활동이 잘 이루어지는 것 같다. 그러나 이보다 아동들의 수가 적으면 집단이라는 느낌을 받지 못한다. 이보다 수가 더 많을 경우에는 모든 아동의 말할 기회가 적어진다. 활동이 진행될 수 있도록 성인을 집단 리더로 두는 것도 도움이 된다. 예를 들어, 1~2명의 아동이 대화를 독점하지 않도록 말하고 싶어 하는 아이들에게 기회를 주고, 더 깊은 대답을 하기 싫어하는 아동들은 이끌어 주기도 한다.

만약 당신이 소그룹으로 활동하고 있고 각각의 소그룹에 배치된 성인이 있다면 그 성인에게 아동들을 위해 문제를 해결해 주는 것이 아니며, 자신의 이야기를 하기 위해 집단에 배치된 것이 아니라는 것을 상기시켜 주어야 한다. 사실, 성인의 개입이 적을수록 아동들은 더 잘한다. 성인의 임무는 아동들이 주목받을 수 있도록 하고, 약간의 구조화를 제공하며, 활동을 긍정적으로 할 수 있도록 돕고, 격려하는 일이다.

초등학생의 경우는 활동시간이 더 길어진다. 이 연령대의 아동은 주의집중 시간이 훨씬 길어 시간이 허락한다면 1~2시간 정도의 활동도 할 수 있다. 사실, 네 가지 유형의 활동을 모두 포함하는 더 긴 시간(적어도 90분 동안 지속되는) 활동이 이 연령대에게 가장 이상적이다. 실제로 하루 종일 모험활동을 할 수도 있다. 활동의 수를 줄이거나 특정 활동 유형에만 집중한다면 짧은 시간으로 구성하는 것도 효과적일 것이다. 일반적으로 활동을 수행한 다음, 해당 활동을 마무리하고 다른 활동을 수행하고 또 마무리한다. 이 연령대의 아동들은 다음 경험으로 이동하기 전에 특정 경험에 대한 마무리를 요구하는 경향이 있으므로 여러 활동을 한 후 한꺼번에 마무리하는 것은 효과가 없다. 우리는 20~30분 동안 게임을 하고 약 5분 동안 이야기한 다음, 다른 활동을 하고 또 이야기하기도 한다.

초등학생 아동은 광범위한 인지·정서 능력이 있기 때문에 접목방법을 고려할 때 특정 내담자에 맞추어 생각해야 한다. 이 연령대의 아동들 중 일부는 추상적 추론 능력과 깊은 개인 통찰력이 있다. 이러한 능력이 있는 아동에게는 책임, 사적인 경계선 및 문화적 차이와 고정관념에 대해 더 복잡한 질문을 함으로써 자신과 다른 사람들에 대해 더 많이 배울 수 있도록 한다. 다른 아동들과 함께한다면 덜 추상적인 질문, 예를 들면 "이 활동 중에 무엇이 좋았나요?" "이 활동에서 무엇을 배웠습니까?" "이 활동 중 어떤 부분에서 스트레스를 받았습니까?"와 같이 덜 추상적인 질문을 하는 게 좋다. 추상적인 것에 관심이 없거나 그것을 처리할 능력이 없는 아동들조차 "무엇에 스트레스를 받습니까?" "스트레스에 대처하기 위해 어떤 전략을 사용했습니까?"와 같은 질문을 할 수 있다. 이 발달 수준에 있는 거의 모든 아동은 개인화 접목질문에 대해 생각할 수 있다. 그러나 활동에 대하여 나열한 모든 질문을 물어보지는 말아야 하며, 질문의 수는 아동 연령의 1/4~1/2 정도여야 한다. 집단에서 실시한다면 개별 아동에게 하는 질문보다 더 적은 질문을 해야 하는데, 그러면 모두가 이야기할 수 있는 기회를 얻고 모두 기꺼이 들으려고 할 것이기 때문이다. 또한 아동들의 비언어적인 표현에 주의를 기울여야 한다. 지루해하거나 질문에 대해 생각하지 않는 경우, 그 과정을 생략하고 활동을 시작해야 한다. 과정에 있어서는 간혹 생략하는 것이 더욱 도움이 되기 때문이다.

중학생

중학교 시기는 다른 어떤 때보다 발달 수준의 차가 더 크다(Cobb, 2001; Vernon, 2004; Vernon & Clemente, 2005). 때로는 매우 성인처럼 행동하며 때로는 아직 유치원생같이 행동하기도 한다. 때로는 이 연령대에 대해 예측할 수 있는 유일한 것은 이들을 예측할 수 없다는 사실이다. 어떨 때엔 통찰력 있고 민감하며, 둔하고 냉담하기도 하다. 이 시기에 아이들은 약 1분간 상처받기 쉬운 상태였다가 잠시 후 공격적인 성향을 보이기도 한다. 첫 시간엔 세상에서 가장 수다스러운 아이였다가 다음 시간엔 매우 조용한 아이가 되기도 한다. 이 연령대 집단의 아동들과 함께할 때 기억해야 할 주의사항은 특정 방법 또는 예정된 방법으로 그들을 대하는 것이다.

모든 활동 유형이 이 연령대에 효과적이다. 창피당할 가능성 때문에 빗장 풀기를 조금 경계할 수 있고 신뢰를 필요로 했던 개인적인 경험으로 인해 믿음 쌓기에 대해 경계할 수 있다. 이 연령대의 집단에게는 순서가 매우 중요한데 위험을 감수하는 것이 어렵기 때문이다. 이 발달 단계의 아동들은 종종 위험을 감수하는 데 매력을 느끼는 동시에 감정과 대인관계에 대한 위험을 감수하는 일은 매우 꺼릴 수 있다. 중학생은 초등학생보다 정서적으로 더 불안정한 경향이 있으며 이는 도전하기 활동에 대한 반응에 영향을 줄 수 있다. 때때로 문제를 해결하려고 하는 과정에 좌절감을 느끼고, 감정적으로 폭발하거나 활동하기를 거부하기도 한다. 이것은 불안해 보이지만 꼭 필요한 과정이다. 일반적으로 활동 중에 감정적으로 격한 반응을 보이는 아동은 비슷한 연령 집단 혹은 성인을 통해 교훈을 얻을 수 있다.

청소년과 상담할 때는 일반적으로 집단 접근 방식을 사용한다. 집단상담은 특히 청소년에게 적합한데, 하나의 집단에 속한 청소년들은 서로 상반되는 감정을 표현하고, 자기를 탐구하며 친구들과 고민거리를 나눈다(Corey, 2007; Gladding, 2002). 청소년들은 자신의 가치를 탐구하고 친구와의 의사소통을 배우며 안전하게 한계를 탐구하고 다른 사람들의 복지에 기여할 수 있다. 모험놀이활동 집단은 나이와 관계없이 신체적 · 언어적 표현을 할 수 있도록 격려하고 위험을 감수하며 실험할 수 있는 안전한 공간을 마련해 주기 때문에 특히 이 연령대에 적합하다. 그러나 믿음 쌓기 영역에서는 개별적인 접근이 더 적절할 때가 있다. 다른 사람들과의 소통에 어려움을 겪고 있는 청소년들에게는 함께 믿음을 쌓고 성인과의 관계 형성을 통해 다른 청소년들과 소통하는 방법을 배울 수 있기 때문이다. 이러한 개인들에게는 개별적인 모험 기법이 가장 좋은 방법일 수 있다.

중학생들은 초등학생보다 더 작은 구조를 필요로 하며 이 발달 단계에서는 상담자가 그 활동을 설명할 때에 원한다면 굳이 명료하지 않아도 된다. 우리는 이 연령대가 스스로를 파악할 수 있다는 가정하에 이들의 많은 질문에 상세하게 대답해 주기보다는 지시를 반복할 가능성이 더 크다. 그러나 우리는 팀과 자신의 짝을 선택하게 하고 누가 먼저 술래가 될 것인지를 선택하게 하거나, 어떤 소품을 사용할지 여부를 결정하게 한다. 또한 두 가지 활동 중 한 가지를 선택하게 한다. 이 연령대에서는 집단을 대규모로 하여 활동할 수는 있지만, 소규모 집단으로 활동하면 말하고 싶은 모든 사람이 말할 수 있다. 또한 집단 활동의 과정을 돕기 위해 집단에 성인을 두는 것은 도움이 되지만 필수적인 것은 아니다.

중학생은 주의력 지속 정도의 범위가 넓으므로 회기의 지속시간 및 시간 사용방법을 생각할 때 특정 내담자들을 고려해야 한다. 대부분 1시간에서 1시간 반, 심지어 2시간 정도로 초등학생들보다 긴 시간을 가질 수 있다. 그러나 감정적으로 불안정한 활동이거나 불안정한 집단이 있는 경우 회기를 1시간 또는 그 내외로 유지해야 한다. 이 발달 단계에서는 회기의 절반은 활동, 나머지 절반은 접목과정에 할애하여 활동하기와 이야기 나누기 사이에서 균형을 맞출 수 있다. 청소년과 함께 작업할 때 가장 큰 발달적 고려사항 중 하나는 구체적 조작 사고에서 형식적 조작 사고로 옮겨 간다는 것이다(Kaplan, 2000; Schave & Schave, 1989; Vernon, 2004). 이 변화는 11세경에 시작되지만 15~20세 사이에 완료되지 않는다(Kaplan, 2000). 이러한 변화가 발생하는 시기가 불확실하기 때문에 이 연령대의 처리능력에는 다양성이 있다. 형식적 조작 사고를 시작하면 개인은 불일치를 감지하고 미래의 변화에 대해 생각하며 의사결정 및 문제 해결에 관해 가능성을 보고 논리적으로 생각한다(Vernon, 2004). 이 연령대의 어떤 아이들은 이렇게 할 수 없기도 하고, 할 수 있다해도 이 기술을 일관성 있게 적용하지 못할 수도 있다. 따라서 개별적으로 이 아이들이 인지 발달 과정 중 어디에 있는지에 따라 질문에 대해 생각해 볼 수도 있고, 생각하지 않기 위해 피하려고 할 수도 있다. 어느 정도 처리할 것인가, 어떤 종류의 것을 처리할 것인가, 처리 과정 내에 얼마나 깊이 들어가는가를 결정하는 것은 초기 청소년의 시행착오적 상황이다. 우리는 몇 가지 질문을 하고 어떻게 이야기하는지를 보며 어떤 종류의 추가 질문을 할 것인지, 때로는 더 이상의 질문을 하지 않을 것인지에 대해 결정한다.

고등학생

고등학생 시기의 청소년은 성인기의 많은 특징이 보인다. 이들은 추상적으로 사고할 수 있고, 자신이 과거에 어땠는지, 자신을 위해 미래가 어떤 것을 준비하고 있는지에 대해 고려할 만큼 충분히 성숙했다. 이 나이의 청소년들은 "독립성을 달성하는 것과 자신의 정체성을 발견하는 것"(Vernon, 2004, p. 25), 그리고 그들의 신념과 가치를 명확하게 하고 관계와 책임을 탐구하는 것에 관심이 많다. 이 발달 단계의 대다수는 문제 해결 및 의사결정 기술을 가지고 있지만 문제를 효과적으로 해결하고 적절한 결정을 내리는 데에는 연습이 필요하다. 그들은 행동보다는 말로 자신의 생각과 느낌을 표현할 수 있다(Vernon & Clemente, 2005). 그리고 그들 중 대부분은 여전히 재미있게 지내기를 원하기 때문에 모든 유형의 활동을 이 연령의 청소년들과 함께 할 수 있다. 서로 모르는 집단원들과 함께 활동하는 경우에는 서로를 알아 가기 위한 수단으로 친해지기를 하는 것이 중요하다.

고등학생의 대다수는 특히 억제가 발달되어 있다. 따라서 빗장 풀기는 이러한 억제를 느슨하게 하고 서로의 관계를 심화시키는 데 도움이 된다. 많은 청소년에게 신뢰는 문제가 되는 경향이 있으므로 믿음 쌓기는 이러한 문제를 탐구하고 자신과 다른 사람들 간의 신뢰를 증진시키는 데 도움이 된다. 도전하기 활동은 문제 해결 및 의사결정 기술을 적용하고 책임을 지며, 경계를 탐구하고 사고와 감정을 표현하며, 학습과 관련된 긍정적인 태도와 능력을 향상시키고 자기 자신과 다른 사람들에 대한 통찰력을 얻을 기회를 제공하기 때문에 이러한 활동은 청소년들에게 잘 적용된다. 집단적 혹은 개인적 접근의 여부를 생각할 때(Corey, 2007; Gladding, 2002),

집단상담이 청소년과의 작업을 위한 이상적인 개입이라는 것을 고려해야 한다. 모험놀이활동 집단은 집단원들의 의사소통 기술 향상, 관계 구축, 자기인식 및 자기수용력 향상, 다른 사람들과의 협력, 다양성 이해 및 가치 배양에 대한 학습, 일관적으로 책임지는 것을 실험할 수 있게 하는 살아 있는 실험실을 제공하는 것과 같은 것이다. 즉, 집단에 속하는 것이 불편한 청소년과 아직 집단에 속할 준비가 되지 않은 청소년이 있을 때에 상담자는 이러한 내담자의 특성에 대해 알기 때문에 어떤 아이들을 집단에 포함시키고 어떤 아이들은 포함시키지 않을지에 대해 알 수 있을 것이다.

또한 고등학생과 함께 집단을 구성하려는 경우 나이와 성별에 대해 고려해야 할 필요가 있다. 글래딩(Gladding, 2002)에 따르면 고등학교 1~2학년 학생들은 3학년 학생들과 같은 집단에 속하게 하지 않는데 이들은 서로 고민거리가 다르기 때문이다. 또한 이 나이에 성별 혼합 집단에 대한 찬반론이 있는데(Gladding, 2002), 성적 긴장감이 남녀가 혼합된 청소년들의 집단 상호작용에 스트레스를 주거나 어색함을 만들 수 있기 때문이다. 사춘기 여자 청소년들은 남자 청소년들보다 자신의 감정을 더 편하게 나누는 경향이 있으며 이로 인해 집단이 한쪽으로 치우칠 수도 있다. 그러나 성별 혼합 집단의 가치는 남자가 여자에게서 배우고 여자는 남자에게서 배우는 것이기 때문에 자신의 개인적 편안함의 수준에 따라 집단에 남학생과 여학생을 섞을지 여부를 결정할 수 있다.

중학생과 마찬가지로 고등학생들도 일반적으로 제한된 형태의 구조화가 필요하다. 상담자는 방향을 분명하지 않게 하여 그들이 해야 할 일을 스스로 알아낼 수 있게 한다. 애슈비와 디그라프는 순서를 단순하게 반복해서 읽어 주는 것을 좋아한다. 코트먼은 무엇이든 명확하게 하려고 노력하는 경향 때문에 상황을 악화시키기도 한다. 기억해야 할 것은 아이들을 위해 당신이 무언가를 해 주어야 할 필요는 없다는 것이다. 고등학생 연령의 내담자는 일반적으로 집단을 어떻게 나누는지, 누가 먼저 술래를 할 것인지, 어떻게 활동을 시작할 것인지, 누가 먼저 할 것인지 등에 대한 것을 도움 없이도 알아낼 수 있기 때문에 때때로 그들이 자신의 팀을 선택하게 할 수도 있다.

이 연령대에서는 자율성이 높아지기 때문에 원하는 경우 규모가 더 큰 대규모 집단으로 활동할 수 있다. 10~12명의 인원이 좋지만 집단원들이 접목과정에서 서로 더 깊숙이 들어가기를 원한다면 6~8명 정도의 작은 집단을 고려하는 것도 좋다. 소규모 집단으로 활동하는 경우 상호작용을 촉진하기 위한 성인은 더 이상 필요하지 않다. 대규모 집단에서는 접목질문을 제기하는 리더를 두는 것도 도움이 되지만 청소년들은 자신의 상호작용을 모니터링하고, 모두가 토론에 참여할 수 있는 기회를 만들 수 있다. 대부분 그들 자신이 질문을 만들 수도 있으며 서로에게 묻는 질문이 우리가 생각할 수 있는 것보다 낫다. 또한 집단원 간의 상호작용 질에 따라 그들에게 접목과정을 주도할 기회를 줄 수도 있다.

그렇게 하기로 결정했다면 그들과 함께 시작할 때 일반적으로 질문의 종류를 이야기해 준 다음 점진적으로 역할에서 벗어나야 한다. 나이가 많은 초등학생이나 중학생과 마찬가지로 나이가 많은 청소년도 어린 아동들보다 장시간 지속되는 회기에 임하며 더 많은 것을 얻을 수 있다. 그들은 관심을 보이며 집중할 수 있기 때문에 1시간 또는 2시간 정도 지속되는 회기에 참여할 수 있다. 환경이 허락된다면 청소년들이 하루 종일 함께 놀게 하는 것도 좋다. 개인이나 집단에 따라 놀이보다 과정에 더 중점을 둘지 혹은 과정보다 놀이에 더 중점을 둘지 선택할 수 있다. 어떤 집단의 청소년들은 과정에 더 많은 시간을 할애할 수도 있고, 또 다른 집단은 활동만 하게 할 수도 있지만 놀이는 항상 이야기하기의 촉매제가 되기 때문에 말하기를 좋아하는 집단과 함께 하더라도 놀이하는 것을 게을리하지 않아야 한다.

청소년들에게 질문하는 질문 개수와 종류에 대해 생각할 때 가장 중요한 요소는 상담 과정의 구체적인 목적이다. 이 연령대의 개인은 다양한 주제에 대한 생각과 느낌을 고려하고 명확하게 표현할 수 있다. 또한 청소년들은 대부분의 어린 학생보다 깊은 수준에서의 자기반성이 가능하기 때문에 얼마든지 시도할 수 있다. 원하는 주제에 대해 원하는 만큼 질문해도 좋다. 우선순위가 과정 내에서의 깊이인지, 아니면 질문에 대한 대답의 양인지에 대해 생각해 보아야 한다.

☆ 집단활동에서의 집단 구성, 공간에 대한 고려사항, 집단원 간의 신뢰 수준, 집단의 목적은 무엇인가

이러한 많은 요소를 상담자가 모두 제어할 수는 없다. 상담자는 집단원들이나 집단의 크기에 영향을 줄 수 없는 상황 속에서 일할 수도 있으며 전에 이미 구성되어 있던 집단과 작업하게 될 수도 있다. 또한 특별한 시간에 맞추어 모이는 사람으로 집단이 구성되는 일회성 집단과 작업하게 될 수도 있다.

만약 이 요소들을 제어할 수 있다면 몇 가지 주의사항이 있다.

1. 일반적으로 본보기가 될 만한 일부 아동을 집단에 포함시키는 것이 도움이 된다. 사회적 기술 발달을 위한 활동이라면 다른 사람에게서 부적절한 사회적 기술을 배우는 많은 아동보다 합당한 사회적 기술을 가진 집단원을 포함시키는 일이 훨씬 효과적이다.
2. 집단으로 활동하는 것은 개별적으로 활동하는 것보다 더 큰 공간을 필요로 한다. 모험놀이 활동의 개입은 이리저리 뛰어다니는 것이기 때문에 일반적인 집단보다 더 큰 공간을 차지하며 작은 의자 여러 개를 수용할 수 있는 공간이 필요하다.
3. 일반적으로 집단 활동을 할 때, 의도적으로 활동을 설정하여 집단원들 간에 신뢰를 구축해야 한다. 개인상담에서는 상담자와 내담자 간에 신뢰가 자동적으로 쌓이지만 집단에서는 더 많은 사람이 참여하고, 집단원 모두의 치료를 위해 서로 간에 어느 정도 신뢰를 가질 필요가 있다. 이를 면밀히 지켜보아야 하며 모험활동을 사용하여 집단의 신뢰 수준을 높일 수 있는 방법을 만들 수 있어야 한다.
4. 집단에는 개인의 성장, 정신의학, 주제중심 또는 특정 문제 혹은 연령에 초점을 맞춘 다양한 종류의 집단이 있다. 이러한 집단의 종류가 집단의 목적을 어느 정도 구체화해 줄 것이다. 우리는 집단 활동을 통해 성취하고자 하는 목적이 매우 구체적이어야 한다고 생각한다.

☆ 내담자들과 무엇을 성취하고 싶은가

개입활동의 방향에 목적과 목표를 생각하면, 과정이 보다 효과적이고 효율적으로 진행된다(ASCA, 2005; Jongsma, Peterson, & McInnis, 2002, 2006). 우리는 아동과 청소년에게 적합한 목적과 목표의 목록을 포함시키기로 결정했다. 이 책의 활동이 내담자의 성장을 촉진하는 데 중요하다고 생각하며 아동, 청소년과 함께 일하는 학교 상담자, 정신건강 분야 전문가, 학교 상담 프로그램을 위한 ASCA 국가 모델(ASCA, 2005), 그리고 정신건강 분야의 실무자가 청소년, 아동들의 치료 계획을 위해 사용한 여러 가이드(Jongsma et al., 2002, 2006)를 통해 목적과 목표를 세웠다. 우리는 제7장의 각 활동에 대해 특별활동을 통하여 달성할 수 있다고 생각하는 많은 목적과 목표를 제공하였으나, 특별활동만을 위해 활동을 제한하고 싶지는 않으며 여러 가지 다른 활동도 있기 때문에 당신이 상상력을 발휘할 것을 권한다.

제3장

어떻게 모험적이면서 안전하게 집단을 이끌 것인가

한 팀의 관광객들이 마을을 방문했다. 관광객 중 한 사람이 울타리에 앉아 있는 노인에게 걸어가 물었다. "이 마을에서 태어난 위대한 남자나 여자가 있습니까?" 노인은 대답했다. "아니, 단지 아기들만 태어났지."

-『비아타 훈련 매뉴얼(Viata Training Manual)』(2005, p. 7)

어떤 관찰자는 보물 지키기(p. 300)를 하고 있는 집단을 지켜보며, 다른 이의 보물을 훔치려는 단순한 게임으로 볼지 모른다. 참여한 사람들에게 재미있는 것은 사실이지만(물론 당신도 그럴 것임을 확신하지만), 그 활동은 재미있는 놀이 그 이상이다. 만약 그 관찰자가 충분히 오래 지켜볼 수 있다면, 그 사람이 학교, 가족 또는 개인의 일상생활에서 필요한 것들이 무엇인지 구성하고, 그 필요한 물건을 훔칠 수 있는 방법에 대해 논의하는 모습을 발견하게 될 것이다. 그 집단원들은 함께 협력하는 방법을 토론하고, 심지어 중요한 물건을 보호하기 위해 누군가를 고용하기도 한다. 이런 활동은 개인 혹은 집단에 참여한 모두에게 안전한 환경을 조성하기 위한 강력한 도구가 될 수 있다. 학습하고, 통찰하고, 전달하기 위한 맥락을 만들고, 모두가 함께 있는 동안 주의집중해야 할 점을 찾는 데 도움이 된다. 이것은 그 집단원들에게 그들이 갖기 원하는 가족, 학교 혹은 개인의 일상생활을 어떻게 함께 형성할 것인지를 말하는 시각적 은유가 된다.

우리에게 이 사례는 속임수를 드러내고 강조하는 모험활동이 단순히 재미있는 놀이 그 이상의 의미가 있다는 것을 설명해 준다(Frank, 2001). 모험활동은 구체적인 치료 목적 및 목표를 촉진하고 참여자의 통찰 및 학습능력을 향상시키려는 의도적인 시도이다. 모험활동의 성공에 필수적인 부분은 상담자 또는 치료사 그리고 그들이 가지고 있는 지도 기술이다. 이런 점들을 고려하면서 이 장에서는 제7장에서 설명할 활동들을 성공적으로 이끌어 내는 방법을 살펴볼 것이다.

모험활동의 성공을 위한 좋은 방법은 그들이 주도하는 방식과 연관이 있다. 성공적인 리더십은 그 활동이 실제 치료 목적을 촉진적으로 이끌기 위한 의도적 개입인지를 결정하는 데 중요한 역할을 한다. 이런 지도방식은 일반적인 상담자나 치료사의 범위를 벗어날 수도 있다(우리는 그런 훈련은 결코 받아들이지 않는다). 그래서 당신은 그것을 할 수 있는가? 우리는 당신이 이 질문에 대해 고민할 수 있다고 생각한다. 그러나 우리는 이 장의 시작 부분에 있는 인용문으로 다시 돌아갈 것이다. 그 인용문에 등장한 노인과의 대화에서 우리는 통찰을 얻을 수 있다. 리더가 그냥 태어나거나 만들어지는가? 우리는 리더십 기술 개발이 사람들을 이끄는 데 필요한 도구, 방법, 기술 등을 시작으로 하는 끊임없는 학습 과정임을 알고 있다. 우리는 날 때부터 리더로 태어난 이를 알지 못하며, 이끌고 처리해 나가는 모험적인 활동을 통해 위대하게 성장한 아이들만을 알고 있다. 그들은 상담자와 치료사에게 요구되는 기본적인 리더십 기술을 경험하면서, 주어진 상황에 따라 리더십을 형성할 수 있는 자신감과 능력을 개발한다. 이러한 방식의 리더십 활동들은 예술 분야와 과학 분야에 대개 나타난다. 예술 분야의 리더십은 판단력, 자기 인격과 행동의 융합, 긍정적이고 낙관적인 태도 등으로 칭해지는 중요한 성취로서의 무형적 자질을 포함한다. 이러한 리더십 요소는 가르치기가 어려우며, 시간이 지남에 따라 획득 및 내면화된다. 과학 분야의 리더십은 가르칠 수 있고, 배울 수도 있다. 또한 특정 단계와 많은 계획을 포함한다. 이 장에서는 훌륭한 리더십의 기본에 초점을 맞추고 모험에 기반을 둔 활동을 이끌어 내는 데 사용할 수 있는 다양한 도구와 기술을 배우게 된다. 시작해 보자.

☆ 모험활동을 이끌어 가는 기본 요소는 무엇인가

만약 당신이 이 장의 모든 것을 잊어버렸다면, 모험활동을 이끌기 위해 가장 중요한 사실은 안전을 위해 주의 깊게 관찰하고, 의도적으로 행동을 이끌어 내며, 열심히 그리고 재미있는 활동으로 만들어야 하는 것만을 기억해야 한다.

안전성

우리는 모험활동을 이끌기 위해 가장 중요한 요소가 안전이기에 이를 가장 우선적으로 언급한다. 이것은 개인에게서 언급되지 않을지라도, 모든 상담자와 치료사가 내담자의 정서적 또는 심리적 안정과 더불어 신체적 안전에 대하여 염두에 두도록 환기하는 것이 필요하기 때문이다. 전통적으로 상담과 치료에 있어 참여자 집단의 정서적인 어려움에 대처하는 것은 익숙하지만, 신체적 위험에 대해 주의하는 것은 소홀하기 쉽다.

실제 상황은 아닐지라도 우리는 부모님이나 체육 교사처럼 생각하도록 시각을 전환해야 한다. 예를 들어, 우리는 이 활동에서 우리 자녀가 상처를 입게 된다면 어떤 일이 일어날 것인지를 떠올리며 안전에 대해 고려해야 한다. 그러면 우리는 참여자, 전체적인 환경, 활동 자체 및 주변 상황까지 고려하며 신체적 안전을 생각하게 된다. 예를 들면, 이 활동이 움직이는 활동인가? 만약 그렇다면 사람들이 서로 마주치는가? 발을 헛디디거나 떨어지는가? 의자, 벽, 책상, 나무 등의 장애물에 빠지는가? 그러한 공간은 무엇인가? 그 공간은 참여자들이 서로 마주칠 가능성을 높이는가? 예를 들면, 작은 공간이거나 의자, 책상, 나무 등의 장애물들 때문인가? 만약 당신이 밖에 있다면 지형이 어떠한가? 자갈, 콘크리트, 풀, 덤불 또는 차량이 있는가? 활동에 내재된 위험이 있는가? 또한 다른 참여자와의 접촉은 잠재적으로 위험할 수 있음을 기억해야 한다. 신체적인 접촉을 포함한 프로그램의 참여자들은 그 신체 접촉 자체가 잠재적인 위험을 내포한다. 우리는 참여자 중 일부가 상당히 공격적이거나 충동 조절이 잘 되지 않음을 알 수 있다(따라서 이들은 상담의 필요성이 있다). 우리는 참여자들의 경쟁 또는 던지는 것과 관련된 모든 행동을 보며 잠재적으로 안전에 대해 즉시 생각해야 한다(생각으로는 부드럽게 공을 던지려 하지만, 공격성과 충동 조절이 취약해지면 결국 상당히 폭력적이고 험악해진 자기만의 놀이 방법으로 전락해 버릴 수 있다). 잠재적으로 안전에 문제가 있음을 알게 되면, 다음 집단과 협력하여 위험요소를 관리하고 참여자를 보호해야 한다. 활동을 선택하고, 위험요소를 나열하여 참여자를 보호하는 것은 잊지 말아야 할 가장 중요한 요소이다.

개인 또는 집단으로 모험을 경험하는 동안 안전을 관리하는 리더에게 활동 선택하기, 순서 정하기, 예측하기, 계획하기 그리고 모두에게 권한 주기는 중요한 도구가 되는 것임을 잊지 말아야 한다(Michaelis & O'Connell, 2000). 추가로 이 장의 뒷부분에 집단 활동 중에 안전을 모니터링하기 위한 몇 가지 기술을 설명하고 있다.

훌륭한 리더는 신체적 안전뿐 아니라 정서적이고 심리적인 안정에도 관여해야 한다. 우리는 상담자와 치료사들이 일반적인 신체적 안전보다 이런 부분들에 더 익숙하다는 것을 알고 있다. 하지만 우리는 많은 모험활동이 연상을 불러온다는 것을 종종 놓친다. 즉, 때로는 우리가 예상하지 못한 방법으로 참여자들의 내면적 문제가 떠오르곤 한다. 우리는 해티 등(Hattie et al., 1997)에 의한 모험활동의 정의, 즉 새로운 환경이 신체적으로 활발한 움직임을 촉진하듯, 새로운 배경과 새로운 활동이 참여자들의 예상치 못한 반응을 불러올 수 있다는 것을 기억해야 한다. 이것은 정말 대단하다! 우리는 활동이 단순히 재미있는 것에 그치지 않기를 바라며, 항상 토론하면서 향상되기를 바란다. 그러나 이러한 새로운 시도들로 인해, 아동과 청소년들의 문제들이 전통적인 상담 환경에서보다 더 빨리 발생할 수도 있다. 이 점을 고려할 때, 참여자가 예상보다 더 깊은 내면의 영역을 보다 더욱 신속하게 개방할 가능성에 대해 준비할 것을 권고한다. 우리는 당신이 이렇게 자기를 개방하는 참여자들을 지원할 집단 과정에 대한 준비가 충분한지 확인하길 원한다.

또한 정서적/심리적 안정 관련 문제가 집단 내 개인 또는 여러 참여자 사이에서 일어날 수 있다. 왜냐하면 모험활동은 잠재적인 스트레스가 많고, 참여자들이 항상 호의적인 행동만을 보여 주는 것은 아니기에(예: 부정적으로 이름을 부르기, 참여자의 어떤 행동에 대해 적대적으로 모이기 등), 스트레스를 받은 참여자가 상담 과정을 훼손하거나 다른 사람들을 공격할 수도 있기 때문이다. 당신이 알다시피 이러한 일들은 대부분의 집단에서 종종 나타나지만 모험활동에서는 두드러지게 나타난다. 이 장의 뒷부분에서는 정서적/심리적 안전 문제를 예측하기 위한 다양한 방법에 대해 이야기할 것이다(예: 참여자와의 기본 규칙 설정).

의도성

우리가 좋아하는 인용문 중 하나는 다음과 같다. "어떻게 일어났는지 그 내막을 알면 왜 일어났는지 알 수 있다." 따라서 우리가 모험활동을 이끌어 가는 방법에 대한 질문에 대답하는 데 있어 가장 좋은 해결책은 특정한 그 활동을 왜 하는지를 묻는 것이다. 다른 목적을 갖는 여러 활동(제7장에 제시한 다른 49가지 활동) 중에 이 특정한 활동을 선택한 이유는 무엇인가?

이 장의 시작 부분에 등장했던 보물 지키기(p. 300)는 리더가 특정 치료 목적을 달성하기 위해 의도적으로 경험하도록 활동을 구성한 방법의 한 예시이다. 여기서 중요한 점은 우리가 사용하는 활동을 세심하고 주의 깊게 구성하고, 우리가 만들고자 하는 결과에 대해 의도적으로 계획해야 한다는 것이다. 모험 중심 활동을 이끌어 가려면 제일 먼저 그 이유를 확인해야 한다. 확인을 시작하는 것으로 그치지 말고, 마음속으로부터 처음부터 끝까지 가 보는 것이다. 건축가가 청사진을 통해 새로운 구조를 만들듯, 우리는 우리가 가고 싶은 곳과 우리가 왜 그곳에 가고 싶은지를 알고 싶을 때 프로그램을 구축한다. 이러한 토대를 바탕으로 우리는 적절한 시기에 집단에 맞는 알맞은 활동을 선택함으로써 우리가 어떻게 목표에 도달할지를 의도적으로 결정할 수 있다.

열의와 열정

열의의 enthusiasm은 그리스어인 'en theos'에서 파생된 것으로 '신의 영혼'을 의미한다(그리스인은 단어에서 그 길을 찾았다). 모험활동 리더십에서 열의란 경험을 통해 얻어지는 리더로서의 개인적인 정신이다. 열의를 통해 리더는 다른 사람들의 열정을 불태우고, 그들이 하는 일에 흥미를 느낄 수 있게 한다. 열의를 가진 리더들은 다른 사람들을 활동 과정에 참여시킴으로써 참여자들이 집단적인 열성을 쌓을 수 있도록 격려한다. 기억해야 할 중요한 사항은 각자의 열의를 표현하는 방식이 개인의 성향을 반영한다는 것이다. 어떤 사람들은 시끄럽고 거대할 수도 있고, 어떤 사람들은 미묘한 유머감각처럼 조용할 수도 있다. 열의에 관련하여 가장 중요한 점은 그것이 진실하며 마음에서 우러나온다는 것이다(Michaelis & O'Connell, 2000).

우리는 열의가 성공적인 모험활동을 선도하는 데 가장 최고의 예측자 중 하나인 것을 안다. 사람들이 활동에 대한 당신의 에너지와 흥미를 공유할 수 있다면 이것은 전염성을 갖게 된다. 열의는 참여자들을 활동과 경험에 완전히 참여하게 함으로써 초반에 활동이 재미없다고 느꼈던 생각을 완전히 없애 주는 하는 촉매제이다. 열의는 참여자들을 활동에 보다 적극적으로 참여할 수 있게 하며, 결과적으로 참여자들이 더 많은 이득을 얻을 수 있도록 도와준다.

재미

우리는 이미 재미에 대한 우리의 약속들에 대해 분명히 하려고 노력했다(저자 서문 참조). 모험 중심 활동의 독특한 측면 중 하나는 경험을 통해 통찰력을 기르고,

재미있고 능동적인 성장 및 학습을 가능하게 해 준다는 것이다. 때로 우리는 효율적으로(안전하게, 의도적으로, 열정적으로) 이끌기 위한 노력으로 인해 재미를 잃을 수 있다. 그러나 성공적인 리더는 재미를 잊지 않아야 한다. 이를 위한 한 가지 방법은 우리의 리더십에 장난스러운 감각을 적절히 개발하는 것이다. 장난스러운 감각은 종종 우리가 이끄는 활동에 대한 우리의 열의와 열정으로부터 흘러나온다. 결과적으로, 우리는 의도적으로 또 효과적으로 성장하기를 원하며, 그 과정에서 우리는 참여자들에게 재미있는 학습 환경을 조성하기 위해 유머와 즐길 기회를 열어 주는 것을 잊지 말기를 바란다. 우리가 하는 한 가지 방법은 활동에 참여함으로써 재미를 모델링(예: 당신의 이름을 그리시오, p. 281)하는 것이다. 그리고 거기에 재미를 덧칠하는 것이다.

☆ 집단을 만나기 전에 무엇을 해야 할까

성공적인 모험활동을 이끌어 내는 열쇠는 기획과 준비이다. 우리가 이미 언급했듯이, 활동이나 프로그램의 목적에 대해 의도성을 가지고 준비하는 것은 매우 중요하다. 일단 목적을 확인한 후에는 목적과 관련된 질문을 하고 계획을 세울 준비를 할 수 있다.

목적과 관련된 질문하기

모험활동을 계획하고 준비할 때 해야 하는 질문에는 다음을 포함한다.

- 참여자들의 발달 과제는 무엇인가?
  제2장에서 강조한 바와 같이, 참여자들의 발달 수준은 다양한 모험활동 영역에서의 차이를 드러낸다. 참여자를 이끌면서 당신은 구조화 문제(예: 초등학생은 중학생보다 구조화가 더 필요함), 복잡성(예: 고등학생이 중학생이나 초등학생보다 복잡한 활동을 보다 쉽게 파악할 수 있음), 그리고 좌절 내성을 고려할 수 있다.
- 참여자들은 서로 어떻게 관련되어 있는가?(집단의 역동성)

집단 활동을 선택하고 이끌어 감에 있어 중요한 핵심은 집단원들이 서로 얼마나 관계를 갖는가에 있다. 일부 활동은 더 많은 응집력과 협력을 요구하기도 한다(또는 더 큰 좌절로 이어질 수 있다). 당신의 집단은 특정된 활동에 따른 도전을 감당할 준비가 되어 있는가? 또는 집단원들을 좌절의 순간으로부터 밀어내길 원하는가?(예: 그들이 충분한 과정을 통해 분쟁을 해결하기 원하는가?)

- 집단의 에너지 수준은 어떠한가?
  상담자 그리고 치료사와 마찬가지로, 참여자 역시 에너지와 관련된 흐름이 있다. 집단은 시작될 활동에 대한 충분한 에너지가 있는가? 집단원은 활동과 관련해 너무 많은 에너지를 소비하는가?(예: 지시사항을 듣고 기다리며 준비할 가능성이 작음)
- 당신이 즉시 처리할 수 있는 범위와 시설은 무엇인가? 어떤 장비가 있는가?
  활동을 위한 공간은 충분한가? 바깥 또는 다른 공간으로 이동할 수 있는가? 당신에게 유연성을 줄 수 있는 기본적인 장비나 소품이 있는가? 우리는 보편적으로 가지고 다니는 작은(때로는 작지 않은) 모험활동 가방이 있다. 그 안에는 테이프, 부드러운 공이나 물건, 방수 천이나 테이블보 등이 있다. 제7장의 50가지 활동을 살펴보면 몇 가지 간단한 물건들을 통해 다양한 활동을 할 수 있는 선택사항이 나와 있다.

계획 수립

앞에서 나온 질문 유형에 답하게 된다면 집단에서 가장 적합한 활동이나 그것에 대한 계획을 수립할 수 있다. 준비과정을 진행할 때, 특히 일련의 특정한 활동을 계획할 때는 선택 가능한 다수의 계획을 세우는 것이 중요함을 기억해야 한다. 많은 계획을 세우면 집단 혹은 상황에 따라 여러 가지 방향으로 진행할 수 있는 유연성이 생긴다. 일반적으로 우리는 실제 할 수 있는 것보다 3배 정도 더 많은 활동을 준비하려 노력한다. 이 많은 계획은 우리에게 많은 선택사항을 주고, 긴장을 풀 수 있도록 도와준다. 그래서 어떤 일이 일어나더라도 우리는 다음에 해야 할 일에 대한 아이디어를 갖게 된다.

많은 계획 외에도 활동의 순서를 생각하는 것이 중요하다. 제1장에서 다룬 내용을 상기해 보면, 우리에게 순서는 집단이나 개인이 특정 회기에서 또는 치료 전 과정에서의 활동 순서를 의미한다. 시간대에 관계없이 순서 정하기는 집단이 경험을 최대한 활용할 수 있도록 도와주는 중요한 구성 요소이다. 모험활동을 광범위하게 사용하는 상담자들은 순서 정하기가 가장 중요한 우선순위의 일이라고 말하며, 흔히 그다음에는 어떤 순서가 되어도 상관없다고 말한다. 즉, 리더는 방향을 제시하는 일반적인 로드맵을 염두에 두어야 하지만 목적과 관련된 질문을 통해 변수에 따라 여러 경로를 고려함으로써 충분히 유연해야 한다.

활동의 순서를 확인한 후에는 그것을 구체적으로 작성하는 것이 좋다. 우리는 보통 주머니에 쉽게 들어갈 수 있는 작은 노트를 사용하곤 한다. 다양한 다른 선택사항들까지도 고려하여 적어 놓은 활동 목록들은 지시사항, 선택사항, 잠재적인 시간, 핵심사항, 즉흥적인 사항들에 대하여 많이 계획된 각본으로서 활동의 진행에 도움을 줄 수 있다. 이 목록들을 사용하면 활동을 이끌어 갈 때 필요한 장비와 공간을 구성하고 준비할 수 있다. 때로는 특정 활동에서 집단에 대한 관찰을 기록하기 위해서도 이를 사용한다.

☆ 나는 참여자를 이곳에 초대할 준비가 됐어. 지금부터 나는 뭘 해야 할까

집단원들이 도착함에 따라 당신은 집단을 사정하고, 이름을 익히고, 경험의 기본 규칙을 설정하기 등에 집중해야 하며, 집단의 개요에 대해 설명해야 한다.

집단평가

침착하게 세 번의 심호흡을 하고 표준 답변을 기억하라. '상황에 따라 다르다.' 집단을 처음 보았거나 만났는가? 집단이 그 관계에 있어 온전하게 기능하고 있는가? 새로운 집단원인가? 이것이 반복적인 집단인가, 아니면 일회성 상호작용 집단인가? 1시간, 20분 혹은 하루 종일 집단에 속해 있는가? 다시 볼 수 있는가? 몇 번이나? 집단의 분위기와 에너지 수준은 어떠한가? 처음 몇 분 동안 집단을 만나면서 집단과의 시간을 의미 있게 만들기 위해서는 여러 가지 평가가 필요하다. 우리는 집단을 평가하고 활동 선택을 결정할 때에 그 집단에 필요한 중요한 가치를 알게 된다. 그것은 우리가 당신에게 많은 계획을 권장하는 이유 중 하나이다. 많은 계획은 목적을 수월하게 달성하기 위한 최선의 노력을 기울임에 있어 유연성을 발휘할 수 있는 계획된 선택사항을 제공한다.

집단을 신속히 평가하게 되면 함께 시간을 보내면서 바로 집단 활동을 가질 수 있다. 제1장에 나온 친해지기는 집단에 즉시 참여할 수 있도록 해 주며, 함께 활동하는 동안에도 계획한 활동 유형에 대해 집단을 평가할 수 있는 수단이 되기도 한다. 새로운 집단의 경우 초기 활동 후에 당신은 이름을 익히고 집단 규칙에 대해 설명하고 집단의 정보를 제공하기 위해 한 걸음 뒤로 물러설 수 있다. 반복적인 집단의 경우 집단원이 매 회기가 시작될 때마다 알고 있는 활동이 있을 수 있으므로, 함께 하는 시간을 다른 형태로 전환하는 데 도움을 주는 역할을 할 수 있다.

이름 익히기

이미 당연한 사항이지만 성공적인 모험활동을 이끌어 나가기 위해 가장 중요한 구성 요소 중 하나는 정서적으로 안전한 환경을 조성하는 것이다. 이것은 우리가 참여자의 이름을 알기 시작한 순간부터 시작되는 연속적인 과정이다. 집단에 속한 모든 사람이 자신을 포함하여 이름을 익히는 것은 모두에게 환영받는 것처럼 느낄 수 있게 하는 첫걸음이기 때문이다. 이름 게임(예: 내가 할 수 있는 것!, p. 233), 이름표 또는 다른 창의적 수단을 사용하여 서로의 이름을 초기에 익히도록 한다. 우리는 "거기 너" "거기 있는 저 남자"와 같은 식으로 말하는 것이 회기의 과정에서 긍정적인 것이 아님을 알아야 한다. 이름을 아는 것은 정말 도움이 된다.

경험의 기본 규칙 설정하기

우리는 당신이 어떤 집단의 기본 규칙을 세우는 데 경험이 있다고 생각한다. 전통적인 상담 및 치료 집단에서 일정한 규칙 등을 세우는 것이 일반적인 방식은 아니나, 그 경험은 당신이 사용할 모험활동 집단에 그 과정에서의 적절한 일반화를 가능하게 해 준다. 우리는 전체 가치 기준에서 볼 때 집단에 특별히 도움이 되는 몇 가지 독특한 개념들을 생각할 수 있다.

쇼엘과 마이젤(Schoel & Maizell, 2002, p. 61)은 전체 가치 기준이란 집단을 위해 구성되는 것으로, ① 안전하게 서로를 존중하는 행동 규범들에 대한 이해를 만들어 내고, ② 집단 내에서 모든 사람이 그 규범에 대해 헌신하며, ③ 그 규범의 유지를 위한 공동의 책임을 받아들이는 것이라고 설명한다. 우리는 종종 초등학교 학생들이 교실에서 어떻게 함께할 것인지에 대해 고민하거나 기업집단들이 그들이 원하는 문화에 대한 방향을 확립하기 위해 가치와 사명들을 개발하는 것으로 생각하게 된다. 그러나 모험활동에 있어 전체 가치 기준은 배움을 공유하고 함께 하기 위한 맥락을 만든다. 그것은 집단원들이 함께 있는 동안 주의집중해야 할 것을 확인하도록 돕고, 효과적인 의사소통을 위한 내용으로 구성된다. 쇼엘과 마이젤(2002)은 전체 가치 기준은 모든 집단원이 이해할 수 있는 단어로 작성되어야 하며 '집단의 독특한 정신과 목적'을 반영해야 한다고 지적했다(p. 61). 집단의 기본 규칙을 정하는 일반적 원칙은 일정하지만 규칙을 만드는 수단은 다를 수 있으며 방법도 다양하다.

어떤 리더들은 집단과 처음 만났을 때 일에 많은 관심을 기울이고, 다른 리더들은 집단의 규칙을 점진적으로 만드는 것을 원하기도 한다. 집단의 기본 규칙을 작성하는 데 사용할 수 있는 특정 기술에는 다음이 포함된다.

- 희망, 기대, 우려

  집단을 이 3개의 하위집단으로 나눈다. 각 소그룹에 종이 1장씩 준다. 첫 번째 집단은 '희망'이라는 종이를, 두 번째 집단은 '기대'라는 종이를, 세 번째 집단은 '우려'라는 종이를 얻을 것이다. 속한 집단에 집단에 대한 희망, 기대 또는 염려에 대해 의견을 말하고 종이에 적도록 한다(종이에 적혀 있는 단어에 따라). 몇 분 후 그 종이를 다른 소그룹으로 돌린다. 소그룹이 새로운 종이를 받으면 이미 쓰여 있는 것을 검토하고 자신의 의견을 추가한다. 몇 분 후, 종이를 다시 회전하여 모든 소그룹이 각 종이를 검토하고 쓰도록 할 수 있다. 종이를 전체 집단에서 검토하여 모두가 작성한 내용을 이해하도록 한다.

- 보물 지키기(p. 300)

  우리는 때때로 집단에서 더 많은 사람이 집단에 관한 좋은 것들을 지키면 지킬 수록 그것들을 통해 공동체 퍼즐이 쉽게 만들어질 수 있다는 것을 설명하기 위해 이 활동을 사용한다.

- 공동체 퍼즐(p. 145)

이 활동에서 퍼즐 조각들은 집단의 기본 규칙 중 중요한 부분이 될 수 있다.

- 공식적인 규칙 세우기

집단에 다음과 같은 질문에 답하게 한다.

-자신에 대한 당신의 기대는 무엇인가?

-동료에 대한 당신의 기대는 무엇인가?

-리더에 대한 당신의 기대는 무엇인가?

- 토템 폴 세우기

토템 폴은 집단의 규칙과 기대를 나타낸다. 이 활동은 핸턴(Henton, 1996)이 집단의 지침과 규칙을 정의하기 위한 참여자들의 운동 감각적 · 공간적 · 예술적 수단으로 만들었다. 이것은 보통 장기간 지속되는 집단에서 사용된다. 첫 번째로 집단원들은 집단 규칙의 세부 사항을 결정한다. 그런 다음 자신과 서로와의 관계 그리고 경험을 중심으로 규칙을 지키기 위한 구체적인 방법을 확인한다. 다음으로 그들은 그들의 집단을 상징하는 토템을 디자인한다. 집단은 종이 청사진을 서로의 계약으로 사용하기도 하며, 실제로 나무, 풀을 먹인 딱딱하고 두꺼운 종이, 상자, 스티로폼 또는 기타 재활용 재료로 토템을 만들게 된다. 토템을 만든 후에 참여자는 각 부분에 단어나 그림을 추가하여 경험을 위해 그들이 행할 행동을 지정할 수 있다.

- 다섯 손가락 계약

어린아이들의 경우, 이 활동은 좀 더 지시적이지만 집단으로 하는 것에 대한 좋은 상징이 될 수 있다. 집단에게 각 손가락에 대해 각 개념에 맞는 행동을 미리 생각하게 한다. 토론을 마친 후에는 모든 집단원에게 기본 규칙에 대한 헌신을 나타내는 최고 점수를 줄 수 있다. 여러 회기를 통해 만나는 집단의 경우, 상위 5개를 나누면 집단이 만날 때마다 기본 규칙을 빠르게 검토할 수 있다. 이 시나리오에서는 각 손가락이 계약의 중요한 부분을 나타낸다.

-새끼손가락: 안전함(가장 작고 가장 연약한 손가락)

-약손가락: 헌신(원한을 품지 않고 기꺼이 보내 주기)

-가운뎃손가락: 내려놓음에 대한 의식
-집게손가락: 비난 대신 책임감
-엄지손가락: 집단의 목적 달성을 위한 합의

• 정의 만들기
열심히 놀기, 안전하게 놀기, 공정하게 놀기, 재미있게 놀기 등 각 항목에 대한 정의를 작성한다.

선택에 의한 도전(Henton, 1996)은 집단의 기본 규칙을 수립하는 또 다른 중요한 개념을 알게 한다. 선택에 의한 도전은 활동 안에서 그들 스스로 어떻게 선택하는지(혹은 선택하지 않는지)에 대한 생각까지도 참여자의 선택임을 포함하고 있다. 일반적인 상담이나 치료 과정에 있는 참여자와는 달리, 선택에 의한 도전은 참여자의 참여가 자발적임을 강조하고 있다. 그러나 다른 전통적인 상담 환경과는 달리 모험활동(예: 전기담장, p. 154)은 때때로 위험하거나 도전적이다.

핸턴은 선택에 의한 도전이 다음과 같은 원칙에 기반을 둔다고 설명했다. ① 성장을 촉진하는 도전 또는 건강한 결과를 낳는 위험이고, ② 능력 및 성취에 대한 개인의 기본적인 욕구는 학습에 긍정적인 동기이며, ③ 개인은 새로운 상황에서 잠재적인 성공을 결정할 수 있는 능력을 가지고 있다. 우리는 선택에 의한 도전이 모험활동을 강력하게 만들어 주는 것 중 하나라고 생각한다. 선택에 의한 도전에서는 참여하기, 문제 해결하기, 역량 관련 위험에 대한 평가, 왜 다른 참여자와 함께 있으며, 가치 기준은 무엇인지에 대한 평가까지 하게 된다. 우리는 참여자가 선택할 때 자신이 해야 할 일을 말한 것과는 달리 자신이 선택한 것을 소유하고 있음을 알게 된다. 선택에 의한 도전은 참여자가 자신의 강점과 한계를 찾아 자신의 선택에 대한 책임을 지는 데 도움을 준다.

속임수는 사람들이 원하면 새로운 것을 시도할 수 있는 새로운 환경을 조성한다. 리더가 수행하는 주된 방법 중 하나는 순서 정하기이다. 제1장에서 설명한 것처럼 집단과의 첫 모험활동이 반드시 문제 해결이나 신뢰를 위한 활동이어야 하는 것은 아니다. 그러나 그러한 활동(친해지기와 빗장 풀기 활동이나 응집력을 향상시키는 다른 상담방법 등)이 순서가 정해지지 않는다면 참여자는 참여 가능성이 작아지게 된다. 왜냐하면 참여하는 것이 필수적인 것이 아니기 때문에(물론 참여자는 참여하기를 분명히 원하겠지만), 우리는 활동을 이끌면서 의도적으로 순서를 정하여 진행해야 한다.

☆ 충분히 준비했으니 이제 놀아 보자! 다른 중요사항은 무엇일까

물론 이것이 이 장의 전부이다. 우리는 당신이 활동을 시작하는 것, 즉 지시사항을 준비하고, 전달하고, 평가하고, 적용하며, 안전을 주의 깊게 살피고, 다음 활동으로 이어질 수 있도록 격려한다.

지시사항 준비하기

명확하게 지시사항을 주는 것은 활동을 신속하고 올바른 마음가짐으로 시작하는 데 중추적인 역할을 한다. 지시사항을 성공적으로 전달하는 첫 번째 열쇠는 집단에 함께 참여하며 참여자들이 듣고 집중할 수 있도록 다양한 방법으로 관심을 끄는 것이다. 우리의 기법(여러 번의 실수를 거듭하면서 얻어진 것)은 다음과 같다.

1. 지시사항을 준비하기 위해선 자기 자신이 먼저 방향을 잡아야 한다. 모든 사람이 당신의 말을 들을 수 있어야 하며, 당신이 집단 앞에 위치해야 한다(집단의 한가운데에 서지 않아야 한다). 참여자들이 서 있는 곳을 생각해야 한다. 예를 들어, 방향을 제시할 때 참여자가 태양을 바로 보지 않도록 주의해야 한다.
2. 11~12월에 회기가 있을 경우 '즐거운'이라고 말하거나 '명절'이라고 말하는 등 시기에 맞는 주제 문구를 사용해야 한다. 또한 집단이 자신들의 주제 문구를 구성할 수도 있도록 해도 좋다.
3. 예를 들어, "나의 말이 들린다면 박수 한 번, 나의 말이 들린다면 박수 두 번, 나의 말이 들린다면 박수 세 번"과 같은 식으로 참여자들이 박수 치기를 시작하면 전체 집단이 소리에 맞춰 박수를 친다. 다른 예로는 당신이 손을 들어올리면 참여자가 손을 들어올린 다음 다 같이 말하지 않는 것이다. 또는 당신이 손수건을 머리 위로 올린 다음, 손수건이 떨어지는 동안에는 소리를 낼 수 있

지만 손수건이 바닥에 떨어지면 조용히 한 후 들어야 한다고 말한다.

4. 여러 번 모이게 되는 집단은 의례적인 관습들을 정리해야 한다. 예를 들어, 매번 동일한 활동으로 회기를 시작했다면 집단에서 자신의 경험을 쉽게 활용할 수 있다. 활동이 끝나면 집단은 당신에게 집중해야 할 때임을 안다. 다른 종류의 호루라기를 가져와 집단에 과제를 준다. 그리고 당신은 집단에 있는 자신들의 관습들을 찾을 수 있도록 하게 한다.
5. 방백(stage whisper)을 사용해야 한다. 그 방법을 통해 우리는 참여자들이 집단에서 서 있기보다는 차분하게 하며, 서로 가까이 다가와 당신의 말에 귀 기울이게 할 수 있다.
6. 진행할 활동을 예상하면서 행동제시 단어들(trigger words)을 사용하여 당신이 만들고 싶어 하는 모양(예: 원, 작은 원, 작은 원, 직선)으로 집단의 형태를 구성하도록 하라. 집단원들에게 이러한 단어들을 알려 주지 않고 그들이 원하는 활동을 직접 만들어 보게 하라. 그들만의 행동제시 단어들과 형식을 만들면서 참여자들도 재미를 갖게 될 것이다. 우리가 사용하는 행동제시 단어는 다음과 같다.
   (1) 닭 국수: 집단이 치킨 수프 캔에 들어 있는 국수처럼 어깨와 어깨가 단단히 닿도록 바짝 붙어 원을 만들게 한다.
   (2) 닭 날개: 집단이 엉덩이에 손을 대고 팔꿈치를 세워 양쪽에 있는 사람과 팔꿈치로 더 큰 원을 형성하게 한다.
   (3) 비행하는 닭: 집단이 팔을 옆으로 똑바로 편 다음, 서로의 손끝을 맞대어 더 큰 원을 만들게 한다.
   (4) 닭고기와 만두: 집단이 개별적으로 흩어져서 각자 팔을 자유롭게 흔들며 다른 사람과 닿지 않도록 공간을 갖게 한다.

지시사항 전달 및 평가/적용하기

지시사항을 준비하고 집단에서도 들을 준비가 되었다면, 가능한 한 간단하게 활동의 규칙이나 변수들에 대해 설명해야 한다. 어떤 경우에는 명확한 지시를 주고 싶지만, 어떤 경우에는 집단에 대한 도전을 통해 자율적으로 생각할 수 있도록 모호한 지시를 줄 수도 있다. 안전한 활동에 도움이 되는 구체적인 규칙 또는 안전 관심사(예: "의자들이나 엉성한 카펫 바닥, 도로에서 멀리 떨어지세요.")를 명쾌하게 밝히기 위해서 주의를 기울여야 한다(예: "처음에는 천천히 움직여 주세요. 왜냐하면 당신의 발목과 상대방의 발목을 묶으면 몹시 불편하기 때문이에요."). 많은 경우에 활동에 대해 설명하는 것 외에도 참여자들을 시각적으로 돕기 위해 직접 보여 주는 것도 도움이 된다. 어떤 경우에는 의도적으로 활동에 대해 설명하지 않을 수도 있다. 왜냐하면 집단의 독창성을 저해하지 않으며 그들 스스로 활동을 수행하는 방법을 알아내도록 하기 위함이다. 활동을 시연하기로 한 경우엔 참여자가 시연을 돕도록 한다. 그리고 모든 사람이 활동을 이해할 수 있도록 연습을 하거나 느린 동작으로 처음부터 반복할 수 있다. 필요에 따라 규칙이나 절차를 변경하거나 활동을 완료하는 데 필요할 경우 적절하게 적용할 수 있다.

지시사항을 전달한 후에는 그들에게 궁금한 점이 있는지 확인하는 습관을 갖도록 해야 한다. 그것은 당신을 위해서이기도 하지만 모든 사람이 당신과 같은 이해 수준에 도달했는지를 확인하는 것이다. 경우에 따라서는 모든 질문에 대답하지 않기도 한다. 특히, 집단이 답을 알고 싶어 하지만 집단이 다 함께 답을 찾아야 하는 경우(또는 답이 없을 경우)가 있을 수 있다. 이런 경우엔 답이 집단에 달려 있음을 집단에 알려 주거나 설명을 해 주는 식으로 기존의 지시사항을 반복해 준다. 지시사항이 전달되면, 그것에 따라 활동을 시작하게 된다. 그러나 리더는 활동 중에 어떤 역할을 할 것인지를 결정해야 한다. 함께 놀 것인가? 관찰할 것인가? 거리를 두고 관찰할 것인가? 제안을 할 것인가? 각 역할에 대해서는 명확한 장단점이 있을 수 있으며, 종종 활동을 통해 당신이 무엇을 하게 될지가 정해진다. 예를 들어, 당신은 행동을 촉진하고 모든 사람을 활동에 참여시키기 위해 놀기를 원할 수도 있고 개인 또는 집단의 평가를 위해 활동을 관찰하고 싶을 수도 있다. 어떤 경우든 경험 전반에 걸쳐 당신의 역할에 대해 의도적으로 행동해야 한다.

리더는 활동 중 리더의 역할 외에도 집단의 역동과 참여 그리고 전체적인 과정을 관찰해야 한다. 이러한 평가에 대해 리더는 집단이 원하는 방향으로 활동을 적용할 수도 있다. 라디오의 주파수나 볼륨, 스피커의 균형 등을 조절하는 것처럼, 활동을 적용할 수 있어야 한다.

리더로서 집단의 경험들을 세밀하게 조절하는 것을 두려워해서는 안 된다. 활동을 더 어려운 방향으로 가게 하거나 더 쉬워지게 하는 식으로 모든 사람이 집단에 참여할 수 있도록 해야 한다. 더 어려운 도전과제를 줄 경우에는 집단이 문제를 보다 잘 처리할 수 있는 시점(예: 에너지 수준이 너무 열광적이지 않을 때)에서 활동을 중단하고 다시 올 수 있도록 해야 한다. 이러한 유형의 활동은 모험에 기초한 활동을 매우 도전적이고 매력적으로 느끼게 만든다. 리더는 끊임없이 변화하는 상황에 적응하고 집단을 평가해야 한다. 리더는 상황에 맞게 규칙을 변경하는 것을 두려워해서는 안 된다. 우리에게 있어 즉각적으로 활동을 주도하고 적용할 수 있는 방법들은 매우 중요하므로 제5장에서 좀 더 자세히 살펴보도록 하겠다.

안전 모니터링

이미 언급했듯이 안전은 집단을 이끌어 감에 있어 중요한 부분이다. 우리는 이미 안전에 대한 우려를 예상하고 명확한 지침을 주고 반복하는 것이 중요함을 강조해왔다. 리더는 활동에서 안전을 모니터링하는 것이 중요하다. 이것을 염두에 두고, 경험을 통해 모두가 다른 모든 사람의 안전까지도 모니터할 수 있도록 환경을 조성하도록 노력해야 한다. 때로는 특히 고연령 집단에서는 활동에서 세 가지 안전망을 설명한다. 첫 번째 안전망은 안전에 대한 리더 모니터링이다. 두 번째 안전망은 참여자들이 자신을 돌보는 것이다. 이것은 선택에 의한 도전의 자연스러운 확장된 형태이며 모든 도전과제가 안전한 것임을 알게 한다. 세 번째 안전망은 활동을 통해 참여자들 모두가 서로를 모니터링하는 것이다.

집단이 자신의 신체적 안전과 정서적 안정을 모니터링하도록 권장하고 권한을 줄 때 사용하는 방법은 다음과 같다.

- 활동이 시작되기 전에 잠재적인 위험 또는 안전하지 않은 상황들을 살피도록 집단에 알려야 한다.
- 리더로서 안전하지 않은 상황을 보면, 집단이 잠시 모여 안전을 평가할 수 있도록 타임아웃을 호출하거나 '정지'를 외친다. "어떤 문제가 있으며, 우리가 이 문제를 어떻게 해결할 수 있나요?"라고 집단에 묻는다. 문제가 해결될 때까지 집단의 모든 사람에게 안전 타임아웃을 외치도록 권장한다.

- 스톱 물결 기술(Ripple Stop Technique)을 사용한다. 누구나 안전하지 않다고 느낄 경우 가능한 한 큰 소리로 '스톱'을 외친다. 누구나 '스톱'을 들으면 즉시 멈추고 최대한 큰 소리로 '스톱'을 외치기 때문에 물결 효과가 나타난다. 그러면 전체 활동을 중단하게 된다(Michaelis & O'Connell, 2000).
- 집단을 시작하기 전에 안전과 관련된 시설이나 현장을 평가해야 한다.
- "만약에 ~라면 어떻게 될 것 같니?"라는 질문을 통해 그들이 안전에 대한 생각을 시작하도록 한다.
- 활동을 시작하기 전에 모든 집단원이 오른손을 들어 규칙을 지키고 안전하게 놀 것을 맹세하도록 한다.

다음 활동으로 전환하기

특정 회기에 대해 계획된 활동이 2개 이상일 경우, 주요 과제 중 하나를 다음 활동으로 전환할 수 있다. 활동이 완료되고 해결된 경우(계획의 일부로서), 전환된 계획에서 몇 가지 질문을 고려해야 한다. 현재 집단의 에너지는 어떠한가? 집단에 다시 활력을 불어넣기 위해 빠른 친해지기가 필요한가? 아니면 마무리에서 많은 활동을 넣고 진행 속도를 늦춰야 하는가? 집단의 전반적인 분위기는 어떠한가? 그들이 성공적으로 활동을 잘 끝냈는가? 그들은 사려 깊고 조용하게 활동에 참여하고 있는가? 이러한 유형의 질문은 리더가 집단의 다음 항목을 식별하는 데 도움이 된다. 다음에 진행할 활동을 확인한 후에는 하나의 활동에서 다음 활동으로 전환하는 방법을 고려해야 한다.

경우에 따라 다음 활동으로 전환하거나 별도로 준비했던 활동(예: 잡았다!, p. 175)을 활용하기도 한다. 이러한 활동은 보통 직전에 했던 활동과 매우 다른 형식이며 모험적인 감각을 정화시킨다(어쩌면 그것이 관련이 없는 활동으로 보일 수 있으나 결국 목표하고 있는 것들을 얻게 될 것이다). 이런 활동은 밖에서 할 수도 있고, 다음 활동 장소로 이동할 수도 있다. 이런 경우엔 다음과 같은 질문을 생각할 수 있다. 집단 안에서 개인화 작업을 위한 침묵의 시간이 필요한가? 또는 집단이 토론하길 원하는 특정 질문이 나오는가? 어린아이들이 서로 가까워지기 위해서, 당신과 집단의 모두가 서로 함께 집단을 어떻게 유지할 수 있을지 고민하게 된다. 이러한 생각과 함께 당신은 활동을 좀 더 재미있게 만들거나 도전과제에 참여시킬 수 있는 방법들을 고려하게 될 것이다. 참여자들을 한곳에서 다른 곳으로 질서정연하고 즐겁게 이동시킬 수 있는 몇 가지 방법들을 소개해 본다.

- 다른 활동으로 이동하면서 노래 부르기
- 조용히 걷기
- 짝을 고르고 걷기
- 리더를 따르기
- 느리게 움직이기/빠르게 앞으로 가기
- 동물(예: 코끼리, 새) 모양으로 집단을 만들어 보고 다음 활동으로 함께 이동하기
- 활동이 바뀌는 동안에만 이야기 이어 가기
- 대형 TV 리모컨과 TV를 사용하여 활동을 변경하기
- 집단원에게 '신뢰로 걷기'(즉, 눈을 가리고 다른 참여자의 도움으로 걷게 한다, p. 370) 시행하기
- 다음 활동이나 발표와 관련하여 테이프 레코더(〈미션 임파서블〉 스타일)에 비밀 메시지를 전달하기

☆ 종결 시 고려사항

> 반복되며 불변하는 요소로 '나눌 수 없는 것'을 가르치기는 어렵다. 자동차 운전과 비행기 조종처럼 같은 방식으로 작동하는 일련의 조작방법들은 줄일 수 있다. 그러나 리더십은 마치 예술처럼 원칙을 적용할 때마다 새로운 바퀴를 재발명하는 것이다.
>
> -시드니 폴락(Sydney Pollack: Bennis, 2003, pp. 125-126 재인용)

역동적인 모험활동의 리더가 되는 것은 계속되는 연속적인 과정이다. 실패하는 것을 두려워해서는 안 된다. 다음에 비슷한 상황이 생기면 학습하고 개선하기 위한 도구로서 경험을 살펴보아야 한다. 미셸리스와 오코넬(Michaelis & O'Connell, 2000)

은 이 과정을 무의식적인 무능력에서 무의식적인 능력으로 이동시키는 것이라 설명했다. 우리가 무의식적인 무능력(우리가 모르는 것을 모르는 것)에서 시작하여 의식적 무능력(우리가 모르는 것을 아는 것)을 지나, 의식적 능력(우리가 아는 것을 아는 것)으로, 마침내 무의식적인 능력(우리가 아는 것을 알지 못하지만 자연스럽게 움직이는 것)으로 이끌어 가야 한다. 무의식적인 능력이란 상황에 따라 의사결정을 할 때 항상 올바른 의사결정을 내릴 수 있는 리더의 역할을 말한다. 그러나 최고의 리더는 무의식적인 능력에 멈추지 않는다. 그들은 그들이 원칙을 적용할 때마다 바퀴를 재발명할 수 있는 기술을 향상시키고 발전시키는 방법을 계속 배우고 찾아야 한다. 그리하여 더 나은 방향으로 계속 나아갈 것이다.

제4장

모험활동을 접목하는 방법

이 장에서는 활동에 참여하면서 얻은 통찰을 접목하고 참여자가 이러한 통찰을 다른 관계 및 상황으로 일반화할 수 있도록 돕기 위한 아이디어를 탐색한다. 활동을 어떻게 접목하는지에 대해 이야기하기 전에 그 이유를 묻는 것으로 시작해야 할 것이다. 도대체 왜 활동을 접목하는가?

기본적인 입장일지 모르지만, 우리는 당신이 모든 활동을 접목하지는 않을 것이라고 말한다. 우리는 여기에서 우리 자신을 능가할 수 있다. 접목(processing)의 의미는 무엇인가? 일반적으로 방금 끝낸 어떤 게임, 활동 또는 모험에 대해 이야기하는 것을 의미한다. 활동을 접목할 때 생각할 수 있는 일반적인 시나리오는 원 모양으로 집단(또는 하위집단)을 만들어 모든 사람이 서로 보고 들을 수 있도록 하고, 방금 수행한 게임에 대해 이야기하는 것이다. 우리는 왜 접목해야 하는가? 활동 참여자가 게임이나 활동에 대한 통찰이나 인식을 얻고, 이러한 통찰이나 인식이 게임이나 활동 이상의 것에도 적용될 수 있기에 다른 생활 영역(예: 학교, 가족, 사회적 상황들)에도 적용되기를 기대하기 때문이다. 접목하는 과정을 통해 인식과 통찰의 발달이 촉진되고, 활동이나 게임 이상의 영역에 대한 인식과 통찰의 전달이 촉진되기를 바란다.

우리는 항상 접목하지는 않는다는 것이 기본 입장이다. 때로는 활동에 대해 이야기하는 것이 불필요하고 비생산적이라고 생각한다. 우리는 전형적으로 활동을 접목하는데, 당신 또한 그렇게 할 가능성이 있다고 생각한다. 일반적으로 우리는 활동 접목이 도움이 된다고 생각하며, 이것이 모든 활동에 접목질문 예시를 포함시킨 주요한 이유 중 하나이다. 그러나 우리는 접목할 의무가 있다고 느끼기(즉, 활동 접목이 의무감을 포함한 올바른 방법인 것 같은 감정)를 원하지 않는데, 왜냐하면 우리는 그것이 바람직하지 않다고 생각하기 때문이다.

접목하지 않는 것이 더 좋을 수 있다고 생각하는 경우는 활동이 주로 다른 활동이나 평가 활동의 가교로 사용되었을 때(분위기를 조성하거나, 집단이 그날 어땠는지 확인하기 위한 것일 때)이다. 예를 들어, 다른 활동을 위해 분위기를 형성하는 활동(친해지기)을 했을 때 우리는 친해지기에 대해서는 접목하지 않지만 이후 활동은 접목한다. 이러한 방법으로 우리는 모든 활동을 접목하는데, 단지 모든 활동 후에 일반적인 방식으로 말하는 것만은 아니다. 활동을 접목하지 않기로 결정할 수 있는 또 다른 예는, 내담자 집단이 실제로 그것을 얻는다는 것을 인식할 때이다. 즉, 참여자들이 인식이나 통찰을 얻었으며 다른 영역에도 적용할 가능성이 높다는 느낌이 들 때, 우리는 그 활동을 접목하지 않을 것이다. 우리는 이것이 내담자의 방법에 관여하지 않는 효과적인 방법일 수 있다고 생각한다. 우리는 이에 꽤 능숙하지만(우리에 대한 환상을 깨지 말아 주세요) 때때로 핵심을 찌르기 위해 우리의 방식으로 노력하여 참여자들이 관계를 맺게 한다는 것을 알고 있다. 참여자들이 좋은 관계를 맺고 있다고 생각하는 특정 활동을 접목하지 않는 또 다른 이유 중 하나는 우리가 존중을 나누고 싶다는 것이다. 여기서 우리가 의미하는 바는 많은 참여자가 인식과 통찰을 얻고, 우리의 도움 없이 이를 자신의 삶에 적용할 수 있다고 생각한다는 것이다. 그들은 자원이 풍부하며, 우리가 때때로 도움이 될 수 있지만 우리(진행자/리더/상담자)는 항상 절대적으로 필요한 것은 아니다. 참여자가 작업을 수행한다.

그러한 모든 것을 말하면서 우리는 일반적으로 대부분의 활동을 접목한다. 이 장의 나머지 부분에서는 우리가 사용하기를 좋아하는 기술과 다른 유형의 집단과 활동에 대해 접목하는 전략을 개발할 때 고려해야 할 사항에 대해 설명한다. 여기에는 접목 단위(unit)의 크기, 집중할 대상, 참여자가 자신의 삶과 은유의 중요성에 대해 생각할 수 있도록 돕는 것과 같은 좋은 기술이 포함된다.

☆ 접목 단위로 가장 적합한 크기는 어느 정도인가

우리는 창조적이고 조금씩 일깨우기 위해 노력한다. 이를 위해 우리는 집단이나 내담자들과 다른 시기에 다르게 접목하기를 원한다. 우리가 그것을 일깨우기 위해 노력하는 방법 중 하나는 서로 다른 시간에 다른 하위 단위의 활동을 접목시키는 것이다. 확실히 개별 내담자와 활동을 하는 경우, 접목은 당신과 내담자에 의해 이루어진다. 그러나 집단 상황에서 접목하게 될 때는 서로 다른 시간에 다른 단위를 사용한다. 접목의 목표 중 하나는 집단원이 우리에게뿐만 아니라, 서로에게 이야기를 하는 것이다. 질문하고 참여자가 대답하도록 하는 리듬에 쉽게 들어갈 수 있다. 이 시나리오에서는 당신이 집단을 보고 질문을 한 다음, 한 사람이 그 질문에 대답하는 동안 집단은 당신을 본다. 이것은 일반적으로 우리가 바라는 것이 아니다. 경지에 이르면, 우리는 질문을 던지고, 집단원들은 그 질문에 대해 서로 이야기한다. 이는 반드시 자연적으로 발생하는 것이 아니기 때문에 단위를 변경하여 접목하기 쉽게 한다.

접목에 있어서 한 가지 자연스러운 하위 단위는 파트너 또는 짝이다. 짝과의 공유는 참여자가 접목하는 것을 시작하도록 돕는 가장 좋은 방법이다. 이 사례에서 각각의 참여자는 단순하게 짝을 찾아 리더가 제시한 하나 이상의 질문에 대답한다(예: 상담자가 질문하고 짝을 이룬 참여자들은 이에 대해 서로 논의한다). 짝과 함께 나누는 방법을 사용하는 것은 활동에 대해 모든 사람이 말하게 하는 것이 목표이다. 비록 이 방법이 활동에 대해 모든 사람이 말하게 하는 목표를 달성하는 데 필요하지 않더라도 대부분 모든 사람이 말하는 목표를 달성한다. 실제적인 주제는 때때로 다양하게 논의될 수 있다(예: "점심은 언제인가요?" "기억나지 않아요. 어제보다는 낫기를 원해요."). 이는 흥미로운 질문을 제기한다. 이 짝들이 다루는 동안 리더는 무엇을 하는가? 당신은 커피를 마시러 갈 수도 있지만, 우리는 일반적으로 이 시간을 ① 다음 활동을 계획하는 것, ② 마지막 활동을 정리하는 것, ③ 짝들의 대화를 들으며 그들이 무엇에 대해 이야기하는지 아는 것으로 활용한다. 우리는 이 중 계획하고 때때로 정리하기도 하지만, 대화 듣기는 거의 항상 한다. 그리고 일반적으로 대화를 들을 뿐 아니라 그 대화의 내용을 매우 확실히 안다. 처음에는 이 작업을 수행할 때 가끔 짝을 벗어나지만, 이후에 짝과 공유하는 것에서 참여자들은 우리가 기대어 서서 듣는 것에 익숙해져서 그만두지 않는 것처럼 보인다. 때때로 우리는 짝끼리의 대화에 참여할 수도 있지만 이는 드물다. 확실한 방법으로 듣고 있다면 최소한 적어도 한 번씩 돌아다니며 모든 짝의 대화를 간략히 들으면 좋다는 것을 알게 되었다.

접목의 목표 중 하나는 모든 사람이 참여하는 것이다. 이것은 짝과의 공유에서도 중요한 목표이다. 왜냐하면 당신이 하나의 환경에서 말을 하면, 다른 사람과 이야기할 가능성이 더 높아지기 때문이다(예: 전체 집단이 함께 접목할 때). 그리고 이는 모든 집단원이 활동에 대해 집단 접목의 과정에 적극적으로 참여하는 우리의 목표인 것이다. 때때로 짝과의 공유를 사용하는 또 다른 이유는 짝끼리 하는 활동을 계속 보기 위한 것이다. 2명의 참여자가 짝끼리 하는 활동을 막 끝냈다면, 우리는 그들에게 단둘이서만 그 활동에 대해 대화하게 한다. 더 나아가 짝과의 공유는 때때로 다음 순서로 넘어가는 가교 활동의 하나로 활용된다. 예를 들어, 한 쌍의 짝 지어진 집단으로 시작한 후 다른 짝(4개의 집단으로 구성)과 팀을 구성하여 다른 질문에 대해 이야기하게 할 수 있다. 때때로 우리는 4명으로 이루어진 집단을 8명이 되도록 할 수 있다. 우리는 짝끼리 나누는 것을 추천한다.

다음 접목 단위는 참여자 3명에 대한 것이다. 우리는 진행자로서 3명에게 좀 더 깊은 질문을 하고 토론할 수 있음을 알게 되었다. 두 사람 중 한 사람이 언제나 말하기(또는 어색한 침묵의 가능성)에 대한 압력이 작용하는 한 쌍의 나눔과는 대조적으로, 3인의 경우 각 참여자의 압박감을 풀기에 충분한 사람들이 있고, 너무 많은 참여자 수로 인해 1명이 대화 뒤로 성공적으로 숨을 수도 없다.

물론 거의 모든 수의 하위집단 접목에 대해 합리적인 근거를 형성할 수 있다(예: 전체 집단의 절반은 전체 집단보다 더 친밀함). 우리는 참여자가 누구와 이야기할지를 창의적으로 만들도록 장려한다. 활동에 대해 이야기하고 있는 사람을 섞음으로써 당신은 집단 접목을 구축하고 참여자가 자연스러운 친화력을 가진 사람들이 아닌 수많은 다른 집단원들을 알 수 있게 돕는다. 이 모든 변수는 우리 집단의 주요 목표 중 하나인 성공적인 집단 접목을 촉진할 것이다.

☆ 접목에서 초점을 두는 것

이제 당신은 활동 접목에서 사용할 접목의 단위를 결정했는데, 그것을 어떻게 할 것인가? 참여자들의 인식과 통찰을 어떻게 촉진시키고, 어떻게 다르게 질문하고, 무엇에 관해 이야기할 것인가? 우리는 당신이 적절한 창조성과 치료적 영향력 이상을 가지고 있어서 대단한 접목질문을 할 수 있다는 것을 안다. 그러나 창의성과 영향력의 일부를 촉발시키기 위해 각 활동의 설명 끝에 활동의 목적이 목표로 하는 접목질문을 포함시켰다. 이 부분에서 진행자(facilitator)가 접목에서 초점을 둘 수 있는 것들에 대하여 생각해 보기를 바란다. 다음의 목록은 론케(Rohnke, 1991)로부터 인용하였다.

- 리더십과 팔로우십(leadership and followership)

  활동에서 누군가가 리더십을 나타냈는가? 만약 그렇다면 누구인가? 그들은 왜 이끄는가? 당신은 그것을 어떻게 알게 되었는가? 이는 어떻게 결정되었는가? 그것에 대해 당신은 어떻게 느끼는가? 상황에 따라 이는 다르게 발생하는가? 집단원들은 리더십을 어떻게 결정하는가?

- 지지(support)

  이것은 무엇인가? 이것은 어디로부터 나오는가? 집단 또는 가족 내에서 어떻게 지지가 이루어지는가? 이는 집단원 간에 어떻게 이동하는가? 이는 어떻게 소통되는가? 집단원들은 의사소통을 어떻게 바꾸거나 향상시킬 수 있는가?

- 압력(pressure)

  이것은 도움이 되거나 해로운 영향을 미치는가? 언제 그러한가? 도움이 되는지 또는 유해한지를 결정하는 것은 무엇인가? 어떻게 전달되는가? 어떻게 받아들여지는가? 집단 또는 가족 내에서 이는 어디에서 유래되었는가? 어떻게 발달하는지 패턴이 있는가?

- 부정주의-적대감(negativism-hostility)

  집단 또는 내담자가 이를 어떻게 표현하는가? 왜 그것이 거기에 있는가? 상담자가 이를 어떻게 다루는가? 집단 또는 가족 내에서 누가 이를 표현하고 누가 그것의 대상이 되는지, 그 패턴은 무엇인가? 이는 일상생활이나 참여자들에게 일어나는 일과 어떻게 관련이 있는가?

- 효율성(efficiency)

  단지 '그것을 하는 것' 이상의 단계를 어떻게 성취할 수 있는가? 그것이 '충분히 좋은' 때가 언제인지 어떻게 알 수 있는가?

- 경쟁(competition)

  경쟁이 있는가? 그것은 자기 자신, 다른 팀, 모호한 다른 집단 또는 어떤 종류의 기록에 대해 발생했는가? 이들 각각에 대한 내담자의 편안함 수준은 어떠한가? 상담자는 어떻게 그것을 도움이 되는 방법으로 활용할 수 있는가?

- 두려움(fear)

  내담자가 두려워하는 것은 무엇인가? 두려움은 신체적인 것인가, 심리적인 것인가? 내담자는 두려움을 어떻게 다루는가? 상담자/다른 집단원들은 어떻게 돕는가? 혹은 어떻게 방해하는가? 내담자는 두려움에 대해 어떤 도움을 필요로 하는가?

- 기쁨과 즐거움(joy and pleasure)
  재미가 있는가? 왜 그러한가? 어떻게 더 재미있겠는가?

이는 우리에게 시작 목록(starting list)일 뿐이며, 접목할 다른 영역을 많이 생각할 수 있다(예: 경쟁, 또래 압력). 활동이 끝난 후에 우리가 포함시킨 질문은 이러한 유형의 주제에 따라 활동 목적에 대한 통찰과 인식을 목표로 한다. 당신은 아마도 훨씬 더 흥미진진한 질문을 하게 될 것이지만 우리는 당신의 창의성을 촉진시키고 싶다.

☆ 좋은 접목 기술

우리가 사용하는 접목 기술에는 소품 사용하기, 척도 사용하기, 제한된 서술, 경험적 접목과정이 포함된다.

소품 사용하기

때때로 단지 재미를 위해 또는 문제 해결을 위해 우리는 소품을 사용하여 접목을 촉진한다. 소품이란 특정 질문을 고려하도록 집단에 지시할 수 있는 물리적인 물체이다. 예를 들어, 문제 해결 활동 후에 우리는 때때로 주머니에서 신용카드(취소된 카드면 더 좋음)를 꺼내어 "누구에게 카드를 주고 싶나요?"라고 묻는다. 물론 이는 약간 가식적이지만, 이것은 집단 사고를 가져온다. 이 과정에서 도움을 주거나, 격려하고, 좋은 아이디어를 내며, 긍정적으로 머물러 있고, 도움의 손길을 주는 등, 정말로 당신은 누구에게 카드를 주고 싶은가? 그런 다음 카드를 원하는 사람에게 전달하고 신용카드를 가지게 된 사람은 집단의 또 다른 사람에게 준다. 이러한 소품의 사용은 대개 피식거리거나 "끙" 하는 소리를 유발하지만, 우리가 접목질문을 시작하도록 돕는다.

당신이 사용할 수 있는 많은 소품이 있다. 우리가 매우 좋아하는 것들 중에는 자(어떻게 집단을 잴 수 있는가?), 휴대폰(집단의 의사소통이 어떠한가?), 어울리는 책(누가 집단을 촉발시키는가?)이 있다. 우리는 집단에 참여시키고, 전체적인 경험을 하도록 하고, 접목을 즐겁게 하는 또 다른 방법으로 소품을 사용한다. 당신은 사용할 수 있는 다른 많은 소품을 생각할 수 있을 것이다.

척도 사용하기

우리가 참여자들에게 종종 사용하는 또 다른 기술은 참여자들에게 활동과 관련된 변인의 순위 또는 등급에 대해 묻는 것이다. 이 기술에서 우리는 일반적으로 변인이 무엇이든 그들 자신이나 집단을 10이 '가장 좋은' 것으로 하여 1부터 10까지 중에 평가하도록 질문한다. 예를 들어, 우리는 집단이 얼마나 성공적이었는지, 그들이 계획을 세우는 것을 얼마나 잘했는지, 그들이 얼마나 잘 듣거나 소통하거나 함께 작업했는지, 얼마나 재미있었는지 물을 수 있다(당신은 그 목록이 영원히 계속될 수 있다는 것을 알 수 있다). 우리는 가장 좋은 질문은 활동을 활용한 특별한 이유와 관련이 있음을 알게 되었다. 우리의 전형적인 전략은 각 참여자들을 원으로 배치하고 설명 없이 번호를 부여하는 것이다. 참여자들은 차례를 건너뛸 수 있지만, 다시 그들의 차례가 돌아온다. 재미있게 하기 위해 우리는 종종 모든 숫자를 듣고 나서 "좋아요, 평균 평점은 7.85입니다."와 같이 말한다. 우리가 평균 수치와 상당히 비슷한 숫자를 이야기하면 어떤 참여자들은 우리가 실제로 머릿속으로 산술 평균을 계산했다고 생각하는데, 이 상황은 솔직히 아주 우습다.

모든 사람의 평가를 들었을 때만 참여자들이 왜 그 특정한 등급을 주었는지 묻는다. 우리는 전형적으로 특정 주제(예: 의사소통, 팀워크, 계획하기, 재미)에 대한 토론을 시작할 수 있기를 바라고, 점수는 각 사람이 집단이나 활동에 등급을 매기기 위해서 주제에 대해 충분히 생각하기 때문에 우리가 좋게 시작할 수 있도록 함을 알게 되었다. 등급을 사용하는 또 다른 장점은 전체 집단 참여자들이 접목에 참여한다는 것이다(항상 발생하는 것은 아님). 특정 참여자가 유일하게 기여할 수 있는 것은 숫자를 말하는 것이지만(예: "8"), 참여자는 자신이 활동을 평가하지 않은 경우보다 더 적극적으로 접목에 참여한다. 참여자는 일반적으로 다른 참여자의 평가(등급

점수)를 듣고, 각 평가는 특정 참여자가 왜 특정 평가를 했는지 자세히 설명하지 않더라도 나중에 토론에 영향을 미친다. 우리는 집단에서 평가 질문에 대한 대답으로 숫자를 한 번만이라도 말한다면, 나중에 참여자가 다시 말할 가능성이 높아진다는 것을 알게 되었다.

우리가 하지 않기 위해 매우 조심스럽게 생각하는 것 중 하나는 말하도록 하기 위해 참여자를 처벌하는 것이다. 우리가 의미하는 바는 개방형 질문에 대해 토론에 참여하지 않는 비교적 조용한 참여자가 말을 하고 등급을 매길 때, 참여자에게 과도한 주의를 기울이고 싶지 않다는 것이다. 이는 특정 참여자에게 "왜 이것을 8점으로 평가했나요?"라고 물음으로써 쉽게 행해질 수 있다. 이것은 참여자가 원하지 않는 관심일 수 있으며, 참여자는 당신이 말하기 위해 처벌한다고 인식할 수 있다. 그러나 참여자가 자신이 말하고 싶을 때 말할 수 있고, 자신이 원하는 만큼만 말할 수 있다는 것을 알게 되면, 이는 우리가 원하는 환경을 더 많이 만들고, 이후에 접목과정에 참여할 가능성을 높일 것이라고 생각한다.

제한된 서술

우리가 종종 사용하는 또 다른 과정 기술은 막 언급하였던 척도 사용과 비슷한데, 제한된 수의 단어로 질문하는 것이다. 전형적으로 우리는 서술어(descriptive words)에 대해 묻는다. 예를 들어, 우리는 참여자에게 활동에 대해 어떻게 느꼈는지 세 단어 혹은 그 이하의 단어로 설명하도록 할 수 있다. 참여자들에게 제한된 서술어(예: 재미있는, 도전적인, 화난)를 제공하는 것은 참여자들이 과정에 참여하도록 돕는다는 것을 알게 되었다. 각 참여자들은 우리가 제시한 것을 기반으로 하여 활동을 충분히 묘사하도록 생각하는 것에 도전한다. 척도 사용하기와 마찬가지로 참여자들이 차례를 건너뛸 수 있는데, 나중에 다시 그에게 차례가 돌아온다. 우리는 꼭 세 단어를 서술하는 것에 대한 장점을 발견하기 못했기 때문에 설명을 한두 단어로 제한한다. 우리는 모든 사람이 참여하도록 격려한다. 우리의 방법 중 한 가지는 세 단어를 요구하지 않는 것이다(그러나 우리는 많은 것을 요구했다). 또한 참여자에게 흔쾌히 다른 사람들이 이미 사용했던 단어를 사용할 수 있게 한다(가끔 활동이 단지 좌절스러울 수 있기에 이는 가장 좋은 단어일 수 있다).

서술어를 제한하는 것의 재미있는 점 중 하나는 때때로 접목과정에 참여하는 데 있어서 더 말이 없지만 기꺼이 한두 단어를 제공하는 사람들이, 더 많이 말하는 다른 참여자들이 단지 세 단어(또는 지시에 따라 더 적은 단어)를 말해야 하는 것에 좌절하는 것을 즐겁게 느낀다는 것이다. 또한 우리는 참여자들이 당신에게 좌절하거나 재미있어 하거나 어떤 서술어를 제공받았는지를 한바탕 말할 때를 정말 좋아한다. 우리는 적극적인 접목과정을 좋아하기 때문에 집단 활동을 통해 생산적인 방법으로 활동에 대해 이야기한다. 우리는 접목과정 초기에 서술어를 제한하는 것이 이를 위한 유용한 기술임을 알게 되었다.

경험적 접목과정

또 다른 접목 기술은 정기적으로 신체적 움직임과 표현을 사용하는 것이다. 한 가지 간단한 예를 들면, 활동(또는 그것의 어떤 측면)에 대해 평가를 하기 위해 "엄지를 위로, 엄지를 아래로, 또는 엄지를 가운데로."라고 하는 것이다. 다시 말하지만, 우리는 종종 모든 참여자가 활동의 측면에 대해 생각하게 하는 것을 좋아한다. 사람들에게 집단의 의사소통, 계획하기, 팀워크, 리더십, 과정에 대해 어떻게 느끼는지에 대해 엄지를 위로, 아래로, 가운데로 표시해서 보여 달라고 하면, 참여자들은 구체적인 초점에 대해 엄지손가락으로 어떻게 투표할 것인지 조금 생각해야 한다. 집단원들이 특정 초점에 대한 엄지손가락 투표를 통해 다른 사람들이 어떻게 느끼는지를 보는 것도 흥미롭다. 엄지손가락 투표는 집단이 주제를 어떻게 인식하고 있는지 파악하는 데 도움이 되며, 그것을 우리의 인식과 비교할 수 있다(예: 우리는 그 주제에 대해 엄지손가락을 위, 아래, 중간 중 어디에 투표했을 것인가?). 우리는 엄지손가락 투표 후 "의사소통(또는 계획이나 우리가 처음에 초점을 맞춘 것이 무엇이든 간에)에 대해 엄지손가락을 위로(또는 아래로, 가운데로) 올린 이유가 무엇입니까?"와 같은 질문을 하기 원한다. 엄지손가락을 위로 올려 투표한 사람 모두가 그 이유에 대해 이야기하도록 권한다. 우리는 소수의 투표자가 자신의 투표를 옹호하게 하지 않도록 노력한다. 소수의 투표자가 엄지손가락을 내린다면 그것에 대해 물어볼 수 있고, 대개 엄지손가락을 올린 1~2명의 투표자는 스스로 무언가를 깨닫게 된다. 그것이 우리가 사랑하는 접목과정을 만든다.

우리가 때때로 사용하는 또 다른 경험적 접목 기술은 사람들이 질문에 대답할 때 자신의 신체적 위치에 대한 설명 없이 신체적으로 움직이는 것이다. 예를 들어, 집단의 참여자들에게 집단에 대해 얼마나 가깝게 느끼는지 이동해 보도록 바닥에 놓인 물건(보기에 충분히 큰 어떤 것이든)을 이용할 수 있다. 집단원의 위치에 따라 당신은 참여자들의 집단 응집력에 대한 감각을 파악할 수 있다. 상담자의 감각과 다른 집단 감각을 비교하면 꽤 흥미롭다. 다른 기술을 사용할 때와 마찬가지로, 당신은 다른 질문을 많이 사용할 수 있다. 때때로 바닥에 선(테이프나 밧줄, 단순한 선)을 긋고 약한 것부터 강한 것까지(또는 1부터 10까지)를 정하여 참여자에게 어떤 질문에 대한 대답으로 선에 위치하도록 요청한다. 오늘 얼마나 즐거웠나요? 집단은 얼마나 성공적이었나요? 활동에서 경청하는 것은 어떠셨나요? 우리는 참여자들이 자신의 접목 시간을 시작하도록 움직이는 것은 그들을 조금 더 참여하게 하고(우리가 종종 좋아하는 것), 문제를 해결하게 하는 데 도움을 주며, 조금 더 즐겁다는 것(우리가 항상 좋아하는 것)을 알아냈다.

✭ 참여자들이 단지 활동만이 아니라 자신의 삶에 대해 생각하도록 돕기 위해 접목과정을 활용하는 방법

이전에 언급했듯이, 접목과정을 통해 우리는 인식과 통찰의 발달이 촉진되기를 바라고, 인식과 통찰이 활동 또는 게임을 넘어서는 영역에 전달되는 것이 촉진되기를 바란다. 이는 우리의 일반적인 접목 전략을 가리킨다. 첫째, 우리는 인식과 통찰의 발달이 촉진되기를 바란다. 우리는 일반적으로 활동에서 무슨 일이 일어났는지에 초점을 둠으로써 이를 행한다. 앞서 언급했듯이, 소품, 등급, 서술어, 신체 움직임을 사용할 수 있고, 다양한 주제에 대한 질문에 초점을 둔다. 우리는 참여자들이 그들 자신, 다른 사람들, 전체 집단에 대해 주목하는 중요한 이슈, 관찰, 주제들을 확인하도록 돕기를 바란다. 우리는 일반적으로 이를 개인화 접목과정(personalization processing)으로 생각한다. 쇼엘, 프루티 그리고 래드클리프(Schoel, Prouty, & Radcliffe, 1988)는 경험적 학습이 다음의 순서를 따른다고 하였다. ① 경험, ② 반영(무슨 일이 일어났는가?), ③ 일반화(지금은 무엇인가?), ④ 적용(그래서 어떻게 할 것인가?)이 그 순서이다. 우리는 개인화, 접목과정의 초기 단계를 반영과 약간의 일반화를 포함하는 것으로 생각한다. 이것은 경험과 다른 잠재적으로 유사한 경험에 중점을 둔다. 그러나 접목과정의 핵심 부분은 적용이다.

분명히 아동과 청소년을 대상으로 모험활동 접목과정의 핵심이 그들이 모험활동을 더 잘할 거라는 것은 아니지만(예: 의사소통 능력, 문제 해결 능력, 갈등 해결 능력, 다른 사람을 인정하는 것의 향상), 다음 활동에서 더 성공적이 되도록 한다. 모험활동 접목과정에서 아동과 청소년에 대한 목표는 활동을 통해 통찰을 얻고 이를 학교, 가정, 사회적 상황의 다른 측면들에 적용하도록 하는 것이다. 우리는 이러한 응용 접목과정(application processing)의 핵심이 활동에서 배운 것을 세상으로 전환할 수 있도록 돕는 것이라고 생각한다. 이것은 참여자들이 조작된 모험활동이 실생활과 어떻게 관련되어 있는지를 알도록 돕는 방법이다. 이 적용 과정은 참여자가 활동의 은유적인 가치를 보는 것에 도움이 된다.

☆ 은유

모험활동에서 우리가 중요하게 생각하는 방법의 하나는 은유(metaphors)이다. 활동이 활동을 넘어서 다른 삶의 영역으로 옮겨 가는 통찰과 인식을 발달시키는 데 도움이 되는 이유는 활동이 나머지 삶과 은유적으로 관련되어 있기 때문이다. 은유는 비유(comparison)임을 기억하라. 은유는 한 가지를 다른 하나의 옆에 두고 "이 모든 것이 어떻게 비슷한지 보세요!"라고 말하는 것이다. 우리가 삶에 대해 생각하고 말하는 방식의 대부분은 은유적이다. 최근에 나(애슈비)는 디그라프와 코트먼과 대화할 때, 틀에 박힌 생활을 하고 있다고 말했다. 디그라프는 재빨리 나를 끌어당기고 싶다고 하였고, 코트먼은 기꺼이 나를 밀어 주겠다고 하였다! 사실, 그렇게 많이는 아니지만 그들은 나를 구출해야 한다고 생각하였다. 그들은 도로에 바퀴가 빠진 차처럼 빠져나가기가 제한적이고 힘들어 보이는 나의 행동 패턴에 대해 은유적으로 말하고 있다는 것을 알고 있었다. 우리는 우리 삶의 대부분을 은유적으로 말하고 생각하는 경향이 있기 때문에 은유적인 활동은 이러한 면에 대해 대화하는 것을 촉진시킨다.

이 책의 몇 가지 게임과 활동은 수년간 캠프에서 수행되었던 것들이다. 종종 그러한 상황에서 진행자는 참여자들이 참여하도록 땅콩버터나 핵 폐기물 처리, 또 다른 재미있는 이야기를 할 것이다. 우리가 땅콩버터에 반대할 이유는 전혀 없지만(핵 폐기물 관련 문제는 있지만), 만약 당신이 이야기를 한다면 은유적인 이야기를 하는 것이 좋다. 예를 들어, '보물 지키기'(p. 300) 활동에서 우리는 물건이 보호받고 있는지, 좋은 물건을 망칠지 모르는 것에 대해 자주 이야기한다. 이런 식으로 우리는 은유로 활동을 진행한다. 우리는 기본적으로 참여자들에게 게임을 하기 전에 게임은 가족이나 학교, 또는 무엇이든 우리가 은유적 게임으로 나타낼 수 있는 것을 대표한다고 말한다. 은유를 명시적으로 만든 다음 그 은유적 언어를 사용하여 활동에 대해 이야기한다(예: "부모님이 좋은 물건을 보호할 때 어땠나요?").

우리가 은유를 사용하는 또 다른 방법은 활동이 끝난 다음 접목과정의 일부로 은유를 소개하는 것이다. 이 방법에서 우리는 은유로 활동을 이동시킨다. 예를 들어, '헬륨 막대'(p. 197) 활동은 집단에서 함께 작업하고 두 가지 사이의 비슷한 점에 대해 이야기한다(예: 텐트의 기둥을 낮추려고 하는 것은 어떠하였으며, 집단에서 실제로 함께 일하는 것이 얼마나 힘든가).

마지막으로 우리가 은유를 사용하는 또 다른 방법은 참여자가 비유를 만들어 내도록 하는 것이다. 몇몇 저자(Kottman & Ashby, 2002 참조)는 아동과 청소년이 자연스럽게 은유적으로 생각한다고 주장하였다. 우리는 아동과 청소년이 자연스럽게 그리고 종종 뛰어나게 활동과 그들의 삶을 은유적으로 연결함을 발견하였다. 접목과정에서 우리의 목표는 참여자들이 활동으로부터 얻은 통찰과 인식을 자신의 삶의 다른 부분으로 전환시키도록 돕는 것이기 때문에 이러한 은유적 연결은 활동 접목과정을 수월하게 만든다.

☆ 결론

우리는 당신이 이 장에서 접목과정의 맛을 알았기를 바란다. 우리가 언급했듯이, 각 활동에 포함된 개인화 접목과정과 응용 접목과정 질문의 예는 제7장에 있다. 당신이 그 질문들 중에 몇 가지를 시도하고 은유, 척도 사용, 짝과의 공유 등을 포함시킨다면, 당신은 자신만의 효과적인 접목 사용스타일과 리듬을 찾게 될 것이다. 우리는 상담자가 초기 관계를 맺은 후에 상담 기술과 창의력을 결합하여 내담자의 성장을 촉진하는 것을 발견하였다. 이 장의 간단한 아이디어들과 접목질문의 예를 통해 우리는 당신이 자신의 길을 갈 것이라고 생각한다.

제5장

활동의 적용 방법

우리가 좋아하는 모험 리더 중 1명은 웃으면서 이렇게 말하길 좋아한다. "내가 집단에서 모험활동을 이끌 때는 집단원이 나의 세계로 들어와야 하죠." 이 말은 당신에게 조금 이상하게 들릴 수 있지만, 우리는 이 말이 어느 정도 사실이라고 생각한다. 당신이 모험활동에서 리더의 역할을 할 때, 당신은 성취하고자 하는 목표에 따라 활동을 선택할 수 있다. 당신은 활동의 변수들을 설정할 수 있을 뿐 아니라 활동이 진행되는 동안 어느 부분이라도 이러한 변수들을 바꿀 수 있다(당신의 목표에 부합하게 하고자 한다면). 당신은 그 활동을 궁극적으로 통제할 수 있으며 그것은 당신의 세계인 것이다.

리더가 진정한 자신의 세계를 만드는 방법 중 하나는 자신의 특정 집단에게 혹은 자신이 의도하는 목표에 맞게 그 활동들을 적용하고 맞추는 것이다. 당신이 이미 좋은 활동을 알고 있다는 이유만으로(이 책에 수록되어 있는 활동들처럼), 더 좋은 활동으로 발전시킬 수 없다고 예단할 필요는 없다. 활동을 한 가지 방법으로만 배우는 것은 편하지만 이는 다음에 이렇게 배운 활동을 적용할 때 그 방법으로만 해야 한다는 고정관념에 빠져 버리기 쉽다(Rohnke & Butler, 1995). 한 가지 방법만을 사용하는 것이 가끔은 좋을 수도 있지만, 대부분은 그렇지 않다. 성공적인 활동으로 이어질 수 있는 아주 많은 다양한 방식이 있고, 리더는 다양한 변수에 대응하여 즉각적으로 활동을 적용할 수 있는 준비가 되어 있어야 하며, 그 안에서의 놀이는 그 집단과 리더에게 모두 성공적인 활동으로 이어질 수 있어야 한다. 이 장의 목적은 활동을 계획하는 과정에서뿐 아니라 활동을 하는 중간에도 당신이 이를 적용할 수 있도록 준비시키기 위한 것이다.

☆ 잠깐! 나는 이 책의 활동들이 좋다고 생각해. 하지만 다른 사람들이 사용하는 방식일 뿐이야. 나는 왜 이걸 변화시키고 싶을까

사실, 우리는 이 책에 제시한 방식대로 준비된 활동들만 포함하려고 했지만(그리고 우리가 일반적으로 운용하는 방식들로만), 당신은 활동들을 시작하기 전이나 심지어 활동을 진행하는 중간일지라도 다양하게 활동을 적용시키고 싶은 많은 이유가 생길 수 있다. 이러한 필요성과 이유는 다음과 같다.

- 활동에 내재되어 있는 도전과 집단의 능력이 균형을 이루도록 하기 위해
- 다양한 능력의 참여자를 포함시키기 위해(예: 신체적으로 불리한 참여자)
- 게임을 준비할 때 특정한 게임 도구가 없기 때문에 다른 게임 도구를 통합하기 위해
- 활동을 위한 환경 요인을 조정하기 위해(예: 날씨, 공간 등)
- 집단의 안전(물리적 · 심리적 안전 모두를 포함)을 확보하기 위해
- 게임에서 제시한 인원보다 더 많은 놀이 참여자를 포함시키기 위해
- 활동과정에서 집단의 역동에 대처하기 위해
- 명시된 활동의 목적보다 특정 목표나 다른 목적의 활동에 초점을 맞추기 위해
- 참신하고 즐거운 활동으로 놀이를 유지하기 위해
- 창의적으로 활동을 적용해서 참여자들을 참여시키기 위해

☆ 좋아. 이제 몇 가지 활동을 적용해 보려고 하는데 어디서부터 시작할까

모든 것은 '왜?'라는 질문으로 시작한다. 처음에 특정한 활동을 왜 하려고 생각했는가? 무언가를 하려는 이유를 알 때, 우리는 어떻게 할 것인가에 대해서 생각해 낼 수 있다. 이는 두 가지 의미를 지니고 있다. 첫 번째, 집단에 사용하려는 그 활동을 계획하면서 성취하고자 하는 것이 무엇인지 질문해 봐야 할 필요가 있다. 이 활동이 그러한 목적을 성취하는 데 어떻게 도움이 될 것이라고 여겨져 선택하게 된 것인가? 계획하는 과정에서 성취하고자 하는 목적이나 목표보다 더 나은 것과 마주하게 되면 그 활동은 어떻게 적용되는가? 두 번째, 일단 활동이 시작되면, 활동이 선택한 목표를 보다 잘 충족시켜서 활동을 적용할 수 있는 기회를 모색하기 위해 그 활동을 모니터링한다.

주의사항

활동을 진행하기 전에 모험활동을 적용하는 것에 대한 한 가지 주의사항을 전달하고자 한다. 다른 모든 모험활동과 마찬가지로 적용과정에서는 의도성을 가지고 있어야 한다는 점을 기억해야 한다. 성취하려는 목표를 보다 잘 달성하도록 활동을 적극적으로 다양하게 적용하는 것은 도움이 되지만, 단순히 집단을 운용하기 어렵기 때문에 활동을 바꾸는 것은 안 된다. 집단원들은 특정한 활동을 찾을 수도 있는데, 이는 당신이나 집단원들이 예상했던 것보다 활동을 더 열심히 하게 만드는 요인이 될 수도 있다. 그 활동을 하는 데 있어서 어려움을 극복하기 위해서 고군분투하는 것과 활동 자체에 대해서 불만족스럽다고 느끼는 것은 차이가 있다. 론케와 버틀러(Rohnke & Butler, 1995)는 다음과 같이 우리를 상기시킨다.

> 만약 집단을 하기에 어려움이 있고, 집단원들이 불만족스러워하거나, 효과적인 의사소통이 안 되거나, 말다툼이 벌어진다면, 집단원들은 재미없어 할 것이다. 하지만 이는 모험을 경험하는 한 부분이며…… 이러한 문제들을 계기로 집단이 해결을 위해 도전하는 것과 단순히 게임을 하는 것 사이에는 커다란 차이가 있음을 유념해야 하는데, 이는 그 집단에 적절하지 않기 때문에 거기에 필요하지 않은 문제들이 만들어진 것이다(p. 52).

만약 집단에서 싸움이 일어난다면, 당신은 나중에 벌어질 수도 있는 정말 엄청난 일들을 당신이 처리하게 되거나 꼭 그렇지 않더라도 중간 이상의 어려움을 경험하게 될 수도 있다. 우리가 기억해야 할 점은 실제 활동이 아니라 그 활동을 통해서 집단이 얻을 수 있는 것이 무엇인지, 이러한 활동을 통해서 경험한 것을 아동이 일상에서도 적용할 수 있는가이다(제4장 참조).

복잡하게 들려. 활동을 적용하기 위해서 내가 창의적인 사람이 되어야 한다는 말인가

이에 대해서 아주 자세하게 설명해 줄 수 있지만 아주 간단하게 대답하자면 '아니요'이다. 자세한 설명을 듣고 싶다면 제3장을 참조할 수 있으며 여기서는 어떻게 모험활동들을 이끌어 나가는지에 대해서 논의하고자 한다. 앞서 언급한 내용 중 게임과 활동들을 이끄는 것은 기술의 한 부분이자 과학의 한 부분으로 보일 수 있다는 언급이 눈에 띈다. 리더십의 기술은 확고한 판단력이 있고, 개인의 성격을 리더십 활동과 통합할 수 있으며, 긍정적이고 낙관적인 태도를 갖는 것과 같은 무형의 자질을 포함한다. 이러한 리더십의 구성 요소들은 가르치기 어렵고 후천적이며 내면화되어 있는 것이다. 리더십 활동의 과학적 측면은 가르칠 수 있고 배울 수 있는 것이다. 이것은 명확한 단계와 다양한 계획을 포함한다. 활동을 적용하고자 할 때, 우리는 이 과정을 학습하고 발전시킬 수 있는 것으로 본다. 당신의 경력과 훈련 정도, 집단 활동을 이끌어 본 초기 경험들, 몇 가지 운용 팁 등에 따라서 이 장에서 어떤 부분은 건너뛸 수도 있으며, 당신만의 방식으로 잘 이끌어 나갈 수도 있다.

여기서 우리의 목표는 수많은 다른 방식을 제시하는 것이고 당신이 리더로서 당신의 목적에 맞는 활동들을 더 잘 적용할 수 있도록 돕는 것이다. 각 부분마다 활동을 어떻게 바꿔서 사용할지 생각해 볼 수 있는 여러 가지 질문을 제시할 것이다. 이러한 질문들은 활동을 진행하는 데 있어서 편하게 느끼도록 하며, 안내하고 주도하고 진행하고 적용해야 할 어떤 활동이든 당신의 세계 안에 참여자들을 편하게 초대할 수 있게 할 것이라고 생각한다.

☆ 활동 구성의 어떤 부분을 내가 바꿀 수 있을까

이 책의 활동들은 일반적으로 어떤 부분이든 변화시키거나 바꿔서 적용하기 편한 활동들로 구성되어 있다. 모리스와 스틸(Morris & Stiehl, 1989)은 상당수의 특정 부분은 당신이 바꿔서 사용할 수 있다고 하였다. 이는 참여자들, (활동을 위한) 도구들, 조직적 패턴들을 포함한다. 이제 이러한 영역들을 살펴보고 각 영역의 특정 활동들을 바꿔서 적용해 볼 수 있는가를 검토해 보고자 한다.

참여자

리더가 활동 순서를 계획할 때, 참여자들이 어떤 사람들인지 알고 있는 것은 중요하다. 어떤 상황에서는 당신이 집단원들에 대해 미리 파악하고 있어야 할 것이다. 또 다른 상황에서는 아닐 수도 있다. 만약 당신이 집단원에 대해서 조금 파악하고 있다면, 집단을 파악하고 (그리고 집단의 상호작용이 어떻게 이루어지고 있는가를) 가늠해 보기 위해서 친해지기와 같은 게임을 사용해 볼 수도 있다. 누가 리더이고, 누가 따라가는 사람인가? 그 집단은 당신의 말을 듣는가? 서로 자신들끼리 이야기하는가? 집단은 어떤 방식으로 언어화하는가? 에너지 수준은 어떠한가? 충동조절은 어떻게 하는가? 각 참여자들은 어떠한 관련이 있는가? 이러한 평가를 통해서 (그리고 당신이 생각해 낼 다른 좋은 질문들을 통해서) 당신은 행동들을 어떻게 적용할 것인지 혹은 특정한 목적을 달성하기 위한 활동을 어떻게 할 것인지에 대한 계획을 세우기 시작할 수 있다.

또한 활동을 하는 동안 당신은 그 활동을 다양하게 적용하거나 집단의 역동을 촉진할 수도 있다. 이러한 활동의 변형은 집단의 역동이 바뀌도록 하거나 특정한 참여자가 집단 내에서 놀이를 할 때 그 역할이 바뀌도록 할 뿐 아니라 그 집단이 성취하고자 하는 특정한 과업을 변경하도록 할 수도 있다.

우리가 통상적으로 변형하여 사용하는 상황이 한 가지 있는데, 이는 도전이 필요하거나 불리한 조건에 놓여 있는 경우이다. 이런 경우에 변형을 할 때는 리더가 특정한 도전을 정하거나 그 집단의 감각이나 능력을 감소시키는 참여자들에게 과업을 할당한다. 도전들은 다음과 같다.

- 안대
  선택된 참여자(참여자들)는 활동이 진행되는 동안 안대를 하여 앞이 안 보이도록 한다. 우리는 이러한 활동이 타인을 돕고, 무기력, 통제, 타인에 대한 신뢰, 미지의 감각을 떠올리게 한다는 점을 알게 되었다.
- 벙어리
  선택된 참여자는 활동을 하는 동안 침묵해야 하고 말을 할 수 없다. 이러한 활동을 할 때 의사소통 과정에 대한 주제들, 리더십, 통제, 타인 의존에 관해 다룰 수 있다.

- (신체 기능의) 마비

  (종종 한 손을 옆으로 가볍게 묶거나 다리를 맞대고 묶어 마비된 것처럼) 참여자들이 팔다리를 사용할 능력을 잃게 되었을 때이다. 이러한 도전은 협동, 의존성, 강점과 약점, 공감 등에 대한 논의를 이끌어 낼 수 있다.

- 연결

  참여자들이 신체적으로 서로 연결되어 있을 때이다. 우리는 종종 참여자들의 발목을 함께 묶는(예: 용접된 발목 경기, p. 398) 활동을 통해서 참여자들이 서로가 신체적으로 접촉을 할 수밖에 없도록 지시한다. 이 과정에서의 협동, 의사소통, 행동에 대한 결과, 공감과 같은 쟁점들은 문제를 해결하는 과정에서 어떻게 대처할 것인가를 쉽게 파악할 수 있도록 해 준다.

이런 불리한 상황에 놓여 있는 곳은 (활동의 다른 모든 측면에서와 마찬가지로) 당신의 세계라는 점을 기억해야 한다. 당신은 이런 불리한 상황을 임의대로 만들어 넣을 수 있고, 집단이나 개인이 선택한 것을 그대로 둘 수도 있고, 전략적으로 그들을 어떤 상황에 놓이게 할 수도 있다. 불리한 상황을 만들고, 당신은 활동을 하고 있는 참여자 중 누구 하나라도 그 활동에서 확실하게 더 쉽거나 어려운 상황에 놓이도록 할 수 있다(예: 매우 말이 많은 참여자를 벙어리로 정할 수 있다). 의도적으로 집단을 좌절시키는 것이 우리의 목적은 아니지만(어떤 집단에는 좋은 혜택이 된다고 여겨질 수도 있다), 불리한 상황에 놓이도록 하는 것은 좀 더 도전적인 활동을 만들 수도 있고 참여자들이 정상적인 역할에서 벗어나 보도록 할 수도 있다. 이 부분이 당신에게 전략적으로 중요하다면, 그렇게 할 수 있다. 사업의 세계에서 말하는 것처럼, 당신이 이에 대해서 준비해야 할 필요가 있다고 생각한다면 그들이 말하는 대로 준비를 해야 할 것이다.

도구

활동에서 사용하던 도구들을 바꾸면 활동이 크게 달라질 수 있다. 이는 참여자들이 어떻게 서로 관계를 맺는가와, 그 활동의 전반적인 도전 수준, 심지어 그 활동의 목표에도 영향을 줄 수 있다(Rohnke & Butler, 1995). 도구는 놀이를 매력적으로 만들어 줄 수 있다. 기발하고 색다른 무언가는 호기심뿐 아니라 참여 욕구를 자극한다. 하지만 오래된 도구들은 사람들이 의욕을 상실하게 만들기도 한다. 예를 들어, 어떤 사람이 농구 게임을 위해서 농구공을 가져왔다면, 농구를 위한 장비들 구성에 따라서 다양한 예상을 해 볼 수 있다. (이 활동은 키가 큰 사람들만을 위한 것이고, 큰 사람들만이 함께 할 수 있다.) 우리의 목표 중 한 가지는 종종 참여자들에게 익숙하지 않은 도구를 사용하는 것이다. 우리가 집단에 친숙하지 않은 도구를 사용하거나[예: '새를 던져 줘'(p. 170)에서 사용하는 고무로 만든 새 혹은 '타이어를 옮겨라'(p. 285)에서 사용하는 오래된 자전거 타이어의 내부 튜브], 도구를 다른 방식으로 사용할 때[예: '헬륨 막대'(p. 197) 활동에서 사용하는 오래된 텐트 기둥], 참여자들은 그 활동에 대한 예상을 많이 하지 못하고, 결과적으로 새로운 활동을 시도하는 데 있어서 더욱 개방적이 될 것이다.

도구를 바꾸거나 변형할 때 고려해야 할 질문들은 다음과 같다.

- 그 게임이나 활동에서 사용하는 도구는 무엇인가? 그 집단만의 독특한 방식으로 사용할 수 있는가? 앞서 언급했듯 도구는 참여자들의 참여를 유도할 수 있기 때문에 이끌어 가고자 하는 활동에서 사용할 도구를 무엇으로 할 것인지 생각할 필요가 있다.
- 다른 도구들과 다른 참여자들의 관계에서는 어떻게 도구들이 사용되는가? 모든 도구를 모든 사람에게 똑같이 사용하는 경향이 있지만, 활동을 적용할 때 다른 집단에게는 다른 도구를 사용하여 활동하기를 권한다. 예를 들어, 그 집단의 능력 수준에 따라서 만약 당신이 토하기(p. 383) 활동을 한다면, 집단의 능력에 따라서 당신은 좀 더 크거나 작은 크기의 공을 주고 그 활동을 좀 더 쉽게 하거나 어렵게 할 수도 있다. 또 다른 예로, 달 공(p. 267)에서 그 활동의 의도는 집단이 얼마나 비치볼을 잘 올려쳐서 공중에 띄워 놓는가를 보기 위한 것이다. 그러므로 이 활동은 키가 큰 사람에게는 유리하여, 비치볼을 둘러싸고 있는 다른 사람들보다 비치볼을 더 쉽게 점유할 수 있도록 해 준다. 하지만 쉽게 규칙을 바꿀 수도 있는데(도구와 관련될 수도 있고, 참여자들의 관계가 될 수도 있다), 예컨대 점수가 나려면 모든 참여자가 한 번씩 그 공을 쳐야만 하도록

그 게임의 규칙을 완전히 바꾸는 것이다.

- 도구를 줄이거나, 더하거나, 변경해서 사용할 수 있을까? 물론이다. (그리고 우리는 당신이 생각한 방식을 좋아한다.) 달 공(p. 267) 활동을 다시 한 번 생각해 보라. 만약 우리가 다른 비치볼을 1개 더하고(혹은 2개나 3개 정도), 계속 공중에 쳐서 올려야 할 공 1개를 지정하거나, 그 집단이 모든 공을 떨어뜨리지 않고 공중에 계속 띄우도록 하는 것 등 게임을 여러 가지 방법으로 바꿀 수 있다.

조직 형태

이 부분은 경계(boundaries)와 같이 활동 자체의 규칙과 관련된 많은 다른 부분들과 그 활동을 하는 동안 사람들이 어떻게 움직이며 활동을 조직하는가에 대한 내용을 담고 있다. 질문들은 그 활동이 포함하는 조직구조를 변화시키거나 적용하는 것에 관해 생각하도록 하기 위한 것이다.

- 어떤 유형의 움직임이 필요한가? 그 활동에서 움직임은 바꿀 수 있는가? 예를 들어, 타자치기(p. 241)에서 모든 사람이 단순히 걷는 것 대신에 게걸음 걷기로 바꿔서 그 도전을 좀 더 어렵게 만들 수 있는가?
- 어떤 순서에 따라 움직임이 이어지는가? 그 활동에서 다른 활동을 더하거나 뺄 수 있는가? 사람들이 얼마나 빨리 혹은 천천히 움직이기를 원하는가? 예를 들어, Pairs Tag 활동[이전의 책인 『Adventures in Guidance』(Kottman, Ashby, & DeGraaf, 2001) 참조]에서 우리는 몇 가지 다른 방식들을 적용하였다. 이 게임의 처음에는 모든 사람들이 파트너를 찾도록 하고, 다음에는 참여자들이 각자 지정된 술래를 찾도록 함으로써, 자신의 특정 파트너가 꼬리표를 붙이지 못하도록 해야 한다. 일단 꼬리표가 붙여지면 파트너가 바뀐다. 우리는 우리가 이 게임을 굉장히 좋아한다는 걸 알았고 또한 상대적으로 작은 공간인 실내에서 진행하고 싶어 한다는 것도 알게 되었다. 결과적으로 안전을 위해서 행동을 둔화시켜야 했다. 그래서 모든 참여자가 발꿈치나 발가락 끝으로 걸으며 그 활동을 하도록 변형하였다. 또한 파트너가 서로 마주치지 않거나 지나치지 않고 다른 사람이 들어갔다면, 그 사람은 멈추고 악수를 하면서 "정말 미안해.

다시는 이런 일이 벌어지지 않을 거야."라고 말하는 규칙을 정했다. 방법을 바꿔서 참여자들이 움직이고 또 다른 움직임을 더 함으로써 다양한 참여자와 게임을 좀 더 안전하게 실내에서 천천히 할 수 있게 되었다. 이 경우에 우리는 활동을 좀 더 즐겁게 만들 수 있다는 것을 알게 되었다!

- 그 활동의 규칙들은 무엇인가? 얼마나 변화될 수 있는가? 규칙들은 이 부분에서 이미 논의되었던 많은 요소와 연관되어 있다. 참여자들이 서로 어떻게 상호작용하는가 혹은 그 활동을 잘 해낼 수 있도록 해 주는 도구들은 무엇인가와 관련될 수 있다. 예를 들어, 전기담장(p. 154) 활동에서 규칙은 그 집단이 밧줄을 얼마나 많이 치는가(혹은 전혀 못 치는가)와 관련이 있거나 마지막 사람이 밧줄을 어떻게 넘는가와 관련이 있다. 규칙은 시간에 따라서 지속적으로 변할 수 있다. 만약 시간이 다 되면, 집단이 주어진 시간 내에 활동을 쉽게 마칠 수 있도록 규칙을 바꿀 수도 있다. 기억하라. 여기는 당신의 세계이다.
- 그 활동의 신체적 측면은 무엇인가? 경계는 무엇인가? 어떻게 그들은 바뀔 수 있는가? 경계의 변화는 활동의 수준, 활동의 난이도 혹은 도전의 수준을 조정하는 간단한 방식이다. 예를 들어, 머리 아님 꼬리(p. 192) 활동에서 놀이 공간의 크기는 활동을 하는 데 걸리는 시간과 집단이 사용하는 에너지 양에 큰 영향을 미친다. 만약 공간이 너무 크다면, 이로 인해서 피로감, 좌절감, 연대감의 상실을 가져올 수 있다. 하지만 적절한 크기의 공간을 찾으면, 당신은 활동이 성공적으로 이루어지고 원하는 결과를 도출할 수 있는 더 나은 기회를 만들어 낼 수 있다.

☆ 내 생각을 자극하는 수많은 좋은 생각이 있어. 이걸 실행하기 위한 방법이 있을까

이제 당신은 활동을 진행해야 한다는 확고한 신념을 가지고 있기 때문에 실험을 하려고 할 것이다. 이전에 말했듯, 이러한 과정을 반복하며 당신은 활동을 운용하고 성취하려는 것에 대해 항상 생각해야 한다. 이를 염두에 두고 여기에서는 활동을 개발하는 과정에서 도움을 줄 수 있는 몇 가지 고려사항을 제시하고자 한다.

1. 잠재적 활동을 분석한다.
2. 잘 진행되고 있는 것으로 보이는 것이 무엇인지 또는 목표를 쉽게 달성할 가능성이 높은지를 확인한다.
3. 당신의 집단, 공간, 시간, 적절한 수준의 어려움이나 도전, 또는 목표를 적용하기 위한 일반적인 변화가 무엇인지 파악한다.
4. 원하는 변화를 촉진할 수 있는 적용 방법(예: 어려움 혹은 도전의 수준을 증가시키거나 감소시키기)을 선택한다. 우리는 당신이 한번에 너무 많은 것을 하려고 애쓰지 않기를 제안한다. 변형할 한 가지 활동을 뽑아서 효과가 있는지 알아보기 위해 해 본다. 한번에 너무 많은 것을 하려고 노력한다면, 각각의 변화가 집단 활동 자체에 영향을 미치는 방법을 평가하기는 어렵다.
5. 무엇이 효과가 있는지 그리고 무엇이 효과가 없는지에 대해서 기록한다(활동한 다음, 책의 여백에 자주 기록한다). 이 기록들은 앞으로 활동을 할 때 매우 유용할 수 있다.

☆ 리더만 할 수 있는 활동을 적용하고 있는가, 참여자의 참여는 어떻게 되고 있는가

이 질문에 대한 답은 '특정 활동에 대한 당신의 목표가 무엇인가'에 달려 있다. 창의성과 문제 해결 능력을 촉진하고 싶다면, 당신은 참여자를 과정에 참여시킬 수 있다. 마찬가지로 집단을 더 많이 참여시키고 싶다면 집단원 모두를 과정에 참여시키는 것이 도움이 될 수도 있다. 다양한 방식으로 참여자들이 활동에 참여함으로써 이들은 변형 과정에서 훌륭한 파트너가 될 수 있다. 이들은 여러 형태의 활동을 시도할 수 있으며, 활동에 참여함으로써 과정을 평가할 수 있다.

참여자들을 활동 적용 과정에 참여시킬 때, 활동에 내재된 공동창조(cocreation)의 개념을 깨달을 수 있다. 공동창조의 개념은 리더가 경험을 구조화하는 동안 나타나는 공통된 의미와 관련이 있으며, 동시에 그들이 경험을 공동창조하는 동안 집단에게 개방된다. 이러한 개념들은 리더가 경험이 쌓이면서 생기지만, 참여자들이 스스로 체험할 수 있는 기회도 생기는 것이다. 이 개념은 일정한 움직임이 있지만 평형(균형)을 유지하는 역동의 균형을 의미한다. 리더십은 역동적인 과정으로 이끄는 변수 중 하나이다. 다시 말해서, 이는 리더들이 집단을 정확하게 평가하고 집단이 이 과정에 참여할 준비가 얼마나 되어 있는지를 알고 어떻게 적용할지 결정할 수 있다는 것을 의미한다. 이는 당신이 리더로서 특정한 목표를 달성하기 위해 필요하다고 느끼는 변화를 만들 때도 생길 것이다. 다른 경우, 적용과정에 그 집단을 어떻게 참여시킬 것인가에 대해 논의하는 과정에도 집단을 포함시킬 수도 있다.

☆ 좋아, 날 설득했어. 하지만 내가 적용해 보려고 노력해 봤지만 효과가 없었어. 이제는 어떻게 할까

우리도 그래 왔기 때문에 우리는 당신의 고통을 안다. 그러므로 계속 노력하면서 항상 당신이 달성하고자 하는 것이 무엇인지를 기억하길 바란다. 적용 활동이 당신에게 맞지 않는다고 해서 당신이 다른 게임으로 바꿀 수 있는 어떤 재능이나 무엇도 가지고 있지 않다고 단정할 필요는 없다. "때때로 게임을 바꾸는 통찰은 육감과도 같다. 감각을 발달시키기 위해서 당신은 변화를 만드는 연습을 해야 한다. 이것을 잘하려면 연습과 경험이 필요하다"(Rohnke & Butler, 1995, p. 57). 이는 제3장에서 논한 리더십의 기술적 측면에서 다시 살펴볼 수 있다. 당신은 실험을 할 수 있고, 새로운 것을 시도하고, 그것이 작동하는지 볼 수 있도록 스스로에게 허락해야 한다. 이는 당신과 당신의 내담자들을 위해 일하는 것이 무엇인가를 찾을 때까지 실패하고(안전지대를 제외하고) 다시 시도하는 것을 의미한다. 당신이 변화를 만드는 것에 대해 좀 더 편안함을 느낄수록, 당신은 즉각적으로 활동을 적용하는 데 필요한 직관력이 발달할 것이며, 당신은 그것이 진정한 당신의 세계라는 것을 느끼게 될 것이다.

제6장

모험활동 사용법

드디어 제6장에서는 제7장에 기술된 활동들을 어떻게 사용하는지에 대해 설명하고자 한다. 우리는 이 책이 당신이 어떤 유형의 내담자를 만나든지 다양한 설정에서 특정 목표를 달성할 때 사용할 수 있는 자원이 되기를 바라고 그 과정이 즐겁기를 바란다. 그것을 위해 우리는 이 책을 특정한 방법으로 구성했고, 이제 활동들에 대한 설명을 어떤 방식으로 구성했는지 안내하고자 한다(이미 앞의 내용을 먼저 읽어 그 방식을 찾아봤을 것이라고 생각되지만 말이다). 우리는 이 장에서 각 활동을 구성하는 데 사용된 템플릿의 각 구성 요소들을 다루고, 그 활동들이 지도 또는 치료 목적 및 목표와 어떻게 연관되어 있으며, 서로 다른 목적을 동시에 만족시키기 위하여 어떻게 상호 참조되며 사용되는지에 대해 설명할 것이다.

☆ 활동명

당신은 모든 활동에 이름이 있음을 알게 될 것이다. 이에 대해 '당연한 것 아니야?'라고 생각할 수 있다. 하지만 활동들 또는 활동의 종류들이 대부분 모두 다른 이름으로 불리기 때문에 명칭들이 다소 어려울 수 있다. 예를 들어, 우리가 타자치기(p. 241)라고 부르는 활동이 다른 곳에선 계산기(Calculator)로 불리는 것을 들었다. 경우에 따라 어떤 활동에는 우리가 자주 들어 본 명칭(예: 타자치기)을 사용하도록 하였고, 또 어떤 활동에는 그 활동이 실제로 언급되는 명칭을 전혀 들어 본 적이 없어서 우리가 자체적으로 이름을 짓기도 했다(예: 동물 과자, p. 113). 다른 상황에서는 이미 불리고 있는 이름이 있을 수도 있지만, 우리는 '동물 과자'가 꽤 마음에 든다. 또한 당신이 알아챘을 수도 있지만, 우리가 의식적으로 어떤 활동을 우리에게 맞추어 사용할 때는 정당한 방식을 취하려고 노력하였다. 우리의 활동들이 본래의 활동에서 약간의 변화가 있었을 수 있기 때문에 우리는 대체적으로 새 명칭을 부여하였다. (하지만 우리가 밝힌 출처를 통해 본래의 활동을 충분히 찾을 수 있을 정도로 비슷한 이름을 부여하였다.)

★ 활동 유형

이 책의 모든 활동은 친해지기(Icebreaker), 빗장 풀기(Deinhibitizer), 믿음 쌓기(Trust) 그리고 도전하기(Challenge/Initiative)의 유형으로 분류되어 있다. 제2장에서 강조했듯이, 당신은 이 활동들을 다양한 시간에 다양한 목적으로 사용할 수 있다. 이를 위해 우리는 각 활동을 유형별로 구별한 부록 C를 첨부하였다. 그 부록 내에 칸을 확인하면(지금 바로 건너뛰어 확인해도 좋다), 각 유형에 해당하는 활동들을 쉽게 확인할 수 있을 것이다. 새로운 믿음 쌓기 활동이 필요한가? 부록 C를 확인해 보라.

처음부터 혼란을 주려고 의도한 것은 아니지만, 몇몇 활동이 한 가지 유형으로 정의되지 않는다는 것을 알게 될 것이다(예: 친해지기/빗장 풀기). 실수로 오타를 낸 것이 아니다. 오히려 이렇게 한 가지 유형으로 분류되지 않는 활동들이 유형 간의 가교 역할을 한다는 사실을 수용하는 우리의 방식이다. 예를 들어, 외눈박이 술래잡기(p. 149) 활동은 친해지기/빗장 풀기 활동으로 구분되어 있다. 왜냐하면 외눈박이 술래잡기는 친해지기 활동의 기준(즐겁고 성공적인 방향을 강조함)에 부합하는 동시에 빗장 풀기 활동의 영역(매우 비웃음을 살 수 있고 약간의 개인적 위험이 따름)에도 관련이 있기 때문이다. 따라서 어떤 활동이 두 유형 간의 가교 역할을 할 때에는 해당 활동의 설명에 두 유형을 모두 적고, 부록 C에서 두 유형에 해당하는 칸에 모두 '•'를 표시하였다.

★ 대상

우리는 각 활동에 적합한 발달 연령 중 가장 어린 나이를 예측하여 당신이 이 활동들을 성공적으로 사용할 수 있도록 노력하였다. 우리는 이 과정에서 학교의 학년을 등급으로 사용했다. 왜냐하면 보통 아이들과 청소년들을 분류할 때 나이보다는 학년으로 생각하는 사람이 많기 때문이다. 우리가 제시하는 학년 등급 예측값 중 일부는 현장 테스트도 거쳤다. 일부 활동에 대해서는 우리가 해당 활동에 적합하다고 표시한 연령보다 더 어린 아이들을 대상으로 테스트를 해 보았는데, 결과는 좋지 않았다. 이것은 우리의 리더십 문제였다고 할 수도 있겠지만, 일단 부분적으로는 활동과 내담자 또는 특정 단체의 발달 수준 간의 부조화였다고 말하고 싶다. 당신의 탁월한 리더십하에서는 특정 활동(예: 편안한 원, p. 140)의 설명에 표시된 추천 연령보다 저학년 아이들, 초등학교 3학년 이하의 아이들과 활동을 시도해서 성공으로 이끌 수도 있다고 생각한다. 우리가 당신에게 알리고자 한 것은 우리의 경험상 각 활동에 적합하다고 보이는 연령대이다. 그리고 알아챘을 수 있겠지만, 우리는 연령 등급에 상한선은 두지 않았다. 이것은 솔직히 말하자면, 연령 등급에 상한선이 없다고 생각하기 때문이다. 성인들과도 다수의 활동을 진행해 보았는데 그 결과는 매우 순조로웠다. 우리가 추측하건대 당신도 허그 태그(p. 213), 가이드라인(p. 179), 그리고 깡통 만지기(p. 355) 등의 활동을 주변의 어른인 지인들과 해 볼 생각을 할 것이다. 또 그들과 그 활동들을 하는 상상을 하면서 저절로 미소를 머금게 될 것이라고 생각한다.

☆ 집단 크기

집단 크기를 산정하면서 우리는 당신이 각 활동에 최적의 집단 크기를 예측하거나 집단 자체가 필요한지에 대해 도움을 주고자 하였다. 활동들 중 다수가 당신과 당신의 개별 내담자와 잘 맞는다. 우리는 이것을 표현하기 위해 간편하게 '2'를 사용해서 활동 인원 규모 중 가장 작다는 것을 표시했다. 예를 들어, 당신은 병아리와 암탉(p. 135), 내가 할 수 있는 것!(p. 233) 또는 인간 카메라(p. 219)를 개인과 충분히 함께 할 수 있다. 반면에 일부 활동은 집단을 형성하는 것이 더 적합하다. 우리는 활동이 성공적으로 진행될 수 있는 집단의 최소 인원을 숫자로 표시하였다. 예를 들어, 헬륨 막대(p. 197)와 잡았다!(p. 175)는 적어도 10명이 형성되어야 활동이 잘 진행될 수 있다.

또한 우리는 집단 인원 규모에 상한선을 두어 해당 활동이 통제하기 어려워지거나 효율성이 떨어지지 않도록 하였다. 일부 활동(잡았다!, p. 175)은 집단 크기가 아무리 크더라도 진행하는 데 문제가 없지만, 일부 다른 활동(보물 지키기, p. 300)은 꽤 분명한 상한선을 두었다.

☆ 활동 목적과 목표

모험활동 사용에서 흥미로운 점들 중 하나는 각 활동이 각기 다른 목적을 달성하기 위해 기획되고, 진행되고, 또 현실에 접목될 수 있다는 점이다. 제7장의 활동 설명을 보면 특정 활동을 통해 손쉽게 이룰 수 있는 목적과 목표들을 정리해 두었다. 그 목적과 목표들은 학교 상담교사들이 상담지도 프로그램에 사용하거나 정신건강 상담자들이 상담치료 프로그램에 전통적으로 사용해 온 목표들을 토대로 만들었다. 부록 A를 보면 이러한 목적과 목표의 완성된 목록을 볼 수 있다.

부록 B의 활동 목적, 목표, 학년에 대한 행렬표를 보면 50개의 활동에 특정 목적과 목표를 연결시켜 놓았다. 우리는 당신이 이 책을 손쉽게 사용하기를 바란다. 따라서 만약 당신이 모험활동에 관심이 있고, 당신의 내담자가 '관계를 형성하고 유지하기 위한 기술을 개발하는 것'이 목적이라면, 부록 B를 보면 그 목적이 바로 '1G'이라는 것을 찾을 것이다. 또한 그 목적을 달성하기 위해 28개의 활동을 기획하고 진행하고 현실에 접목할 수 있음을 쉽게 알 수 있을 것이다. 또한 활동들이 몇 가지 경우에 따라서 다수의 목적이나 목표를 가지고 있다는 것을 알게 될 것이다. 우리는 당신이 실제로 활동을 할 수 있고, 활동을 기획하고 진행하고 처리하는 방법에 따라서 다양한 목표를 달성할 수 있다는 것을 안다. 처음에 이루고자 하는 것을 알고 시작한다면, 그 목표를 이룰 수 있는 방법으로 활동을 진행할 수 있도록 돕는다. 활동을 진행하는 방법에 따라서도 결과가 달라질 수 있다. 각 활동에 대한 설명에 포함한 질문 예시들은 후반에 제시하며 다룰 것이다.

☆ 재료

여기서는 활동을 할 때 필요한 도구나 재료에 대해서 안내할 것이다. 이 활동들의 재미있는 점 중 하나는 대부분의 활동이 재료나 도구를 필요로 하지 않는다는 점이다(예: 거울이 되어 보자, p. 261; 한계를 늘려라, p. 342). 재료를 필요로 하는 다른 활동들은 거의 모두 필요한 재료가 한정적이거나 쉽게 구할 수 있는 재료이다[예: 가이드라인(p. 179)을 위한 테이프 만들기 그리고 교통체증(p. 362)]. 때에 따라 특정 도구 한 가지가 게임의 효과를 더욱 향상시켜 주기도 한다[예: 새를 던져 줘(p. 170)의 고무로 된 새]. 이런 경우에는 우리가 그런 점을 표기해 놓았다. 우리는 이 활동들 중 대부분이 어디서든 즐길 수 있다는 점이 너무 좋다. 그 어떤 도구 없이도 이 활동들의 한 회기(한 시간에서 반나절 사이)를 할 수 있다는 것이 너무도 즐겁다. 우리는 친해지기 활동부터 빗장 풀기 활동, 나아가 믿음 쌓기 활동 그리고 도전하기 활동들까지 모두 그 어떤 도구 없이 차례로 할 수 있다.

☆ 준비

특정 활동을 내담자 또는 집단과 사용할지 아닐지를 결정할 때 중요한 요소는 준비할 것이 얼마나 많은가이다. 한 활동에 필요한 이상적인 혹은 적절한 참여자의 수는 변동적이기 때문에 활동을 시작하기 전에 참여자 수에 따라 준비물의 양에도 변동이 생길 수 있다. 다수의 활동이 준비할 것이 없는 편이지만, 일부 활동은 생각할 것들도 있고 준비해야 할 것들도 있다. 대부분의 경우 준비라는 것은 넘어갈 영역이나 거리를 결정하고 표시하는 일이다(예: 짐을 옮겨요, p. 127). 이 활동들은 그렇게 많은 준비를 요구하지 않는다. 만약 많은 준비가 필요했다면 우리가 생각하는 것처럼 의도적으로 이 활동을 내담자들과의 상담 중 일부로 사용하는 목적에 어긋날 것이다.

☆ 놀이 방법

제7장에 포함된 활동들을 실제로 진행하는 방법을 설명하는 것이 어떤 면에서는 우리에게 가장 어려운 작업이었다. 우리가 전달하고자 한 것은 가장 기초적인 안내를 하여 이 활동들을 어떻게 진행하는지와 당신이 참여자들에게 이 활동을 어떻게

설명할지를 알려 주는 것이었다. 당신은 우리가 여기서 활동에 대해 설명한 것이 지금까지 당신이 해 온 방식과는 다르다는 점을 인식했을 것이다. 당연히 당신이 알고 있는 방법으로 해도 좋다. 하지만 우리가 제안하는 방법이 재미있어 보인다면 시도해 보길 권한다.

☆ 변형

앞서 이야기했지만 이 활동들을 하는 방법은 아주 다양하다. 여기서는 우리가 가장 좋아하는 변형에 대해 알려 줄 것이다. 어떤 경우에는 변동 사항이 크지 않지만(예: 침묵 속에서 활동 시도하기, 말하지 않기), 또 어떤 경우에는 그 변동 사항이 매우 크다(예: 중요한 규칙 바꾸기). 때때로 그 변동 사항을 통해서 활동으로 이루고자 계획했던 목적이나 목표에 도달할 수도 있다. 만약 그것이 가능한 경우에는 우리가 표시를 해 두었다. 우리는 내담자, 집단, 목표, 설정, 심지어는 기분에 따라서 얼마든지 규칙을 바꾸고 활동도 변형하여 해 보기를 적극적으로 하고 싶다.

☆ 개인화 접목질문 예시

우리는 활동 참여자들이 각자의 활동 경험에 집중하고, 당신이 도울 수 있는 창의성을 발휘하도록 활동 설명에 개인화 접목질문(processing questions) 예시를 포함하였다. 그 질문들은 참여자들이 활동에 대해서 어떤 경험을 했는지 그리고 집단 내의 다른 사람들에 대해서 어떤 점을 인식했는지를 생각하도록 유도한다. 앞서 말했듯이, 활동을 진행할 때 우리는 그 활동이 인식이나 통찰의 발달을 촉진시키는지가 궁금하다. 활동을 하는 중 무슨 일이 일어났는지에 초점을 두는 개인화 접목질문이 이것에 도움이 될 수 있다. 이 질문들은 실제로 쇼엘 등(Schoel et al., 1988)의 논문에서 반영의 개념(무슨 일이 있었는가?)을 다룬다.

이 질문들은 질문 예시에 지나지 않는다는 점을 기억해야 한다. 당신이 각각의 활동에 대해 각 내담자나 집단에 더 적합한 질문들을 생각할 것이라고 믿는다. 질문에 따라 특정한 맥락상의 틀을 부여한다면 그 효과는 더욱 클 것이다. 하지만 우리는 당신이 계속해서 생각을 멈추지 않기를 바란다. 접목질문에 있어서 때때로 우리는 질문자의 영역이 있기도 하다. 우리는 이 질문 예시들을 당신이 더 나은 질문들을 떠올리는 용도로 사용하길 바란다.

앞서 언급했듯이, 우리는 항상 활동을 진행하지는 않는다. 참여자들이 활동 외에서 당신이 계획한 것을 얻어서 활동을 진행할 필요가 없을 수 있다. 활동을 하게 된다면 참여자들의 발달, 인지 그리고 언어 수준에 적절한 언어를 준비하는 것이 좋을 것이다. [이는 놀이치료 중 유치원생에게 찾아내다(find out) 대신에 확인하다(ascertain)를 사용한 사람이 해 준 조언이다. 그래서 우리는 이 점을 중요하게 생각하고 있다.]

☆ 응용 접목질문 예시

응용 접목질문 예시의 목적은 참여자들이 특정 활동을 통해 한 생각이나 통찰을 그들의 삶의 다른 부분에 어떻게 일반화시킬지를 가장 잘 도울 수 있는 방법을 생각해 보도록 하는 것이다. 앞서 말했듯이, 모험활동의 요점은 이처럼 인위적으로 만들어진 경험으로부터 습득한 통찰이나 학습된 점을 참여자들이 자신의 실제 삶에 적용시키도록 도와주는 것이다. 응용 접목질문들은 쇼엘 등(1988)의 일반화 개념(이제 어떻게 한다는 것인가?) 그리고 응용의 개념(그래서 어떻게 한다는 것인가?)을 다룬다.

개인화 접목질문처럼 응용 접목질문의 예시는 참여자들이 활동을 통해 학습한 점을 일반화하고 응용하는 것을 도와줄 수 있는 질문들이다. 당신이 특정 활동의 내담자 또는 집단 그리고 그 활동의 전후 상황을 알 것이기 때문에 아마도 특정 응용 접목질문을 생각해 낼 수 있을 것이다. 이 질문들을 통해 당신의 창의력을 자극할 수 있고, 스스로 질문을 만들도록 유도하는 마중물이 될 수 있을 것이다.

이 질문 예시들은 활동의 일부 특정 목적이나 목표에만 관련될 수 있다는 점을 알아야 한다. 따라서 이 질문들을 사용하기로 결정한다면, 해당 활동에 대해 당신이 계획한 특정 목적이나 목표에 가장 적합할 수 있는 질문을 골라야 할 것이다. 또한 질문의 언어도 참여자들의 발달, 인지, 언어 능력을 고려하여 조정하면 확인할 수 있을 것이다.

☆ 안전 문제

활동의 가장 마지막 부분에서는 활동들의 안전요소를 다룬다. 모든 활동을 안전하게 해야 하는 것은 너무나 당연한 우선순위이다. 이 부분에서 우리는 활동을 하면서 발생할 수 있는 일반적인 혹은 특정한 안전 문제를 강조하고자 한다. 이동이 발생하는 모든 순간(예: 차를 운전하거나 길을 걷는 것 등)에는 어쩔 수 없이 사람이 넘어지거나, 서로 부딪히거나, 발목을 삐거나, 다른 여러 종류의 사고가 따를 수밖에 없다. 우리는 당신이 활동 중 신체적인 활동이 있을 경우 연관되어 발생할 수 있는 모든 위험요소나 안전 문제를 미리 예측하기를 바란다. 이 주의사항을 주의 깊게 생각해 주기를 부탁한다. 일부 상황에서 우리는 이 안전 문제 부분을 서술하게 될 정도로 아주 아슬아슬했던 순간이 발생하기도 했다(그 이유 때문에 우리는 예전에 있었던 활동 중 뛰는 부분을 없앴다). 또한 활동들이 안전할 때(그리고 당신이 그 활동이 안전하다는 것을 알 때) 비로소 그 활동을 즐길 수 있다. 활동을 재밌게 즐기길 바란다.

제7장

활동

또한 우리가 가장 좋아하는 막스 브라더스 영화!

활동명: 동물 과자

활동 유형: 빗장 풀기

대상: 4학년 이상

집단 크기: 8~50명

목적 1. 의사소통 및 인간관계 능력 향상

목표

1B. 명확하고 건설적으로 감정 표현하기

1C. 타인의 감정 인식 및 수용하기

1F. 타인을 신뢰하는 의지를 증명하기

1G. 관계를 형성하고 유지하기 위한 기술을 개발하기

1H. 또래 압력을 인식하고 다루기

1I. 갈등 해결을 위한 의사소통 기술을 사용하기

1J. 도움의 필요성을 인식하고 그것을 요청할 능력을 개발하기

1L. 집단에 효과적으로 참여하기 위한 기술을 개발하기

목적 2. 자기인식과 자기수용 증진

목표

2A. 개인적 태도와 가치를 탐색하기

2C. 부정적 자기대화를 인식하기 위한 능력 개발하기

2D. 부정적 자기대화를 대체할 긍정적 자기대화의 기술 개발하기

2F. 자신에 대한 긍정적 태도 개발하기

목적 3. 문제 해결과 의사결정 기술의 개발과 적용

목표

3E. 일상생활에서 변화와 이행 조정하기

3H. 문제를 다루는 효과적인 대처 기술 설명하기

3I. 또래 압력이 의사결정에 영향을 줄 때를 인식하기

목적 5. 일관되게 책임감 있는 행동을 증명

목표

5D. 스트레스를 다루는 대처 기술 개발하기

5E. 자기훈련과 자기조절을 연습하는 방법의 필요성 이해하기

목적 6. 학습 관련 긍정적 태도와 기술 향상

목표

6A. 학습자로서 유능감과 자신감을 개발하기

6B. 성취에 대한 자신감 갖기

6C. 학습 과정의 일부로서 실수를 수용하기

6E. 노력과 인내가 학습을 향상시킨다는 것을 인식하기

재료

없음

준비

없음

놀이 방법

1. 집단원 모두 둥글게 서서 원을 만든다.
2. 활동 목표는 동물을 만드는 것이며, 3명씩 조를 짜서 할 것이라고 설명한다. 각 사람이 동물의 한 부위를 담당하며, 3명 모두가 합쳐서 동물을 완성한다(예: 양쪽에 귀 2개와 가운데 몸통, 3명이 합쳐서 코끼리 한 마리를 만든다).

3. 동물의 각 부분들의 생김새를 설명하고 시범을 보인다. 만들려는 동물은 다음과 같다.
   1) 코끼리
   3명 중 가운데 사람은 (좀 어색한 자세인데) 자신의 팔 윗부분이 자기 코에 닿도록 한 후 얼굴 앞에서 팔을 흔들어서 코끼리 몸통처럼 보이게 한다. 가운데 사람이 코끼리 몸통을 흉내 내는 동안, 양옆에 있는 사람은 한쪽 팔은 머리 위, 다른 쪽 팔은 허리쯤 위로 올려서 귀 모양을 만든다(마치 가운데 사람을 향해 반달을 만든 것처럼 보일 것이다). 자, 코끼리가 나타났다. 만약 가운데 사람이 몸을 흔들면서 코끼리 울음 소리를 낸다면 더 웃길 것이다.
   2) 기린
   3명 중 가운데 사람이 양손을 머리 위로 올려 최대한 키를 키운다(발꿈치 들기를 추천한다). 양옆에 있는 두 사람은 재빨리 가운데 사람에게 다가가서 손을 무릎에 대고 몸을 굽힌다. 기린의 긴 목과 양다리처럼 보일 것이다. 기린이 완성됐다. 기린이 소리를 내는지 모르겠으나 (만약 점수를 매기는 게임이라면) 분명히 가산점을 받을 만하다.
   3) 개구리
   아프리카 문양을 벗어나 이번에는 개구리이다. 개구리는 특히 재미있다. 가운데 사람이 (마치 개구리가 파리를 잡으려는 것처럼) 몸을 앞으로 내밀고 혀를 내밀었다 넣었다 한다. 양옆에 있는 사람은 개구리 다리를 만들기 위해 최선을 다해야 할 것이다. 가운데 사람에게 몸을 기울이고(나이가 좀 있는 사람은 말 그대로 붙잡을 필요가 있다), 바깥쪽 다리를 들어서 살짝 땅을 친다.
4. 동물의 각 부분들을 설명한 후 모든 참여자가 연습을 마치면 도전 과제를 제시한다. 도전 과제는 한 사람(처음이라면 리더)이 원 안을 걸어 다니는 와중에 일어난다. 시작할 준비가 되면 한 명을 가르키며 이름을 부르고 세 가지 동물(코끼리, 기린, 개구리) 중 하나를 말한 후, "○○은 동물원에서 내가 가장 좋아하는 동물입니다."라고 덧붙인다. 예를 들면, 마시를 가리키며 "마시, 코끼리는 동물원에서 내가 가장 좋아하는 동물입니다."라고 말한다. 그러면 마시가 코끼리의 가운데(몸통)를 맡고, 마시의 양옆에 있는 두 사람이 코끼리의 귀가

되어서 한 마리의 코끼리를 만든다. 이 모든 것은 "동물원에서 내가 가장 좋아하는 동물입니다."란 말이 끝나기 전에 이루어져야 한다. 그림이 그려지는가? 원 안에 있는 사람이 걷기 시작하면 긴장이 고조되고, 그가 갑자기 몸을 돌려 후안을 가리키며 말한다. "후안, 개구리는 동물원에서 내가 가장 좋아하는 동물입니다." 후안은 자신의 이름이 불리자마자 세 가지 동물(코끼리, 기린, 개구리) 중 한 마리의 가운데를 맡는다는 것을 알며, 후안의 왼쪽과 오른쪽에 있는 사람들 또한 즉시 그 동물 만들기를 도와야 한다는 것을 안다. 세 사람은 원 안에 있는 사람이 "○○은 동물원에서 내가 가장 좋아하는 동물입니다."라는 말을 마치기 전에 동물을 완성해야 한다. 만약 시간 내에 끝내지 못하거나, 만드는 사람들이 헷갈려서 틀린 동작을 하면(그래서 코끼리 귀가 하나거나 개구리 다리가 하나인 기묘한 동물을 만들면), 이름이 지목되었던 사람(이번 경우엔 후안)이 원 안의 사람이 되며, 원 안에 있던 사람이 후안의 자리를 메우며 원을 만든다. 만약 후안과 그의 양옆 참여자들이 "○○은 동물원에서 내가 가장 좋아하는 동물입니다."라는 말이 끝나기 전에 동물 만들기를 완성하면, 원 안에 있던 사람은 여전히 원 안에 남아서 다른 사람의 이름을 부르며 지목한다. 그러나 후안 혹은 그의 양옆 사람이 실수하거나 너무 느렸을 경우, 후안이 원의 가운데로 나오게 된다(정작 그는 충분히 빨리 바르게 만들었더라도 그렇다). 이렇게 되면 종종 재미있는 작업거리가 따르기도 한다.

변형

많은 동물 중 우리가 가장 좋아하는 동물들을 제시했다. 당신이 좋아하는 동물은 무엇인지 궁금하다.

개인화 접목질문 예시

1. 리더가 활동을 설명했을 때 어떻게 느껴졌는가? 가장 어렵다고 생각한 일은 무엇인가? 가장 쉽게 여겨진 것은 무엇인가? 게임을 하는 동안 당신이 예상했던 대로 되었는가?
2. 당신이 이 활동을 잘하지 못할 거라고 예상했다면, 그것은 당신이 활동하는데 어떻게 영향을 미쳤는가? 만약 이 활동이 쉽다고 예상했다면 그것은 당신

이 행동하는 데 어떤 영향을 미쳤는가?

3. 가장 만들기 좋았던 동물은 무엇이었는가? 그 동물을 만들 때 어떠한 점이 좋았는가?
4. 가장 만들기 싫었던 동물은 무엇이었는가? 그 동물을 만들 때 어떠한 점이 싫었는가?
5. 이 활동에서 함께 하는 것이 얼마나 중요했는가? 3명씩 조를 이루었을 때, 다른 집단원 2명과 더 잘 협동하기 위해 어떻게 했는가?
6. 당신이 동물의 바깥쪽을 맡았을 때 가운데 사람이 자기 부분을 틀리게 하거나 시간 안에 못해서 그가 중앙으로 가야만 했다면, 그때 느낌이 어떠했는가? 당신의 느낌을 어떻게 표현했는가? 보다 분명하고 건설적으로 표현하는 다른 방법이 있었을까?
7. 당신이 동물의 바깥쪽을 맡았는데 제대로 못해서 동물 가운데 사람이 원 안으로 가야 했다면, 그때 느낌이 어떠했는가? 그러한 느낌을 어떻게 표현했는가? 보다 분명하고 건설적으로 표현할 수 있는 다른 방법이 있었을까?
8. 당신이 동물의 가운데를 맡았을 때 집단원들이 작업을 망쳐서 당신이 원 안으로 가야 했다면, 그때 느낌이 어떠했는가? 그러한 느낌을 어떻게 표현했는가? 보다 분명하고 건설적으로 표현할 수 있는 다른 방법이 있었을까?
9. 이 활동은 어떤 점에서 자기훈련이나 자기조절이 중요했는가? 그러한 점이 당신에게 어떠했는가?
10. 활동을 하는 동안 스트레스 수준을 1에서 10으로 나타낸다면 어느 정도였는가? 동물에서 당신이 맡은 위치가 가운데인지 바깥인지에 따라 스트레스 수준이 달라졌는가? 이 활동에서 어려웠던 점은 무엇인가? 스트레스였던 점은 무엇인가? 스트레스를 다루기 위해 쓴 전략은 무엇인가?
11. 3명이 조를 이룰 때 가운데를 피하려고 했는가? 그랬던 이유는 무엇인가? 피하기 위해 어떻게 했는가? 가운데를 맡게 될 때 어떤 점이 스트레스로 여겨졌는가?
12. 활동을 하면서 또래 압력을 느꼈는가?
13. 당신은 왜 다른 집단원을 믿어야 했는가? 당신이 집단원을 믿는 데 어떤 요소들이 영향을 미쳤는가?

14. 우스꽝스러운 활동을 하며 어떠했는가? 당신은 우스꽝스러움이 재미있는가, 혹은 재미없는가? 어떠한 점이 재미있거나 재미없는가?
15. 당신이 망쳤을 때 어떻게 대응했는가? 실수에서 무엇을 배웠는가? 이번 실수에서 배운 점을 다음에 동물을 만들 때 적용한다면 어떤 점이 달라지겠는가?
16. 활동을 하는 데 노력과 끈기가 도움이 되었는가? 망쳐 본 경험은 이후 더 열심히 하도록 당신을 북돋았는가, 아니면 포기하게끔 만들었는가? 망쳐 본 경험을 어떻게 배움의 기회로 삼을 수 있을까?
17. 당신 조는 서로를 다른 집단원들과 비교하였는가? 이렇게 비교하는 것이 어떤 도움이 되었는가?
18. 당신 조가 동물을 맞게 만들었을 때 느낌이 어떠했는가?
19. 동물이 다른 동물로 전환되었을 때 작업하는 것이 어떠했는가? 만드는 동물의 부위가 전환되었을 때 어떠했는가? 이러한 전환을 어떻게 다루었는가? 활동을 하면서 당신 자신이나 전환을 다루는 방법에 대해 깨달은 점은 무엇인가?
20. 활동 중 당신이나 다른 집단원이 화가 난 적 있는가? 화가 갈등으로 번졌는가? 당신과 집단원들은 갈등을 어떻게 다루었는가?
21. 당신이 상황을 통제할 수 없고 성공이 다른 사람 손에 달려 있을 때 기분이 어떠했는가? 그래서 어떻게 대응했는가? 다르게 행동했다면 더 좋을 것이라고 바라는 부분이 있는가?

응용 접목질문 예시

1. 당신의 실수 때문에 일어난 결과를 다른 사람이 감수해야 했던 상황에 처한 적이 있는가? 무슨 일이었는가? 그때 심정이 어떠했는가? 다음에 또 그러한 일이 벌어졌을 때 도움이 될 만한 것으로 이번 활동에서 배운 것이 있는가?
2. 다른 사람의 실수 때문에 당신이 비난받는(혹은 결과를 감수해야 하는) 상황에 처한 적이 있는가? 그 일이 있었을 때 심정이 어떠했는가? 다음에 또 그러한 상황에 처한다면 활용할 수 있는 것으로 이번 활동에서 배운 점은 무엇인가?
3. 어떤 사람은 활동 과제를 쉽게 익히지만 다른 사람은 그렇지 못하다. 과제가 어떤 사람에겐 쉽지만 다른 사람에겐 쉽지 않은 상황일 때, 당신은 어떻게 행동하는가? 만약 당신이 과제를 쉽게 숙달하는 사람이라면 자기 자신과 능력에

대해 말할 수 있는 점은 무엇인가? 과제를 어려워하는 사람이라면 자기 자신과 능력에 대해 말할 수 있는 점은 무엇인가? 이런 상황에서 당신 스스로를 도울 수 있는 자기대화(self-talk)로는 어떠한 것이 있는가?

4. 전환이 일어날 때 보통 어떻게 대응하는가? 이 활동을 통해 전환을 다루는 능력에 대해 알게 된 점이 있다면 다음에 전환이 필요한 일이 생겼을 때 어떻게 적용하겠는가?
5. (대개는 부정적인) 예측이 그 상황을 다루는 데 크게 영향을 미쳤던 상황이 있는가? 다음에 또 그러한 상황에 처한다면 이번 활동에서 부정적인 예측의 영향력에 대해 배운 점을 어떻게 활용하겠는가? 긍정적으로 예측하는 것에 대해서는 어떠한가?
6. 살면서 다른 사람과 협동해야 할 필요가 있었던 상황이나 경험은 무엇인가? 이 활동에서 배운 점을 그 상황들에 적용해 본다면 달라지는 점은 무엇인가?
7. 이 활동에서 스트레스에 대처하기 위해 사용한 방법 중 살면서 겪는 다른 상황에 도움이 될 만한 것이 있는가? 어떻게 활용하겠는가?
8. 이 활동에서 스트레스에 대처하기 위해 사용한 방법 중 효과가 없었던 것은 무엇인가? 다음에는 그렇게 되지 않도록 어떻게 피할 수 있을까?
9. 도움을 요청하는 것이 필요한 다른 상황으로 어떠한 때가 있는가? 어떻게 도움이 필요하다는 것을 알아차리고 도움을 구할 수 있을까?
10. 실수 다루기에 대해 배운 점이 있다면 다른 상황에 어떻게 적용할 수 있겠는가? 또래 압력을 다루는 방법에 대해서는 어떠한가? 당신은 배우는 사람으로서 유능감과 자신감을 느끼는가?
11. 성공하려면 이전 경험에서 배우는 것이 필요한 상황이 있는가? 이 활동에서 배운 점을 그 상황에 적용해 본다면 어떠한가?
12. 당신이 자신을 다른 사람과 비교하게 되는 상황이나 관계가 있는가? 어떨 때 자신을 다른 사람과 비교하는 것이 도움이 되는가? 어떨 때 도움이 안 되는가? 보다 도움이 되게 하려면 어떻게 해야 하는가?
13. 당신이 가치 있다고 여기는 것 중 우스꽝스러움이나 재미가 포함되는가? 그렇거나 혹은 그렇지 않은 이유는 무엇인가?
14. 화가 나거나 당혹스러우면 어떻게 되는가? 그러한 상황을 어떻게 다루는가?

그러한 상황에 도움이 될 만한 것으로 이번 활동에서 배운 점은 무엇인가?

15. 당신이 상황을 통제할 수 없거나, 성공하려면 다른 사람에게 의지해야 할 때, 효과적으로 대처할 수 있는 방법은 무엇인가? 이번 활동에서 배운 점 중 그러한 상황에 적용할 수 있는 것은 무엇인가?

안전 문제

없음

박치기를 합시다! 아뇨. 1970년대 박치기 말고 이 박치기 말입니다!

활동명: 쿵

활동 유형: 빗장 풀기, 도전하기

대상: 3학년 이상

집단 크기: 8~16명

목적 1. 의사소통 및 인간관계 능력 향상

목표

1B. 명확하고 건설적으로 감정 표현하기

1C. 타인의 감정 인식 및 수용하기

1D. 생각을 명확하고 건설적으로 표현하기

1H. 또래 압력을 인식하고 다루기

1I. 갈등 해결을 위한 의사소통 기술을 사용하기

1J. 도움의 필요성을 인식하고 그것을 요청할 능력을 개발하기

1L. 집단에 효과적으로 참여하기 위한 기술을 개발하기

목적 3. 문제 해결과 의사결정 기술의 개발과 적용

목표

3A. 개인적 목표 설정하기

3B. 문제 확인하기

3C. 문제 해결과 의사결정 단계의 이해를 설명하기(정보 수집, 대안과 결과 탐색, 계획과 행동)

3D. 결정 평가하기

3E. 일상생활에서 변화와 이행 조정하기

3H. 문제를 다루는 효과적인 대처 기술 설명하기

3I. 또래 압력이 의사결정에 영향을 줄 때를 인식하기

3J. 문제 해결과 목표 달성을 위한 대안적 방법 확인 능력 개발하기

목적 5. 일관되게 책임감 있는 행동을 증명

목표

5A. 개인적 책임을 인식하기

5D. 스트레스를 다루는 대처 기술 개발하기

5E. 자기훈련과 자기조절을 연습하는 방법의 필요성 이해하기

5G. 대안적 관점을 위한 존중을 증명하기

목적 6. 학습 관련 긍정적 태도와 기술 향상

목표

6A. 학습자로서 유능감과 자신감을 개발하기

6B. 성취에 대한 자신감 갖기

6C. 학습 과정의 일부로서 실수를 수용하기

6E. 노력과 인내가 학습을 향상시킨다는 것을 인식하기

6F. 의존성과 주도성을 개발하기

6G. 지식 공유 능력 개발하기

6H. 비판적 사고 기술을 발달시키기

재료

보통 묶은 수건을 사용하지만 부드러운 공(물놀이 공)도 좋다. 3명으로 이루어진 조마다 수건이나 공이 1개씩 필요하다.

준비

수건이나 공을 던지는 거리를 표시해 놓기만 하면 된다(보통 3~4.5m로 한다).

놀이 방법

1. 이 활동은 몇 가지 제한사항이 있는 간단한 잡기 게임이다.
2. 3명이 한 조가 된다.
3. 각 조에서 1명이 던지는 사람(투수)이 되고, 나머지 2명은 잡는 사람(포수)이 된다.
4. 투수 1명과 포수 2명은 약 3~4.5m 거리를 두고 선다.
5. 투수는 묶인 수건이나 공을 포수를 향해 던져 올린다. 포수는 결코 손이나 팔, 어깨를 쓰지 않고 수건이나 공을 잡아야 하며, 잡은 후 다시 투수에게 전달한다. 성공적으로 (다시 말하건대, 손이나 팔, 어깨를 쓰지 않고) 수건이나 공을 잡아서 투수에게 돌려준 후, 다시 3~4.5m 떨어진 곳에 자리를 잡아, 던지고 받기를 계속한다.
6. 만약 포수가 수건이나 공을 놓치거나, 손이나 팔, 어깨를 써서 규칙을 어기게 되면 수건이나 공을 집어서 투수에게 되돌려 준다.
7. 마지막 설명은 시간제한에 대한 것이다. 첫 라운드에는 보통 시간을 짧게 주어서 각 팀이 얼마나 성공할 수 있는지 확인해 보도록 한다. 첫 라운드 후, 각 팀이 더 효과적인 방법을 짜낼 수 있도록 머리를 맞대고 논의할 시간을 줄 수 있다.
8. 이긴 팀은 당연히 동료로부터 큰 박수갈채와 칭찬, 존경을 받는다.[1)]

개인화 접목질문 예시

1. 손이나 팔, 어깨를 쓰지 않고 수건이나 공을 잡는 것이 어떻게 느껴졌는가? 이러한 느낌을 어떻게 분명하고 건설적으로 표현할 수 있었는가?
2. 던지고 잡기 전략의 효과성을 판단하는 방법은 무엇이었는가? 만약 효과가 없을 때 집단원들은 어떻게 새로운 전략을 구상해 냈는가?
3. 이 활동에서 협동이 얼마나 중요했는가? 집단원 3명이 잘 협동하기 위하여 어렵게 하였는가?
4. 당신이 공을 떨어트려서 처음부터 다시 시작해야 했을 때 심정이 어떠했는가?

1) Rohnke, K. E. (1984). *Silver bullets*. Dubuque, IA: Kendall Hunt.

다른 집단원이 공을 떨어트려서 처음부터 시작해야 했을 때는 어떠했는가? 이러한 심정을 어떻게 표현하였는가? 보다 분명하고 건설적으로 표현할 수 있는 다른 방법이 있었을까?

5. 활동 중 다른 사람의 감정을 알아차리고 수용하기 위해 어떻게 하였는가?
6. 던지고 잡기 게임 전략에 대해 갈등이 생겼을 때 어떻게 대처하였는가? 갈등을 보다 효과적으로 다룰 수 있는 다른 방법이 있었을까?
7. 당신 조가 성공하도록 당신이 기여한 바는 무엇인가?
8. 전략을 짤 때 누구의 아이디어를 활용할지 어떻게 결정하였는가?
9. 다른 집단원의 도움이 필요한지 어떻게 알 수 있었는가? 도움이 필요했을 때 어떻게 하였는가? 도움이 필요하다는 것을 알아차렸을 때 어떻게 도움을 요청하였는가?
10. 활동을 하는 동안 스트레스 수준은 어떠하였는가? 시간제한은 스트레스에 영향을 미쳤는가? 활동 중 스트레스를 다루기 위해 어떠한 전략을 사용하였는가?
11. 활동 중 조의 일원으로서 당신이 맡은 책임은 무엇이었는가? 당신의 책임이 맞는지 어떻게 판단할 수 있었는가?
12. 활동 중 그러한 책임을 중시하고 지켰는가? 만약 그렇다면 책임감 있게 한 행동은 무엇인가? 책임감 있는 행동이라고 어떻게 확신할 수 있었는가? 만약 그러하지 못했다면 책임감 없이 한 행동은 무엇인가? 보다 책임감 있게 행동하기 어려웠던 이유는 무엇인가?
13. 실수했다고 느꼈을 때 어떻게 대처하였는가? 실수로부터 배운 점은 무엇인가? 다음 번에 던지고 잡기를 한다면 오늘의 실수로부터 배운 것을 어떻게 적용하겠는가?
14. 이 활동에서 노력과 끈기는 어떤 도움이 되었는가? 의존성과 주도성은 어떤 도움이 되었는가? 자기훈련과 자기조절은 어떠한가?
15. 또래 압력은 어떤 식으로 작용했는가? 집단원은 또래 압력을 어떻게 다루었는가?
16. 집단원은 서로를 다른 조와 비교하였는가? 비교를 하는 것이 어떠한 도움이 되었는가?
17. 당신 조가 많은 공을 성공했을 때 느낌이 어떠했는가?

18. 집단원끼리 투수에게 포수로 어떻게 역할 전환을 하였는가? 이렇게 전환되었을 때 당신은 어떻게 대처하였는가? 오늘 공을 잡아 본 경험이 다음에 던지기를 할 때 도움이 되게 하려면 어떻게 할 수 있을까?
19. 던지고 잡기를 성공적으로 하기 위해 당신 조는 의견 상충을 어떻게 다루었는가?
20. 당신 집단원은 던지고 잡기를 얼마나 성공하면 '충분'한지 어떻게 판단하였는가?

응용 접목질문 예시

1. 당신이 살면서 다른 사람과 협력하게 되는 상황은 언제인가? 이 활동을 통해 협동에 대해 배운 점이 있다면 그러한 상황에 어떻게 적용하겠는가?
2. 손과 팔, 어깨를 쓸 수 없었던 오늘 경험처럼 당신은 어떤 상황이나 관계에서 장애가 있다고 느끼는가? 이 장애를 가지고 작업하는 것에 대해 오는 활동을 통해 배운 점이 있다면, 그러한 상황에 어떻게 적용할 수 있겠는가?
3. 이 활동에서 스트레스 관리를 위해 사용한 방법 중 어떤 것이 다른 상황에서도 유용하겠는가? 그것을 어떻게 활용하겠는가?
4. 도움을 요청하는 것이 필요한 상황으로는 어떤 경우가 있는가? 도움이 필요하다는 것을 어떻게 알아차리고, 어떻게 요청할 수 있겠는가?
5. 생활하면서 자신의 말을 다른 사람이 들어 주는 것이 중요한 상황이나 관계가 있는가? 그러한 상황에서 남들이 당신의 말을 잘 들을 수 있도록 어떻게 하는가?
6. 생각과 감정을 나누고, 협동을 북돋고, 문제를 해결하며, 갈등을 적절하게 풀기 위한 방법으로서 이 활동에서 배웠거나 연습한 것이 있다면, 다른 상황에 어떻게 적용하겠는가?
7. 실수를 다루는 법에 대해 배운 점을 당신이 살면서 겪는 다른 상황에서 어떻게 활용하겠는가? 또래 압력을 다루는 것에 대해서는 어떠한가? 스트레스 조절에 대해서는?
8. 성공하기 위해 과거 경험으로부터 배우는 것이 필요한 상황으로는 어떤 경우가 있는가? 오늘 활동에서 배운 점을 그러한 상황에 어떻게 적용하겠는가?
9. 자기 자신을 남과 비교하게 되는 상황이나 관계가 있는가? 자신을 남과 비교

하는 것이 언제 도움이 되는가? 어떨 때 도움이 되지 않는가? 좀 더 도움이 될 수 있도록 어떻게 할 수 있겠는가?

안전 문제

잡는 사람의 의욕이 과다하여 서로 부딪힐 수 있다는 잠재적인 위험 말고는 없다.

여기서 저기까지 함께!

활동명: 짐을 옮겨요

활동 유형: 믿음 쌓기, 도전하기

대상: 1학년 이상

집단 크기: 8~16명

목적 1. 의사소통 및 인간관계 능력 향상

목표

1A. 이해를 증명하고 기본적 의사소통 기술을 적용하기(예: 비언어적 증거 인식하기, 나 전달법 사용하기)

1B. 명확하고 건설적으로 감정 표현하기

1C. 타인의 감정 인식 및 수용하기

1D. 생각을 명확하고 건설적으로 표현하기

1E. 타인의 말을 적극적으로 경청하기

1F. 타인을 신뢰하는 의지를 증명하기

1G. 관계를 형성하고 유지하기 위한 기술을 개발하기

1H. 또래 압력을 인식하고 다루기

1I. 갈등 해결을 위한 의사소통 기술을 사용하기

1J. 도움의 필요성을 인식하고 그것을 요청할 능력을 개발하기

1K. 욕구와 소망을 인식하고 언어화하기

1L. 집단에 효과적으로 참여하기 위한 기술을 개발하기

목적 2. 자기인식과 자기수용 증진

목표

2C. 부정적 자기대화를 인식하기 위한 능력 개발하기

2D. 부정적 자기대화를 대체할 긍정적 자기대화의 기술 개발하기

2F. 자신에 대한 긍정적 태도 개발하기

2G. 개인적인 경계, 권리, 사생활 보호의 필요성을 인식하기

2H. 개인 및 사회적 역할 확인하기

목적 3. 문제 해결과 의사결정 기술의 개발과 적용

목표

3A. 개인적 목표 설정하기

3B. 문제 확인하기

3C. 문제 해결과 의사결정 단계의 이해를 설명하기(정보 수집, 대안과 결과 탐색, 계획과 행동)

3D. 결정 평가하기

3F. 갈등 해결을 위한 의사결정 기술 적용하기

3G. 일상의 상황에서 의사결정 기술을 적용하기

3H. 문제를 다루는 효과적인 대처 기술 설명하기

3I. 또래 압력이 의사결정에 영향을 줄 때를 인식하기

3J. 문제 해결과 목표 달성을 위한 대안적 방법 확인 능력 개발하기

목적 4. 다양성의 이해와 가치를 증진

목표

4A. 개인의 차이를 인식하고 인정하기

4B. 자신의 문화에 대한 이해와 인식을 발달시키기

4C. 자신과 다른 문화 집단 모두를 존중하는 것을 설명하기

4D. 문화나 신체적, 학습적 차이가 있는 사람들의 유사점과 차이점을 인식하고 감사하기

목적 5. 일관되게 책임감 있는 행동을 증명

목표

5A. 개인적 책임을 인식하기
5B. 행동이 적절하고 책임감이 있는지 인식하기
5C. 적절하고 책임감 있는 방법으로 행동하기
5D. 스트레스를 다루는 대처 기술 개발하기
5E. 자기훈련과 자기조절을 연습하는 방법의 필요성 이해하기
5F. 시간 조정 기술 적용하기
5G. 대안적 관점을 위한 존중을 증명하기

재료

없음

준비

집단원이 건너야 하는 거리를 표시하기만 하면 된다. 특별히 길 필요는 없다(예: 6~9m 혹은 좀 더 멀리).

놀이 방법

1. 재미있고 도전적인 집단 놀이이다. 지시는 간단하지만 과제는 복잡하다.
2. 활동 목표는 방이나 트인 공간에서 (미리 표시한 거리만큼) 모든 집단원을 최대한 빨리 옮기는 것이다. 이때 따라야 할 규칙은 다음과 같다.
   1) 정해진 거리를 건너기 위해 누군가는 옮기는 사람이 된다.
   2) 옮긴 사람이 되돌아오면 이번엔 옮겨진다.
   3) 걸어서 건널 수 있는 사람은 오직 마지막 한 사람이다.
   4) 이동 중 옮겨지는 사람의 몸이 땅에 닿게 되면, 옮기는 사람과 옮겨지는 사람 모두 다시 출발선으로 돌아간다(혹은 변형으로서, 모든 집단원이 처음부터 시작하도록 할 수 있다).
   5) 옮기거나 옮겨지는 사람의 수는 집단원들의 힘과 창의력에 따라 달라질 수 있다(예: 일대일만이 방법은 아니다).

3. 집단원에게 규칙을 설명한 후, 시작하기 전에 계획을 짤 시간을 줄 수 있다.
4. 계획을 잘 세울수록 집단 전체가 거리를 건너는 시간이 단축된다는 점을 강조하라. 흔히 볼 수 있는 광경은 단순히 집단이 반으로 나뉘어 한 편이 다른 한 편을 업고 건넌 후, 업고 건넜던 사람들이 돌아와 또 반으로 나뉘어 반반씩 업고 건너는 과정이 마지막 한 사람이 남을 때까지 반복되는 것이다. 하지만 다른 방법들도 무수히 많다. 어떤 방법이 가장 빠를지 궁금하지 않은가?[2)]

변형

1. 두 번째나 세 번째 시도에서는 이전에 기록한 시간을 넘어서도록 한다.
2. 집단에게 시간 목표를 세우고 달성하도록 할 수 있다.
3. 가장 최소한으로 왔다 갔다 하여 모든 집단원을 옮기는 도전 과제를 내줄 수 있다.
4. 얼마나 적은 수로 왕복하여 과제를 달성할 수 있을지 집단 목표를 세워 보도록 한다.

개인화 접목질문 예시

1. 활동에 대한 지침을 처음 들었을 때 느낌이 어떠했는가? 당신의 생각과 감정을 어떻게 표현하였는가? 집단원끼리 전략을 논의하면서 당신의 반응은 변화하였는가? 어떻게 변하였는가?
2. 집단이 성공하도록 당신은 어떠한 기여를 하였는가? 그렇게 기여한 것에 대해 기분이 어떠한가?
3. 문제 해결을 위해 작업을 할 때 집단원이 당신 말에 귀 기울이는 것처럼 느껴졌는가? 집단원이 당신 말을 들어 줄 때 느낌이 어떠했는가?
4. 당신 말에 귀 기울이는 것 같지 않았다면 그때 느낌이 어떠했는가? 집단원이 당신 말을 잘 들어 주길 원했다면 그럴 수 있도록 다르게 행동할 수 있는 방법이 있었을까?
5. 당신의 생각이나 감정을 효과적으로 소통할 수 있었는가? 만약 그랬다면 어떻

---

2) Baack, S. (1989). *Adventure recreation*. Nashville, TN: Convention Press.

게 그럴 수 있었는가? 만약 그렇지 않았다면 어려웠던 이유는 무엇인가?

6. 활동이 보다 순조롭게 진행되도록 돕기 위해 당신이 듣는 사람의 위치에 있을 때 한 행동이 있는가?
7. 이 활동에서 신뢰는 어떠한 역할을 했는가?
8. 방을 건너는 방법을 정하기 위해 집단원은 어떤 과정을 거쳤는가? 집단원은 그 전략이 효과적인지를 어떻게 판단하였는가? 전략이 효과가 없었을 때 어떻게 대응하였는가? 보다 효과적인 다른 대안을 찾기 위해 어떻게 하였는가?
9. 과제를 달성하기 위해 집단원이 서로 협력한 방법은 무엇인가? 협동이 어떻게 도움이 되었는가?
10. 당신은 협력하거나 협력하지 않을지에 대해 어떻게 결정을 내릴 수 있었는가? 당신의 협동에 대한 태도는 집단에서 일어나는 일에 어떤 영향을 미쳤는가? 다른 집단원의 태도는 어떤 영향을 미쳤는가?
11. 집단원에게 도움받을 필요가 있는지를 어떻게 알 수 있었는가? 도움이 필요했을 때 어떻게 했는가? 도움받을 필요가 있다는 것을 알아차리면 당신은 어떻게 요청하는가?
12. 방을 건너는 과정에서 다양한 집단원의 역할은 무엇이었는가? 집단에서 누가 이끌고 누가 따를지를 어떻게 결정하였는가? 활동이 진행되면서 그 역할이 변했는가? 어떻게 변화하였는가?
13. 방을 건너기 위해 서로 신체적으로 가까워지거나 접촉하는 것이 어떻게 느껴졌는가? 당신은 얼마나 많은 개인적 공간을 필요로 하는가? 다른 집단원이 필요로 하는 개인적 공간과 얼마나 다른가?
14. 당신이 옮겨질 때 기분이 어떠했는가? 다른 사람을 옮기는 사람이었을 때는 기분이 어떠했는가?
15. 활동을 하는 동안 스트레스는 어느 정도였는가? 시간이 지남에 따라 어떻게 변화하였는가? 시간제한이 있었을 때 스트레스를 다루기 위해 사용한 전략은 무엇이었는가?
16. 방을 건너는 전략에 대해 집단원 간 의견이 달랐을 때 그 갈등이 어떻게 느껴졌는가? 그러한 느낌이 들어서 어떻게 하였는가? 집단원은 갈등을 어떻게 해결하였는가? 이를 해결하기 위한 다른 방법으로 어떤 것이 있을까?

17. 또래 압력은 활동 과정에 어떻게 영향을 미쳤는가? 집단원은 이를 어떻게 다루었는가?
18. 활동 중 낙심하거나 좌절하게 되었을 때 어떻게 대처하였는가? 다시 계속해 나갈 동기를 얻기 위해 스스로 되뇌인 말은 무엇인가? 다른 집단원이 낙심해 보였을 때 이를 어떻게 소통하였는가?
19. 방을 건너는 것에 성공했을 때 기분이 어떠하였는가? 자신의 기분을 어떻게 다른 집단원과 소통하였는가?
20. 활동을 하는 중 집단에서 당신의 책임은 무엇이었는가? 무엇이 자신의 책임인지 어떻게 판단하였는가?
21. 활동을 하면서 자신의 책임을 다할 수 있었는가? 만약 그렇다면 당신이 책임감 있게 한 행동은 무엇인가? 책임감 있는 행동이라는 것을 어떻게 확신하였는가? 만약 그렇지 않았다면 책임감 없이 한 행동은 무엇인가? 책임감 있게 행동하기 힘들었던 이유는 무엇인가?
22. 문제를 해결하는 능력에 대해 스스로에게 부정적으로 되뇌인 때가 있었는가? 자신에게 무슨 말을 했는가?
23. 부정적인 자기대화를 보다 긍정적인 자기대화로 바꿀 수 있는 방법은 무엇인가? 자기 자신에 대해 말할 수 있는 긍정적인 점들은 무엇인가?
24. 시간제한이 있었을 때 시간 관리 기술은 어떻게 적용하였는가?

응용 접목질문 예시

1. 당신이 다른 사람을 업어 옮기고 있는 느낌이 드는 상황이나 관계는 언제인가? 그러한 상황을 다루기 위해 어떤 자원이나 전략을 사용하였는가?
2. 다른 사람에게 업혀서 옮겨지고 있는 것처럼 느껴지는 상황이나 관계는 언제인가? 어떤 자원이나 전략을 활용하여 그러한 상황을 다루었는가?
3. 성공하기 위하여 팀으로 협동하거나 도와야 하는 때는 어떤 상황인가? 이러한 상황을 어떻게 다루는가? 협력과 도움을 어떻게 이끌어 내는가?
4. 이 집단에서 당신이 한 역할은 당신이 가족에서 하는 역할과 어떻게 비슷한가? 다른 집단에서는 어떠한가? 집단의 다양한 집단원이 행한 역할은 당신이 살면서 만나는 다른 사람들과 비슷한 점이 있는가? 이러한 다양한 역할이 어

느 정도로 편안하게 느껴지는가?

5. 활동 상황과 비슷한 문제가 일어났을 때 어떻게 대처하는가? 오늘 집단원이 문제를 풀기 위해 사용한 방법 중 당신이 살면서 겪는 상황에 유용하게 활용할 수 있는 것은 무엇인가? 그러한 상황에서 어떻게 이 방법을 활용하겠는가?
6. 스트레스를 조절하기 위해 당신이나 집단원이 사용한 방법 중 어떤 것이 당신이 일상에서 겪는 상황에 도움이 될 것 같은가? 그 방법을 어떻게 활용하겠는가?
7. 도움을 요청할 필요가 있는 상황은 어떤 때인가? 어떻게 당신은 도움이 필요하다는 것을 알아차리고 도움을 요청하는가?
8. 남들이 당신의 말을 들어 주는 것이 중요한 다른 상황이나 관계가 있는가? 그 상황에서 사람들이 당신 말을 들을 수 있도록 어떻게 할 수 있겠는가?
9. 느낌과 생각을 나누고 협동할 수 있게 격려하며 문제를 풀고 갈등을 적절하게 해결하는 방법으로 활동에서 배운 점을 다른 상황에서 어떻게 활용할 수 있는가?
10. 스트레스를 다루는 방법에 대해 활동을 통해 배운 점이 있다면 다른 상황에 어떻게 적용할 수 있는가? 부정적인 자기대화에 대해서는 어떠한가? 또래 압력을 다루는 것은?
11. 당신의 사적인 경계나 권리, 사생활에 대한 욕구를 알아차리고 보호하는 것이 중요한 다른 상황에서 오늘 게임에서 배운 점 중 활용할 수 있는 것은 무엇인가?
12. 당신 가족 안에서 사적 공간 및 신체 접촉에 대한 규칙(언어적 또는 비언어적)은 무엇인가? 당신 문화에서는 어떠한가?
13. 사적 공간 및 신체 접촉에 대해 사람들이 편안하게 느끼는 수준이 다르다는 것을 알게 된 상황이 있는가? 당신이 알게 된 차이는 어느 정도였는가? 만약 누군가 사적 공간에 대해 당신과 규칙이 다르다면 어떻게 적절하면서도 정중하게 다룰 수 있을까?
14. 다른 문화 집단의 사적 공간 및 신체 접촉 규칙에 대해 당신이 알게 된 것은 무엇인가?
15. 비판적으로 사고하는 방법에 대해 배운 점 중 당신이 살면서 겪는 다른 상황에 적용할 수 있는 것은 무엇인가?

16. 당신이 책임감 있게 행동하는 것이 중요한 상황은 언제인가? 책임감 있는 행동에 대해 이 활동에서 배운 점을 다른 상황에 어떻게 적용할 수 있는가?
17. 당신이 다른 사람을 믿는 것이 중요한 상황은 언제인가? 사람을 믿는 것에 대해 이 활동에서 배운 것을 다른 상황에 어떻게 적용할 수 있겠는가?

안전 문제

만약 한 사람이 두 사람을 옮기고 있다면, 옆에서 지켜보는 사람이 같이 걸을 수 있도록 한다. 옮기는 사람이 힘이 빠지거나 비틀거릴 때 지켜보는 사람의 도움이 필요할 수 있다.

아이들에게 사탕을 주는 것이 좋은 생각은 아니지만, 점심식사 후 오는 나른함을 물리치기 위해 사탕을 먹으며 이 게임을 하는 게 좋을 것 같아요.

활동명: 병아리와 암탉

활동 유형: 빗장 풀기, 믿음 쌓기

대상: 초등학교 1학년 이상

집단 크기: 2~100명 또는 그 이상

목적 1. 의사소통 및 인간관계 능력 향상

목표

1E. 타인의 말을 적극적으로 경청하기

1F. 타인을 신뢰하는 의지를 증명하기

1G. 관계를 형성하고 유지하기 위한 기술을 개발하기

1J. 도움의 필요성을 인식하고 그것을 요청할 능력을 개발하기

목적 2. 자기인식과 자기수용 증진

목표

2C. 부정적 자기대화를 인식하기 위한 능력 개발하기

2D. 부정적 자기대화를 대체할 긍정적 자기대화의 기술 개발하기

2E. 자신의 특별함에 감사하기

2F. 자신에 대한 긍정적 태도 개발하기

2H. 개인 및 사회적 역할 확인하기

목적 3. 문제 해결과 의사결정 기술의 개발과 적용

목표

3H. 문제를 다루는 효과적인 대처 기술 설명하기

3J. 문제 해결과 목표 달성을 위한 대안적 방법 확인 능력 개발하기

목적 5. 일관되게 책임감 있는 행동을 증명

목표

5C. 적절하고 책임 있는 방법으로 행동하기

5D. 스트레스를 다루는 대처 기술 개발하기

5E. 자기훈련과 자기조절을 연습하는 방법의 필요성 이해하기

재료

개별 포장된 작은 사탕, 경우에 따라 눈가리개를 준비한다.

준비

모든 것이 한눈에 보이는 방 안에서 사탕을 나눠 준다.

놀이 방법

1. 집단은 집단 내에서 짝을 이룰 수 있도록 짝수로 나누어 준다. 참여 인원이 홀수라면 리더도 참여해야 한다.
2. 짝을 이룬 두 사람은 둘 중 어떤 사람이 나이가 더 많고 적은지 알아내어, 나이가 많은 사람이 '암탉'이 되고 나이가 적은 사람은 '병아리'가 된다.
3. 암탉이 눈가리개를 쓴다(눈가리개가 없다면 눈을 감게 한다).
4. 방 안에 사탕이 몇 개 숨겨져 있다고 설명하고 그들의 임무는 그 사탕을 찾는 것이라고 이야기해 준다. (원한다면 사탕을 먹을 수 있지만, 모든 사람이 임무를 끝냈을 때 먹을 수 있다고 설명한다.) 그리고 병아리는 아직 사탕과 관련된 임무를 맡기엔 너무 어리기 때문에 오직 암탉만 사탕을 집을 수가 있다고 설명해 준다. 그러나 암탉은 지금 눈이 보이지 않기 때문에 병아리가 대신 그들이 사탕을 찾는 것을 도와주어야 한다. 암탉은 병아리와 같이 사탕을 먹을 수 있도

록 게임이 끝날 때까지 들고 있어야 한다.

5. 암탉과 병아리가 의사소통할 수 있는 유일한 방법은 소리를 내서 그들이 제대로 가고 있는지 알려 주는 것뿐이다. 병아리는 암탉을 만질 수 없고(사탕도 만질 수도 없다), 사람이 아니기 때문에 사람의 언어로 암탉을 도와주어서도 안 된다.
6. 두 사람만이 알아들을 수 있는 소리를 만들게 한다. (여기서 리더는 반드시 닭의 소리는 아니지만, 동물의 소리여야 한다고 설명한다.) 그들만의 특별한 소리를 만들어서 병아리가 암탉에게 길을 알려 줄 수 있다.
7. 더 어린 아이들에게는 짝이 사탕에 가까이 다가갈수록 더 크고 빠르게 더 자주 소리를 내라고 알려 주어도 좋다. 좀 더 큰 아이들은 이것을 스스로 깨우치지만 만약 사탕을 찾는 데 어려움이 있다면 이 방법을 제시해 줄 수도 있다.

변형

나이가 어린 아이들은 병아리가 소리를 내면서 암탉을 만져서 사탕에 다가갈 수 있도록 안내해도 된다.

개인화 접목질문 예시

1. 이 활동이 사탕을 가지고 하는 활동이라는 것을 알았을 때의 기분은 어떠했는가?
2. 이 활동에서 눈을 가려야 한다고 했을 때의 기분은 어떠했는가?
3. 병아리와 암탉 중에 어떤 역할에 더 끌렸는가? 무엇 때문에 그 역할에 더 끌렸는가? 다른 역할은 왜 마음에 들지 않았는가?
4. 나이가 더 많은 사람을 기준으로 해서 역할을 정할 때 어떤 기분이 들었는가?
5. 이 활동에서 듣기가 중요한 이유는 무엇인가?
6. 암탉: 듣기를 잘했다고 생각하는가? 어떻게 듣는 기술을 향상시킬 수 있었는가?
7. 짝과 당신이 낼 소리를 어떻게 결정했는가? 당신의 소리가 다른 사람과 구별된다고 확신할 수 있었는가?
8. 병아리: 그 소리를 낼 때 기분은 어떠했는가?
9. 사탕을 모으는 데 사용했던 전략이 성공적이었다고 생각하는가? 만약 성공적

이지 않았다고 생각한다면 효율성을 높이기 위해 한 일은 무엇인가?

10. 이 활동에서 신뢰가 어떤 역할을 했는가?
11. 암탉: 도움이 필요했을 때 어떻게 요청했는가? 도와달라고 했을 때 기분은 어떠했는가? 병아리: 도움을 요청하는 입장이었을 때의 기분은 어떠했는가? 도움을 줄 수 있는 입장이었을 때의 기분은 어떠했는가?
12. 이 활동을 하면서 받는 스트레스는 어느 정도였는가? 시간이 지나면서 어떻게 달라졌는가? 이 활동을 하면서 스트레스에 대처하기 위해 사용한 전략은 무엇이었는가?
13. 다른 사람과 나의 사탕 개수를 비교한 적이 있는가? 다른 사람의 것과 내 것을 비교했을 때의 기분은 어떠한가? 다른 사람들이 당신의 사탕과 자신의 사탕을 비교할 때 알고 있었는가? 이에 대해서는 어떤 기분이 들었는가?
14. 이 과정에서 낙담한 기분이 들었다면 그것을 어떻게 처리했는가? 당신의 짝이 낙담했을 때 그들과 어떻게 상호작용했는가?
15. 사탕을 성공적으로 잡아챘을 때의 기분은 어떠했는가? 당신의 짝과 이런 기분에 대해 어떻게 이야기했는가?
16. 이 활동에서 당신의 책임은 무엇이었으며 어떻게 당신의 책임을 결정했는가?
17. 혹시 성공적으로 사탕을 얻은 당신의 능력에 대해 단 한 번이라도 자신에게 부정적으로 이야기한 적이 있는가? 어떤 것들을 이야기했는가?
18. 부정적 자기대화를 어떻게 긍정적 자기대화로 바꿀 수 있었는가? 어떠한 긍정적인 것들을 자신에게 이야기했는가?
19. 이 활동을 통해 어떻게 자기훈련과 자기조절을 연습할 수 있었는가? 왜 그것이 중요했는가?

응용 접목질문 예시

1. 당신의 삶이나 어떤 상황 혹은 관계에서, 앞이 보이지 않고 배회하는 듯하여 긍정적인 일이 일어났으면 좋겠다는 느낌을 가진 적이 있는가? 이러한 상황을 더 나아지게 만들기 위해 어떠한 자원 혹은 전략을 써야만 했는가?
2. 당신 삶의 어떤 상황 혹은 관계에서 다른 사람의 도움이 반드시 필요하다고 느낀 적이 있는가? 그러한 상황에서 상대방을 신뢰할 수 있는지 어떻게 결정

했는가? 어떠한 자원 혹은 전략을 써야만 했는가?

3. 당신의 삶에서 성공하기 위해 협력이 꼭 필요한 상황이 있었는가? 그런 상황에서 어떻게 대처했는가? 그러한 도움과 협력을 어떻게 이끌어 낼 수 있었는가?
4. 당신 가족 안에서의 역할과 이 활동에서의 역할은 어떻게 닮았는가? 다른 집단에서는 어떠한가? 이 역할에 대한 편안함의 정도는 어떠한가?
5. 이 활동과 비슷한 상황이 닥치면 어떻게 문제를 해결할 것인가? 당신의 삶에서 이 활동 중 짝이 사용했던 문제 해결 방법 중 유용해 보이는 것은 무엇인가? 그리고 어떻게 사용할 수 있는가?
6. 이 활동에서 스트레스를 조절하기 위해 사용한 방법 중 어떤 것이 일상에서 유용하겠는가? 그것을 어떻게 활용할 수 있는가?
7. 당신은 어떠한 상황에서 도움을 필요로 하는가? 또한 도움이 필요하다는 것을 어떻게 알고 요청할 수 있는가?
8. 어떠한 상황이나 관계 속에서 타인의 말에 귀 기울이는 것이 중요하다고 생각하는가? 그런 상황에서 귀 기울여 듣는다고 어떻게 이야기할 수 있는가?
9. 스트레스 다루기에 대해 배운 점을 다른 상황에서 어떻게 활용할 수 있는가? 부정적인 자기대화에 대해서는 어떠한가?
10. 어떠한 상황에서 당신의 책임감이 중요하다고 생각하는가? 남을 신뢰하는 것? 나를 남과 비교하는 것? 자기훈련과 자기조절 연습? 이 활동을 통해 배운 것을 다른 상황에 어떻게 적용시킬 수 있겠는가?
11. 당신은 관계 속에서 언제 주도자(병아리)가 되는가? 이 역할은 얼마나 편안한가? 관계에 있어서 다른 사람의 도움을 꼭 받아야 할 때(암탉)는 언제인가? 이 역할은 얼마나 편안한가? 어느 역할을 어떻게 할지 정하는가? 각 역할의 불편한 점은 무엇인가? 어떻게 해야 두 역할 모두가 편안해질 수 있는가?

안전 문제

병아리들은 암탉을 위험하게 하지 말아야 한다(예: 잘못된 길로 빠지게 하거나, 벽 쪽으로 걸어가게 놔두는 등의 상황에서는 병아리를 만질 수 있도록 하여 위험한 곳으로 가지 않도록 도와주어야 한다).

상대의 편안함이 나에게는 혼란이 되고, 그 반대가 되기도 한다.

활동명: 편안한 원

활동 유형: 친해지기, 빗장 풀기

대상: 3학년 혹은 그 이상

집단 크기: 1~100명 혹은 그 이상(공간이 가능한 경우)

목적 1. 의사소통 및 인간관계 능력 향상

목표

1B. 명확하고 건설적으로 감정 표현하기

1C. 타인의 감정 인식 및 수용하기

1D. 생각을 명확하고 건설적으로 표현하기

1E. 타인의 말을 적극적으로 경청하기

1G. 관계를 형성하고 유지하기 위한 기술을 개발하기

1H. 또래 압력을 인식하고 다루기

1L. 집단에 효과적으로 참여하기 위한 기술을 개발하기

목적 2. 자기인식과 자기수용 증진

목표

2A. 개인적 태도와 가치를 탐색하기

2C. 부정적 자기대화를 인식하기 위한 능력 개발하기

2D. 부정적 자기대화를 대체할 긍정적 자기대화의 기술 개발하기

2E. 자신의 특별함에 감사하기

2H. 개인 및 사회적 역할 확인하기

목적 4. 다양성의 이해와 가치를 증진

목표

4A. 개인의 차이를 인식하고 인정하기

4B. 자신의 문화에 대한 이해와 인식을 발달시키기

4C. 자신과 다른 문화 집단 모두를 존중하는 것을 설명하기

4D. 문화나 신체적, 학습적 차이가 있는 사람들의 유사점과 차이점을 인식하고 감사하기

목적 5. 일관되게 책임감 있는 행동을 증명

목표

5G. 대안적 관점을 위한 존중을 증명하기

재료

집단과 줄을 사용할 수 있는 열린 공간, 끈, 실, 테이프, 원 안의 경계를 표시할 수 있는 유성펜

준비

유성펜(또는 줄, 실, 테이프)을 이용해 큰 원을 만들고, 그 안에 작은 원을 만든다. 밖에 있는 큰 원은 전체 인원이 어깨를 맞닿을 정도로 둘러쌀 수 있을 만큼 커야 한다.

놀이 방법

1. 집단원들에게 원의 안과 밖에 있는 공간은 서로 다른 수준의 편안함을 나타내고 있다고 설명한다.
2. 집단원들에게 중앙에 있는 작은 원의 공간은 편안한 구역(Comfort Zone)이라고 이야기한다. 이 구역에서 사람들은 안정감을 찾고 완전히 편안해진다. 그들은 불안함이나 스트레스를 전혀 받지 않는다.
3. 집단원들에게 작은 원과 큰 원 사이에 있는 구역은 도전하는 구역(Challenge Zone)이라고 설명한다. 이 공간에서 사람들은 도전받는 느낌을 갖는다. 그들

은 편안한 구역에 있을 때보다 스트레스 혹은 불안감을 조금 더 경험한다. 하지만 꼭 불안하다기보다는 약간 편하지 않은 느낌이다.

4. 마지막으로 집단원들에게 큰 원 밖의 공간은 혼란스러운 구역(Chaos Zone)이라고 설명한다. 이 구역에서 사람들은 통제할 수 없고 심한 스트레스를 받으며 매우 큰 불안함을 느낀다.
5. 결론적으로 작은 원 안은 모든 것이 편하게 느껴지는 편안한 구역이다. 안에 있는 작은 원과 그 밖의 구역의 좀 더 큰 원은 스트레스를 주거나 불편한 도전하는 구역이고, 큰 원 밖의 공간은 통제되지 않고 불쾌하며, 매우 혼란스러운 구역이다.
6. 이제 각각의 구역들이 어떤 것을 의미하는지 설명했고, 집단에 있는 집단원들을 특정한 경험 혹은 활동을 바탕으로 각각 다른 구역으로 옮겨간다(예: 편안한, 도전하는, 혼란스러운).
7. 집단의 종류, 크기, 연령 그리고 경험 강도에 따라 변경될 수 있다. 혼자 노래 부르기, 수학 쪽지시험 치기, 아는 사람 없는 파티에 참석하기, 비행기 타기, 비행기에서 뛰어내리기, 어떤 사람에게 데이트 신청하기, 학교에서 교장선생님에게 면담을 원한다고 말하기, 남동생 혹은 여동생이 생기는 일, 다른 학교로 전학 가기, 당신의 이성 친구의 부모님과 만나기. (이것들은 리더의 상상 속에서 일어나는 일이니 다르게 만들 수도 있다. 아이디어가 없을 때에는 몇 개를 시도해 본 뒤 집단원들에게 부탁하기도 한다.)
8. 집단원들이 제시한 활동이나 경험에 대하여 편안한지, 도전적인지, 혼란스러운지 생각하게 하고 그 답에 맞추어 해당 구역의 원으로 이동하게 한다.
9. 누가 자기와 같은 원 안에 있고, 같이 있지 않은지 인식하게 한다.

개인화 접목질문 예시

1. 각각 다른 원에 대해 어떻게 생각하는가? 가장 많은 시간을 보낸 원은 어떤 원이었는가? 무엇에 관한 것이었다고 생각하는가? 가장 편안하게 느껴졌던 원은 무엇인가?
2. 모험해 보고 싶다고 느꼈던 활동이나 경험이 있는가?
3. 당신과 비슷하게 행동했던 사람(당신과 같은 원을 선택한 사람)에게 패턴이 있

었는가? 항상 같은 집단의 사람들과 있었는가? 아니면 때마다 달랐는가? 당신과 같은 행동을 하는 사람을 보았을 때 무엇을 느꼈는가? 당신과 다른 행동하는 사람을 보았을 때 어떤 것을 느꼈는가?

4. 이 활동을 통해서 어떤 것을 배웠는가? 어떤 것에 놀라웠는가? 놀라웠다면 왜 놀라웠는가? 당신의 선택에 있어서 모순도 있었는가? 그 모순들을 어떻게 설명할 수 있는가?
5. 같은 집단에 있는 다른 사람들에 대해선 어떤 것을 배웠는가? 그들의 선택에서 모순을 보았는가? 그 모순들을 당신은 어떻게 설명할 수 있는가?
6. 이 활동 중 암묵적인 또래 압력으로 인해 당신이 들어가고 싶었던 원에 들어갈 수 없었던 경험이 있었는가? 암묵적인 또래 압력이 느껴졌다면 어떻게 행동했는가?
7. 특정 원을 선택한 이유에 대해 설명하고 싶은 것이 있다면? 만약 집단원들이 자신들의 선택에 대해서 이야기했다면 당신이 표현한 것에 대해선 어떻게 생각하는가?
8. 당신이 속하고 싶었던 원에 있었을 때 어떤 활동이나 경험이 어려웠는가? 그리고 왜 어려웠는가?
9. 당신이 속하고 싶었던 원에 있었을 때 어떤 활동이나 경험이 가장 쉬웠는가? 그리고 왜 쉬웠는가?
10. 이 활동 중 부정적인 자기대화를 일으킨 적이 있었는가? 어떤 것에 관한 부정적인 자기대화였는가? 어떻게 긍정적인 자기대화로 바꿀 수 있었는가?
11. 당신에게는 혼란스럽지만 남들은 다르게 행동하는 것을 볼 때 느낌이 어떠했는가? 당신에게는 편안하지만 남들은 다르게 행동하는 것을 지켜볼 때의 기분은 어떠했는가? 다른 관점들을 어떻게 설명할 수 있는가?
12. 이 과정에서 자신이 남들에 대한 고정관념을 가지고 있다는 것을 알았는가? 당신이 다른 사람들과 교류할 때 이 고정관념은 어떠한 영향을 미쳤는가?
13. 이 활동 중 당신의 가족관계와 태도가 결정에 어떻게 영향을 미쳤는가? 당신의 문화적 가치와 태도는 결정에 어떠한 영향을 미쳤는가?
14. 당신이 혼란스럽다고 느꼈지만 더 편하게 느끼길 원했던 활동이나 경험이 있는가? 그러한 활동과 경험은 어떻게 해야 더 편안해지는가?

15. 당신이 속한 집단이 당신의 결정을 존중한다면 말하는 쪽인가? 아니면 듣는 쪽인가? 어떤 역할이 더 편안한가? 다른 역할이 불편한 이유가 있다면 무엇인가?

응용 접목질문 예시

1. 당신의 예상과 다르게 다른 사람들이 불편해하거나 편안하게 느끼는 상황이 있었는가? 그것이 다른 사람에 대한 당신의 기대에 대해 어떤 깨달음을 주는가?
2. 이 활동을 통해 배운 것을 자기인식과 자기수용을 높이는 방법으로 어떻게 사용할 수 있는가?
3. 활동을 통해 배운 암묵적인 또래 압력에도 휘둘리지 않고 내 의견을 말하는 것을 어떻게 사용할 수 있겠는가?
4. 상황에 따라 다른 사람들이 느끼는 편안함의 정도가 각기 다른 것을 알고 존중해야 한다는 것에 대해 배운 것을 어떻게 사용할 수 있겠는가?
5. 당신의 감정을 이야기하고 타인의 감정에 귀 기울이는 능력을 어떻게 발전시킬 것인가?
6. 어떻게 해야 개인의 개성에 대해 감사하고 이 활동처럼 명백하게 자기 의견을 내지 않아도 타인의 의견을 알아차릴 수 있는 방법을 배울 수 있는가?
7. 당신의 고정관념이 대인관계와 타인에 대한 태도에 영향을 미치는가? 이 일을 방지하기 위해 할 수 있는 일은 무엇인가?
8. 당신만이 가지고 있는 특별함에 대해 더 감사할 수 있는 방법은 무엇인가?

안전 문제

없음

우리가 이렇게 어울릴 수 있다니!

활동명: 공동체 퍼즐

활동 유형: 친해지기

대상: 5학년 혹은 그 이상

집단 크기: 8~24명

목적 1. 의사소통 및 인간관계 능력 향상

목표

1K. 욕구와 소망을 인식하고 언어화하기

1L. 집단에 효과적으로 참여하기 위한 기술을 개발하기

목적 2. 자기인식과 자기수용 증진

목표

2B. 개인적인 긍정적 특질, 재능, 성취를 확인하고 인식하기

2E. 자신의 특별함에 감사하기

2F. 자신에 대한 긍정적 태도 개발하기

2G. 개인적인 경계, 권리, 사생활 보호의 필요성을 인식하기

2H. 개인 및 사회적 역할 확인하기

목적 4. 다양성의 이해와 가치를 증진

목표

4A. 개인의 차이를 인식하고 인정하기

4C. 자신과 다른 문화 집단 모두를 존중하는 것을 설명하기

재료

아무 그림도 없는 퍼즐 조각, 매직, 색연필

준비

http://www.communitypuzzle.com에서 이미 만들어진 퍼즐을 사도 좋다. 사이즈는 공동체 퍼즐 48조각, 공동체 퍼즐 주니어로 두 가지가 있다. 아니면 포스터 종이를 잘라서 퍼즐을 만들거나 합판을 1인치(2.54cm) 경계로 잘라 그에 맞게 퍼즐을 잘라도 된다. 당신이 직접 퍼즐을 만든다면 집단에 맞춘 개수로 자르면 된다.

놀이 방법

1. 이 활동은 집단원들이 퍼즐 조각을 꾸미고 꼬리표를 붙여 알아볼 수 있게 만드는 것이다.
2. 집단 내 참여자들의 수와 퍼즐 조각의 수가 동일한 것이 가장 이상적이다.
3. 시작으로 이 활동을 하면 집단 내의 아동들이 함께 활동하고, 각각의 그림을 완성하는 일이 얼마나 중요한지 알 수 있다.
4. 리더는 집단원들에게 퍼즐 조각에 다음과 같이 그리라고 이야기한다.
   1) 이 집단을 성공적으로 만들 수 있는 것
   2) 이 집단이 성공하는 데 필요한 것
5. 모든 아동이 퍼즐 조각에 그림을 그리고 나서, 집단을 한군데로 모으고 자기 퍼즐 조각을 땅에 내려놓고 자신이 그린 것을 묘사하게 한다. 그리고 자신의 첫 번째 퍼즐과 연결될 수 있는 퍼즐을 찾을 수 있는 사람을 물어보고, 그 사람이 자신의 퍼즐을 내려놓고 설명하게 한다. 이 과정은 모든 조각이 이어지고 묘사될 때까지 실시한다.
6. 만약 집단이 더 많은 퍼즐 조각을 가지고 있다면 그 위에 집단에 대한 정보를 적게 한다. 예를 들면, 집단의 규준, 기대, 목표 등이다.
7. 완성된 퍼즐은 집단의 경험을 비유하는 데 쓰일 수 있고, 개인이 집단에 가져오는 변화와 집단이 성공적인 경험을 하는 데 필요한 것을 설명할 수 있다.

변형

이 경험이 끝날 때쯤 이 활동을 다시 하는 것도 재미있을 것이다. 각각의 집단원들은 퍼즐 조각을 가지고 상대방에게 이 경험을 통해 고마웠던 점을 적게 한다. 모든 집단원이 적은 후에 집단에서 적은 것에 대해 이야기할 수 있게 한다.

개인화 접목질문 예시

1. 당신이 집단을 성공적으로 만들 수 있도록 도움을 줬다는 사실을 느꼈을 때 기분이 어땠는가?
2. 다른 집단원에게 성공하기 위해 그들에게 필요한 것을 이야기해 주었을 때 기분이 어땠는가?
3. 다른 집단원이 이야기한 것 때문에 놀란 적이 있는가? 무엇이 놀라웠고 그 이유는 무엇이었는가?
4. 당신에 대한 이야기 때문에 놀란 적이 있는가? 무엇이 당신을 놀라게 했는가? 놀라웠던 이유는 무엇인가?
5. 당신만이 할 수 있었던 것은 무엇인가? 당신이 집단에서 필요로 하는 것은 무엇이었는가?
6. 퍼즐을 맞추며 내가 한 역할은 무엇인가? 이 역할에 대한 편안함의 정도는 어느 정도인가?
7. 퍼즐의 교차지점에 대해 알아차린 점은 무엇인가? 교차지점은 눈에 띄는 대인관계 영역과 상관이 있는가?
8. 집단원들 간의 유사점과 차이점이 있었는가? 유사점과 차이점에 대해 어떻게 대처했는가? 집단원들의 차이점을 더욱 존중할 수 있는 방법이 있는가?
9. 이 활동을 통하여 자신에 대해 배운 것은 무엇인가?

응용 접목질문 예시

1. 당신 삶의 다른 영역에서 당신이 성공에 기여하는 것을 알았을 때 얼마나 편안한가? 어떻게 하면 더 편안해질 수 있는가?
2. 다른 집단에서 집단에 필요한 것을 구할 때 나는 얼마나 편안한가? 어떻게 하면 그에 대해 더 편안해질 수 있는가?

3. 당신 가족과의 관계에서 당신의 강점, 재능, 성취에 대해 인식하는 것이 편안한가? 학교 내에서의 관계는 어떤가? 친구들과의 관계에서는 어떤가? 또한 어떻게 해야 더 편해질 수 있는가?
4. 집단에서 내가 평상시에 맡는 역할은 무엇인가? 나에게 가장 편안한 역할은 무엇인가? 왜 편안하게 느껴지는가? 나에게 가장 불편한 역할은 무엇인가? 왜 불편하게 느껴지는가? 불편하다고 생각되는 역할에 대해 어떻게 해야 내가 더 편하다고 느낄 수 있는가?
5. 다른 집단 중에서 집단원들 사이의 유사점과 차이점이 중요하다고 느꼈던 집단이 있다면 어떠한 점에서 그러했는가? 그들은 어떻게 유사점과 차이점에 대처했는가? 집단 안에서 당신과 집단원들이 서로의 차이점을 더 존중할 수 있는 방법이 있었다면 무엇인가?
6. 당신 가족의 특별한 점은 무엇인가? 학교 교실에서는? 다른 집단에서는? 이 세상에서는?

안전 문제

없음

옛날 영화에서처럼 외눈박이 거인이 어슬렁거려.

활동명: 외눈박이 술래잡기

활동 유형: 친해지기, 빗장 풀기

대상: 3학년 혹은 그 이상

집단 크기: 2~100명 혹은 그 이상(짝수인 경우 숫자는 상관없음, 홀수인 경우 리더가 참여해야 함)

목적 1. 의사소통 및 인간관계 능력 향상

목표

1F. 타인을 신뢰하는 의지를 증명하기

1G. 관계를 형성하고 유지하기 위한 기술을 개발하기

목적 2. 자기인식과 자기수용 증진

목표

2H. 개인 및 사회적 역할 확인하기

목적 5. 일관되게 책임감 있는 행동을 증명

목표

5A. 개인적 책임감을 인식하기

5B. 행동이 적절하고 책임감이 있는지 인식하기

5C. 적절하고 책임감 있는 방법으로 행동하기

5D. 스트레스를 다루는 대처 기술 개발하기

5E. 자기훈련과 자기조절을 연습하는 방법의 필요성 이해하기

재료
집단을 모두 수용할 수 있는 크기의 열린 공간

준비
명확하지 않다면 경계선이 필요하다(예: 방 안).

놀이 방법
1. 아이들이 각자 짝을 찾게 한다.
2. 자신의 짝과 하는 술래잡기라고 설명한다. 한 사람은 다른 사람을 걸어서 쫓는다. 그리고 잡는다. 한 사람이 잡히고 나면 그 사람은 술래가 되고 처음 짝을 다시 쫓는다. 두 사람이 하는 술래잡기이다.
3. 한 사람을 잡고 나면 도망갈 시간이 주어진다. 자신이 잡히면 잡힌 사람은 무조건 두 번 돌고 "나는 술래! 나는 술래! 나는 술래!"라고 외쳐야 한다. 새롭게 술래가 된 사람이 원 안에서 돌고 있을 동안 다른 사람은 빨리 도망쳐야 한다.
4. 이때까지만 해도 그냥 술래잡기 같지만 이 활동을 더 흥미롭게 하기 위해 술래가 된 사람들은 한쪽 눈을 감아야 한다. 눈 한쪽을 감고 나면 뜬 눈 위에는 검지와 엄지로 '○' 모양을 만들어 눈 위에 올린다. 예를 들어, 오른쪽 눈을 감는다면 왼쪽 눈을 뜨고, 왼쪽 눈 위에 손가락으로 동그랗게 원을 만들어 올리는 것이다.
5. 마지막으로 안전상의 이유로 눈 위에 올려놓지 않은 다른 한쪽 손(손바닥을 보이게, 팔꿈치는 구부려서)은 들게 한다.
6. 처음 술래가 된 짝이 두 번 돌고 "나는 술래! 나는 술래! 나는 술래!" 하면 게임은 시작된다.
7. 게임을 지켜본다.

변형
1. 서투르거나 공격적인 혹은 더 어린 아이들을 위해 한쪽 눈을 감되, 두 손은 모두 올리게 한다(안전상의 이유).
2. 활동을 더 재미있게 하기 위해 서투르거나, 공격적이거나 혹은 더 어린 아이

들은 발끝이나 발가락으로 걷게 한다. 이렇게 하면 활동 속도가 줄어들고, 활동이 불편하기 때문에 더욱 재미있다.

개인화 접목질문 예시

1. 이 활동을 하면서 기분이 어땠는가? 좋았던 점은 무엇인가? 좋지 않았던 점은? 쉬웠던 점은? 어려웠던 점은 무엇인가?
2. 당신이 도망자였을 때 술래에게 잡혔을 때의 기분은 어땠는가? 술래였을 때 상대방을 잡을 때의 기분은 어땠는가? 역할이 바뀔 때(술래에서 도망자로 혹은 도망자에서 술래로) 기분은 어땠는가?
3. 가장 맘에 들었던 역할은 무엇인가? 좋았던 점은 무엇인가? 다른 역할이 좋지 않았던 이유는 무엇인가?
4. 이 활동에서 짝에 대한 나의 책임감은 어떠했는가? 이 활동에서 집단 안에서의 나의 책임감은 어떠했는가? 당신의 책임이 무엇인지 어떻게 결정했는가?
5. 이 활동 중에 그 책임을 존중했는가? 어떤 일을 할 때 더 책임감이 있다고 느껴졌는가? 당신의 행동이 책임감 있었다고 어떻게 확신할 수 있는가? 아니라면 당신이 책임감이 없었다고 느껴지게 만든 일은 무엇인가? 활동 중 당신을 책임감 있게 만들지 못한 것은 무엇인가?
6. 다른 사람들이 당신의 행동을 책임감 있게 봤다고 어떻게 확신할 수 있는가? 다른 사람(짝 혹은 다른 집단원들, 리더)으로부터 책임감 있게(혹은 책임감 없게) 행동하는 것에 대하여 어떠한 피드백을 받았는가?
7. 이 활동 중에 당신은 짝이 책임감 있게 행동한다는 느낌을 받았는가? 이 활동에서 당신은 짝이 책임감 있게(혹은 책임감 없게) 행동하는 것에 대해 어떤 피드백을 주었는가?
8. 당신 짝의 책임감 있게 행동하는 능력이 내가 짝을 신뢰하는 데 어떤 역할을 했는가?
9. 이 활동은 자기훈련과 자기조절 실행에 있어 어떠한 역할을 했는가?
10. 이 활동을 하며 스트레스를 받은 적이 있는가? 스트레스에 대처하기 위해 사용한 방법은 무엇인가?
11. 이 활동을 통해 나에 대해 배운 것은 무엇인가? 당신의 짝에 대해 배운 것은

무엇인가?

응용 접목질문 예시

1. 친구, 연인(나이에 따라 이 문항을 뺄 수도 있다), 가족과의 관계 속에서 당신은 쫓는 쪽인가 아니면 쫓기는 쪽인가? 그 역할이 좋은 이유는 무엇인가? 관계 속에서 이 역할을 얼마나 자주 하는가?
2. 그 반대 역할은 얼마나 자주 하는가? 그 역할이 불편한 이유는 무엇인가?
3. 관계 속에서 쫓거나 쫓기는 역할이 아닌 다른 역할을 한 적이 있는가? 어떤 역할인가? 그 역할은 얼마나 자주 하는가? 각각의 역할이 얼마나 편안한가?
4. 당신의 가족이나 친구 혹은 다른 사람들이 쫓기거나 쫓는 역할을 하는 것을 목격한 적이 있는가? 그것이 일어날 때 당신의 기분은 어땠는가?
5. 어떤 상황이나 관계 속에서 책임감 있게 행동하는 것이 중요하다고 느끼는가? 이런 관계나 상황들을 어떻게 처리하는가?
6. 당신은 언제 생각보다 책임감이 적게 행동하는가? 또 향후에는 어떻게 이러한 상황에 책임감 있게 대처할 수 있을 것인가?
7. 당신이 책임감 있게 행동하지 않았다는 피드백을 받았을 때 기분은 어떠한가? 그 피드백에 어떻게 반응하는가? 당신의 반응은 피드백을 주는 사람에 따라 영향을 받는가?
8. 당신의 친구나 가족이 책임감 있게 행동하지 않을 때 그 상황을 어떻게 처리하겠는가? 그 상황에서 어떠한 피드백을 주겠는가? 지인 혹은 모르는 사람이 책임감 있게 행동하지 않았을 때 당신은 그 상황을 어떻게 처리하겠는가? 그런 상황에서 어떠한 피드백을 줄 수 있겠는가?
9. 이 활동을 할 때 실제 어떠한 상황 속에서 비슷한 스트레스를 느낄 수 있었는가? 여기서 배운 스트레스 처리방법을 다른 상황에 어떻게 적용할 수 있는가?
10. 당신 삶의 어떤 상황 속에서 자기훈련과 자기조절을 연습할 수 있는가? 이 활동을 통해 배운 자기훈련과 자기조절을 다른 상황에서 어떻게 실행할 수 있겠는가?
11. 어떤 상황 속에서 한 사람의 책임감 있는 행동이 내가 그 사람을 신뢰하는지에 대해 영향을 미치는가?

안전 문제

한쪽 눈을 가리고 하는 활동이기 때문에 시야가 좁아져서 서로 부딪힐 수도 있다. 따라서 아이들의 속도를 제한할 필요가 있고(예: 발뒷꿈치 혹은 발끝으로만 걷게 한다) 절대 뛰어서는 안 된다.

울타리를 만지지 않고 다 함께 울타리 넘기

활동명: 전기담장

활동 유형: 도전하기

대상: 6학년 또는 그 이상

집단 크기: 6~20명

목적 1. 의사소통 및 인간관계 능력 향상

목표

1A. 이해를 증명하고 기본적 의사소통 기술을 적용하기(예: 비언어적 증거 인식하기, 나 전달법 사용하기)

1B. 명확하고 건설적으로 감정을 표현하기

1C. 타인의 감정의 인식 및 수용하기

1D. 생각을 명확하고 건설적으로 표현하기

1E. 타인의 말을 적극적으로 경청하기

1F. 타인을 신뢰하는 의지를 증명하기

1G. 관계를 형성하고 유지하기 위한 기술을 개발하기

1H. 또래 압력을 인식하고 다루기

1I. 갈등 해결을 위한 의사소통 기술을 사용하기

1J. 도움의 필요성을 인식하고 그것을 요청할 능력을 개발하기

1K. 욕구와 소망을 인식하고 언어화하기

1L. 집단에 효과적으로 참여하기 위한 기술을 개발하기

목적 2. 자기인식과 자기수용 증진

목표

2B. 개인적인 긍정적 특질, 재능, 성취를 확인하고 인식하기

2C. 부정적 자기대화를 인식하기 위한 능력 개발하기

2D. 부정적 자기대화를 대체할 긍정적 자기대화의 기술 개발하기

2E. 자신의 특별함에 감사하기

2F. 자신에 대한 긍정적 태도 개발하기

2G. 개인적인 경계, 권리, 사생활 보호의 필요성을 인식하기

2H. 개인 및 사회적 역할 확인하기

목적 3. 문제 해결과 의사결정 기술의 개발과 적용

목표

3A. 개인적 목표 설정하기

3B. 문제 확인하기

3C. 문제 해결과 의사결정 단계의 이해를 설명하기(정보 수집, 대안과 결과 탐색, 계획과 행동)

3D. 결정 평가하기

3E. 매일의 생활에서 변화와 이해 조정하기

3F. 갈등 해결을 위한 의사결정 기술 적용하기

3G. 일상의 상황에서 의사결정 기술을 적용하기

3H. 문제를 다루는 효과적인 대처 기술 설명하기

3I. 또래 압력이 의사결정에 영향을 줄 때를 인식하기

3J. 문제 해결과 목표 달성을 위한 대안적 방법 확인 능력 개발하기

목적 4. 다양성의 이해와 가치를 증진

목표

4A. 개인의 차이를 인식하고 인정하기

4B. 자신의 문화에 대한 이해와 인식을 발달시키기

4C. 자신과 다른 문화 집단 모두를 존중하는 것을 설명하기

4D. 문화나 신체적, 학습적 차이가 있는 사람들과의 유사점과 차이점을 인식하고 감사하기

4E. 고정관념이 대인관계와 타인에 대한 태도에 어떠한 영향을 줄 수 있는지 인식하기

목적 5. 일관되게 책임감 있는 행동을 증명

목표

5A. 개인적 책임을 인식하기

5B. 행동이 적절한지 책임감이 있는지 인식하기

5C. 적절하고 책임감 있는 방법으로 행동하기

5D. 스트레스를 다루는 대처 기술 개발하기

5E. 자기훈련과 자기조절을 연습하는 방법의 필요성 이해하기

5G. 대안적 관점을 위한 존중을 증명하기

재료

줄, 끈, 실, 띠 혹은 연결할 수 있는 재료는 무엇이든 좋다.

준비

줄, 끈, 실 혹은 띠를 집단 평균 엉덩이 길이에 오게 엮는다. 이 줄은 집단의 영역이 된다. 그리고 아이들이 쉽게 밟고 지나갈 수 없도록 높이를 조정해야 한다. 의자나 벤치, 나무, 기둥 등에 이 줄을 고정하되, 매듭은 너무 단단하거나 멋지게 맬 필요는 없다. 집단원들은 줄을 만져서는 안 되며, 줄에 어떠한 힘도 가해서는 안 된다.

놀이 방법

1. 이 활동은 모든 집단원이 줄을 만지지 않고 넘어야 하기 때문에 꽤 도전적이다.
2. 시작할 때 모든 아동을 줄의 한쪽 편에 서 있게 한다.
3. 집단원들에게 비유로 이렇게 설명할 수 있다. “너희들은 지금 이쪽에 갇혀 있고 목표는 줄 반대편으로 가는 거야.”
4. 아이들에게 줄의 반대편으로 가는 것을 시도할 때에 지켜야 할 규칙을 설명한다.
   1) 모든 집단원은 줄을 넘어서 가야 한다.
   2) 어떤 집단원도 줄을 만져서는 안 된다.

3) 어떤 집단원도 줄을 지탱하는 것(예: 나무, 의자 등)을 만져서는 안 된다.
4) 집단원들은 쉬거나 도움을 받기 위해 줄 밑으로 들어가서는 안 된다.
5) 집단원들은 안정상의 이유로 차례대로 줄을 넘어야 한다.
6) 집단원들의 머리는 항상 자기 시선의 높이를 유지해야 한다(예: 다이빙을 하거나 집단원의 머리 위로 집단원을 들 수 없다).
7) 뛰기와 비슷한 모든 행동은 금지된다. 한쪽 발은 땅에 무조건 닿아 있어야 한다.
8) 리더는 안전상의 이유로 언제든 활동을 중단할 수 있다.

5. 만약 집단원이 규칙을 어긴다면 집단원은 시작했던 곳으로 되돌아가야 한다. 그리고 마지막으로 성공한 두 사람은 다시 시작했던 곳으로 가게 한다. 얼마만큼의 시간이 주어졌는지 또는 집단의 수준에 따라 규칙이 깨졌을 때(예: 누군가가 줄을 건드리는 것)는 이야기하고 집단 전체가 다시 시작해야 한다.

❐ 변형

1. 이 활동은 어려운 활동이기 때문에 활동을 할 때마다 약간의 변형을 줄 수 있다. 예를 들어, 마지막 사람은 줄 밑으로 나올 수 있다고 하거나 집단 전체가 도와주는 것이다. 변형을 주는 이유는 집단이 짜인 틀 안에서 더 성공적으로 활동할 수 있도록 하기 위해서이다. 때로는 변형을 주지 않을 때도 있다. 활동이 어렵긴 하지만 잘하는 집단들은 목표를 잘 달성할 수 있다.
2. 때때로 이 과제에 시간제한을 두기도 한다.
3. 집단에게 이 활동이 너무 어려워 보일 때는 줄을 조금 더 낮게 조정한다. 이렇게 하면 집단원들은 줄의 높이가 달라질 수 있다고 생각한다. 성공은 어렵게 성취하는 것이며 때로는 움직이는 목표이기도 하기 때문이다.

❐ 개인화 접목질문 예시

1. 당신의 집단에서 '성공'의 정의는 무엇인가? 성공의 정의를 어떻게 내렸는가?
2. 당신이 생각하는 성공과 집단이 생각하는 성공은 어떻게 연관되어 있는가? 어떤 면에서 집단의 성공과 내가 생각하는 성공의 의미가 다른가? 이러한 차이를 다른 사람들에게 어떻게 설명할 수 있을까?

3. 집단이 성공할 수 있도록 도운 당신의 역할은 무엇인가? 그 역할에 대해 당신의 기분은 어떠했는가?
4. 문제 해결 시 모든 사람이 자신의 의견을 존중받고 있다고 느꼈는가? 다른 사람이 내 의견을 경청할 때의 나의 기분은 어떠했는가? 다른 사람에게 존중받지 못했다고 느꼈다면 당신의 기분은 어떠했는가? 다른 사람들에게 존중받기를 원했다면 어떻게 행동할 수 있었겠는가?
5. 자신의 생각과 감정을 효율적으로 전달했는가? 어떻게 전달했는가? 만약 그렇지 못했다면 어떤 점이 문제였는가?
6. 전기담장을 넘는 방법에 대해 어떻게 의견을 모을 수 있었는가? 어떤 전략이 통할지 어떻게 결정했는가? 그 전략이 통하지 않았다면 이후에 어떻게 대처했는가? 무언가 내 뜻대로 되지 않을 때 대안은 어떻게 생각해 내는가?
7. 집단원들이 다른 사람들과 협력해서 일을 마치기 위해 사용했던 방법은 무엇인가? 협력은 도움이 되었는가?
8. 협력할지 안 할지를 어떻게 결정했는가? 협력에 대한 당신의 태도가 집단에게 어떠한 영향을 끼쳤는가? 다른 집단원들의 태도는 어떠했는가?
9. 다른 집단원의 도움이 필요한지 아닌지에 대해 어떻게 알 수 있는가? 도움이 필요했을 때 당신은 어떻게 행동했는가? 도움이 필요하다는 것을 알았을 때 상대에게 어떻게 요구했는가?
10. 장애물을 넘는 과정에서 다양한 집단원이 어떤 역할을 맡았는가? 누가 집단을 이끌고 또 따라갈 것인지 어떻게 정했는가? 활동 중 역할이 바뀐 적이 있는가?
11. 장애물을 통과하면서 다른 사람들과 물리적으로 접촉하는 것에 대한 기분은 어땠는가? 나에게는 얼마나 사적 공간이 필요한가? 집단 안에 있는 다른 사람들이 필요로 하는 사적 공간과 어떻게 차이가 나는가?
12. 당신이 장애물 위로 들어올려졌다면 기분이 어땠는가? 만약 당신이 친구를 도와 장애물 위로 들어올려 주어야 했다면 기분이 어땠는가?
13. 만약 당신 때문에 처음부터 다시 시작해야 했다면 기분이 어땠을 것 같은가? 그러한 일이 일어났을 때 당신의 능력에 대해서 당신 자신에게 뭐라고 말했을 것인가? 다른 집단원에게 이런 일이 생겼을 때 당신 자신에게 그 집단원에 대해 뭐라고 말했을 것인가? 실수를 저질렀을 때 당신은 다른 집단원들과 어떻

게 의사소통을 했는가?

14. 만약 당신이 실수하지 않았음에도 불구하고 실수한 사람과 함께 다시 장애물을 넘어야 했다면 어떤 느낌을 받았겠는가? 이런 감정을 어떻게 집단원들에게 전달했는가?

15. 이 활동 중에 받은 스트레스는 어느 정도인가? 시간이 지나면서 달라졌는가? 시간제한은 스트레스에 얼마나 영향을 끼쳤는가? 리더가 줄의 높이를 바꾸었다면 이것은 스트레스에 얼마나 영향을 끼쳤는가? 이 활동을 하면서 어떻게 스트레스에 대처했는가?

16. 다른 집단원들이 장애물을 넘을 때 쓰는 당신의 전략에 동의하지 않았다면 이러한 갈등에 대한 기분은 어떠했는가? 그 감정을 어떻게 처리했는가? 집단원들이 이 갈등을 어떻게 풀었는가? 갈등을 푸는 데 어떠한 방법이 있는가?

17. 이 과정에서 집단원들의 암묵적인 압력이 느껴졌던 경우는 어떠했는가? 또 암묵적인 압력을 어떻게 처리했는가?

18. 이 과정에서 당신이 사용한 장점과 능력들은 무엇이고 장애물을 넘는 데에 어떻게 쓰였는가?

19. 이 과정에서 당신에게 낙심한 기분이 들었다면 어떻게 처리했는가? 당신이 이 과제를 계속할 수 있도록 어떻게 자신에게 긍정적인 동기를 부여했는가? 다른 집단원들이 낙심할 때 어떻게 그들에게 다가갔는가?

20. 우리 집단이 장애물을 극복했을 때의 느낌은 어땠는가? 다른 집단원들에게 당신의 감정을 어떻게 전달했는가?

21. 이 활동 내에서 당신의 책임은 무엇이었는가? 그리고 그것이 당신의 책임인지 어떻게 결정했는가?

22. 활동을 하면서 그 책임감을 중요하게 생각했는가? 그렇다면 당신이 책임감을 갖고 한 일들은 무엇인가? 만약 그렇지 않았다면 책임감이 중요하지 않았기 때문에 한 행동은 무엇인가? 더 책임감 있게 할 수 있었지만 못한 이유는 무엇인가?

23. 다른 집단원이 이 과제를 할 때 당신과 달랐던 점이 있었다면 무엇인가? 다른 집단원이 이 과제를 할 때 당신과 비슷했던 점이 있었다면 무엇인가?

24. 이 과정에서 당신이 어떤 특정 사람에 대한 고정관념이 있었다는 것을 알아

차렸는가? 그들과 의사소통하는 데에 고정관념이 어떠한 영향을 미쳤는가?

25. 신체적으로 움직이기 불편한 집단원이 있었다면 집단은 어떻게 해결할 수 있었는가?

응용 접목질문 예시

1. 당신 삶의 여러 상황에서 당신은 성공을 어떻게 정의하는가? 이 활동을 통해 새로 배운 당신 자신 그리고 성공에 대해 생각하고 느끼는 방법을 다른 상황 속에서 어떻게 적용할 것인가?
2. 당신의 삶 속의 여러 상황이나 관계 속에서 전기담장을 넘어야 하는 것과 같은 느낌이 언제 들었는가? 이런 상황에 대처하기 위해 당신이 참고했던 것은 무엇인가?
3. 삶의 어떤 상황에서 성공하기 위해 다른 사람들과 협력하고 도와주어야(팀으로서 같이 일하는 것) 하는가? 이런 상황들은 어떻게 대처하는가? 협력과 도움을 어떻게 이끌어 내는가?
4. 이 집단에서의 당신의 역할은 가족에서의 당신의 역할과 어떻게 비슷한가? 다른 집단에서는 어떠한가? 다양한 집단원이 맡은 역할들 중 당신의 삶에 속한 다른 사람들이 하는 역할과 비슷한 점은 무엇인가? 이러한 다양한 역할에 대해 당신이 편안하게 느끼는 정도는 어떠한가?
5. 전기담장처럼 꼭 넘어야 하는 문제가 있다면 어떻게 풀겠는가? 이 활동에 사용되었던 방법 중에 다른 곳에서도 유용하게 쓰일 수 있겠다고 생각한 문제해결 방법이 있다면 무엇인가? 그리고 어떻게 사용할 것인가?
6. 당신이 혹은 다른 집단원이 스트레스에 대처하기 위해 썼던 방법 중에 당신에게 도움이 될 만한 방법이 있다면 무엇인가? 그리고 그것을 삶에서 어떻게 사용할 수 있겠는가?
7. 언제 다른 사람의 도움이 필요한가? 어떻게 도움이 필요한 것을 알고 요구할 수 있는가?
8. 당신의 삶이나 관계 속에서 당신의 의견이 존중받는 것이 중요한 때는 언제인가? 어떻게 해야 그런 상황에서 존중받을 수 있겠는가?
9. 이 활동을 통해 배운 당신의 감정과 생각에 대해 의견을 나누는 법, 협력을 도

모하고 문제를 풀며 적절하게 갈등을 해결하는 방법을 다른 상황들에 어떻게 적용하여 사용할 수 있겠는가?

10. 활동을 통해 배운 실수에 대처하는 방법을 다른 상황에 어떻게 적용하겠는가? 부정적인 자기대화에 대처하는 방법은? 주장과 유연성을 격려하는 방법은? 또래 압력에 대처하는 방법은? 스트레스에 대처하는 방법은?
11. 이 활동을 통해 당신의 개인적인 경계, 권리, 사생활 보호를 인식하고 유지하는 것에 대해 배울 수 있었는가?
12. 가족 간의 관계 속에서 사적 공간 혹은 신체 접촉에 대한 규칙(언어적 또는 비언어적)이 있다면 무엇인가?
13. 사적 공간 혹은 신체 접촉에 대한 당신과 사람들의 편안함 정도가 서로 다르다는 것을 언제 깨달았는가? 당신이 알아차린 차이점은 무엇인가? 만약 다른 사람이 사적 공간에 대해 당신과 다른 규칙을 가지고 있다면, 적절하고 공손한 방식으로 이것을 어떻게 다룰 수 있는가?
14. 사적 공간 혹은 신체 접촉에 대한 규칙은 각기 다른 문화 집단에서 어떻게 다른가?
15. 여러 가지 다른 상황 속에서 활용할 수 있는 비판적인 사고 기술에 대해 무엇을 배웠는가?
16. 당신만의 특별함을 어떠한 상황에서 깨닫게 되고 감사할 수 있는가? 재능, 능력, 공헌 그리고 성공?
17. 당신의 고정관념이 어떠한 상황에서 다른 사람을 대하는 데에 영향을 끼치는가? 이 활동을 통해 배운 것을 다른 상황에 어떻게 적용할 수 있는가?

안전 문제

가장 주의해야 할 점은 아이들이 줄을 넘는 것이다. 왜냐하면 그냥 넘어가기엔 줄의 높이가 너무 높기 때문이다. 리더로서 아이들이 안전하게 활동할 수 있도록 지켜보아야 한다. 첫째, 모든 안전 문제를 단호하게 이야기해야 한다(예: 뛰기 금지, 한 번에 한 사람씩). 둘째, 혼자 있는 아동들을 알아차려 주어야 하며 혼자 있는 아동들은 집단에 속할 수 있도록 배정해 주어야 한다. 집단은 장애물을 넘기 위해 당신의 도움을 받아서는 안 된다. 안전상의 이유로만 도움을 받을 수 있다. 줄 밑으로 나오는 아이들의 무릎과 발목을 주의시킨다. 사람들에 의해 들어올려져 줄을 넘게 된다면, 양쪽에서 다른 집단원들의 적절한 도움을 받아야 한다.

정확히 같은 시간에

활동명: 모두들 위로!

활동 유형: 믿음 쌓기, 도전하기

대상: 2학년 이상

집단 크기: 2~200명

목적 1. 의사소통 및 인간관계 능력 향상

목표

1A. 이해를 증명하고 기본적 의사소통 기술을 적용하기(예: 비언어적 증거 인식하기, 나 전달법 사용하기)

1B. 명확하고 건설적으로 감정 표현하기

1C. 타인의 감정 인식 및 수용하기

1D. 생각을 명확하고 건설적으로 표현하기

1E. 타인의 말을 적극적으로 경청하기

1F. 타인을 신뢰하는 의지를 증명하기

1G. 관계를 형성하고 유지하기 위한 기술을 개발하기

1I. 갈등 해결을 위한 의사소통 기술을 사용하기

1J. 도움의 필요성을 인식하고 그것을 요청할 능력을 개발하기

1K. 욕구와 소망을 인식하고 언어화하기

1L. 집단에 효과적으로 참여하기 위한 기술을 개발하기

목적 2. 자기인식과 자기수용 증진

목표

2C. 부정적 자기대화를 인식하기 위한 능력 개발하기

2D. 부정적 자기대화를 대체할 긍정적 자기대화의 기술 개발하기

2F. 자신에 대한 긍정적 태도 개발하기

2H. 개인 및 사회적 역할 확인하기

목적 3. 문제 해결과 의사결정 기술의 개발과 적용

목표

3A. 개인적 목표 설정하기

3B. 문제 확인하기

3C. 문제 해결과 의사결정 단계의 이해를 설명하기(정보 수집, 대안과 결과 탐색, 계획과 행동)

3J. 문제 해결과 목표 달성을 위한 대안적 방법 확인 능력 개발하기

목적 5. 일관되게 책임감 있는 행동을 증명

목표

5A. 개인적 책임을 인식하기

5B. 행동이 적절하고 책임감이 있는지 인식하기

5C. 적절하고 책임감 있는 방법으로 행동하기

5E. 자기훈련과 자기조절을 연습하는 방법의 필요성 이해하기

목적 6. 학습 관련 긍정적 태도와 기술 향상

목표

6A. 학습자로서 유능감과 자신감을 개발하기

6B. 성취에 대한 자신감 갖기

6C. 학습 과정의 일부로서 실수를 수용하기

6E. 노력과 인내가 학습을 향상시킨다는 것을 인식하기

6F. 의존성과 주도성을 개발하기

6G. 지식의 공유 능력 개발하기

6H. 비판적 사고 기술을 발달시키기

재료

없음

준비

없음

놀이 방법

1. 이 활동의 목표는 짝과 마주앉아 발을 닿게 하고 손을 잡고 동시에 일어서는 것이다.
2. 집단원들에게 짝을 정하게 하고 얼굴을 마주보고 앉게 한다.
3. 집단원들에게 마주보고 발바닥을 땅에 닿게 앉으라고 하고 상대의 발끝과 내 발끝을 닿게 한다.
4. 집단원들에게 짝의 손을 꽉 잡게 한다.
5. 그리고 그들이 손을 잡고 서로의 발끝이 닿아 있을 때 같이 일어서야 한다고 이야기해 준다. 성공을 위한 작은 힌트로서 발뒤꿈치를 엉덩이 밑으로 가까이 넣을수록 일어서기 쉽다는 것을 알려 줄 수도 있다. 때때로 같이 일어나려고 힘쓰는 것보다 다른 사람의 몸무게가 당신을 일으키도록 하고, 당신이 다른 사람을 일으켜야 한다는 것을 잊는 게 더 쉬울 수 있다고 이야기해 줄 수 있다.

변형

1. 성공적으로 모두가 일어나면 다른 사람과 짝을 지어서 4명이 한 조가 되게 한다. 같은 규칙을 사용하여 앉고, 발가락을 맞대고, 손을 잡고, 같이 일어서기를 한다. 4명이 함께 하며 짝들은 다른 사람을 잡아당기고 일으키기 위해 손을 위로 포갤 수도 있다.
2. 4명이 이룬 조가 성공했다면 이제 집단원들에게 더 많은 사람과 활동하라고 한다(예: 8명, 16명, 32명 또는 원하는 수).

개인화 접목질문 예시

1. 처음에 리더가 이 활동의 규칙을 설명했을 때 어떤 느낌이 들었는가? 당신의 생각과 감정을 어떻게 표현했는가?
2. 당신의 짝을 성공적으로 일어서게 하기 위해 한 일은 무엇인가? 당신이 한 일에 대한 기분은 어땠는가?
3. 만약 당신과 짝이 성공적으로 일어나지 못했다면 그 느낌은 어땠으며 실패에 어떻게 대처했는가? 이 실패와 관련하여 당신 자신과 당신의 능력들에 대해 스스로에게 뭐라고 말했는가? 이 실패에 관련하여 짝에 대해 당신 자신에게 뭐라고 말했는가? 실패와 관련하여 이 문제를 좀 더 건설적으로 다룰 수 있었는가?
4. 이 활동에서 당신과 짝의 의사소통에 대한 중요성은 어떠했는가?
5. 일어나려고 할 때 짝이 당신의 이야기에 귀 기울여 주는 느낌을 받았는가? 상대가 당신의 말에 귀 기울여 줄 때 당신의 기분은 어땠는가?
6. 만약 상대가 당신 말에 귀 기울여 주지 않았다면 당신은 어땠을까? 상대가 당신 말에 귀 기울일 수 있도록 하는 방법은 무엇인가?
7. 당신의 생각과 느낌을 효율적으로 전달했는가? 당신의 필요와 요구들을 효율적으로 전달했는가? 그렇게 했다면 어떻게 했는가? 그렇지 않다면 왜 그렇게 하지 못했는가?
8. 이 활동에서 듣는 사람의 역할로서 당신이 한 일은 무엇인가? 타인의 이야기를 어떻게 하면 더 들어 줄 수 있는가?
9. 이 활동에서 '신뢰'가 한 역할은 무엇인가? 당신과 짝 사이에 신뢰를 더 쌓기 위해 짝과 함께 할 수 있었던 것이 있다면 무엇인가?
10. 어떻게 짝과 같이 일어날 수 있었는가? 당신과 짝은 이 방법이 유용할지 어떻게 알았는가? 만약 이 방법이 통하지 않았다면 어떻게 극복했는가? 뜻대로 잘 되지 않았을 때 당신은 어떻게 다른 방법을 찾을 수 있었는가?
11. 당신과 짝이 이 활동을 마치기 위해서 사용한 다른 방법들이 있는가? 협력은 활동에 도움이 되었는가?
12. 당신은 협력할지 안 할지를 어떻게 결정했는가? 당신의 협력에 대한 태도가 당신과 짝 사이에 어떠한 영향을 끼쳤는가?

13. 당신의 짝이 더 많은 도움을 필요로 하는지 어떻게 알 수 있었는가? 더 많은 도움을 필요로 했을 때 당신은 어떻게 행동했는가? 당신이 타인의 도움이 필요할 때 어떻게 요청했는가?
14. 같이 일어설 때 서로 어떤 역할을 맡았는가? 우리 집단이 성공하기 위해 한 사람은 리더가 되어야 했는가? 그렇다면 누가 리더가 되고 누가 따라갈지 어떻게 정했는가? 활동 중에 이 역할이 바뀐 적이 있는가? 있다면 어떻게 바뀌었는가?
15. 같이 일어서기를 할 때 신체적으로 가까워지거나 접촉하게 되는 것에 대한 기분은 어땠는가? 당신은 사적 공간이 얼마나 많이 필요한가?
16. 만약 당신과 짝이 같이 일어서기에 대한 의견이 달랐다면 그 갈등에 대한 당신의 기분은 어땠는가? 당신의 감정을 어떻게 했는가? 당신과 짝은 이 갈등을 어떻게 해결했는가? 같이 일어서기 위한 다른 방법이 있었다면 무엇인가?
17. 이 활동을 하면서 낙심했다면 어떻게 대처했는가? 이 활동을 계속 하기 위해서 스스로 어떤 동기부여를 했는가? 만약 짝이 낙심했다면 어떻게 다가갔는가?
18. 일어서기에서 실패했을 때 당신이 배운 점은 무엇인가? 배운 점을 어떻게 사용했는가?
19. 당신과 짝이 일어섰을 때 기분은 어땠는가? 그런 감정에 대해 상대와 어떻게 의사소통했는가?
20. 이 활동에서 당신의 책임은 무엇인가? 그것이 당신의 책임인지 어떻게 결정했는가?
21. 활동 중 그 책임을 중요하게 생각했는가? 책임이 중요하기 때문에 어떤 일을 했는가? 당신의 행동이 책임감 있었다고 어떻게 말할 수 있는가? 그렇지 않다면 책임이 중요하지 않기 때문에 어떠한 일을 했는가? 당신에게 책임이 중요하지 않다고 생각하게 한 일은 무엇인가?
22. 일어서기를 할 때 자신의 능력에 대한 부정적인 이야기를 하는 시간이 있었는가? 어떤 부정적인 이야기들을 스스로에게 이야기했는가?
23. 부정적인 자기대화를 어떻게 긍정적인 자기대화로 바꿀 수 있었는가? 어떤 긍정적인 것들을 스스로에게 이야기했는가?
24. 노력과 끈기가 같이 일어서는 데 어떠한 역할을 했는가?

25. 리더가 더 많은 인원과 이 활동을 하자고 했을 때 당신의 기분은 어땠는가?
26. 짝과 둘이 일어설 때 배운 것을 더 많은 사람과 했을 때 어떻게 활용했는가? 혹시 당신이 배운 것을 더 많은 사람과의 활동에서 응용할 때 통하지 않았던 적이 있는가? 그 느낌은 어땠나? 그것에 대해 어떻게 대처했는가?
27. 당신과 짝은 남들과 자신을 비교했는가? 그것이 당신과 당신의 노력에 어떠한 영향을 미쳤는가?

응용 접목질문 예시

1. 당신이 어떤 일을 해내기 위해 누군가와 협력해야만 한다고 느껴졌던 상황 또는 관계가 있는가? 그런 상황을 잘 이겨 낼 수 있도록 하기 위해 당신이 쓴 전략 혹은 방법은 무엇인가?
2. 이런 상황이나 관계 속에서 협력은 어떤 역할을 하는가? 협력과 도움을 어떻게 이끌어 낼 수 있는가?
3. 당신이 짝과 했던 역할은 당신 가정에서의 역할과 어떻게 닮았는가? 친구들과의 역할과는 어떻게 닮았는가? 당신의 역할은 얼마나 유동적인가?
4. 이 활동과 비슷한 상황의 문제가 생긴다면 어떻게 해결할 것인가? 당신 혹은 짝이 사용했던 문제 해결 방법 중에 다른 상황에서 유용하게 사용될 수 있는 방법은 무엇인가? 다른 상황에서는 어떻게 사용할 수 있겠는가?
5. 당신이 다른 사람의 도움이 필요한 때는 언제인가? 도움이 필요한지 어떻게 깨닫고 요청할 수 있는가?
6. 다른 사람이 당신의 말에 귀 기울여 주는 중요한 상황 또는 관계는 언제인가? 어떻게 해야 상대가 당신 말에 귀 기울여 줄 수 있는가?
7. 당신이 다른 사람의 의견을 들어 주는 중요한 상황 또는 관계는 언제인가? 어떻게 해야 효율적인 경청 기술을 사용할 수 있는가?
8. 이 활동을 하면서 배운 감정과 생각에 대해 소통하는 방법, 협력을 도모하고 문제를 해결하고 적절하게 갈등을 해결하는 방법을 다른 상황 속에서 어떻게 적용하여 사용할 수 있겠는가?
9. 이 활동을 하면서 배운 부정적인 자기대화를 해결하는 방법을 다른 상황에서 어떻게 적용할 수 있는가?

10. 다른 사람과 정보 공유가 중요하다고 생각되는 상황에서 활용할 수 있는 방법을 이 활동을 통해 배웠는가?
11. 당신 삶의 다른 상황에 사용할 수 있는 비판적 사고 기술에 대해서 무엇을 배웠는가?
12. 어떤 상황에서 책임지는 행동이 중요한가? 이 활동을 통해 배운 책임지는 행동을 어떻게 적용할 수 있는가?
13. 타인을 신뢰하는 것이 중요한 때는 언제인가? 이 활동을 통해 타인을 신뢰하는 것에 대해 배운 것을 다른 상황에 어떻게 적용할 수 있는가?
14. 당신이 배운 것이 다른 상황에 적용되지 않을 때 어떻게 행동하는가? 새로운 상황에 잘 적응할 수 있도록 어떻게 효율적으로 더 배울 수 있는가?
15. 당신은 언제 실패했다고 느끼는가? 그런 상황들에 어떻게 대처하는가? 이 활동을 통해 배운 것을 다른 상황에 어떻게 적용할 수 있는가?
16. 당신과 타인을 비교했던 상황 혹은 관계는 언제였는가? 당신 또는 관계에서 비교는 어떠한 영향을 미쳤는가? 이 활동을 통해 남과 비교하는 것에 대해 배운 것을 어떻게 다른 상황이나 관계에 사용할 수 있겠는가?

안전 문제

너무 열정적인 집단원은 짝을 세게 잡아당겨 넘어지게 할 수도 있으니 주의하게 한다.

미안하지만 뭐라고 말했어요?

활동명: 새를 던져 줘

활동 유형: 빗장 풀기

대상: 5학년 이상

집단 크기: 6~30명

목적 2. 자기인식과 자기수용 증진

목표

2C. 부정적 자기대화를 인식하기 위한 능력 개발하기

2D. 부정적 자기대화를 대체할 긍정적 자기대화의 기술 개발하기

2E. 자신의 특별함에 감사하기

2F. 자기에 대한 긍정적 태도 개발하기

2G. 개인적인 경계, 권리, 사생활 보호의 필요성을 인식하기

2H. 개인 및 사회적 역할 확인하기

목적 5. 일관되게 책임감 있는 행동을 증명

목표

5A. 개인적 책임을 인식하기

5B. 행동이 적절하고 책임감 있는지 인식하기

5C. 적절하고 책임감 있는 방법으로 행동하기

5D. 스트레스를 다루는 대처 기술 개발하기

5E. 자기훈련과 자기조절을 연습하는 방법의 필요성 이해하기

재료

고무로 된 새 모양 장난감. 대체할 수 있는 것은 없다.

준비

술래잡기와 같은 놀이이기 때문에 적절한 영역 표시가 필요하다.

놀이 방법

1. 이 활동은 간단한 술래잡기이다. 집단원들이 술래에게 쫓길 때 더 안전하게 하기 위해 변형을 준다.
2. 걸으며 활동해야 한다.
3. 집단원들에게 뛰어서는 안 되고 걸어 다녀야 하는 술래잡기라고 설명해 주고, 리더가 술래로서 먼저 시작한다. 만약 다른 사람을 잡았다면 그 집단원이 술래가 되고, 다른 집단원들을 걸으면서 쫓아야 한다.
4. 이 술래잡기의 중요한 사항은 만약 누군가 고무로 된 새 모양 장난감을 가지고 있다면 술래로부터 안전하다는 것이다.
5. 만약 집단원이 술래에게 잡힐 위기에 처해 있다면 이렇게 외치면 된다. "그 새를 던져 줘!" 새를 잡고 있는 집단원은 술래에게 잡힐 수가 없기 때문이다.
6. 리더에게 술래가 먼저 되기를 추천한다. 리더가 술래라면 사람들 앞으로 가서 그들이 안 잡히기 위해서 "새를 던져 줘!"라고 말할 수 있도록 도와준다.
7. 좀 더 협소한 공간에서 활동하는 것도 추천한다. 그래야 집단원들이 잡히지 않기 위해 더 자주 "새를 던져 줘!"라고 외칠 수 있기 때문이다.
8. 다른 술래잡기 놀이와 같이 새로 술래가 된 사람에게는 변형을 천천히 주는 것이 좋다. 그리고 모두에게 누가 술래인지를 확실하게 알린다. 종종 새롭게 술래가 된 사람에게 자신의 팔을 들게 하고 뛰면서 "나는 술래다! 나는 술래다! 나는 술래다!"라고 외치게 할 때도 있다.

변형

이 활동은 변형이 크게 필요하지 않다.

개인화 접목질문 예시

1. 다른 술래잡기와 이 활동의 차이점은 무엇이었는가?
2. 다른 사람에게 새를 달라고 할지 안 할지 어떻게 결정했는가?

3. 만약 다른 사람이 나에게 새를 던져 달라고 했다면 줄지 안 줄지 어떻게 결정했는가?
4. 만약 많은 사람이 나에게 새를 던져 달라고 했다면 당신은 새를 던져 줄 한 사람을 어떻게 결정했는가?
5. 다른 사람을 잡아야 할 때 당신의 능력에 대해 스스로 부정적인 이야기를 한 적이 있는가? 술래가 당신을 잡으려고 할 때 도망치는 당신의 능력은 어떠한가? 그리고 스스로에게 어떻게 이야기했는가?
6. 부정적인 자기대화를 어떻게 긍정적으로 변화시킬 수 있었는가? 이 활동을 통해 어떠한 긍정적인 것들을 나에게 말해 줄 수 있었는가?
7. 무언가(예: 새를 던져 줘!)를 말할 수 있는 권한 때문에 곤란해지는 경우는 어떠했는가?
8. 어떤 역할(술래 또는 도망자)이 더 마음에 들었는가? 어떤 부분에서 더 마음에 들었는가? 다른 역할이 싫었던 이유는 무엇인가?
9. 이 활동에서 당신의 책임은 어떤 것이었는가? 당신의 책임이 무엇인지 어떻게 결정했는가?
10. 이 활동을 하면서 그 책임을 중요하게 생각했는가? 중요하게 생각했기 때문에 어떤 일을 했는가? 당신의 행동이 책임감 있었다는 것을 어떻게 알 수 있는가? 책임감을 중요하게 생각하지 않았기 때문에 한 행동은 무엇인가? 활동을 하면서 왜 책임감이 중요하게 느껴지지 않았는가?
11. 타인이 당신의 행동을 봤을 때 책임감 있는 행동이었는지 어떻게 알 수 있는가? 다른 사람으로부터 당신의 책임감에 대하여 어떤 피드백을 받았는가? 이런 피드백을 받았을 때 당신의 반응은 어땠는가?
12. 이 활동을 통해 어떻게 자기훈련과 자기조절을 실행하는 것이 중요하다고 느꼈는가?
13. 이 활동을 하면서 스트레스를 받았던 때는 언제인가? 이 스트레스를 처리하기 위해서 사용한 방법은 무엇인가?
14. 이 활동을 통해 나에 대해 무엇을 배웠는가?

응용 접목질문 예시

1. 친구, 사랑하는 사람, 가족들 간의 관계에서 쫓고 쫓기는 사람 간의 명확한 차이가 있는 것이 좋은가? 만약 명확한 차이가 없다면 어떠한가?
2. 쫓는 사람과 쫓기는 사람 중에 어떤 역할이 더 마음에 들었는가? 왜 그 역할이 마음에 들었는가? 그 반대 역할은 얼마나 자주 하는가? 그 역할이 나에게 불편하다면 그 이유는 무엇인가?
3. 인간관계에서 다른 역할(쫓는 사람, 쫓기는 사람 제외)을 한 적이 있는가? 그 역할은 얼마나 자주 하는가? 각각의 역할이 얼마나 편안한가?
4. 어떠한 상황이나 관계 속에서 역할이 명확하지 않다면 어떻게 대처하는가?
5. 어떠한 상황이나 관계 속에서 나 자신 혹은 나의 능력에 대해서 부정적으로 이야기하는가? 그런 상황이나 관계 속에서 나의 기분은 어떠한가?
6. 자기대화를 조금 더 긍정적인 방향으로 바꾸기 위해 내가 사용했던 방법들이 있다면 무엇인가? 부정적인 자기대화가 자꾸 나올 때 이런 방법들을 어떻게 더 지속적으로 적용할 수 있는가?
7. 말하는 권한 때문에 곤란에 빠진 적이 언제인가? 그런 상황에서 당신의 기분은 어떠한가? 그런 상황에 어떻게 대처하는가?
8. 어떤 상황이나 관계에서 책임감 있게 행동하는 것이 중요하다고 느껴지는가? 그런 상황과 관계에 어떻게 대처하는가? 이 활동을 통해 배웠던 것을 다른 상황에 어떻게 적용할 수 있는가?
9. 책임감 있게 행동해야 한다고 생각했지만 그렇게 행동하지 못한 때는 언제인가? 왜 그런 상황에서 책임감 있게 행동할 수 없었는가? 앞으로 이런 상황이 온다면, 어떻게 다르게 대처할 수 있겠는가?
10. 내가 책임감 없이 행동했다는 피드백을 받았을 때 기분이 어떠한가? 그런 피드백에 어떻게 반응하는가? 나의 반응은 피드백을 제공하는 사람에게 어떤 영향을 끼치는가? 나에게 피드백을 어떻게 전달하느냐에 따라서 다른가?
11. 친구나 가족들이 책임감 있게 행동하지 않는 상황에 대해 나는 어떻게 대처하는가? 그런 상황에서 나는 어떤 피드백을 주는가? 만약 지인 혹은 모르는 사람이 책임감 있게 행동하지 않는 상황에 어떻게 대처할 것인가? 그런 상황에서 나는 어떤 피드백을 제공하는가?

12. 이 활동을 하며 받았던 스트레스와 비슷한 종류의 스트레스를 당신의 삶에서 언제 받는가? 이 활동을 하며 배운 스트레스 대처방법을 다른 상황에 어떻게 적용할 수 있겠는가?
13. 내 삶의 어떠한 상황에서 자기훈련과 자기조절을 실행하는 것이 중요한가? 활동을 통해 배운 자기훈련과 자기조절을 실행하는 능력을 어떻게 다른 상황에 적용할 수 있겠는가?
14. 새를 누군가에게 던져 주고 싶었던 적이 있는가? 그 상황에서 나의 기분은 어땠는가? 그 상황을 어떻게 처리했는가? 다른 사람에게 새를 던져 주었다면 이후에 무슨 일이 일어났는가? 나의 기분을 표현하기 위해 할 수 있었던 더 나은 방법이 있었는가?

안전 문제

없다. 집단원들이 뛰지 않고 걸으며 새를 바라보는 것이 중요하다.

오른손 아니면 왼손으로 할 수 있어요. 저는 거의 양손잡이예요!

활동명: 잡았다!

활동 유형: 친해지기

대상: 3학년 이상

집단 크기: 5~200명

목적 2. 자기인식과 자기수용 증진

목표

2C. 부정적 자기대화를 인식하기 위한 능력 개발하기

2D. 부정적 자기대화를 대체할 긍정적 자기대화의 기술 개발하기

목적 4. 다양성의 이해와 가치를 증진

목표

4A. 개인의 차이를 인식하고 인정하기

목적 5. 일관되게 책임감 있는 행동을 증명

목표

5D. 스트레스를 다루는 대처 기술 개발하기

5E. 자기훈련과 자기조절을 연습하는 방법의 필요성 이해하기

재료

없음

준비

없음

놀이 방법

1. 집단원들이 서로가 닿을 정도로 가깝게 서서 둥근 원을 만들게 한다.
2. 집단원들은 자신의 왼쪽 손을 손바닥이 위로 향하게 하여 자신의 왼쪽에 놓는다. 이때 집단원들은 자신의 왼손을 왼쪽에 앉아 있는 사람에게 내주어야 한다. 그리고 오른쪽에 앉은 사람은 자신에게 손바닥을 내어 준다.
3. 집단원들에게 자신의 오른쪽 검지손가락을 오른쪽에 앉은 사람이 내민 손바닥 위에 올려놓게 한다. 자신의 검지는 오른쪽에 앉은 사람의 손바닥 위에 올려져 있고, 나의 왼쪽 손바닥 위에는 왼쪽에 앉아 있는 사람의 검지가 올려져 있다.
4. 당신이 "잡았다!"라고 이야기하면 자신의 왼쪽 손에 있는 손가락을 손바닥을 오므리면서 잡아야 한다고 이야기해 준다. 그리고 자신의 검지손가락은 상대방이 잡기 전에 손가락을 위로 들어 올리며 피하면서 다른 사람의 손가락을 잡으려고 해야 한다.
5. 활동 방법을 모든 집단원이 이해할 수 있을 때까지 이야기해 주고 준비가 되면 "잡았다!"라고 외친다. 이때 모든 집단원은 자신의 옆 사람의 손가락을 왼손으로 잡아야 할 뿐만 아니라 동시에 남의 손바닥에 잡히지 않게 자신의 손가락도 피해야 한다.

변형

1. 손가락을 손바닥에다 올릴 때 "우~ 퐁당" 이런 식으로 소리 내는 것을 좋아할 수도 있다.
2. 당신의 왼쪽에 앉은 사람은 당신이 "잡았다!"라고 외치기 때문에 불리할 것이다. 그래서 당신의 왼쪽에 앉은 사람이 "잡았다!"를 다음에 외칠 수 있도록 해 주고 "잡았다!"라고 외치는 역할은 활동할 때마다 다른 사람이 대신할 수 있도록 한다.
3. 집단원들이 이해하고 나면 손을 바꾸게 한다. 집단원들에게 자신의 오른손을 내어 주게 하고 왼손 검지손가락을 타인의 오른손에 올리게 한다. 다른 손을 쓸 때는 다른 효과음을 내는 것도 좋은 방법이다.
4. 집단원들이 점점 잘하게 될수록 왼손을 손바닥이 아래로 향하게 하여 어깨 높이로 손을 들게 하고 집단원들이 자신의 검지를 밑에서 위로 타인의 오른쪽 손바닥을 찔러야 한다. 이때도 다른 효과음을 내는 것이 좋은 방법이다.

개인화 접목질문 예시

1. 다른 사람이 "잡았다!"라고 말하기를 기다리는 것은 어땠는가?
2. 내가 "잡았다!"라고 외치는 사람이었을 때에 기분은 어땠는가?
3. 다른 사람이 "잡았다!"라고 말하기를 기다릴 때 느꼈던 감정은 어땠는가?
4. "잡았다!"라고 외치기를 기다리면서 스트레스 받은 사람은 누구인가?
5. 그 스트레스는 어디에서 기인한 것인가?
6. 내가 "잡았다!"를 외치는 입장과 잡았다고 말하기를 기다리는 입장 중에 더 스트레스를 받는 것은 어느 쪽인가?
7. 기다리며 받는 스트레스를 어떻게 처리했는가?
8. 스트레스는 내 몸에 어떤 반응으로 나타나는가?
9. 이 활동을 하지 않는 사람이 활동하는 당신을 관찰했다면 "잡았다!"라고 외치기를 기다리며 당신이 불안하거나 스트레스 받은 것을 어떻게 알 수 있겠는가?
10. 이 게임을 하며 내가 성공적이라고 느껴졌는가? 왜 성공적이라고 느껴졌는가?
11. 내가 성공적이었는지 아닌지를 생각했을 때 당신은 다른 집단원들과 자신을 비교했는가? 그 비교가 나에게 어떻게 작용했는가?
12. 당신은 "잡았다!"라고 외치기를 기다리며 이 활동에 대한 나의 능력에 대해 스스로 어떻게 이야기했는가?
13. 이 활동을 하면서 당신이 성공적이지 못했다고 느꼈을 때 목표에 대한 자신의 능력에 대해 어떻게 이야기했는가?
14. 만약 부정적 자기대화를 사용했다면 내가 성공적으로 활동하는 나의 능력에 이러한 부정적 자기대화가 어떤 영향을 끼쳤는가?
15. 만약 긍정적 자기대화를 사용했다면 내가 성공적으로 활동하는 나의 능력에 이러한 긍정적 자기대화가 어떤 영향을 끼쳤는가?
16. 만약 부정적 자기대화를 사용했다면 어떻게 더 긍정적인 자기대화로 변화시킬 수 있었는가?
17. 당신이 타인의 손가락을 잡고, 내 손가락은 잡히게 하지 않게끔 어떤 전략을 사용했는가?
18. 리더가 "잡았다!"라고 외치기 전에 섣불리 남의 손가락을 잡으려고 하거나 내 손을 피한 적이 있는가?

19. 선불리 행동하지 않기 위해 어떻게 자기훈련과 자기조절을 실행했는가?
20. 이상한 효과음을 낼 때 나의 기분은 어땠는가?

응용 접목질문 예시

1. 당신은 이 활동을 하면서 자신의 손가락이 잡히지 않게 피하는 것과 타인의 손가락을 잡는 것이 중요하다고 느껴졌는가? 당신의 삶에서 그렇게 하는 것이 중요했는가? 그 당시에는 중요해 보이지만 지나고 나면 그렇게 중요하게 느껴지지 않는 것이 있다는 사실에 대해 어떻게 생각하는가?
2. 학교 내에서 어떤 일 때문에 걱정했지만 나중에는 그것이 아무것도 아니라고 생각했던 적이 있었는가? 집에서는 있었는가?
3. 스트레스를 받을 만한 가치가 있는 상황이라는 것은 어떻게 알 수 있는가?
4. 당신이 스트레스 받거나 불안할 때 다른 사람에게 어떻게 알리는가?
5. 당신은 스트레스 받거나 불안해지면 어떻게 반응하는가?
6. 당신이 스트레스를 받으면 주위 사람들은 당신에게 어떻게 반응하는가?
7. 스트레스가 가득한 상황에서 어떻게 대처하는가? 대처 방법은 어떻게 작용하는가?
8. 당신이 스트레스를 받고 있기는 하지만 자기훈련과 자기조절을 실행하는 것은 어떠한가?
9. 당신의 부정적인 자기대화가 어떠한 일을 성공할 수 있는 능력에 영향을 미친 적이 있는가?
10. 부정적인 자기대화 때문에 일의 성공률이 낮아지는 상황에서 어떤 방법으로 부정적인 자기대화를 긍정적인 자기대화로 바꿀 수 있는가?
11. 공공장소에서 특이한 소리를 낸 적이 있는가? 그렇다면 그렇게 했을 때 당신의 기분은 어땠는가? 언제 재미있고, 언제 부끄러울 것 같은가?
12. 특이한 소리를 내는 것이 혼자가 아닌 전체라면 부끄럽다는 사실이 바뀌는가? 만약 그렇다면 어떻게 바뀌는가?

안전 문제

없음

규칙? 우리는 그것을 가이드라인으로 여긴다.

활동명: 가이드라인

활동 유형: 친해지기, 빗장 풀기

대상: 4학년 이상

집단 크기: 공간에 따라 최대 약 100명까지(10명 이상인 경우, 6~10명씩 작은 집단으로 나눈다)

목적 1. 의사소통 및 인간관계 능력 향상

목표

1B. 명확하고 건설적으로 감정 표현하기

1C. 타인의 감정 인식 및 수용하기

1D. 생각을 명확하고 건설적으로 표현하기

1E. 타인의 말을 적극적으로 경청하기

1G. 관계를 형성하고 유지하기 위한 기술을 개발하기

1H. 또래 압력을 인식하고 다루기

1I. 갈등 해결을 위한 의사소통 기술을 사용하기

1L. 집단에 효과적으로 참여하기 위한 기술을 개발하기

목적 2. 자기인식과 자기수용 증진

목표

2A. 개인적인 태도와 가치를 탐색하기

2H. 개인 및 사회적 역할 확인하기

목적 4. 다양성의 이해와 가치를 증진

목표

4A. 개인의 차이를 인식하고 인정하기

4B. 자신의 문화에 대한 이해와 인식을 발달시키기

4C. 자신과 다른 문화 집단 모두를 존중하는 것을 설명하기

4D. 문화나 신체적, 학습적 차이가 있는 사람들의 유사점과 차이점을 인식하고 감사하기

4E. 고정관념이 대인관계와 타인에 대한 태도에 어떠한 영향을 줄 수 있는지 인식하기

재료

열린 공간, 마스킹 테이프

준비

마스킹 테이프를 사용하여 각 소집단을 위한 코스를 만든다. 코스는 길이가 약 3.5m, 폭 1m로 2개의 평행한 테이프 라인으로 구성한다. 이 코스의 양쪽 끝 중앙에 마스킹 테이프로 X를 표시한다.

놀이 방법

1. 이 활동에는 반드시 따라야 하는 네 가지 규칙이 있음을 집단원들에게 설명한다.
   1) 첫 번째 규칙은 자기 자신이 다치지 않아야 한다. 이 활동을 하는 동안 자신을 가장 안전하게 지켜야 한다.
   2) 두 번째 규칙은 각 집단원들은 한쪽 X에서 다른 X로 세 번씩 이동해야 한다(세 번은 임의의 숫자이며 활동 시간과 집단 크기에 따라 X에서 X까지 원하는 만큼 여러 번 이동할 수 있다.) 활동 시간은 약 30분 이상 걸리지 않아야 하기 때문에 10명으로 구성된 집단에서는 X 사이의 이동이 네다섯 번 이상 되지 않아야 한다. (그렇지 않으면 영원히 걸릴 것이다.)
   3) 세 번째 규칙은 매번 한쪽 X에서 다른 쪽 X로 이동하는 활동은 고유하고 특

별하며 다른 집단의 활동과 달라야 한다는 것이다.

4) 네 번째 규칙은 한쪽 X에서 다른 쪽 X로 이동하는 것을 성공시켰을 때 집단원들이 어떤 방식으로든 인정해야 한다.

2. 집단원들에게 이러한 지시사항을 전달한 후에 그것을 다시 반복하여 집단원들에게 분명히 이해가 되었는지 확인해야 한다. (그들은 이러한 것을 좋아하지 않을 것이다. 대부분 집단에서 적어도 2~3명은 알려 준 규칙보다 더 많은 규칙을 원한다. 그들이 명확한 설명을 요구하면 미소와 함께 그 규칙을 계속 반복한다. 그들이 모르고 있는 것들을 찾고 싶다면 그것은 전적으로 당신에게 달렸다.)

3. 여러 번의 반복을 마친 후에는 규칙이 무엇인지 다시 한 번 말해 달라고 요청한다. 그런 다음 다른 사람이 다른 규칙을 만들었는지 묻는다. 그들은 종종 규칙을 만들지도 않으면서 당신이 그것을 제안한 것에 대해 분개할지도 모른다(나도 처음 활동을 했을 땐 그랬다). 결국 (펌프의 마중물처럼 당신이 규칙들에 대해 지적함으로써 그들이 규칙들을 고려하게 되듯) 그들은 인정하고 규칙을 세우게 될 것이다. 테이프의 평행선 안에 머물러 있어야 한다는 규칙을 세우거나, 다른 집단의 X를 사용하는 대신 자신의 코스에 있는 X를 사용해야 한다는 규칙을 세우게 된다. 또한 그들이 한 번에 하나씩 차례대로 돌아가야 한다는 규칙을 만들거나, 다른 방식의 인정보다는 서로의 성공을 인정해 주며 박수를 친다는 것 등의 규칙을 만든다. 집단 내에서 누구든 자신의 생각이나 느낌 혹은 떠올린 것에 대해 질문할 수 있다.

4. 그런 다음 일상생활에서 규칙을 만드는 방법들을 살펴보고 자신들의 일상생활에 도움이 되는 규칙들을 세우도록 도와줄 수 있다. 다른 사람이 자신들이 만든 규칙을 따르지 않게 될 때 그들에게 짜증을 내거나 화를 낼 수 있음을 지적해 준다. 테리는 그 점을 설명하기 위해 남편과 처음 결혼했을 때의 이야기를 한다. 그의 가족은 전통적으로 핫도그를 먹을 때 항상 노란색 강낭콩을 넣어 먹는다. 릭의 가족은 전통적으로 핫도그를 먹을 때 항상 돼지고기와 콩을 넣어 먹는다. 그들이 결혼했을 때 처음 몇 년 동안, 그들은 핫도그를 많이 먹었고(그들은 가난하고 굶주린 학생이었다) 핫도그에 넣어 먹는 것들에 대해 논쟁을 했다. 그들은 핫도그에 대해 다른 규칙을 갖게 되었다. 우리는 당신이 생활과 집단원들 사이에서 일어나는 상호작용에서 당신 자신의 본보기를 찾아낼

수 있다는 것을 확신한다. 거칠고 강력한 토론이 이어져야 한다.[3)]

변형

당신은 개인에게 한쪽 X에서 다른 쪽 X로 5~6회 이동시키는 방식으로 적용할 수 있다.

개인화 접목질문 예시

1. 활동에 대한 지시를 처음 들었을 때 당신의 반응은 어떠했는가?
2. 리더가 정해 준 규칙을 모두 따랐는가? 따랐다면 이유는 무엇인가? 아니라면 그 이유는 무엇인가?
3. 리더가 누가 규칙을 만들었는지 질문했을 때 당신의 반응은 어떠했는가? 당신은 리더 혹은 집단원들에게 어떻게 반응했는가?
4. 활동을 하면서 어떤 규칙을 만들었는가? 활동 도중 만든 규칙에 대해 어떻게 의사소통했는가?
5. 당신은 활동 도중 다른 사람들이 만든 규칙에 잘 적응했는가?
6. 당신은 다른 사람들이 리더가 정한 규칙 중 하나를 위반하면 어떤 반응을 보였는가? 이런 상황에서 당신의 감정과 생각을 어떻게 표현했는가?
7. 다른 사람들이 당신의 규칙 중 하나를 위반한다면 당신은 어떻게 반응하는가? 이런 상황에서 당신의 감정과 생각을 어떻게 표현했는가?
8. 다른 사람들이 따르고 있는 규칙을 따라야 한다는 압력을 경험했는가? 그럴 때 어떻게 반응했는가? 이런 일이 생겼을 때 집단원들과 어떻게 의사소통을 했는가?
9. 집단 내의 다른 사람에게 규칙에 대한 압력을 주었는가? 당신의 생각과 집단원들의 생각이 다를 때 어떻게 의사소통했는가? 당신에게 그것이 어떤 효과가 있었는가?
10. 가족의 가치와 태도가 이 활동에서 어떻게 반영되었는가? 당신의 문화적 가치와 태도가 이 활동에 어떻게 반영되었는가?

---

3) Beaudion, M., & Walden, S. (1998). *Working with groups to enhance relationships*. Duluth, MN: Whole Person Associates.

11. 당신이 만든 규칙과 다른 집단원들이 만든 규칙들이 얼마나 달랐는가? 당신이 만든 규칙과 다른 집단원들이 만든 규칙은 얼마나 유사했는가?
12. 활동 중에 다른 사람들이 당신의 행동에 어떻게 반응했는가?(즉, 상대방이 당신의 행동을 수긍했는가? 혹은 거부했는가?) 다른 사람들이 당신의 행동을 인정했다면 어떻게 느꼈는가? 다른 사람들이 당신의 행동을 비난했다면 어떻게 느꼈는가? 다른 사람들이 당신의 행동을 승인했다고 생각하면 어떠한가? 다른 사람들이 당신의 행동을 비난했다고 생각하면 어떠한가?
13. 집단에서 사람들이 만든 규칙과 관련하여 어떤 패턴을 발견했는가? 그 패턴들은 무엇이었는가? 그 패턴이 집단의 문화와 관련이 있었는가?
14. 이 과정에서 특정 사람들이 가지고 있는 고정관념을 발견했는가? 그런 고정관념들에 대해 당신은 어떻게 해석했는가? 그들이 만든 규칙에 영향을 미쳤는가?
15. 집단원 간에 규칙에 대한 의견 차이가 있다면 어떻게 처리했는가? 집단원 간에 생기는 갈등 해결을 위해 필요한 능력은 무엇이었는가?
16. 집단원들이 규칙을 따르는 패턴이 있는가? 집단원들이 규칙을 거부한 적이 있는가? 이 경우 집단에 있는 다른 사람들의 상태는 어떠한가?

응용 접목질문 예시

1. 일반적으로 당신은 가족이 정한 규칙을 따르는가? 당신이 속한 집단의 규칙을 따르는가? 사회의 규칙을 따르는가?
2. 따라야 할 규칙을 어떻게 정하는가?
3. 선 안에 있어야 한다고 생각하는 상황이나 관계는 무엇인가? 어떤 상황이나 관계에서 당신이 선 밖으로 나가는 것을 허락하는가? 당신의 반응을 결정하는 것은 무엇인가?
4. 당신의 일상생활에서 당신이 만든 규칙들은 무엇인가?
5. 당신의 가족, 친구, 문화, 사회 또는 집단 등이 만든 규칙들은 무엇인가? 이러한 상황에서 보다 효과적으로 대처하기 위해 이 활동에서 배운 것을 어떻게 적용할 수 있는가?
6. 당신의 일상생활이나 관계에서 보이지 않는 규칙들을 어떻게 찾을 수 있는가?

7. 이 규칙들이 당신을 위한 것인지 어떻게 아는가?
8. 어떤 규칙이 당신에게 잘 맞는가?
9. 어떤 규칙이 더 이상 당신을 위한 것이 아닌가?
10. 다른 사람이 만든 규칙 중 어떤 것이 더 이상 당신을 위한 것이 아닌가?
11. 더 이상 당신에게 필요하지 않는 규칙에 대해 어떻게 할 것인가?
12. 당신이 속해 있는 집단(예: 학교, 가족, 직장, 교회, 문화, 사회 등)에서 다른 사람에 비해 당신은 규칙이 더 많은가 혹은 적은가? 규칙을 준수함에 있어 다른 사람보다 더 엄격한가 혹은 덜 엄격한가? 당신의 규칙들이 당신의 일상생활 가운데 어떤 영향을 주는가?
13. 당신은 규칙을 따르지 않게 될 때 어떤 느낌이 드는가? 이런 감정이 들 때 당신은 어떻게 하는가? 이러한 상황을 보다 효과적으로 다루기 위한 활동에서 당신은 무엇을 배우게 되는가?
14. 다른 사람들이 만든 규칙을 따르지 않았을 때 어떤 느낌이 드는가? 이런 상황에서 당신의 일상생활은 어떻게 변하는가? 이러한 상황을 보다 효과적으로 다루기 위한 활동에서 당신은 무엇을 배우게 되는가?
15. 누군가가 당신의 규칙을 따르지 않았을 때 어떤 느낌이 드는가? 이런 상황에서 당신은 무엇을 하는가? 이러한 상황을 보다 효과적으로 다루기 위한 활동에서 당신은 무엇을 배우게 되는가?
16. 다른 사람들에게 설명해 주지 않고 누군가 규칙을 만들었던 경험이 있는가? 당신에게도 그러한 적이 있는가? 그럴 때 당신은 어떻게 반응했는가? 이러한 상황을 보다 효과적으로 다루기 위한 활동에서 당신을 무엇을 배우게 되는가?
17. 이런 상황에 도움이 될 만한 명확하고 건설적인 의사소통 방식은 무엇인가?
18. 당신과 다른 규칙들을 가지고 살아가는 사람들에게 그들을 존중하며 조절해 가는 방법은 무엇인가?

안전 문제

위험요소는 없다. 집단의 첫 번째 규칙인 자신을 안전하게 보호해야 한다는 규칙을 지키면 된다.

손 찾기: 집으로 돌아오는 기분 좋은 느낌

활동명: 손 찾기

활동 유형: 친해지기, 믿음 쌓기

대상: 1학년 이상

집단 크기: 2~30명(더 많은 공간과 더 많은 사람이 있다면 그들이 헤매게 될 때 다시 집단으로 데려와 도와줄 수 있다.)

목적 1. 의사소통 및 인간관계 능력 향상

목표

1F. 타인을 신뢰하는 의지를 증명하기

1G. 관계를 형성하고 유지하기 위한 기술을 개발하기

목적 2. 자기인식과 자기수용 증진

목표

2C. 부정적 자기대화를 인식하기 위한 능력 개발하기

2D. 부정적 자기대화를 대체할 긍정적 자기대화의 기술 개발하기

2E. 자신의 특별함에 감사하기

2G. 개인적인 경계, 권리, 사생활 보호의 필요성을 인식하기

목적 4. 다양성의 이해와 가치를 증진

목표

4A. 개인의 차이를 인식하고 인정하기

4B. 자신의 문화에 대한 이해와 인식을 발달시키기

4C. 자신과 다른 문화 집단 모두를 존중하는 것을 설명하기

4D. 문화나 신체적, 학습적 차이가 있는 사람들의 유사점과 차이점을 인식하고 감사하기

목적 5. 일관되게 책임감 있는 행동을 증명

목표

5A. 개인적 책임을 인식하기

5B. 행동이 적절하고 책임감이 있는지 인식하기

5C. 적절하고 책임감 있는 방법으로 행동하기

5D. 스트레스를 다루는 대처 기술 개발하기

5E. 자기훈련과 자기조절을 연습하는 방법의 필요성 이해하기

목적 6. 학습 관련 긍정적 태도와 기술 향상

목표

6A. 학습자로서의 유능감과 자신감을 개발하기

6B. 성취에 대한 자신감 갖기

6C. 학습 과정의 일부로서 실수를 수용하기

6E. 노력과 인내가 학습을 향상시킴을 인식하기

6H. 비판적 사고 기술을 발달시키기

재료

열린 공간. 사람들이 눈 가리는 것을 확실하게 하도록 눈가리개를 사용할 수 있다. 사람들이 눈을 감았다는 것을 믿을 수 없다고 생각할 수도 있겠지만 인원에 따라 눈가리개를 더 사용할 수도 있다(하지만 우리가 필요하다고 해서 모든 사람에 대비하여 100개의 눈가리개를 가지고 다닐 수는 없다).

준비

넓은 공간이 있거나 집단원들끼리 너무 떨어져 있거나 벽에 가까이 있지 않은 경우에는 집단원끼리 어느 정도 모여서 무리가 되도록 모아 줄 수 있다.

놀이 방법

1. 집단원들이 2명씩 짝을 지어 서로가 모르는 사이라면 서로에게 자신을 소개하게 한다.
2. 집단의 모든 사람이 각자가 고유하고 특별한 한 사람임을 설명한다. 서로의 손을 잡음으로써 서로가 서로에게 도움을 줄 수 있음을 신체적으로 잘 전달될 수 있도록 하게 한다. 이렇게 함으로써 그들은 상대방의 손을 제대로 살펴보며 손이 얼마나 큰지, 손가락의 길이가 얼마나 긴지, 손톱의 느낌은 어떠한지 등을 자세히 살펴보게 된다. 이러한 생각들은 상대방의 손을 만져 보면서 알아차릴 수 있는 것이다.
3. 일정 시간(집단의 성숙도에 따라 실제 활동에 들어갈지가 다르기 때문에 적절한 시간을 정한다)이 지나면 상대방이 아닌 방이나 다른 것에 관해 질문한다. 대략 1~2분 후에 눈을 감고(눈을 감을 때 집단의 상태에 따라 눈가리개를 사용할 수 있다) 잠시 동안 유지한다.
4. 잠시 후 짝이 지금 어디 있는지 모르는 상태에서 손을 뻗고 만나는 사람들의 손을 만져 보며 짝을 찾도록 한다.
5. 천천히 공간을 돌아다니며 서로의 손을 만지기 때문에 집단에서 방황하게 된다. 이를 위해 양치기 개의 능력을 발휘해야 하며, 헤매고 있는 집단원들은 천천히 인도해야 한다.
6. 짝을 찾은 팀이 2명 이상 되면 다른 사람들을 방해하지 않도록 한쪽으로 이동해 있어야 한다.

변형

1. 당신은 그들에게 한 가지 이상의 방법으로 친숙한 질문을 할 수 있다. 다른 사람의 손을 알게 됨에 따라 그들은 그들 자신에 대해 좋아하는 것, 싫어하는 것, 긍정적인 가치, 도전적인 것, 그들만의 고유한 것 등을 이야기할 수 있게 된다.
2. 당신의 이야기를 듣고 1명 이상의 집단원이 서로 연결됨에 따라 당신은 집단의 더 많은 사람들에게 짝을 찾도록 지시할 수 있다.
3. 집단에서 서로를 찾게 됨으로써 나아지는 경험을 얻게 되면 셋, 넷, 다섯으로

더 많은 사람이 집단에서 늘어나게 될 것이다.

개인화 접목질문 예시

1. 당신의 짝이 당신의 손에 대해 알게 되는 동안 당신은 자신의 손에 대해 얼마나 알게 되었는가?
2. 당신이 다른 손들에 대해 느끼게 됨에 따라 그 손에 대해 무엇을 알게 되었는가? 그들의 손은 전부 같았는가? 아니면 모두 달랐는가?
3. 집단에서 돌아다니는 동안 눈을 감은 채로 서로 닿게 되게 기분이 어떠한가?
4. 당신이 불편할 수 있는 방식으로 다른 사람과 닿지 않았다는 것을 어떻게 확신하는가? 누군가가 당신이 불편할 수 있는 방식으로 당신과 닿았다면 당신은 어떻게 할 것인가?
5. 당신은 활동이 끝날 때까지 눈을 감고 있었는가? 당신이 눈을 감았는지와 상관없이 집단에 대한 신뢰가 어느 정도인가? 또한 당신이 짝을 찾아내는 자신의 능력에 대한 신뢰는 어느 정도인가?
6. 당신은 짝의 손을 기억하기 위해 어떤 방법을 사용했는가? 짝을 찾기 위한 당신의 전략은 무엇인가?
7. 당신이 만약 짝을 찾기 위해 오랜 시간이 걸린 사람 중 하나라면, 당신 자신에게 짝을 찾아내는 당신의 능력에 대해 무엇이라고 말하겠는가? 당신의 능력에 대한 생각이(긍정적인 자기대화이든 부정적인 자기대화이든) 짝을 찾아낼 공산에 얼마나 영향을 미쳤는가? 만약 당신이 실망했다면 포기하지 않고 당신 자신이 계속해 나아가기 위한 전략은 무엇인가?
8. 만약 당신이 짝을 찾았다고 생각했는데 알고 보니 다른 사람의 손이었다는 것을 알게 됐다면 기분이 어떠하겠는가? 당신은 실수한 자기 자신에게 무엇이라고 말하겠는가? 만약 당신 자신에 대해 부정적인 생각이 든다면 그 생각은 무엇인가? 자기 자신에 대한 부정적인 자기대화를 긍정적인 자기대화로 바꾸기 위해선 어떻게 해야 하는가?
9. 집단에서 멀리 떨어져 있다가 다시 모이게 되면 느낌이 어떠한가? 당신이 실수했다고 생각하고 있는가? 그 실수에 대해 당신 자신에게 무엇이라고 말하고 있는가? 만약 당신의 능력과 당신 자신에 대해 부정적으로 생각하고 있다면

그 생각들은 무엇인가? 부정적인 자기대화에서 긍정적인 자기대화로 변화되기 위해서 어떻게 해야 하는가?

10. 당신이 만약 다른 사람을 자신의 짝이라고 생각했다면 원래 짝을 찾기 위해 당신의 전략을 어떻게 수정해야 하는가?
11. 그리고 마침내 당신의 짝을 찾았을 때 어떤 기분이 들었는가?
12. 이 활동에서 집단에 대한 당신의 책임은 무엇인가? 어떤 방식으로 당신의 책임을 결정했는가?
13. 이 활동을 할 때 그 책임에 대해 중요시했는가? 만약 그랬다면 그 책임을 위해 어떤 행동을 했는가? 당신의 그 행동이 책임 있는 행동임을 어떻게 확신하는가? 만약 아니라면 자신의 책임이 아니라고 생각한 그 행동은 무엇인가? 이 활동을 하는 동안 무엇이 당신을 책임 있게 하였는가?
14. 이 활동이 자기훈련과 자기조절 연습을 중요하게 만든 이유는 무엇인가?
15. 이 활동에서 당신에게 스트레스를 받게 한 것은 무엇인가? 이 스트레스에 대처하기 위해 어떤 전략을 사용했는가?

응용 접목질문 예시

1. 당신은 일상생활에서 누군가와의 신체 접촉에 대해 얼마나 편하게 생각하는가? 누군가와의 접촉을 위해 당신은 얼마나 많은 신뢰가 필요한가? 그들이 당신의 접촉을 허락하는가?
2. 당신의 일상생활에서 맹목적으로 무언가 또는 누군가를 찾고 있는 것처럼 느껴지는 상황은 무엇인가? 이러한 상황에 대해 어떻게 생각하는가? 그 상황들을 어떻게 처리하는가?
3. 당신은 보통 신뢰할 것인지 아닌지를 어떻게 결정하는가? 신뢰하는 상황과 신뢰하지 않는 상황에서 당신의 행동과 반응이 어떻게 다른가?
4. 개인적인 경계, 권리, 사생활 보호가 중요하다고 강조되는 이 활동에서 당신은 무엇을 배울 수 있는가?
5. 당신의 가족과 문화에서는 신체 접촉 및 신체적인 친밀감과 관련된 규칙들(언어적 또는 비언어적)은 무엇인가?
6. 당신이 다른 사람과의 신체 접촉 및 신체적인 친밀감에 대해 편안함을 느끼는

정도를 알아차렸을 때 다른 사람들의 상황은 어떠한가? 당신이 알아챈 차이점이 있는가?

7. 서로 다른 문화 집단과 신체 접촉 및 신체적인 친밀감에 대한 그들의 규칙에서 무엇을 알게 되었는가?
8. 만약 누군가가 신체 접촉 및 신체적인 친밀감에 대한 규칙이 당신과 다를 경우, 서로를 존중해 주며 적절하게 서로 잘 조정해 갈 수 있는 방법은 무엇인가?
9. 당신에게 책임 있게 행동하는 것이 정말로 중요하다고 생각하는 상황이나 관계는 무엇인가? 당신은 이러한 상황이나 관계를 어떻게 해결해 나가는가?
10. 당신이 해야 한다고 생각하는 만큼 책임감 있게 행동하지 않았을 때가 있는가? 그러한 상황에서 책임 있게 행동하지 못하게 하는 것은 무엇인가? 앞으로의 상황에서 좀 더 다르게 처리하기 위해선 어떤 방법이 있는가?
11. 당신이 책임감 있게 행동하지 않는다는 피드백을 받았을 때 당신은 어떤 느낌이 드는가? 이런 피드백에 대해 당신은 어떻게 반응하는가? 이러한 피드백을 제공하는 사람이 누구인가에 의해 당신의 반응은 어떤 영향을 받는가?
12. 당신의 일상생활에서 이 활동을 통해 느끼게 된 스트레스를 비슷하게 느낀 상황은 어떤 것인가? 당신의 일상생활에서 일어나는 비슷한 상황에서 이 활동을 통해 배운 스트레스를 다루는 방법들을 어떻게 적용할 수 있겠는가?
13. 자기조절과 자기훈련을 하는 것이 중요한 다른 상황은 무엇인가? 어떻게 하면 이 활동에서 배운 자기조절과 자기훈련의 능력을 발휘하여 적용할 수 있는가?
14. 개인의 책임 있게 행동하려는 의지가 그를 신뢰하도록 영향을 미쳤다면, 그런 상황들에는 어떤 것이 있는가?
15. 당신은 바로 성공할 수 없는 상황에서 보통 어떻게 대처하는가? 어려운 문제를 성공시켰을 때 당신은 보통 어떻게 느끼는가? 그런 상황에서 당신은 어떤 방식으로 처리하는가?
16. 당신이 실수를 했거나 어떤 일을 즉시 성공시키지 못했을 경우 당신의 능력이나 당신 자신에 대해 어떤 말을 하는가? 당신의 능력이나 자신에 대해 부정적으로 말하게 되는 상황이나 관계는 무엇인가? 이런 상황이나 관계에서 어떤 느낌이 드는가? 자신에 대한 평가를 좀 더 긍정적으로 하기 위해서 어떤 전략이 필요한가?

17. 당신의 일상생활에서 당신만의 특별함, 당신의 성공을 알아주고 칭찬해 주는 경우가 있는가?

안전 문제

사람들이 눈을 가린 상태에서 벽에 부딪히거나 장애물에 걸리지 않도록 한다. 집단의 크기가 큰 경우에 당신을 도울 목동이 있어야 하는 이유이다.

활동명: 머리 아님 꼬리

활동 유형: 친해지기, 빗장 풀기

대상: 1학년 이상

집단 크기: 8~100명(100명이 하게 되면 미친 짓이겠지만 재미있다.)

목적 2. 자기인식과 자기수용 증진

목표

2H. 개인 및 사회적 역할 확인하기

목적 3. 문제 해결과 의사결정 기술의 개발과 적용

목표

3D. 결정 평가하기

3E. 일상생활에서 변화와 이행 조정하기

3G. 일상의 상황에서 의사결정 기술 적용하기

3H. 문제를 다루는 효과적인 대처 기술 설명하기

3I. 또래 압력이 의사결정에 영향을 줄 때를 인식하기

3J. 문제 해결과 목표 달성을 위한 대안적 방법 확인 능력 개발하기

목적 5. 일관되게 책임감 있는 행동을 증명

목표

5B. 행동이 적절하고 책임감이 있는지 인식하기

5C. 적절하고 책임감 있는 방법으로 행동하기

5D. 스트레스를 다루는 대처 기술 개발하기

5E. 자기훈련과 자기조절을 연습하는 방법의 필요성 이해하기

재료

앞면과 뒷면에 표시가 있고 튀어 올릴 수 있는 물건으로 동전 등을 사용할 수 있다. 재미를 더하기 위해 우리는 종종 큰 것을 사용하기도 한다. 두 가지 다른 면을 가진 것들을 사용할 수 있는데, 큰 뚜껑이나 두 가지 색으로 된 나무 블록 등이다.

준비

활동의 경계선을 설정한다. 집단원의 수와 걷거나 뛰기, 작은 동작으로 걷기 등 활동 종류에 따라서 범위를 작게 혹은 크게 설정할 수 있다.

놀이 방법

1. 이 활동에서는 동전의 앞면 또는 뒷면(또는 다른 물건의 앞뒷면)에 따라 서로를 뒤쫓게 된다.
2. 참여자들 사이에 약간의 공간을 두게 하고 큰 원 안으로 집단원이 모이게 한다.
3. 참여자들에게 셋을 셀 동안 동전(또는 다른 물건)의 앞뒷면 중 하나를 고르고 그것에 맞춰 자신의 손으로 머리 또는 꼬리를 선택하게 한다.
4. 동전(또는 다른 물건) 뒤집기를 통해 앞면과 뒷면에 따라 자신이 선택한 곳이 해당됨을 집단원들에게 설명한다. 예를 들어, 동전(또는 다른 물건)의 앞면이 위로 가면 손을 머리에 올린 사람이 머리가 되는 것이다.
5. 참여자 모두가 각자의 면을 선택하고 나면 리더는 동전 또는 물건을 던진다.
6. 동전이나 물건이 머리 위로 향한 채로 있으면, 머리에 손을 올린 사람들이 해당되는 것이다. 그리고 방 주위에 꼬리에 손이 있는 사람들을 뒤쫓아야 한다.
7. 집단원들은 매 라운드마다 머리 또는 꼬리에 한 손을 가져다 놓는다.
8. 머리사람에게 잡히면 꼬리사람은 머리로 손을 옮기고, 머리사람들이 꼬리사람을 머리사람으로 바꾸고, 모든 사람을 머리사람으로 바꿀 수 있도록 도움을 준다.
9. 동전 또는 물건이 뒷면이 나오게 되면 똑같은 방법으로 꼬리사람이 머리사람을 잡아 역할을 바꾸는 데 도움을 준다.
10. 모든 사람이 잡히면 참여자들은 다시 원 안으로 돌아와 다음 라운드를 시작

한다. 집단원들이 원하는 만큼 여러 번의 라운드를 계속할 수 있다(일반적으로 3~4회).[4)]

변형

응용할 때 우리는 때때로 잡힌 사람들(예: 꼬리사람에게 잡힌 머리사람)끼리 서로 모여 손을 잡게 하기도 한다. 손을 잡고 있는 동안 새롭게 잡히는 사람들이 생길 수 있다. 일반적으로 한쪽 끝에 있는 머리사람은 적어도 하나의 꼬리사람의 손을 잡게 된다.

개인화 접목질문 예시

1. 당신은 매번 머리 또는 꼬리가 되는 것을 어떤 방식으로 결정했는가? 당신은 다른 사람들이 머리 또는 꼬리를 선택하는 것을 살펴보았는가? 다른 사람들과 그들의 선택이 당신의 선택에 어떻게 영향을 미쳤는가?
2. (당신이 잡혔을 때와 잡히는 사람에서 술래로 바꾸어야만 할 때) 어떻게 전환이 일어났는가?
3. 당신이 잡히는 상황에서 술래에게 잡힐 때 어떤 느낌이 들었는가? 당신이 술래가 된 상황에서 당신이 상대편을 잡았을 때의 느낌은 어떠한가?
4. 어떤 역할(잡히는 사람 또는 술래)이 좋았는가? 당신은 그 역할의 무엇이 좋았는가? 다른 역할에 대해서는 무엇이 싫었는가?
5. 이 활동에서 집단에 대한 당신의 책임은 무엇인가? 당신의 책임은 어떻게 결정되었는가?
6. 이 활동을 할 때 그 책임을 존중했는가? 만약 그렇다면 책임이 있다고 느낀 어떤 일을 하였는가? 당신의 행동에 책임이 있음을 어떻게 확신하였는가? 만약 아니라면 책임이 없다고 느낀 어떤 일을 하였는가? 무엇이 이 활동 중에 당신이 책임을 지도록 하였는가?
7. 다른 사람들이 당신의 행동을 책임 있는 것으로 인식하는지 어떻게 말할 수 있는가? 이 활동 중에 당신이 책임지고 있는지 아닌지에 대해 다른 사람들로

---

4) Rohnke, K., & Butler, S. (1995). *Quicksilver*. Dubuque, IA: Kendall Hunt.

부터 어떤 피드백을 받았는가? 그 피드백을 받았을 때 당신은 어떻게 반응했는가?

8. 다른 집단원들이 이 활동을 하는 동안 책임감 있게 행동했다고 생각했는가? 이 활동 중 책임감 있게 행동하는 다른 사람들에게 어떤 피드백을 주었는가?
9. 이 활동이 자기훈련과 자기조절을 중요하게 만드는가? 자기훈련과 자기조절을 통해 당신은 어떻게 행동했는가?
10. 1에서 10까지의 척도로 본다면 이 활동을 하면서 느낀 당신의 스트레스 수준은 어떠한가? 당신이 잡히는 위치인지 술래인지에 따라 스트레스 수준이 바뀌었는가? 이 활동에서 무엇이 스트레스를 주었는가? 스트레스를 준 이유는 무엇인가? 이 스트레스에 대처하기 위해 어떤 전략을 사용했는가?

응용 접목질문 예시

1. 친구 및 가족과의 관계에서 쫓기는 사람 또는 쫓는 사람의 역할 중 어느 쪽이 더 편안한가? 그 역할에서 무엇을 좋아하는가? 얼마나 자주 당신의 관계에서 그 역할을 하는가?
2. 얼마나 자주 다른 역할을 하는가? 그 역할에서 당신을 불편하게 하는 점은 무엇인가?
3. 당신은 당신의 관계(쫓거나 쫓기는)에서 다른 역할을 하는가? 그것은 무엇인가? 얼마나 자주 이 역할을 하는가? 이 역할에 대해 당신은 얼마나 편안한가?
4. 가족이나 친구들이 쫓거나 쫓기는 역할을 하는 것을 본 적이 있는가? 그 일이 일어날 때 당신은 어떻게 느끼는가?
5. 다른 사람들이 때때로 말하거나 생각하는 것에 영향을 받는 다른 상황에는 어떤 것이 있는가? 결정을 내리기 위한 건설적인 접근은 언제인가? 그것이 결정을 내리는 자기 방어적인 방법인가? 당신은 어떻게 다른 방식으로 하고 싶은가?
6. 책임 있는 태도로 행동하는 것이 정말로 중요하다고 느끼는 상황이나 관계는 무엇인가? 이러한 상황이나 관계를 어떻게 처리하는가?
7. 당신이 생각하기에 책임감 있게 행동하지 않을 때는 어떤 때인가? 당신이 그 상황에서 책임지지 못하게 하는 것이 무엇이라고 생각하는가? 앞으로는 그 상

황을 어떻게 다르게 다룰 수 있는가?

8. 책임감 있게 행동하지 않는다는 피드백을 받았을 때 어떤 기분이 드는가? 이 피드백에 어떻게 반응하는가? 피드백을 제공하는 사람이 당신의 반응에 어떤 영향을 주는가?
9. 친구나 가족이 책임감 있게 행동하지 않는 상황을 어떻게 처리하는가? 이러한 상황에서 보통 어떤 종류의 피드백을 제공하는가? 지인 또는 낯선 사람들이 책임감 있게 행동하지 않는 상황을 어떻게 처리하는가? 이러한 상황에서 보통 어떤 종류의 피드백을 제공하는가?
10. 당신의 일상생활에서 이 활동 중에 느끼게 된 같은 종류의 스트레스를 비슷하게 느낀 상황은 어떤 것인가? 이 활동에서 배운 스트레스를 다루는 방법들을 어떻게 적용할 수 있는가?
11. 자기조절과 자기훈련을 하는 것이 중요한 다른 상황은 무엇인가? 이런 상황에서 자기훈련과 자기조절을 발휘할 수 있는 능력에 대해 이 활동에서 배운 것을 어떻게 적용할 수 있는가?
12. 보통 어떤 식으로 한 역할에서 다른 역할로 전환되는가? 이런 전환을 처리하는 방식들 중 당신이 좋아하는 방식은 무엇인가? 이런 전환을 처리하는 방식들 중 당신이 좋아하지 않는 방식은 무엇인가? 한 역할에서 다른 역할로의 전환을 어떻게 처리할 수 있는가?

안전 문제

우리는 항상 안전을 위한 약간의 변화를 고려할 수 있다. 참여자들이 서로 경쟁할 수 있기 때문에 부드러운 바닥에서 활동을 하는 것도 고려할 수 있다.

기다려! 왜 올라가는 거야? 헬륨?

활동명: 헬륨 막대

활동 유형: 도전하기

대상: 5학년 이상

집단 크기: 10~20명

목적 1. 의사소통 및 인간관계 능력 향상

목표

1A. 이해를 증명하고 기본적 의사소통 기술을 적용하기(예: 비언어적 증거 인식하기, 나 전달법 사용하기)

1B. 명확하고 건설적으로 감정 표현하기

1C. 타인의 감정 인식 및 수용하기

1D. 생각을 명확하고 건설적으로 표현하기

1E. 타인의 말을 적극적으로 경청하기

1F. 타인을 신뢰하는 의지를 증명하기

1G. 관계를 형성하고 유지하기 위한 기술 개발하기

1H. 또래 압력을 인식하고 다루기

1I. 갈등 해결을 위한 의사소통 기술을 사용하기

1J. 도움의 필요성을 인식하고 그것을 요청할 능력을 개발하기

1K. 욕구와 소망을 인식하고 언어화하기

1L. 집단에 효과적으로 참여하기 위한 기술을 개발하기

목적 2. 자기인식과 자기수용 증진

목표

2C. 부정적 자기대화를 인식하기 위한 능력 개발하기

2D. 부정적 자기대화를 대체할 긍정적 자기대화의 기술 개발하기

2F. 자신에 대한 긍정적 태도 개발하기

2G. 개인적인 경계, 권리, 사생활 보호의 필요성을 인식하기

2H. 개인 및 사회적 역할 확인하기

목적 3. 문제 해결과 의사결정 기술의 개발과 적용

목표

3A. 개인적 목표 설정하기

3B. 문제 확인하기

3C. 문제 해결과 의사결정 단계의 이해를 설명하기(정보 수집, 대안과 결과 탐색, 계획과 행동)

3D. 결정 평가하기

3F. 갈등 해결을 위한 의사결정 기술 적용하기

3H. 문제를 다루는 효과적인 대처 기술 설명하기

3I. 또래 압력이 의사결정에 영향을 줄 때를 인식하기

3J. 문제 해결과 목표 달성을 위한 대안적 방법 확인 능력 개발하기

목적 5. 일관되게 책임감 있는 행동을 증명

목표

5A. 개인적 책임을 인식하기

5B. 행동이 적절하고 책임감이 있는지 인식하기

5C. 적절하고 책임감 있는 방법으로 행동하기

5D. 스트레스를 다루는 대처 기술 개발하기

5E. 자기훈련과 자기조절을 연습하는 방법의 필요성 이해하기

5G. 대안적 관점을 위한 존중을 증명하기

목적 6. 학습 관련 긍정적 태도와 기술 향상

목표

6C. 학습 과정의 일부로서 실수를 수용하기

6G. 지식 공유 능력 개발하기

6H. 비판적 사고 기술을 발달시키기

재료

우리는 일반적으로 긴 텐트 막대를 사용하지만 길고 비교적 얇고 가벼운 물체(예: 긴 빗자루 또는 갈퀴 막대)면 가능하다. 그것은 적어도 10명 이상이 붙들 수 있을 정도로 길어야 한다(즉, 5명씩 두 집단이고 각 집단은 5명씩 서로 마주 보는 두 집단과 어깨를 나란히 하고 서 있는다).

준비

헬륨 막대가 내려가는 대신 위로 올라갈 때 갑자기 움직이지 않도록 준비한다.

놀이 방법

1. 집단을 비슷한 크기의 2개 소집단으로 나눈다(10명이면 5 대 5, 11명이면 5 대 6).
2. 각 소집단이 서로 어깨를 나란히 해서 다른 소집단과 약 90cm 간격으로 서게 한다. 중요한 점은 한쪽에 5명이 나란히 서 있으면 다른 쪽에 5명이 마주 보고 나란히 있는 것이다(총 10명인 경우).
3. 참여자 모두가 양손을 대략 어깨까지 올리고 그들을 마주 보고 있는 사람들을 가르키도록 한다. 활동의 목표는 막대를 개인의 손가락에 얹어 놓은 상태로, 소집단이 막대를 땅에 내려놓는 것임을 집단에게 설명한다.
4. 주의 깊게 규칙을 설명한 후에('단순히 땅에 내려놓음' 부분을 강조한다) 집단원의 손가락으로 막대 끝을 조심스럽게 유지하도록 한다. 이것을 위해 마주하고 있는 두 사람 사이에 종종 슬쩍 들어간다. 사람들이 앞으로 나아가거나 좌우로 움직일 때 모든 사람이 막대 밑으로 손가락을 움직일 수 있기에 일반적으로 격렬한 움직임이 조금 생긴다.
5. 집단원들은 가리키고 있는 손가락의 각도를 바꾸지 말아야 하고(지면과 평행하게 유지해야 함), 엄지손가락을 방해하지 말아야 하며(간단히 말해 막대를 손가락에 얹어 놓아야 함), 손가락을 놓아서도 안 된다. 그들의 손가락이 막대 끝에 닿아서는 안 된다(손가락에 얹고 땅에 내려놓아야 한다).
6. 막대를 계속 잡고 집단원들에게 "손가락의 각도를 바꾸지 말고(지면과 평행하

게 유지하면서) 막대를 손가락에 올려놓으며 막대에서 손을 떼지 마세요. 막대를 그냥 땅에 내려놓으세요."라고 설명한다. 이 시점에서 막대에 압력이 가해짐을 느끼게 될 것이다(집단의 연결이 끊어지지 않도록 노력해야 한다).

7. "시작"이라고 말한 다음 막대를 든다.
8. 거의 매번 이 활동을 할 때마다(최소 10명의 사람들이) 즉시 일어나지 않을 수도 있지만 막대가 점점 아래에서 위로 올라간다(따라서 헬륨 막대라는 명칭이 붙은 것이다).
9. 우리는 막대가 올라간 후(때로는 일부 참여자가 도달할 수 있는 것보다 높게), "좋습니다. 이제 봅시다."라고 말하면서 규칙을 반복한다.
10. 막대가 올라가기 시작할 때 참여자들은 막대 끝을 손가락 위로 올리는 경향이 있다(때론 "내가 아냐. 막대가 떨어지는 대신 올라가는 건 내 잘못이 아냐."라고 말하는 참여자를 보게 된다). 집단원들이 이 활동을 하거나 그들에 대해 생각할 때 우리는 연결을 멈추지 말라고 상기시켜야 한다. 이와 유사하게 막대가 바로 떨어지지 않는다면 일부 집단원은 막대를 내리기 위해 손을 내리고 서로와의 연결을 끊을 수도 있다. 그들이 그렇게 할 때 그것에 대해 "연결을 끊지 마세요."라고 말해 주는 것이 좋다.
11. 이것은 함께 일하는 것이 실제로 믿을 수 없을 만큼 쉽다는 것을 보여 주는 훌륭한 활동이다. (이런 이유로 "막대를 내려놓으세요."라는 직접적인 단어로 즐거움을 얻게 된다.)

변형

시간을 절약하기 위해 때로는 활동을 중단하고 2명의 참여자를 선택하여(특히 초기 과정에서 희생양이 되거나 비난받은 2명이 있는 경우) 동일한 방식으로 손가락을 사용하게 한다. 손가락의 각도를 바꾸지 말고 막대에서 손을 떼지 않으며 막대를 단순히 땅에 내려놓도록 한다. 2명의 참여자는 서로 재미있는 토론을 나누며 쉽고 재미있게 활동을 완료할 수 있다.

개인화 접목질문 예시

1. 지시사항에 대한 당신의 초기 반응은 어떠한가? 막대가 내려가지 않고 위쪽으로 올라갔을 때 몇 차례 반복된 지시사항에 대한 당신의 반응은 어떠한가?
2. 이 활동이 처음에 들었던 것처럼 쉽지 않음이 분명해짐에 따라 기분이 어떠했는가? 나머지 집단에게 당신의 감정을 어떻게 표현했는가? 자신의 감정을 어떻게 더 분명하고 건설적으로 표현할 수 있었는가?
3. 다른 집단원들은 이 활동이 처음에 들리는 것처럼 쉽지 않았음이 분명해짐에 따라 어떻게 느꼈는가? 그들은 집단의 다른 사람들에게 자신의 감정을 어떻게 표현했는가? 그들은 어떻게 자신의 감정을 보다 분명하고 건설적으로 표현할 수 있었는가?
4. 이 과정에서 내재된 일반적인 좌절감은 집단 역동에 어떤 영향을 미쳤는가?
5. 막대를 땅에 내려놓을 수 없다는 것에 대해 당신의 반응은 어떠했는가?
6. 당신의 소집단이 전략을 개발하여 성공할 수 있었는가? 어떻게 그러한 전략을 개발했는가?
7. 집단이 막대를 낮추기 위한 전략을 개발하려고 시도하는 동안 다른 사람들이 들어 주었다고 모든 사람이 느꼈는가? 이 일을 다른 집단원에게 들었을 때 어떻게 느꼈는가? 당신은 다른 집단원에게 들은 것을 확인하기 위해 어떤 행동을 했는가?
8. 당신 말에 귀 기울인다고 느끼지 못했다면 그것은 당신에게 어떠했는가? 다른 집단원들이 귀 기울이길 원했다면 당신 말을 잘 듣도록 하기 위해 당신이 무엇을 다르게 할 수 있는가?
9. 아이디어와 감정을 효과적으로 전달했는가? 그렇다면 어떻게 했는가? 그렇지 않았다면 무엇 때문에 안 된 것인가?
10. 막대를 낮추는 전략이 효과가 없다면 집단원들은 무엇을 했는가? 서로를 탓했는가? 그렇다면 사람들은 그에 대해 어떻게 반응했는가? 그렇지 않다면(드문 경우이지만) 이 일반적인 상황을 어떻게 피했는가?
11. 집단원들은 전략이 효과가 없다는 것을 분명히 알게 되었을 때 어떻게 대안을 개발했는가?
12. 다른 집단원들의 도움이 필요한지 어떻게 알 수 있는가? 도움이 필요할 때

당신은 무엇을 했는가? 도움이 필요할 때 어떻게 도움을 요청했는가? 무엇이 서로 돕는 과정에서 영향을 주었는가?

13. 막대를 낮추는 과정에서 다른 집단원들은 어떤 역할을 했는가? 리더와 추종자가 등장했는가? 그렇다면 누가 집단을 이끌어 가고 누가 따라갔는가? 리더가 등장하지 않았다면 그것은 집단에 어떤 영향을 미쳤는가?
14. 집단이 막대를 낮추는 데 성공하지 못했다면 이것이 어떻게 리더십에 영향을 미쳤는가? 막대를 낮출 수 없다는 스트레스의 결과로 활동이 진행되는 동안 역할이 바뀌었는가?
15. 막대를 붙들었을 때 신체적 친밀감이나 접촉에 대해 어떻게 생각했는가? 당신은 얼마나 많은 사적 공간이 필요한가? 집단과 사적 공간에 대한 요구에서 다른 사람들과 어느 정도 다른가?
16. 만약 당신이 실수로 인해 비난받은 사람들 중 한 사람이라면 어떻게 느끼는가? 이러한 상황이 발생했을 때 당신의 역량에 대해 자신에게 어떻게 말했는가? 이 상황이 발생했을 때 집단의 다른 사람에게 자신에 대해 어떻게 말했는가? 엉망이 된 상황에서 당신은 다른 사람들과 의사소통을 했는가?
17. 만약 당신이 다른 사람들과 있을 때 당신이 혼란스러워 하지 않는 사람들 중 한 명이었다면, 당신의 느낌은 어떠한가? 어떻게 집단에 자신의 감정을 표현했는가? 어떻게 이러한 감정을 더 명확하고 건설적인 방식으로 표현할 수 있는가?
18. 이 활동 중 스트레스 정도는 어떠했는가? 시간이 지남에 따라 어떻게 바뀌었는가? 시간제한이 있었다면 이것이 스트레스 정도에 영향을 주었는가? 이 활동과 관련된 스트레스에 대처하기 위해 어떤 전략을 사용했는가? 이러한 전략 중 어느 것이 효과적이었는가? 어느 쪽이 아닌가? 그 이유는?
19. 집단원들이 막대를 낮추기 위한 전략에 동의하지 않았을 때 의견의 불일치에 대해 어떻게 느꼈는가? 당신의 감정으로 인해 어떤 행동을 했는가? 불일치가 갈등으로 확대되었는가? 집단원들은 갈등을 어떻게 해결했는가? 이 활동을 수행하는 데 있어 다른 방법이 있는가?
20. 또래 압력은 어떤 면에서 과정에 영향을 미쳤는가? 집단에서는 어떻게 또래 압력을 다루었는가?

21. 당신이 이 과정에서 발휘한 개인적인 긍정적 특성과 재능은 무엇이었는가? 이 경험을 통해 모든 사람을 돕는 데 어떻게 사용했는가?
22. 이 과정에서 실망한 느낌이 들었다면 어떻게 대처했는가? 계속하라고 자기 자신에게 동기부여를 위해 무엇이라 말하였는가? 다른 집단원들이 실망한 느낌이 들었다면 당신은 실망감에 대해 어떤 이야기를 나누었는가?
23. 집단이 막대를 실제로 땅에 내려놓았을 때 어떻게 느꼈는가? 그 감정을 집단원들과 어떻게 이야기 나누었는가?
24. 이 활동에서 집단에 대한 당신의 책임은 무엇이었는가? 당신의 책임을 어떻게 결정했는가?
25. 당신은 활동을 하는 동안 책임감 있게 행동했는가? 만약 그렇다면 책임감 있는 방식으로 어떻게 행동했는가? 당신의 행동에 책임이 있음을 어떻게 확신하는가? 만약 아니라면 무책임한 방식으로 어떻게 행동했는가? 왜 당신은 더 책임 있게 행동하지 못했는가?
26. 이 활동에서 왜 자기훈련과 자기조절을 하며 행동하는 것이 중요한가?
27. 당신의 집단이 대규모 집단으로 활동하고 나서 소규모 집단으로 활동을 했다면 두 집단의 경험에서의 차이점은 무엇인가? 지시를 따름에 있어 소규모 집단이 쉬운 이유는 무엇인가?

응용 접목질문 예시

1. 완료하기가 불가능한 상황에 처한 적이 있는가? 어떻게 그 상황을 처리했는가? 이 활동에서 배운 것 중 앞으로 이런 상황에서 적용할 수 있는 것은 무엇인가? 완료가 불가능한 상황에 처해 있을 때 도움이 되는 자원은 무엇인가?
2. 당신이 해야 할 일을 하지 않았을 때 당사자들이 서로를 비난하는 관계에 있었던 적이 있는가? 과거에 그러한 관계를 어떻게 처리했는가? 이 활동에서 배운 것 중 앞으로의 관계에서 적용할 수 있는 것은 무엇인가?
3. 당신이 매우 어려운 상황에 처했을 때 보통 당신 자신과 당신의 능력에 대해 무엇을 말하는가? 그러한 상황에서 긍정적인 자기대화를 사용하는 능력을 어떻게 향상시킬 수 있는가?
4. 당신의 일상생활 상황에서 성공을 어떻게 정의하는가? 이 활동에서 당신 자신

에 대해 배운 것과 성공에 대해 생각하고 느끼는 방식을 당신의 일상생활에서 다른 상황에 어떻게 적용할 수 있는가?

5. 시도하고 있는 작업에서 성공하지 못하는 집단에 있을 때 어떤 일이 발생하는가? 이러한 상황에서 당신은 어떻게 보다 긍정적이고 적극적으로 대응할 수 있는가?
6. 이 집단에서 당신이 맡은 역할은 가족에서 당신이 맡은 역할과 얼마나 유사한가? 다른 집단에서는 어떠한가? 다양한 집단원이 맡은 다른 역할은 당신의 일상생활에서 다른 사람들이 맡은 역할과 얼마나 유사한가? 이 역할에 대한 당신의 편안함 수준은 어느 정도인가?
7. 당신이나 집단원들이 스트레스를 관리하는 방법 중 당신의 일상생활의 다른 상황에 도움이 될 수 있는 방법은 무엇인가? 당신은 어떻게 그것을 더 정기적으로 사용할 수 있는가?
8. 도움을 청할 필요가 있는 다른 상황이나 관계에는 어떤 것들이 있는가? 도움이 필요한 시점을 인식하고 도움을 요청하는 방법에 대해 더 잘 이해할 수 있는가?
9. 당신의 말을 귀 기울여 듣는 것이 중요할 수 있는 몇 가지 상황이나 관계는 무엇인가? 어떻게 그런 상황에서 당신의 말을 귀 기울여 들었다는 것을 확신할 수 있는가?
10. 당신은 감정과 생각에 대해 의사소통하고 협력을 장려하며 문제를 해결하고 이 활동에서 분명하게 드러난 갈등을 해결하기 위한 방법을 어떻게 적용할 수 있는가?
11. 다른 상황에서 실수를 다루는 것에 대해 배운 것을 어떻게 적용할 수 있는가? 부정적인 자기대화를 다루는 것은? 지속성 및 유연성을 장려하는 것은? 또래 압력을 다루는 것은?
12. 이 활동을 통해 당신의 개인적인 경계, 권리, 사생활 보호 요구를 인식하고 유지하는 것이 중요한 상황에 적용할 수 있는 것은 무엇인가?
13. 당신의 문화에서 사적 공간 또는 가족과 접촉하는 것에 대한 규칙(언어적 또는 비언어적)은 무엇인가?
14. 만약 다른 누군가가 사적 공간에 대해 다른 규칙을 가지고 있다면, 이것을 어

떻게 적절하고 존중하는 태도로 처리할 수 있는가?

15. 당신의 일상생활의 어떤 상황에 적용할 수 있는 비판적 사고 기술에 대해 무엇을 배웠는가?
16. 당신의 일상생활에서 당신의 재능, 능력, 공헌에 주목하고 축하할 수 있는 상황은 무엇인가 ? 당신의 성공인가?
17. 당신의 가족 안에서 그것을 바로 잡기 위한 규칙은 무엇인가? 그것을 올바르게 하기 위한 당신의 규칙은 무엇인가? 당신이 권한이 없을 때 당신에게 부정적인 영향을 주는 규칙이 있는가? 그것을 제대로 하기 위한 규칙을 어떻게 바꿀 수 있는가?
18. 당신은 무엇인가 잘 될지 안 될지 통제하지 못하는 상황을 어떻게 처리하는가? 이러한 상황을 보다 잘 처리할 수 있도록 이 활동 경험에서 배울 수 있는 것은 무엇인가?
19. 당신은 자신의 기준에 부합하지 못하는 상황을 어떻게 대처하는가? 이러한 상황을 보다 잘 처리할 수 있도록 이 활동 경험에서 배울 수 있는 것은 무엇인가?

안전 문제

실망한 참여자들이 서로에게 민감해지는 것을 제외하고는 없다.

우리가 함께 하고 있음에 초점을 맞추라.

활동명: 모두 함께 붙잡기

활동 유형: 도전하기

대상: 3학년 이상

집단 크기: 4~15명

목적 1. 의사소통 및 인간관계 능력 향상

목표

1A. 이해를 증명하고 기본적 의사소통 기술을 적용하기(예: 비언어적 증거 인식하기, 나 전달법 사용하기)

1D. 생각을 명확하고 건설적으로 표현하기

1E. 타인의 말을 적극적으로 경청하기

1G. 관계를 형성하고 유지하기 위한 기술을 개발하기

1H. 또래 압력을 인식하고 다루기

1I. 갈등 해결을 위한 의사소통 기술을 사용하기

1J. 도움의 필요성을 인식하고 그것을 요청할 능력을 개발하기

1K. 욕구와 소망을 인식하고 언어화하기

1L. 집단에 효과적으로 참여하기 위한 기술을 개발하기

목적 2. 자기인식과 자기수용 증진

목표

2A. 개인적 태도와 가치를 탐색하기

목적 3. 문제 해결과 의사결정 기술의 개발과 적용

목표

3C. 문제 해결과 의사결정 단계의 이해를 실명하기(정보 수집, 대안과 결과 탐색, 계획과 행동)

3D. 결정 평가하기

3E. 일상생활에서 변화와 이행 조정하기

3F. 갈등 해결을 위한 의사결정 기술 적용하기

3G. 일상의 상황에서 의사결정 기술을 적용하기

3H. 문제를 다루는 효과적인 대처 기술 설명하기

3I. 또래 압력이 의사결정에 영향을 줄 때를 인식하기

3J. 문제 해결과 목표 달성을 위한 대안적 방법 확인 능력 개발하기

목적 4. 다양성의 이해와 가치를 증진

목표

4A. 개인의 차이를 인식하고 인정하기

4C. 자신과 다른 문화 집단 모두를 존중하는 것을 설명하기

4D. 문화나 신체적, 학습적 차이가 있는 사람들의 유사점과 차이점을 인식하고 감사하기

목적 6. 학습 관련 긍정적 태도와 기술 향상

목표

6A. 학습자로서 유능감과 자신감을 개발하기

6E. 노력과 인내가 학습을 향상시킨다는 것을 인식하기

6G. 지식 공유 능력 개발하기

6H. 비판적 사고 기술을 발달시키기

재료

5~6개 정도의 짧은 밧줄 여러 개 또는 3m 정도의 노끈들. 만약 밧줄의 길이와 색상이 모두 같다면 작업이 더 어려워진다. 밧줄의 길이와 색상이 모두 다르다면

활동이 좀 더 쉬워진다.

준비

밧줄 중 하나를 제외하고 모두를 고리 또는 원으로 묶는다(예: 밧줄의 양끝을 사각 매듭과 같은 간단한 매듭으로 묶는다). 마지막 밧줄을 다른 모든 고리에 전달한 다음 마지막 밧줄을 고리로 매듭짓는다. 다른 고리를 지켜볼 필요가 없도록 연결된 고리 모음을 바닥에 배치한다.

놀이 방법

1. 밧줄 주위에 집단을 모은다.
2. 집단에게 5개의 밧줄 고리를 바닥에 놓았는지 확인하고 밧줄 고리로 된 모든 밧줄 또는 노끈을 함께 모아 놓고 합의하게 한다. 가끔 우리는 집단이 그들이 생각하는 밧줄 형태로 합의하기 위해 투표를 하게 하기도 한다.
3. 집단에게 그들이 밧줄이나 매듭을 움직이거나 만지거나 풀거나 할 수 없다고 설명한다.
4. 집단이 합의에 이르면(또는 투표하면) 참여자 중 한 명은 집단을 향해 마지막 남은 밧줄을 들고 집단에게 확실하게 맞는지 확인한다.[5)]

변형

1. 이 활동은 다섯 가지 색상의 밧줄로 시작하는 경우에 가장 효과적이다. 집단이 활동을 완료한 후에는 모든 밧줄이 동일한 색상이나 패턴인 것보다 좀 더 어려운 시나리오로 넘어간다.
2. 나이가 많은 집단(5학년 이상)의 경우 집단에 중요한 5~6가지의 가치 또는 특성(정직, 성실성, 협력 등)을 참여자들에게 확인시켜 줄 수 있다. 그런 다음 나머지 가치 또는 특성을 실제로 연결하거나 유지하는 주된 또는 가장 중요한 가치 또는 특성이 이들 중 어느 것이었는지 토론하게 한다. 그런 다음 집단에

---

5) Cain, J., & Jolliff, B. (1998). *Teamwork and teamplay*. Dubuque, IA: Kendall Hunt; Priest, S., & Rohnke, K. (1999). *101 of the best corporate team-building activities we know*. Dubuque, IA: Kendall Hunt.

게 “여러분 앞에 있는 5개의 밧줄은 집단의 가치를 대표하며 다른 모든 가치를 연결하는 중요한 가치가 있습니다. 여러분의 임무는 아무것도 만지지 않고도 그 중요한 가치를 찾는 것입니다.”라고 말한다. 집단이 그 주된 가치를 찾기 위해 어떤 위대한 관행을 취해야 하는가!

3. 다른 은유를 사용하여 당신은 작은 문제(각 매듭지어진 고리)로 구성된 큰 문제(고리 모음)의 고리로 문제를 구조화할 수 있다. 즉, 큰 문제가 있는 경우가 많으므로 초기 핵심 문제를 해결하면 나머지 문제를 해결할 수 있다. 어떤 방식으로든 실제로 문제를 건들지 않고 문제를 발견하거나 문제들이 모두 연관성이 있다는 것에 대해 동의할 수 있게 된다.
4. 다른 은유를 사용하여 고리를 여러 종류의 사람들로 구조화할 수 있다. 민족 또는 문화 집단, 다양한 종류의 학습자, 연령대가 다른 사람들 등을 적용할 수 있다. 그런 다음 집단원들에게 서로 다른 다섯 가지 유형의 사람 모두의 특성을 보다 구체적으로 설명하게 하라. 그런 다음 집단이 설명하는 모든 사람이 공통적으로 가지고 있는 자질들을 목록으로 만들도록 하라. 그렇게 한 후에 밧줄이나 매듭을 건드리지 않고도 문제들을 공유함으로써 묶여 있는 고리에서 해결 방법을 찾도록 지시한다.

개인화 접목질문 예시

1. 이 활동의 지시사항을 처음 들었을 때 당신의 반응은 어떠했는가? 어떻게 당신의 생각과 감정을 표현했는가? 집단이 전략들을 논의할 때 당신의 반응이 바뀌었는가? 어떻게 바뀌었는가?
2. 집단의 성공에 기여하기 위해 무엇을 했는가? 당신의 기여에 대해 어떻게 느꼈는가?
3. 집단원들이 문제를 해결하는 과정에서 당신 말을 귀 기울여 듣는 것처럼 느껴졌는가? 집단원이 당신 말을 귀 기울여 들었을 때 어떻게 느꼈는가?
4. 당신 말을 귀 기울여 듣는 것을 느끼지 못했다면 당신은 어땠는가? 집단원들이 당신 말을 귀 기울여 듣게 하고 싶다면, 당신 말을 들었는지 확인하기 위해 무엇을 할 수 있었는가?
5. 당신의 생각과 감정을 효과적으로 전달했는가? 만약 그렇다면 어떻게 했는

가? 만약 그렇지 않다면 무엇 때문에 전달되지 않았는가?

6. 이 활동의 과정을 보다 원활하게 진행하기 위해 청중으로서 당신의 역할은 무엇이었는가?
7. 집단원이 어떤 밧줄을 모두가 함께 잡고 있을지를 결정할 때 어떤 과정을 사용했는가? 집단은 어떻게 합의에 도달했는가?
8. 집단이 잘못 생각했는지 아닌지 당신은 어떻게 느꼈는가? 다른 집단원들에게 어떻게 그 감정을 표현했는가?
9. 집단원들이 합의에 도달함에 있어 어려움이 생겼을 때, 당신과 갈등이 있는 것 같았는가? 그 갈등에 대해 어떻게 생각했는가? 당신의 감정에 대해 무엇을 했는가? 집단원들은 갈등을 어떻게 해결했는가? 해결하기 위한 다른 방법은 무엇인가?
10. 어떤 면에서 또래 압력이 과정에 영향을 미쳤는가? 집단원들은 어떻게 또래 압력을 다루었는가?
11. 이 과정에서 스트레스를 받고 또는 낙담한 느낌이 들었다면 어떻게 대처했는가? 계속하기 위한 동기부여를 위해 자기 자신에게 무엇이라 말했는가? 다른 집단원이 스트레스를 받고 또는 낙담한 느낌이 들었다면 당신은 어떻게 그들과 그들의 감정에 대해 상호작용했는가? 당신은 어떻게 해야 더 지지적일 수 있었는가?
12. 어떤 밧줄이 모든 것을 정확하게 붙들었는지를 집단이 알게 됐을 때 어떻게 느꼈는가? 그런 감정을 집단과 어떻게 나누었는가?
13. 이 활동에서 집단의 성공 또는 실패에 지속성이 어떤 역할을 했는가?
14. 당신의 초기 추측이 정확하지 않은 경우, 집단원은 이 실패로 얻은 것을 어떻게 사용하여 이후의 시도에서 성공적으로 이끌 가능성을 높였는가?
15. 당신에게 가장 중요한 가치는 무엇인가? 다른 사람들과 그 가치에 대해 어떻게 의사소통하는가? 다른 사람들이 당신의 가치를 공유하지 않을 때 그것을 어떻게 처리하는가?
16. 집단원들은 집단에 중요한 5~6가지의 가치 또는 특성을 어떻게 파악했는가? 어떻게 그들을 연결하는 중요한 가치 또는 특성을 선택했는가? 집단이 선택한 가치나 특성에 동의했는가? 그렇지 않다면 합의에 이르지 못했음을 어떻

게 집단에 알리고 대응했는가? (변형 2)

17. 집단원들은 어떻게 다른 종류의 사람들을 선택했는가? 집단원이 각 집단을 설명하기 위해 선택한 특성은 무엇인가? 집단원들은 당신이 묘사한 사람들이 공통으로 갖고 있는 것을 어떻게 결정했는가? 집단이 선택한 특성에 동의했는가? 그렇지 않다면 합의에 이르지 못했음을 어떻게 집단에 알리고 대응했는가? (변형 4)

응용 접목질문 예시

1. 합의에 도달하는 과정에 대해 어떻게 생각하는가?
2. 당신의 일상생활에서 합의에 도달하는 것이 중요한 상황이나 관계들은 무엇인가? 이러한 상황에서 합의에 도달하는 것에 대해 이 활동에서 배운 것을 어떻게 적용할 수 있는가?
3. 이 활동에서 해결해야 할 문제와 유사한 문제를 어떻게 풀어 나갈 수 있는가? 당신의 집단원이 사용하는 문제 해결 방법 중 당신의 일상생활의 다른 상황에서 유용할 수 있는 방법은 무엇인가? 이러한 상황에서 어떻게 그것을 사용할 수 있는가?
4. 다른 사람들이 당신 말을 귀 기울여 듣는 것이 중요한 상황이나 관계는 무엇인가? 어떻게 그런 상황에서 당신 말을 들었다는 것을 확신할 수 있는가?
5. 효과적인 경청 기술을 사용하는 것이 중요한 상황이나 관계는 무엇인가? 이러한 상황에서 효과적인 경청 기술을 사용하고 있는지 어떻게 확인하는가?
6. 이 활동에서 배우거나 실천했던 갈등과 감정 및 생각에 대해 의사소통하고 협력하며 문제를 해결하고 지속적으로 유지하는 방법을 다른 상황에 어떻게 적용할 수 있는가?
7. 다른 집단원 간의 유사점과 차이점에는 어떤 것들이 있는가? 당신이 알게 된 유사점은 무엇인가? 당신이 알게 된 차이점은 무엇인가? 이러한 유사점과 차이점을 어떻게 존중하는 방식으로 인정하고 축하할 수 있는가?
8. 다른 집단원이 결정하는 것에 동의하지 않는 상황을 어떻게 처리하는가? 이 활동에서 배운 것을 그 상황에 어떻게 적용할 수 있는가?
9. 당신의 일상생활에서 다른 상황에 적용할 수 있는 비판적 사고 기술에 대해

무엇을 배웠는가?

10. 자신의 태도와 가치가 무엇인지 아는 것이 중요한 이유는 무엇인가? 당신의 일상생활에서 자신의 태도와 가치에 대해 분명히 밝혀야 하는 상황은 무엇인가?
11. 당신의 지식을 다른 사람들과 공유하는 것이 중요한 상황은 무엇인가? 다른 사람들과 지식을 공유할 때 어떤 기분이 드는가?
12. 이 활동에서 또래 압력, 스트레스 해소, 도움 요청, 전환을 다루기 위해 배우고 실행한 방법을 다른 상황에 어떻게 적용할 수 있는가?

안전 문제

없음

여기에 많은 사랑이 있어. 나는 그걸 느껴.

활동명: 허그 태그

활동 유형: 빗장 풀기
대상: 1학년 이상
집단 크기: 8~100명 또는 그 이상

목적 1. 의사소통 및 인간관계 능력 향상

목표

1F. 타인을 신뢰하는 의지를 증명하기

1G. 관계를 형성하고 유지하기 위한 기술을 개발하기

1H. 또래 압력을 인식하고 다루기

1J. 도움의 필요성을 인식하고 그것을 요청할 능력을 개발하기

목적 2. 자기인식과 자기수용 증진

목표

2G. 개인적인 경계, 권리, 사생활 보호의 필요성을 인식하기

2H. 개인 및 사회적 역할 확인하기

목적 4. 다양성의 이해와 가치를 높이기

목표

4A. 개인의 차이를 인식하고 인정하기

4B. 자신의 문화에 대한 이해와 인식을 발달시키기

4C. 자신과 다른 문화 집단 모두를 존중하는 것을 설명하기

4D. 문화나 신체적, 학습적 차이가 있는 사람들의 유사점과 차이점을 인식하고 감사하기

목적 5. 일관되게 책임감 있는 행동을 증명

목표

5A. 개인적 책임을 인식하기

5B. 행동이 적절하고 책임감이 있는지 인식하기

5C. 적절하고 책임감 있는 방법으로 행동하기

5D. 스트레스를 다루는 대처 기술 개발하기

5E. 자기훈련과 자기조절을 연습하는 방법의 필요성 이해하기

재료

열린 공간과 일부 경계 표식(자연 또는 인공)

준비

필요한 경우 경계 표식

놀이 방법

1. 이것은 단순한 태그 활동으로 참여자가 자유롭게 태그할 수 있는 지정된 영역이 있다.
2. 늘 그랬듯이 이것은 걷는 활동이다.
3. 참여자들에게 이것은 태그 활동(걷는 태그 활동)이며 리더가 술래가 되는 것으로 활동을 시작한다고 설명한다. 리더가 다른 참여자를 태그하면 해당 참여자는 술래가 되어 다른 참여자를 (걸어서) 쫓아가야 한다.
4. 일반적인 태그 활동에서 중요한 추가사항은 참여자가 다른 사람을 포옹할 때 태그되는 것에서 안전하다는 것이다. 그런데 두 사람이 포옹했을 때만 인정된다. 2명 이상이 서로 포옹하는 경우라면 셋 다 인정되지 않고 태그가 붙게 된다.
5. 참여자가 활동을 하면서 금방 포옹하지 못하도록 하기 위해(물론 이런 경우에도 약간의 의미는 있지만) 두 참여자는 한 번 "흠" 하고 호흡하는 동안에만 포옹이 가능함을 분명히 설명하라. 즉, 포옹을 시작할 때(태그가 붙지 않기 위해 빨리 모이면) 각 참여자는 깊은 호흡을 하고 "흠" 소리를 시작한다. 그들이 "흠"

소리로 호흡을 하는 동안에만 포옹을 할 수 있다. 그러나 숨을 쉬기 위해 소리를 멈추면 더 이상 인정되지 않으며, 태그가 붙게 된다.

6. 일단 참여자 A가 참여자 B를 포옹하면(한 번의 "흠" 안에), 두 사람은 다른 사람을 포옹할 때까지 다시 포옹을 할 수 없다. 이 경우에 참여자는 숨을 다시 쉬고 다시 포옹할 수 없으며, 한 번의 숨을 쉰 다음에는 같은 사람을 다시 포옹할 수 없다.
7. 리더가 먼저 술래를 하는 것이 좋다. 리더가 술래인 경우에 리더는 사람들 앞에서 움직일 수도 있고 태그가 붙는 것을 피해 포옹하려는 사람들을 잡도록 도울 수도 있다.
8. 또한 참여자들이 탈출하기 위해서 포옹할 수밖에 없는 상당히 좁은 공간에서 하길 추천한다.
9. 새로 태그된 사람이 다른 사람을 태그하는 것을 늦추기 위해 모든 참여자에게 새로 태그된 사람은 손을 들고 큰 소리로 말하게 한다. "술래! 나는 술래이다! 나는 술래이다!" 그것은 또한 재밌다.

개인화 접목질문 예시

1. 이 활동에 대해 어떻게 느꼈는가? 당신이 이 활동에서 좋았던 것은 무엇인가? 좋지 않았던 것은 무엇인가? 활동을 하면서 쉬웠던 점은 무엇인가? 어려웠던 점은 무엇인가?
2. 당신이 잡히는 쪽이었을 때, 술래에게 잡힐 때 어떤 느낌이 들었는가? 당신이 술래가 되었을 때 다른 사람을 잡으면서 어떤 느낌이 들었는가? 전환 과정 중(잡히는 사람에서 술래로 바뀔 때 혹은 그 반대일 때) 어떤 느낌이 들었는가?
3. 어떤 역할이 가장 좋았는가? 당신은 그 역할의 어떤 점이 좋았는가? 다른 역할에 대해 어떤 점이 싫었는가?
4. 당신이 누군가를 포옹하기로 결정했는지 여부에 영향을 주어 당신이 태그를 붙지 않게 하는 것에 대한 집단의 신뢰 수준은 어떠한가?
5. 특정 사람들과의 신뢰 수준이 당신이 포옹하기로 선택한 사람들에게 어떻게 영향을 주었는가? 포옹하고 싶지 않은 사람이 당신을 포옹하고 싶어 할 때 어떻게 대처했는가?

6. 또래 압력이 당신이 포옹한 사람에게 어떻게 영향을 주었는가?
7. 어떤 사람이 당신의 바로 옆에 밀착해 있을 때 당신은 어떻게 하는가? 이런 일이 발생했을 때 도움을 요청할 수 있다는 것을 알고 있는가? 당신이 그것을 필요하다는 것을 인식했을 때 어떻게 다른 사람들에게 도움을 요청하는가?
8. 누군가를 포옹해야 하는 것에 대해 어떻게 느끼는가?
9. 누군가를 포옹하는 것이 개인적인 경계, 권리, 사생활 보호에 대한 당신의 인식에 어떤 영향을 주는가?
10. 다른 사람들을 포옹하는 것이 어떤 사람들은 편안하고 어떤 사람들은 편안하지 않다. 당신이 포옹하는 의지와 다른 집단원들이 포옹하는 의지에 차이가 있음을 발견했는가?
11. 이 활동에서 집단에 대한 당신의 책임은 무엇인가? 당신의 책임을 어떻게 결정했는가?
12. 이 활동을 할 때 그 책임을 존중했는가? 그렇다면 책임이 있다고 느낀 어떤 일을 했는가? 당신의 행동에 책임이 있음을 어떻게 확신했는가? 아니라면 책임이 없다고 느낀 어떤 일을 했는가? 무엇이 이 활동 중에 책임을 지게 했는가?
13. 다른 사람들이 당신의 행동을 책임 있는 것으로 인식하는지 어떻게 말할 수 있는가? 이 활동 중에 당신이 책임지고 있는지에 대해 다른 사람들로부터 어떤 피드백을 받았는가? 이런 종류의 피드백을 받았을 때 어떻게 반응했는가?
14. 이 활동이 자기훈련과 자기조절 연습을 중요하게 만든 이유는 무엇인가?
15. 이 활동에서 무엇이 스트레스를 주었는가? 이 스트레스에 대처하기 위해 어떤 전략을 사용했는가?

응용 접목질문 예시

1. 당신의 일상생활에서 신체 접촉은 얼마나 편안한가? 당신이 누군가를 포옹하기 위해 얼마나 많은 신뢰가 필요한가?
2. 누군가를 포옹하거나 다른 신체 접촉을 허용해야 하는 압력을 경험할 수 있는 상황은 무엇인가? 이러한 상황을 어떻게 처리하는가?
3. 개인적인 경계, 권리, 사생활 보호의 필요성을 인식하고 유지하는 것이 중요한 상황에서 이 활동을 통해 무엇을 배울 수 있는가?

4. 가족 또는 문화에서 신체 접촉 또는 신체적 친밀감에 관한 규칙(언어적 또는 비언어적)은 무엇인가?
5. 신체 접촉 또는 신체적 친밀감에 대한 사람들의 편안한 수준의 차이를 발견하게 되는 상황에는 어떤 것들이 있는가? 당신이 발견한 차이점은 무엇인가?
6. 신체 접촉 또는 신체적 친밀감에 있어 다른 문화 집단 및 규칙에 대해 무엇을 알게 되었는가?
7. 다른 사람이 신체 접촉 또는 신체적 친밀감에 관해 당신과 다른 규칙을 가지고 있다면, 어떻게 적절하게 처리할 수 있는가?
8. 친구, 연인(시대에 따라 변하겠지만, 나이에 따라 1학년과 2학년의 질문에 그 부분을 포함시키지 않음), 가족들 사이의 관계에서 당신은 쫓는 역할과 쫓기는 역할 중 어떤 쪽이 더 편안한가? 그 역할에 대해 어떤 점이 좋은가? 얼마나 자주 당신은 관계에서 그 역할을 하는가? 얼마나 자주 당신은 다른 역할을 하는가? 그 역할이 당신에게 불편한 점은 무엇인가?
9. 당신의 관계에서 당신이 쫓거나 쫓기는 것 외에 하는 다른 역할이 있는가? 그것은 무엇인가? 얼마나 자주 그 역할을 하는가? 그 역할들에 대해 얼마나 편안한가?
10. 책임 있는 태도로 행동하는 것이 정말로 중요하다고 생각하는 상황이나 관계는 무엇인가? 이러한 상황이나 관계를 어떻게 처리하는가?
11. 당신이 해야 한다고 생각하는 만큼 책임감 있게 행동하지 않을 때는 어떤 때인가? 그 상황에서 당신이 더 책임지지 않도록 하는 것이 무엇이라고 생각하는가? 앞으로 그런 상황을 어떻게 다르게 대응할 수 있는가?
12. 책임감 있게 행동하지 않는다는 피드백을 받았을 때 어떤 느낌이 드는가? 이런 피드백에 어떻게 반응하는가? 피드백을 제공하는 사람이 당신의 반응에 어떤 영향을 주는가? 피드백이 전달되는 방식은 무엇인가?
13. 친구나 가족이 책임감 있게 행동하지 않는 상황에서 당신은 어떻게 대처하는가? 이러한 상황에서 보통 어떤 종류의 피드백을 하는가? 당신은 지인이나 낯선 사람들이 책임감 있게 행동하지 않을 때 어떻게 대처하는가? 이러한 상황에서 보통 어떤 종류의 피드백을 제공하는가?
14. 당신의 일상생활 가운데 어떤 종류의 상황에서 이 활동 중에 느낀 것과 같은

스트레스를 느끼는가? 다른 상황에서 스트레스를 어떻게 다루는지에 이 활동에서 배운 것을 어떻게 적용할 수 있는가?

15. 자기조절과 자기훈련을 연습하는 것이 중요한 다른 상황은 무엇인가? 자기훈련과 자기조절을 연습하는 능력에 대해 이 활동에서 배운 것을 이런 상황에서 어떻게 적용할 수 있는가?
16. 책임 있는 태도로 행동하려는 사람의 의지가 자신의 능력에 영향을 미칠 수 있는 다른 상황은 무엇인가?

안전 문제

사람들이 걷고 있는 한 없다.

사진 찍었어?

활동명: 인간 카메라

활동 유형: 믿음 쌓기

대상: 중학생 이상

집단 크기: 2~16명

목적 2. 자기인식과 자기수용 증진

목표

2A. 개인적 태도와 가치를 탐색하기

2B. 개인적인 긍정적 특질, 재능, 성취를 확인하고 인식하기

2E. 자신의 특별함에 감사하기

2F. 자신에 대한 긍정적 태도 개발하기

2G. 개인적인 경계, 권리, 사생활 보호의 필요성을 인식하기

목적 4. 다양성의 이해와 가치를 증진

목표

4A. 개인의 차이를 인식하고 인정하기

4B. 자신의 문화에 대한 이해와 인식을 발달시키기

4C. 자신과 다른 문화 집단 모두를 존중하는 것을 설명하기

4D. 문화나 신체적, 학습적 차이가 있는 사람들의 유사점과 차이점을 인식하고 감사하기

4E. 고정관념이 대인관계와 타인에 대한 태도에 어떠한 영향을 줄 수 있는지 인식하기

목적 5. 일관되게 책임감 있는 행동을 증명

목표

5A. 개인적 책임을 인식하기

5B. 행동이 적절하고 책임감이 있는지 인식하기

5C. 적절하고 책임감 있는 방법으로 행동하기

5E. 자기훈련과 자기조절을 연습하는 방법의 필요성 이해하기

5G. 대안적 관점을 위한 존중을 증명하기

재료

없음

준비

없음

놀이 방법

1. 집단을 짝을 짓게 한다.
2. 각 쌍에서 한 사람을 사진사로 지정하고 다른 한 사람을 카메라로 지정한다.
3. 카메라가 눈을 감은 채로 있는 동안 사진사는 재미있는 사진을 찾기 위해 물리적으로 카메라를 움직인다(예: 어깨에 손). 사진사가 재미있는 사진을 발견하면 눈을 향해 머리를 움직여 이미지를 보면서 카메라의 위치를 정한 다음 셔터 버튼을 누른다(카메라의 어깨를 가볍게 두드림으로써). 3~5초 노출 후 사진사는 셔터 버튼을 닫아야 한다(카메라의 어깨를 가볍게 두드림으로써). 3~5초 노출 시간은 카메라의 마음에 이미지를 각인시키는 데 적합하다. 노출이 길어질수록 카메라의 마음이 흔들리고 사진의 영향이 줄어든다. 사진의 효과를 높이기 위해 사진 사이에 눈을 감도록 카메라에게 이야기하라.
4. 사진사는 사용할 사진의 종류[예: 망원, 광각, 영화(사진사가 카메라를 천천히 움직이는 영화)]를 알려 줌으로써 다음 사진을 위해 카메라를 준비할 수 있다.
5. 사진사에게 4~6장의 사진을 찍게 한다. 또는 5~10분간의 시간을 주고 역할을 바꿀 수 있는 시작 지점으로 돌아가게 한다.

6. 이 활동은 어느 곳에서나 할 수 있다. 사진사는 자신이 촬영한 사진을 독창적으로 만들어야 한다.[6)]

변형

1. 이 활동은 다양한 방법으로 사용할 수 있다. 예를 들어, 참여자는 자신의 학교에 존재하는 다양성(또는 다양성의 부족)을 보여 주는 사진을 인간 카메라로 찍으라고 할 수 있다. 이 활동이 끝난 후 토론을 통해 다양성의 정의와 더 다양한 학교와 이웃을 만드는 방법에 초점을 맞출 수 있다.
2. 이 활동은 특정 집단에서 한 학기가 끝난 후 종결 활동으로 사용할 수도 있다.
3. 이 활동의 다른 가능성은 다음과 같다.
   1) 사진사가 특정 주제(예: 자연 감상, 신뢰)와 연결된 사진 에세이를 작성하도록 권장한다.
   2) 사진사가 특정 날짜 또는 수업의 추억에 대한 앨범을 만들게 한다.
   3) 사진사가 자신의 사진을 선물하게 한다.
   4) 모든 참여자가 동시에 카메라가 되도록 한다. 그들에게 밧줄을 잡고 눈을 감은 다음 그림을 부드럽게 당겨 보게 한다. 이 기법은 다양한 자기주도적 행동을 하는 집단에게 사용할 수 있다. 오리엔테이션으로 정해진 시간 동안 함께 할 여러 가지 활동을 사진으로 찍을 수 있다.
   5) 시각화를 사용한다. 사진사가 올바른 사진을 찾을 수 없는 경우 잔디밭에 누워 사진을 카메라에 묘사하게 한다(눈을 감은 상태로).
4. 각 사람이 두 역할을 한 후에 모든 집단원에게 3×5인치 카드를 주고 카메라를 사용할 때 찍은 사진 중 하나를 기억하도록 한다. 카드에 그려서 그것을 사진사에게 주고 개발시킨다.
5. 참여자들이 눈을 감고 최근에 완료한 활동들을 되짚어 보게 한다. 이러한 활동에서 그들이 최선을 다하고 자신의 기대치를 뛰어넘는 순간 스스로 시각화하게 한다. 참여자들에게 앞으로 어려운 과제를 완수하기 위해 힘이 필요한 순간을 기억하라고 말한다.

---

6) Cornell, J. (1989). *Sharing the joy of nature.* Nevada City, CA: Dawn

6. 당신은 집단의 각 참여자들이 실제 사진을 찍어 보게 한 후 좀 더 적당한 방향으로 시도하도록 유도할 수 있다. 이 사진들은 집단에서의 경험을 떠올리도록 하기 위해 집단 말기에 참여자들에게 줄 수 있다.
7. 이 활동을 구성하려면, 예를 들어 사진을 가져와서 추억을 발전시키는 것이 왜 중요한지 토론할 수 있다. 기억은 우리 자신에 대해 무엇을 말하는가? 우리가 자신을 성공적으로 시각화하기 위해 긍정적인 기억을 만드는 것이 중요함을 강조한다. 교실이나 집단에서 긍정적인 기억을 만드는 데 어떻게 도울 수 있는지 토론한다.

개인화 접목질문 예시

1. 당신이 사진사였을 때 어떻게 사진을 찍을지 결정했는가? 어떤 종류의 렌즈를 사용할 것인지 어떻게 결정했는가?
2. 사진 촬영을 위해 선택한 것은 개인의 태도와 가치를 어떻게 반영했는가? 당신의 독창성을 어떻게 반영했는가?
3. 당신이 카메라였을 때 당신의 사진사가 선택한 장면에 대해 어떻게 생각하고 느꼈는가? 어떻게 그 생각과 감정을 표현했는가?
4. 사진사에게 건설적인 피드백을 주는 데 부담이 없었는가? 당신이 사진사에게 건설적인 피드백을 자유롭게 주는지 여부를 결정한 것은 무엇인가?
5. 어떤 역할이 가장 좋았는가? 당신이 선호하는 역할에 대해 무엇을 좋아했는가? 당신이 덜 좋아하는 역할에 대해 무엇을 싫어했는가?
6. 당신이 카메라였을 때 사진사에게 머리를 대거나 어깨에 손을 대게 한 느낌은 어떠했는가? 이런 일이 발생했을 때 개인적인 경계, 권리, 사생활 보호 등의 사항과 관련된 문제가 있었는가?
7. 눈을 감고 걸어 다니는 것에 대해 어떻게 생각했는가?
8. 당신이 사진사였을 때 그 사람을 불편한 방식으로 만지지 않았는지 어떻게 확신했는가? 당신의 짝이 당신을 불편하게 하는 방식으로 당신을 만진 적이 있다면 당신은 어떻게 그에게 피드백을 주었는가?
9. 당신이 카메라였을 때 당신이 지켜야 할 시간 동안 눈을 감고 있었는가? 눈을 감으려고 선택했는지 여부와 상관없이 짝에 대한 신뢰 수준이 어떻게 영향을

줬는가?

10. 당신이 카메라였을 때 촬영할 장면을 기억하기 위해 어떤 방법을 사용했는가? 사진 촬영을 하는 장면을 기억하는 데 어려움이 있었다면, 그에 대해 어떻게 느꼈는가?
11. 당신의 움직임을 통제하는 다른 사람에 대해 어떻게 느꼈는가?
12. 당신 가족의 가치와 태도가 당신이 선택한 사진에 어떤 영향을 주었는가? 당신의 문화적 가치와 태도가 당신이 선택한 사진에 어떤 영향을 주었는가?
13. 짝이 사진을 찍기로 선택한 장면과 당신이 다른 사진을 찍기로 선택한 장면은 어떤 방식으로 나타났는가? 집단의 다른 사람들이 사진을 찍기로 선택한 장면과 다른 사진을 찍기로 선택한 장면은 어떠했는가?
14. 집단원들이 촬영하기로 선택한 장면과 관련한 어떤 패턴을 발견했는가? 그 패턴들은 무엇인가? 그 패턴들이 사진을 찍는 사람들의 문화와 어떤 식으로 관련이 있었는가?
15. 이 과정에서 특정 사람들에 대해 갖고 있는 고정관념을 발견했는가? 그 고정관념을 가지고 그들이 사진을 찍기로 선택한 것을 어떻게 해석했는가?
16. 이 활동에서 당신의 짝에 대한 당신의 책임은 무엇인가? 당신의 책임은 어떻게 결정했는가?
17. 짝과의 책임을 존중했는가? 만약 그렇다면 책임이 있다고 느낀 어떤 일을 했는가? 당신의 행동에 책임이 있음을 어떻게 확신했는가? 만약 아니라면 당신이 책임감 없다고 느낀 어떤 종류의 일을 하지 않았는가? 무엇이 당신이 이 활동을 하는 동안 더 많은 책임감을 갖지 않도록 했는가?
18. 당신의 짝이 당신의 행동을 책임감으로 인식했는지 어떻게 알 수 있는가? 이 활동을 하는 동안 당신의 책임 있는 행동에 대해 당신의 짝으로부터 어떤 피드백을 받았는가? 그 피드백을 받을 때 어떻게 대응했는가?
19. 이 활동으로 인해 자기훈련과 자기조절을 연습하는 것이 중요하게 되었는가?

응용 접목질문 예시

1. 당신의 일상생활에서 일어나는 다른 상황에서 신체 접촉이 얼마나 편안한가? 당신이 누군가를 접촉하기 위해 그들을 얼마나 신뢰해야 하는가? 그들이 당신을 접촉하도록 허락해 주는가?
2. 당신이 맹목적으로 어딘가에 있는 것처럼 느끼는 일상생활의 다른 상황은 무엇인가? 그 상황에 대해 어떻게 생각하는가? 어떻게 그 상황을 처리하는가?
3. 당신은 보통 믿을 것인지 말 것인지를 어떻게 결정하는가? 신뢰하는 상황과 신뢰하지 않는 상황에서 행동과 반응이 어떻게 다른가?
4. 당신의 개인적인 경계, 권리, 사생활 보호의 필요성을 인식하고 유지하는 것이 중요할 상황에서 적용하기 위해 이 활동에서 무엇을 배울 수 있는가?
5. 당신의 가족 또는 문화에서 신체 접촉 또는 신체적 친밀감에 대한 규칙(언어적 또는 비언어적)은 무엇인가?
6. 신체 접촉 또는 신체적 친밀감에 대한 사람들의 편안함 수준 차이를 발견한 상황은 어떤 것이 있는가? 당신이 발견한 차이점은 무엇인가? 만약 다른 사람이 신체 접촉 또는 신체적 친밀감에 대해 당신과 다른 규칙을 갖고 있는 경우, 어떻게 적절하고 존중하는 방식으로 해결할 수 있는가?
7. 신체 접촉 또는 신체적 친밀감에 대해 서로 다른 문화를 가진 집단과 그들의 규칙에 대해 무엇을 알게 되었는가?
8. 책임 있는 태도로 행동하는 것이 정말로 중요하다고 생각할 만한 상황이나 관계는 무엇인가? 이러한 상황이나 관계를 어떻게 해결하는가?
9. 당신이 해야 한다고 생각하는 만큼 책임감 있게 행동하지 않을 때는 어떤 때인가? 그 상황에서 당신이 더 책임감 있게 하지 못하는 것이 무엇이라고 생각하는가? 앞으로 이러한 상황을 어떻게 해결하겠는가?
10. 책임감 있게 행동하지 않는다는 피드백을 받았을 때 어떤 느낌이 드는가? 이 피드백에 어떻게 반응하는가? 피드백을 제공하는 사람이 반응에 어떤 영향을 주는가? 그럼에도 의견이 전달되는가?
11. 자기조절과 자기훈련을 연습하는 것이 중요한 다른 상황은 무엇인가? 이런 상황에서 자기조절과 자기훈련 능력에 대해 이 활동에서 배운 것을 어떻게 적용할 수 있는가?

12. 책임 있는 태도로 행동하려는 사람의 의지가 자신의 능력에 영향을 미칠 수 있는 다른 상황은 무엇인가?
13. 당신의 일상생활에서 당신의 성공이 당신만의 특별함에 주목하거나 축하해 주는 상황에는 어떤 것들이 있는가?
14. 다른 사람의 관점과 당신의 관점이 다른 상황에서 어떻게 대처하는가? 그러한 상황에서 의사소통하기 위해 무엇이 중요한가? 당신이 듣고 이해하고 존중받을 기회를 극대화하는 방식으로 당신의 견해를 어떻게 의사소통할 수 있는가?

안전 문제

사람들이 맹목적으로 방황하거나 벽을 치거나 장애물을 넘어가지 않도록 한다. 이것은 집단의 크기가 큰 경우에 당신을 도울 목동이 있어야 하는 이유이다.

사각형, 삼각형, 정사각형-어떤 모양이 될 수 있는가?

활동명: 사람으로 모양 만들기

활동 유형: 믿음 쌓기, 도전하기

대상: 3학년 이상

집단 크기: 8~24명

목적 1. 의사소통 및 인간관계 능력 향상

목표

1D. 생각을 명확하고 건설적으로 표현하기

1E. 타인의 말을 적극적으로 경청하기

1I. 갈등 해결을 위한 의사소통 기술을 사용하기

1J. 도움의 필요성을 인식하고 그것을 요청할 능력을 개발하기

1K. 욕구와 소망을 인식하고 언어화하기

1L. 집단에 효과적으로 참여하기 위한 기술을 개발하기

목적 3. 문제 해결과 의사결정 기술의 개발과 적용

목표

3B. 문제 확인하기

3C. 문제 해결과 의사결정 단계의 이해를 설명하기(정보 수집, 대안과 결과 탐색, 계획과 행동)

3D. 결정 평가하기

3H. 문제를 다루는 효과적인 대처 기술 설명하기

3I. 또래 압력이 의사결정에 영향을 줄 때를 인식하기

3J. 문제 해결과 목표 달성을 위한 대안적 방법 확인 능력 개발하기

목적 5. 일관되게 책임감 있는 행동을 증명

목표

5D. 스트레스를 다루는 대처 기술 개발하기

5G. 대안적 관점을 위한 존중을 증명하기

목적 6. 학습 관련 긍정적 태도와 기술 향상

목표

6A. 학습자로서 유능감과 자신감을 개발하기

6B. 성취에 대한 자신감 갖기

6C. 학습 과정의 일부로서 실수를 수용하기

6E. 노력과 인내가 학습을 향상시킨다는 것을 인식하기

6G. 지식 공유 능력 개발하기

6H. 비판적 사고 기술을 발달시키기

재료

1. 참여자 한 사람당 대략 180cm 정도의 충분히 긴 밧줄 혹은 테이프 1개
2. 참여자 각각 1개씩의 눈가리개를 준비하고 만약에 없다면 참여자의 눈을 간단히 가려 줘도 된다(장단점이 있다).

준비

없음

놀이 방법

1. 참여자는 가지고 있는 밧줄이나 테이프로 모양을 만든다. 흥미로운 포인트는 보지 않고 한다는 것이다. 훔쳐보면 안 된다. 말하는 것은 괜찮고 필요할 것이다.
2. 집단의 모든 사람이 눈가리개를 하고 시작한다(또는 눈을 감는다)
3. 참여자들은 서로 얼추 비슷한 거리로 흩어져 있고 밧줄, 웨빙(webbing), 줄 또는 다른 이용할 수 있는 것을 가진다(적어도 한 손에는).
4. 눈가리개를 벗지 않거나 밧줄을 놓고 집단원들이 배열하여 사각형, 원, 삼각

형, 육각형 같은 기하학적 형태를 만들도록 지시한다.

5. 집단의 참여자들이 다 되었다고 생각되면 눈가리개를 벗고 어떻게 되었는지 본다.
6. 때때로 집단이 다음 모양을 만들기 전에 계획을 짤 것을 격려하기도 한다.

변형

1. 때때로 집단을 하위집단으로 나눠서 하위집단별로 밧줄을 갖게 하기도 한다. 경쟁할 수 있게 되거나(예: 어떤 집단이 가장 삼각형을 잘 만드나) 또는 협력적인 노력(예: 두 집단은 각각 삼각형을 만들고 이어 붙여서 함께 나비넥타이를 만든다)이 될 수 있다.
2. 때때로 참여자들이 ① 말하고 보게 하거나(눈가리개 하지 않고), ② 말은 하나 눈가리개를 하게 하거나, ③ 말하지 않고 눈가리개도 하는 등으로 변형하기도 하는데 차이점에 대해서 참여자들이 대화하게도 한다. 사람들이 각자 다른 방법을 선호하는 것을 주목하는 것은 매우 흥미롭다.

개인화 접목질문 예시

1. 리더가 처음에 규칙을 설명했을 때 집단의 성공 기회에 대해서 어떻게 느끼거나 생각했는가? 당신은 당신의 생각과 느낌을 다른 집단원들에게 어떻게 표현했는가?
2. 이 활동에서 당신의 집단은 어떻게 성공했는가? 당신은 성공을 어떻게 정의했는가? 다른 집단원들은 성공을 다르게 정의했는가? 이 차이가 집단에서의 의사소통과 협동에 어떻게 영향을 미쳤는가?
3. 당신의 집단이 실패했다면 당신은 어땠는가? 이 실패를 어떻게 다뤘는가? 이 실패와 관련해 당신 자신과 자신의 능력에 관해 스스로에게 말한 것은 무엇인가? 당신은 이것을 더욱 건설적으로 어떻게 다룰 수 있었는가?
4. 당신의 집단이 성공했다면 당신은 어땠는가? 이 성공과 관련해 당신 자신과 자신의 능력에 대해서 스스로에게 말한 것은 무엇인가? 이 성공과 관련해 다른 집단원에 대해서 자신에게 무엇을 말했는가?
5. 이 활동이 적은 인원의 하위집단이 한 것이었다면, 당신은 당신의 집단을 다

른 집단과 비교하였는가? 이 비교가 당신에게 어떤 영향을 미쳤는가? 당신 자신을 다른 집단원과 비교하였는가? 이 비교가 당신에게 어떤 영향을 미쳤는가?

6. 이 활동에서 당신과 다른 집단원들 사이에 의사소통이 어떻게 중요하였는가?
7. 당신이 모양을 만들고 있을 때 다른 집단원들이 당신 말에 귀 기울였는가? 당신이 전략을 짜기 위해 멈췄을 때 다른 집단원들이 당신 말에 귀 기울였는가? 만약 당신 말에 귀 기울였다면 어떠했는가? 만약 당신 말에 귀 기울이지 않았다면 어떠했는가?
8. 만약 여러 번 당신 말에 귀 기울이는 것처럼 느껴졌다면 당신은 귀 기울여 듣는지 여부를 어떻게 결정하였는가? 집단원이 더욱 지속적으로 당신 말을 들어주길 원했다면 당신 말을 들을 수 있도록 어떻게 다르게 행동할 수 있었는가?
9. 당신의 생각을 효과적으로 의사소통하였는가? 당신의 욕구와 소망을 효과적으로 의사소통하였는가? 만약 그렇다면 어떻게 이것을 할 수 있었는가? 만약 그렇지 않다면 이것을 방해하는 것은 무엇이었는가? 더욱 효과적으로 당신의 생각, 욕구, 소망을 의사소통하기 위해서는 어떻게 해야 하는가?
10. 이 활동에서 경청은 왜 중요했는가? 이 활동에서 경청자로서 당신은 어떻게 하였는가? 당신의 경청 능력을 증진시키기 위해 어떻게 하였는가?
11. 이 활동에서 신뢰는 어떤 역할을 하였는가? 당신과 집단원들이 집단에서 신뢰를 강화하기 위해서 한 것은 무엇인가?
12. 모양을 만드는 방법을 결정하기 위해 집단원은 어떠한 과정을 거쳤는가? 집단원은 전략이 효과적인지 어떻게 판단할 수 있었는가? 전략이 효과가 없을 때 집단원은 이를 어떻게 다루었는가? 다른 대안을 찾기 위해 어떻게 하였는가?
13. 당신이 만들고자 하는 것과 같지 않은 모양을 만들었다면 집단 작업을 완벽히 하기 위해 실수로부터 당신이 배운 것을 어떻게 적용하였는가?
14. 이 활동에서 협동은 왜 중요했는가? 집단원들이 이 과업을 완수하기 위해서 서로 협동하도록 하는 방법은 무엇이었는가? 어떻게 협동을 도왔는가?
15. 당신은 협동할지 협동하지 않을지를 어떻게 결정하였는가? 협동에 대한 당신의 태도는 집단에서 일어나는 것에 어떠한 영향을 미쳤는가?

16. 당신은 다른 집단원들의 도움이 더욱 필요하다는 것을 어떻게 알 수 있었는가? 도움이 더욱 필요할 때 당신은 무엇을 하였는가? 당신이 도움이 필요하다고 인식했을 때 더 많은 도움을 어떻게 요청하였는가?
17. 이 과정에서 당신은 어떤 역할(리더, 추종자, 관찰자)을 하였는가? 집단은 모양을 만들기 위해 누군가가 이끌 필요가 있었는가? 만약 그렇다면 당신은 누가 이끌고 누가 따를지를 어떻게 계획했는가? 활동의 과정 중 역할이 변화했는가? 어떻게 변화했는가?
18. 모양을 만들기 위한 전략에 대해 집단원 간 의견이 달랐을 때 당신은 이를 갈등으로 정의하였는가? 그렇다면 그 갈등에 대해서 당신은 어떻게 느꼈는가? 그러한 느낌이 들었을 때 어떻게 하였는가? 집단원은 그 갈등을 어떻게 해결하였는가? 이를 해결하기 위한 다른 방법으로는 어떤 것이 있는가?
19. 집단이 모양을 만드는 데 성공했을 때 당신은 어떻게 느꼈는가?
20. 모양을 만드는 방법에 대해서 다른 사람들이 당신과 다른 생각을 할 때 당신은 어떻게 반응했는가? 집단이 시도하려는 아이디어를 어떤 것으로 할지 당신은 어떻게 결정했는가?
21. 만약 변형을 하여 눈을 가리거나 눈을 가리지 않는 것, 말을 할 수 있거나 말을 할 수 없는 것 중에서 당신의 집단에게 가장 좋은 조합은 어떤 것이었는가? 눈을 가리지만 말을 할 수 있는 것의 이점은 무엇이었는가? 볼 수는 있으나 말을 할 수 없는 것은 어떤 이점이 있었는가? 보기도 하고 말할 수도 있는 것은 어떤 이점이 있었는가?
22. 1에서 10까지의 척도로 본다면 이 활동에서 당신의 스트레스는 어느 정도였는가? 무엇이 스트레스였는가? 당신의 신체에서 스트레스를 느꼈던 곳은 어디였는가? 그 활동이 당신에게 스트레스를 덜 주도록 하기 위해 무엇을 할 수 있었는가?
23. 이 과정 중에 또래 압력이 집단원들에게 영향을 미쳤던 때가 있었는가? 또래 압력이 당신에게 영향을 미친 것은 무엇인가? 또래 압력에 대처하기 위해서 당신은 무엇을 하였는가?

응용 접목질문 예시

1. 무언가를 만들기 위해서 다른 사람들과 작업을 해야만 하는 것처럼 느끼는 것은 생활하면서 어떤 상황 또는 관계에서인가? 이러한 상황들을 다루는 데 도움이 되는 당신의 자원/전략은 무엇인가?
2. 이러한 상황 또는 관계에서 협동은 어떤 역할을 담당하는가? 당신은 협동과 도움을 어떻게 이끌어 내는가?
3. 생활하면서 다른 상황에서 당신이 해야 하는 역할을 어떻게 결정하는가?
4. 생활하면서 어떤 상황 또는 관계에서 무엇이 일어나는지 볼 수 없으면서 무언가 하려고 노력하는 것처럼 느끼는가? 이러한 상황이 당신에게 어떻게 영향을 미치는가? 이러한 상황에 대해서 어떻게 느끼는가? 이러한 상황에 대처하는 데 사용하는 전략은 무엇인가? 이러한 상황에 이 활동에서 배운 것을 어떻게 적용할 수 있는가?
5. 생활하면서 어떤 상황 또는 관계에서 무엇이 일어나고 있는지에 대해 다른 사람과 의사소통이 되지 않는 것처럼 느끼는가? 이러한 상황이 당신에게 어떻게 영향을 미치는가? 이러한 상황에 대해서 어떻게 느끼는가? 이러한 상황에 대처하는 데 사용하는 전략은 무엇인가? 이러한 상황에 이 활동에서 배운 것을 어떻게 적용할 수 있는가?
6. 당신은 대개 문제 해결을 어떻게 시작하는가? 집단원들이 사용하는 문제 해결을 위한 방법 중 생활하면서 다른 상황들에서 유용한 것은 어떤 것인가? 이러한 상황에서 그것을 어떻게 사용할 수 있는가?
7. 도움을 요청하는 것이 필요한 어떤 다른 상황이 있는가? 어떻게 당신은 도움이 필요하다는 것을 알고 요청할 수 있는가?
8. 생활하면서 자신의 말을 다른 사람이 들어 주는 것이 중요한 어떤 다른 상황이나 관계가 있는가? 그러한 상황에서 남들이 당신의 말을 들을 수 있도록 어떻게 하는가?
9. 당신이 좋은 경청자가 되는 것이 중요한 것은 어떤 상황 또는 관계인가? 그러한 상황에서 효과적인 경청 기술을 이용하는 지를 어떻게 확인할 수 있는가?
10. 당신이 갈등 해결 기술을 사용할 필요가 있는 때는 어떤 상황이나 관계인가? 갈등을 해결하기 위한 방법으로 당신이 이 활동에서 배우거나 연습한 것을 다

른 상황에서 어떻게 적용할 수 있는가?

11. 이 활동에서 당신이 배울 수 있는 것 중 다른 사람들과 정보를 공유하는 것이 중요한 상황에 적용할 수 있는 것은 무엇인가? 비판적 사고 기술을 이용하는가?
12. 생활하면서 다른 사람들을 신뢰하는 것이 중요한 다른 상황들은 어떤 때인가? 다른 사람을 신뢰하는 방법으로 당신이 이 활동에서 배우거나 연습한 것을 다른 상황에서 어떻게 적용할 수 있는가?
13. 당신이 실패했다고 느꼈던 상황은 어떤 상황인가? 이러한 상황을 어떻게 다루었는가? 그러한 상황에서 이 활동에서 당신이 배운 것을 어떻게 적용할 수 있는가?
14. 다른 사람들과 당신을 비교하는 다른 상황 또는 관계는 어떤 때인가? 그러한 비교가 당신 또는 당신의 관계에 영향을 미치는 것은 무엇인가? 그러한 상황 또는 관계에서 당신 자신을 다른 사람들과 비교하는 것에 대해 이 활동에서 당신이 배운 것을 어떻게 적용할 수 있는가?
15. 당신이 리더가 되기로 결정한 상황은 생활하면서 어떤 종류의 상황인가? 당신은 어떻게 이끄는가? 생활하면서 추종자가 되기로 결정한 상황은 어떤 상황인가? 당신은 어떻게 따르는가? 생활하면서 관찰자가 되기로 결정한 상황은 어떤 상황인가? 당신은 어떻게 관찰하는가?

안전 문제

없음

당신은 무엇을 할 수 있는가?

활동명: 내가 할 수 있는 것!

활동 유형: 친해지기, 빗장 풀기

대상: 1학년 이상

집단 크기: 2~20명(인원이 많아지면 시간이 더 많이 걸린다.)

목적 2. 자기인식과 자기수용 증진

목표

2B. 개인적인 긍정적 특질, 재능, 성취를 확인하고 인식하기

2E. 자신의 특별함에 감사하기

목적 4. 다양성의 이해와 가치를 증진

목표

4A. 개인의 차이를 인식하고 인정하기

4C. 자신과 다른 문화 집단 모두를 존중하는 것을 설명하기

4E. 고정관념이 대인관계와 타인에 대한 태도에 어떠한 영향을 줄 수 있는지 인식하기

재료

없음

준비

없음

놀이 방법

1. 각 집단원들이 할 수 있는 것을 보여 주면 모든 사람이 그것을 시도해 본다.
2. 여유롭게 움직일 수 있는 공간에서 집단은 원을 만들어 모든 참여자가 서로를 볼 수 있게 한다.
3. 우리 모두는 재능과 능력을 많이 가지고 있는데 어떤 것은 드물고 독특하며, 어떤 것은 여러 사람이 공유하는 것이다. 이 활동은 그러한 것들을 드러내고 찾는 것이다.
4. 원을 둘러싸고 있는 각 참여자들은 그들이 할 수 있는 특정한 것을 보여 주고, 그러고 나서 전체 집단이 그것을 시도해 본다.
5. 리더가 할 수 있는 것을 시범 보여 주기도 한다. 예를 들어, 제프리는 점프를 하고 뒤꿈치를 칠 수 있다. 도널드는 집게손가락의 두 번째 관절을 구부리지 않은 채 첫 번째 관절만 구부릴 수 있다.
6. 먼저 보여 주고 시범 보이는 것은 신체적인 활동이어야 하는 것에 주목하고 (보여야 하고 그래야 다른 사람들이 흉내 낼 수 있다) 그것이 그렇게 대단한 활동일 필요가 없다는 것에 주의해야 한다.
7. 각자가 그들이 할 수 있는 것을 보여 주면 박수를 쳐 준다.
8. 리더는 할 수 있는 것을 원 방향으로 돌면서 순서대로 참여자들이 보여 주게 한다. 참여자들이 자신의 차례를 건너뛰는 것을 허용한다. 결국은 그들에게 다시 돌아온다. 또 다른 누군가가 했던 것과 같은 것을 할 수 있음을 명확하게 한다. (그래서 아무도 당신의 것을 가져가지는 않을 것이다.)
9. 리더는 사람들이 확실히 잘할 수 있는 것과 어떤 사람이 막막해하면 무대에서 속삭이면서 제안할 수 있는 몇 가지 아이디어를 가지고 있는 것이 필요하다.

개인화 접목질문 예시

1. 당신은 집단에 보여 주기를 원하는 재능 또는 능력을 어떻게 결정하였는가?
2. 집단의 모든 사람이 당신의 재능 또는 능력을 똑같이 따라 할 때 어떻게 느꼈는가? 다른 사람들이 당신의 재능 또는 능력을 따라 하는 것을 성공했을 때 당신의 반응은 어땠는가? 당신의 재능 또는 능력을 따라 하는 것을 다른 사람들이 성공하지 못했을 때 당신의 반응은 어땠는가?

3. 다른 집단원들이 당신의 재능 또는 능력을 인정했을 때 어떻게 느꼈는가?
4. 집단원들이 시연하기로 결정한 재능 또는 능력들에 패턴이 있었는가? 그 패턴에 대해서 당신이 알아차린 것은 무엇인가?
5. 당신을 놀라게 한 재능 또는 능력이 있었는가?
6. 당신은 집단의 다른 사람들의 재능과 능력에 대한 존중을 어떻게 보여 주었는가?
7. 이 과정에서 어떤 사람들에 대해서 가지고 있었던 고정관념을 알아차렸는가? 당신이 가지고 있던 고정관념은 그 사람들과 당신이 상호작용하는 것에 어떻게 영향을 미쳤는가?
8. 당신이 재능 또는 활동을 보여 주지 않고 차례를 건너뛰는 것을 선택하였다면 그것에 대해서 당신은 어떻게 느꼈는가? 당신이 다른 선택을 했기를 원하는가? 지금 재능 또는 활동을 보여 주지 않겠는가?

응용 접목질문 예시

1. 당신의 재능 또는 능력을 다른 사람에게 시연하게 되는 상황은 어떤 상황인가? 그러한 상황에 대해서 당신은 어떻게 느끼는가?
2. 당신이 하는 방법을 아는 활동 또는 재능을 다른 사람에게 가르치게 되는 상황은 어떤 상황인가? 이러한 경험들에 대해 어떻게 느끼는가?
3. 다른 사람들이 당신의 재능 또는 활동을 인정해 주는 상황은 어떤 상황인가? 이러한 경험들에 대해 어떻게 느끼는가?
4. 이 과정에서 당신 자신에 대해서 무엇을 배웠는가? 생활하면서 다른 상황에서 당신 자신에 대해서 배웠던 것을 어떻게 적용할 수 있는가?
5. 생활하면서 다른 사람들의 재능과 활동에 대한 당신의 인식을 어떻게 향상시킬 수 있는가? 어떻게 이러한 재능과 활동에 대한 존중을 더욱 지속적으로 보여 줄 수 있는가?
6. 다른 사람들에 대한 고정관념이 당신의 대인관계와 태도에 어떻게 영향을 미치는가?
7. 생활하면서 당신이 재능이나 성취를 연습하거나 시연하는 것을 피하는 다른 상황이나 관계가 있는가? 이 회피에 대해서 어떻게 느끼는가? 만약 그렇다면 이 패턴을 변화시켜 보고 싶지 않은가?

8. 당신 자신의 특별함을 더욱 완전히 인정하는 것을 어떻게 배울 수 있는가?

안전 문제

없음

얼음 녹이기 – 뜨거운 감자처럼 아니면 말고.

활동명: 얼음 녹이기

활동 유형: 친해지기

대상: 3학년 이상

집단 크기: 8~16명

목적 1. 의사소통 및 인간관계 능력 향상

목표

1D. 생각을 명확하고 건설적으로 표현하기

1H. 또래 압력을 인식하고 다루기

1L. 집단에 효과적으로 참여하기 위한 기술을 개발하기

목적 2. 자기인식과 자기수용 증진

목표

2A. 개인적 태도와 가치를 탐색하기

2B. 개인적 긍정적인 특질, 재능, 성취를 확인하고 인식하기

2E. 자신의 특별함에 감사하기

2F. 자신에 대한 긍정적 태도 개발하기

2H. 개인 및 사회적 역할 확인하기

목적 4. 다양성의 이해와 가치를 증진

목표

4A. 개인의 차이를 인식하고 인정하기

4B. 자신의 문화에 대한 이해와 인식을 발달시키기

4C. 자신과 다른 문화 집단 모두를 존중하는 것을 설명하기

4D. 문화나 신체적, 학습적 차이가 있는 사람들의 유사점과 차이점을 인식하고

감사하기

재료

얼음 큐브 또는 얼음 조각

준비

없음

놀이 방법

1. 모든 참여자가 원을 만들고 얼굴이 원 안쪽으로 오도록 한다.
2. 참여자 1명이 얼음 조각을 한 줌 집는다. 녹아도 물이 덜 떨어지게 하기 위해 얼음을 비닐주머니에 넣는 것이 좋다. 두 손으로 잡을 만한 큰 비닐이 좋다. 얼음을 가진 참여자는 원에 서 있는 사람 중 한 명의 바로 앞에 선다.
4. 리더(즉, 얼음을 가진 사람)가 선택한 사람은 자기 자신에 대해서 간단하게 말해야만 한다.
5. 그러나 말하고 있는 사람이 멈추게 되면(너무 길게 숨을 쉬거나 "음"이라고 말하는 것을 포함한다), 얼음은 그 사람에게 건네지게 되고 그 사람은 얼음을 가지고 앞에 설 새로운 사람을 찾는다(앞서 얼음을 가지고 있던 사람은 원의 그 사람의 자리에 서게 된다).
6. 어떤 멈춤은 인정되지 않을 수 있는데 집단원 개개인이 멈춤이 발생했는지를 한 손을 드는 것으로 판단하게 된다. 대다수가 멈춤이라고 하게 된다면 두 사람(즉, 얼음을 들고 있는 사람과 대화하고 있는 사람)은 자리를 바꾸어야 한다.

변형

말할 때 참여자에게 그들의 문화적 유산에 집중하기를 요청한다.

개인화 접목질문 예시

1. 당신 자신에 대해서 말하면서 관심의 중심이 된 기분이 어땠는가?
2. 당신 자신에 대해서 집단에서 무엇을 말할지를 어떻게 결정했는가? 당신이 말

한 것은 어떤 종류(긍정적인 것, 부정적인 것, 성취, 실수, 재미있는 것 등)였는가?
3. 다른 사람들이 말한 것과 당신이 말한 것은 어떻게 달랐는가? 당신의 특별함에 대해서 알아차린 것은 무엇인가?
4. 다른 사람들이 그들 자신에 관해 말한 것이 당신이 당신 자신에 대해 말한 것과 어떤 것이 비슷했는가? 집단의 다른 사람들과의 공통점을 어떻게 알아차렸는가?
5. 당신이 말한 것은 당신의 개인적인 태도와 가치를 어떻게 표현했는가?
6. 얼음을 가진 사람이 당신을 말할 다음 사람으로 정하려고 당신 앞에 서려고 할 때 기분이 어땠는가? 그 사람이 말한 것처럼 다음 사람이 될 준비를 어떻게 하였는가?
7. 누군가에게 얼음을 주어야 하는 것에 대해서 어떻게 느꼈는가? 당신은 얼음을 받고 다음에 말할 사람을 어떻게 결정했는가? 또래 압력이 당신이 얼음을 주려는 사람을 정하는 데 어떻게 영향을 미쳤는가? 그 또래 압력을 당신은 어떻게 다루었는가?
8. 이야기했을 때 언급한 당신의 역할은 무엇이었는가? 그 역할에 대해서 어떻게 생각했는가?
9. 만약 당신은 멈춤이라고 생각하지 않았는데 다른 집단원들은 멈춤이라고 생각할 때 당신은 이것을 어떻게 다루었는가?
10. 당신의 문화는 당신이 말하는 방법에 어떻게 영향을 미쳤는가? 당신의 문화는 당신이 말하는 내용에 어떻게 영향을 미쳤는가?
11. 다른 사람들과 대화하면서 그들의 문화에 대해서 알아차린 것은 무엇인가?

응용 접목질문 예시

1. 당신이 관심의 집중이 되었던 다른 상황은 어떤 상황이었는가? 그 상황에 대해서 어떻게 느끼는가? 그 상황을 어떻게 다루는가?
2. 당신이 집단 앞에서 말해야만 한다면, 말할 것을 어떻게 결정하는가? 당신이 말하기로 결정하는 것에 영향을 미치는 환경은 무엇인가?
3. 당신의 개인적인 긍정적 특질, 재능, 성취는 무엇인가? 그러한 긍정적 특징들에 대해서 당신은 어디서 칭찬을 받는가?

4. 당신의 특별한 점은 무엇인가? 당신의 특별함에 대해서 당신이 알아차린 것은 어떤 상황에서였는가? 그 특별함에 대해서 어떻게 칭찬받는가?
5. 당신이 다른 사람들과 공통점이 있다는 것을 알아차린 것은 어떤 상황에서였는가? 그런 상황에서 다른 사람들과의 공통점은 어떤 종류의 것인가?
6. 당신이 또래 압력을 다루어야만 하는 상황은 어떤 상황인가? 보통 이러한 상황을 어떻게 다루는가? 그러한 상황에서 또래 압력을 다루는 것에 대해서 이 활동에서 당신이 배웠던 것을 어떻게 적용할 수 있는가?
7. 생활하면서 다른 관계에서 당신이 집단원들과 의견이 다른 상황을 다루는 것에 대해서 배웠던 것을 어떻게 적용할 수 있는가?
8. 당신의 관계에서 보통 당신이 맡은 역할은 무엇인가? 이 활동에서 역할에 대해 배웠던 것이 그러한 관계에 미칠 영향은 무엇인가?
9. 당신의 문화는 당신의 행동과 관계에 어떻게 영향을 미치는가? 당신의 문화가 행동과 관계에 영향을 미치는 방법을 어떻게 더 잘 인식하게 되는가? 다른 사람들의 문화가 그들의 행동과 관계에 영향을 미치는 방법을 당신은 어떻게 더 잘 인식하게 되는가?
10. 당신이 가지고 있는 많은 고정관념을 줄이고 더욱 현실적이고 존중하는 방법으로 다른 사람을 볼 수 있도록 하기 위해 당신 자신의 문화와 다른 사람들의 문화에 대해서 오늘 배운 것을 어떻게 적용할 것인가?
11. 당신의 개인적 태도와 가치는 당신의 관계에 어떻게 영향을 미치는가? 당신의 개인적 태도와 가치에 대해서 이 활동에서 배운 것이 당신의 가치와 태도를 건설적인 방법으로 표현하도록 어떻게 도울 수 있는가?

안전 문제

녹은 얼음으로 젖은 바닥에는 가능한 한 아무도 가지 않아야 한다.

티끌 모아 태산이라는 것을 보여 주는 것

활동명: 타자치기

활동 유형: 도전하기

대상: 4학년 이상

집단 크기: 4~20명

목적 1. 의사소통 및 인간관계 능력 향상

목표

1B. 명확하고 건설적으로 감정 표현하기

1C. 타인의 감정 인식 및 수용하기

1D. 생각을 명확하고 건설적으로 표현하기

1E. 타인의 말을 적극적으로 경청하기

1H. 또래 압력을 인식하고 다루기

1I. 갈등 해결을 위한 의사소통 기술을 사용하기

1J. 도움의 필요성을 인식하고 그것을 요청할 능력을 개발하기

1L. 집단에 효과적으로 참여하기 위한 기술을 개발하기

목적 2. 자기인식과 자기수용 증진

목표

2B. 개인적 긍정적인 특질, 재능, 성취를 확인하고 인식하기

2C. 부정적 자기대화를 인식하기 위한 능력 개발하기

2D. 부정적 자기대화를 대체할 긍정적 자기대화의 기술 개발하기

2F. 자기에 대한 긍정적 태도 개발하기

2H. 개인 및 사회적 역할 확인하기

목적 3. 문제 해결과 의사결정 기술의 개발과 적용

목표

3A. 개인적 목표 설정하기

3B. 문제 확인하기

3C. 문제 해결과 의사결정 단계의 이해를 설명하기(정보 수집, 대안과 결과 탐색, 계획과 행동)

3D. 결정 평가하기

3F. 갈등 해결을 위한 의사결정 기술 적용하기

3G. 일상의 상황에서 의사결정 기술을 적용하기

3H. 문제를 다루는 효과적인 대처 기술 설명하기

3I. 또래 압력이 의사결정에 영향을 줄 때를 인식하기

3J. 문제 해결과 목표 달성을 위한 대안적 방법 확인 능력 개발하기

목적 5. 일관되게 책임감 있는 행동을 증명

목표

5A. 개인적 책임을 인식하기

5B. 행동이 적절하고 책임감이 있는지 인식하기

5C. 적절하고 책임감 있는 방법으로 행동하기

5D. 스트레스를 다루는 대처 기술 개발하기

5E. 자기훈련과 자기조절을 연습하는 방법의 필요성 이해하기

5G. 대안적 관점을 위한 존중을 증명하기

목적 6. 학습 관련 긍정적 태도와 기술 향상

목표

6A. 학습자로서 유능감과 자신감을 개발하기

6B. 성취에 대한 자신감 갖기

6C. 학습 과정의 일부로서 실수를 수용하기

6D. 시간 조정과 과업 조절 전략 적용하기

6E. 노력과 인내가 학습을 향상시킨다는 것을 인식하기

6G. 지식 공유 능력 개발하기

6H. 비판적 사고 기술을 발달시키기

재료

경계를 표시할 수 있는 것(예: 밧줄, 끈, 실, 테이프, 만약 야외라면 분필), 30개의 플라스틱 뚜껑 또는 위치를 표시할 수 있는 것(만약 야외라면 분필), 시간을 잴 수 있는 초 단위의 전자시계나 시계

준비

플라스틱 뚜껑 위에 1부터 30까지 숫자를 쓰고 뚜껑을 놓는데 숫자가 위로 오게 하고 원 안쪽에 뚜껑을 무작위로 배열한다. 꼭 원일 필요는 없고 닫힌 지름으로 생각할 수 있는데, 이 기하학적 모형의 경계는 숫자를 어떻게 배열했는지에 따라 그리고 공간이 얼마나 있는지에 따라 2.4~4.6m가 될 수 있다. 만약 분필을 이용한다면 간단하게 원 안에 1부터 30이 무작위로 쓰여진 작은 원 30개가 있는 큰 원을 그리면 된다.

놀이 방법

1. 원에서 어느 정도 떨어져서 참여자들에게 게임을 설명한다.
2. 집단이 빠르게 연속으로 1부터 30까지 순서대로(1 다음에 2 다음에 3) 숫자를 치는 것이 이 활동의 목표이며 시간을 잴 것임을 설명한다. 참여자들은 각각의 숫자를 어떻게 치는지(예: 손으로, 발로, 코로) 명확하게 정하지는 않고 단지 신체적으로 접촉하기만 하면 된다.
3. 반드시 따라야 하는 규칙이 있다.
   - 첫 번째, 하나의 숫자는 집단원 중 1명만 쳐야 한다(예: 만약 빌리가 1을 쳤다면 집단이 친 것으로 수를 세게 된다. 모든 집단원이 각각의 숫자를 칠 필요가 없다. 집단의 누군가가 각각의 숫자를 치면 된다).
   - 두 번째, 어떤 사람도 연속해서 두 숫자를 칠 수는 없다(예: 만약 빌리가 1을 쳤다면 2를 칠 수 없다. 다른 사람이 2를 친 후에 빌리가 3을 칠 수 있고, 만약 빌리가 3을 쳤다면 4를 칠 수 없다).

- 세 번째, 단지 한 사람만 한 번에 원 안에 있을 수 있다(예: 만약 빌리가 1을 쳤다면 빌리가 원 밖으로 나올 때까지는 수지가 점프해서 안으로 들어가 2를 칠 수 없다).
- 네 번째, 모든 집단원이 참여해야 한다.
- 다섯 번째, 이것은 걷는 활동이다(때로 우리는 이것을 강조하기 위해서 단지 걷기 연습만 하기도 한다).
- 여섯 번째, 연속하는 숫자를 치지 않는 것(예: 1, 2, 4)을 포함하여 앞에서 언급한 모든 규칙을 어겼을 경우 벌칙 시간이 있다.
- 일곱 번째, 마지막으로 집단은 가능한 한 빨리 완수하기 위해서 세 번(혹은 두 번 또는 일곱 번)의 시도를 할 수 있다.

4. 집단에 따라 벌칙 시간을 10, 15, 20 또는 30초로 설정한다. 집단의 시간을 재고(출발선을 떠났을 때부터 활동을 완수하고 그 지점으로 돌아올 때까지) 그리고 벌칙 시간을 더한다(벌칙당 10초로 다섯 번 위반이면 그들의 시간에 50초를 더한다).
5. 집단에 따라 집단이 계획할 시간을 주고 첫 번째 시도를 시작하게 한다. 집단의 규칙은 메모해 놓는 것이 좋다.
6. 집단이 활동을 시도하는 동안 규칙 위반이 있는지 지켜봐야 한다. 특히, 동시에 원 안에 한 사람 이상이 있는지 여부를 주목해야 한다. 또한 연속하지 않는 숫자를 치는 것에 대해서 살펴봐야 한다. 특정한 숫자로 이동하기 위해서 의도치 않게 다른 숫자들을 칠 수도 있다.
7. 이 활동에서는 지켜봐야 할 것이 많다. 힘든 부분은 누가 어떤 숫자를 칠지를 아는 것인데, 만약 두 사람이 같은 숫자를 칠 생각으로 동시에 원 안에 들어가게 되면 규칙 위반으로 벌칙 시간을 더하게 된다.
8. 활동의 마지막에 집단원들이 잘해 냈던 것과 그들이 기록을 세운 것을 알 수 있도록 집단을 축하해 준다. 우리는 "여러분이 한 것은 우리가 본 것 중 가장 빠른 것이었습니다."라고 말하기를 좋아한다.

변형

이 게임은 무한한 변형이 가능하다.

1. 2인3각 경기처럼 활동할 수 있다. 즉, 모든 참여자의 발목을 다른 참여자와 묶는다. 협동할 수 있고 우스꽝스러운 즐거움이 있다.

2. 오직 1명의 참여자만 원 안으로 들어갈 수 있는 규칙을 만든다. 즉, 그 사람 이외의 누군가가 숫자(예: 17)를 가리키면서 원 안으로 팔을 뻗으면 벌칙을 받게 된다.
3. 두 발만 동시에 원 안에 들어갈 수 있는 규칙을 만든다. 때때로 참여자는 깡충뛰기를 선택할 수도 있다. 때때로 그들의 발이 밖에 있으면서 손과 무릎만 원 안에 기대어 들어가는 방법을 찾아내기도 한다.
4. 손으로만 숫자를 치는 규칙을 만들 수 있다.
5. 계획하는 시간 동안에 집단은 그들이 원하는 모든 것을 말할 수 있고 활동이 시작되면 말을 할 수 없으며 규칙 위반에 대해서 벌칙 시간을 부가할 수 있다.
6. 때때로 집단에게 두 번의 기회를 주고 집단이 다시 시작할 때 여기에 제시한 규칙들로 바꿀 수도 있다.

개인화 접목질문 예시

1. 리더가 첫 번째로 규칙을 설명했을 때 집단의 성공 기회에 대해서 당신은 어떻게 생각했는가? 당신의 생각과 감정을 어떻게 표현했는가? 당신의 초기 태도가 문제 해결을 위한 당신의 접근에 어떻게 영향을 미쳤는가?
2. 올바른 순서로 집단이 숫자를 치는 데 당신은 어떤 기여를 하였는가? 가능한 한 빨리 집단이 활동하는 데 당신은 어떤 기여를 하였는가? 당신은 당신의 기여에 대해서 어떻게 느꼈는가?
3. 집단이 활동을 성공적으로 완수하지 못했거나 또는 시간이 너무 오래 걸렸다면 당신은 어땠는가? 이 실패를 당신은 어떻게 다루었는가? 이 실패와 관련한 당신 자신과 능력에 대해서 스스로에게 한 말은 무엇인가? 이 실패와 관련한 다른 집단원들의 능력에 대해서 스스로에게 한 말은 무엇인가? 이것을 더욱 건설적으로 다룰 수 있는 방법이 있었는가?
4. 집단이 성공적으로 기록을 달성하였다면 당신은 어땠는가? 당신은 이 성공을 어떻게 다루었는가? 이 성공과 관련한 당신 자신과 능력에 대해서 스스로에게 한 말은 무엇인가? 이 성공과 관련한 다른 집단원들의 능력에 대해서 스스로에게 한 말은 무엇인가? 이것을 더욱 건설적으로 다룰 수 있는 방법이 있었는가?
5. 집단이 활동을 성공적으로 해내었고 리더가 당신이 당신의 기록을 갱신하도

록 도전하게 하였다면 이에 대해서 당신은 어떻게 느꼈는가? 만약 집단이 활동을 성공적으로 해내었고, 리더가 규칙을 바꾸었다면 이에 대해서 어떻게 느꼈는가?

6. 이 활동에서 당신과 다른 집단원들 간의 상호작용은 얼마나 중요하였는가? 집단원들 사이의 의사소통이 정확하고 명확하고 건설적일 수 있게 당신은 무엇을 하였는가?
7. 활동을 완수하기 위해서 전략을 개발할 때 다른 집단원들이 당신 말에 귀 기울이는 것처럼 느껴졌는가? 집단원들이 당신 말을 들어 줄 때 느낌이 어떠했는가?
8. 당신 말에 귀 기울이는 것 같지 않았다면 그때 느낌이 어떠했는가? 집단원이 당신 말을 들어 주길 원했다면 당신 말을 들을 수 있도록 어떻게 다르게 행동할 수 있었는가?
9. 당신의 생각과 감정을 효과적으로 의사소통하였는가? 그렇다면 어떻게 할 수 있었는가? 그렇지 않았다면 무엇이 당신이 그렇게 하는 것을 방해하였는가?
10. 이 활동에서 경청자로서 당신은 어떻게 하였는가? 당신의 경청을 향상시키기 위해서 당신은 어떻게 할 수 있었는가?
11. 어떻게 이 활동을 완수할지를 결정하기 위해 집단원은 어떠한 과정을 거쳤는가? 집단원은 전략이 효과적인지 어떻게 판단할 수 있었는가? 전략이 효과가 없었을 때 집단원은 이를 어떻게 다루었는가? 다른 대안을 찾기 위해 어떻게 하였는가?
12. 집단원들이 이 과업을 완수하기 위해 서로 협력하는 방법들이 있었는가? 어떻게 협력하는 것을 도왔는가?
13. 당신은 다른 집단원들로부터 더욱 도움이 필요하다는 것을 어떻게 알아차렸는가? 도움이 더욱 필요할 때 무엇을 하였는가? 당신이 도움이 필요하다는 것을 인식하였을 때 어떻게 도움을 요청하였는가?
14. 그 활동을 완수하는 과정에서 각 집단원들은 어떤 역할을 하였는가? 당신들 중 1명은 집단이 성공하기 위해서 리더가 될 필요가 있었는가? 그렇다면 당신은 누가 리더가 되고 누가 따를 것인지를 어떻게 정하였는가? 역할이 활동 과정 중에 변화하였는가? 어떻게 변화하였는가?

15. 활동을 완수하기 위한 전략에서 당신과 집단원들의 의견이 불일치하였다면 불일치에 대해서 당신은 어떻게 느꼈는가? 불일치가 갈등으로 확대되었는가? 그 갈등을 어떻게 다루었는가? 이것을 하기 위한 다른 방법은 무엇이었는가?
16. 누군가가 잘못해서 집단이 벌칙 시간을 받았을 때 무슨 일이 일어났는가? 시간이 지나갈수록 그리고 사태가 더욱 심각해질수록 집단원들의 반응이 달라졌는가?
17. 잘못한 사람이 당신이었다면 당신은 어떻게 느꼈는가? 당신은 이 일을 어떻게 다루었는가? 집단의 다른 사람들은 당신에게 어떻게 반응하였는가? 당신은 집단이 어떻게 반응하기를 원하였는가?
18. 잘못한 사람이 당신이 아닌 다른 누군가였다면 당신은 어떻게 느꼈는가? 당신은 그 일을 어떻게 다루었는가? 당신은 당신이 어떻게 반응하기를 원했는가? 집단의 다른 사람들은 잘못한 그 사람에게 어떻게 반응하였는가? 당신은 집단이 어떻게 반응하기를 원했는가?
19. 활동 중 낙심 또는 절망하게 되었을 때 이를 어떻게 다루었는가? 다시 계속할 수 있도록 스스로에게 한 말은 무엇인가? 다른 집단원이 낙심했을 때 이에 대해 어떻게 소통하였는가?
20. 당신(또는 다른 집단원들)은 시간에 맞춰서 활동을 완수하기 위한 시도가 실패한 것에서 무엇을 배웠는가? 기술을 완벽하게 하기 위한 전략을 구사하기 위해 사용한 방법은 무엇이었는가?
21. 이 활동을 하는 중 집단에서의 당신의 책임은 무엇이었는가? 당신의 책임이 무엇인지 어떻게 판단하였는가?
22. 이 활동을 하면서 자신의 책임을 다할 수 있었는가? 그렇다면 당신이 책임감 있게 한 행동은 무엇인가? 책임감 있는 행동이라고 어떻게 확신할 수 있었는가? 그렇지 않았다면 당신이 책임감 없게 했다고 생각하는 행동은 무엇인가? 보다 책임감 있게 행동하기 어려웠던 이유는 무엇인가?
23. 빠른 시간 내에 활동을 완수하는 집단의 능력에 대해서 당신이 스스로 부정적인 것을 말할 때가 여러 번 있었는가? 빠른 시간 내에 활동을 완수하는 집단의 능력에 긍정적 기여를 하는 당신의 능력에 대해서 스스로에게 부정적인 말을 할 때가 여러 번 있었는가? 스스로에 대해서 말하는 것은 어떤 종류의 것들

인가?

24. 이 부정적인 자기대화를 더욱 긍정적인 자기대화로 어떻게 바꿀 수 있었는가? 당신은 스스로에게 어떤 긍정적인 것을 말해 줄 수 있었는가?
25. 빠른 시간 내에 활동을 완수하는 것을 당신과 집단원들이 성공하는 데 노력과 인내가 어떤 역할을 하였는가?
26. 활동을 완수하려고 작업할 때, 당신은 당신의 기여를 다른 사람들의 기여와 비교하였는가? 그 비교가 당신과 당신의 노력에 어떻게 영향을 미쳤는가?
27. 이 활동에서 왜 자기조절과 자기훈련이 중요하였는가?
28. 상황을 통제하지 못하는 것이(성공을 위해 다른 사람들에게 의존해야만 하는) 당신에게 어땠는가? 당신은 당신의 반응을 어떻게 다루었는가? 당신은 당신이 어떻게 반응하기를 원했는가?
29. 이 활동이 당신에게 얼마나 스트레스였는가? 무엇이 스트레스를 받게 했는가? 스트레스를 덜 받게 만들 수 있는 것은 무엇이었는가? 만약 그렇게 못했다면 무엇이 방해해서인가?

응용 접목질문 예시

1. 생활하면서 무슨 일이 일어나게 하기 위해 다른 사람과 작업해야만 하는 것처럼 느꼈던 다른 상황 또는 관계가 있는가? 이러한 상황을 다루는 것에 도움이 되는 당신이 가진 자원이나 전략은 무엇인가?
2. 이러한 상황 또는 관계에서 협동은 어떤 역할을 하였는가? 어떻게 당신은 협동과 도움을 이끌어 내었는가?
3. 당신이 집단에서 한 역할은 당신이 가족에서 하는 역할과 어떻게 비슷한가? 친구와는 어떠한가? 역할에 대해 당신은 얼마나 유연한가?
4. 이 활동과 유사한 상황에서 당신은 문제 해결을 어떻게 하는가? 당신과 집단원들이 사용한 문제 해결 방법들 중 생활하면서 다른 상황에서 유용한 것은 무엇이었는가? 그러한 상황에서 그것들을 어떻게 사용할 수 있는가?
5. 도움을 요청할 필요가 있을 때는 어떤 상황인가? 도움이 필요하고 요청해야 한다는 것을 어떻게 인식할 수 있는가? 당신이 원하거나 필요한 것을 요청할 필요가 있을 때는 어떤 상황인가? 당신이 원하거나 필요한 것을 인식하고 요

청하는 것을 어떻게 할 수 있는가?

6. 생활하면서 자신의 말을 다른 사람이 들어 주는 것이 중요한 어떤 다른 상황이나 관계가 있는가? 그러한 상황에서 남들이 당신의 말을 들을 수 있도록 어떻게 하는가?
7. 좋은 경청자가 되는 것이 중요한 때는 어떤 상황 또는 관계인가? 그러한 상황에서 효과적인 경청 기술을 이용하기 위해서 당신은 어떻게 할 수 있는가?
8. 다른 상황에서 이 활동을 통해 학습한 것(감정과 생각을 전달하고, 협력을 장려하며, 문제를 해결하고, 갈등을 적절하게 해결하기 위한 방법)을 적용하는 방법은 무엇인가?
9. 당신은 부정적 자기대화를 다루는 것에 대해서 배운 것을 어떻게 적용할 수 있는가?
10. 이 게임에서 당신이 배운 것 중 다른 사람들과 정보를 공유하는 것이 중요한 상황에서 적용할 수 있는 것은 무엇인가?
11. 생활하면서 다른 상황에 적용할 수 있는 비판적 사고 기술에 대해서 무엇을 배웠는가?
12. 생활하면서 책임감을 갖는 것이 중요한 때는 어떤 상황인가? 그러한 상황에서 책임감을 갖는 것에 대해 이 활동에서 당신이 배운 것을 어떻게 적용할 수 있는가?
13. 생활하면서 다른 사람을 신뢰하는 것이 중요한 때는 어떤 상황인가? 그러한 상황에서 다른 사람들을 신뢰하는 것에 대해 이 활동에서 당신이 배운 것을 어떻게 적용할 수 있는가?
14. 당신이 성공한 것처럼 느꼈을 때는 어떤 상황인가? 당신은 그러한 상황을 어떻게 다루었는가? 그러한 상황에서 당신이 이 활동에서 배운 것을 어떻게 적용할 수 있는가?
15. 당신이 실패한 것처럼 느꼈을 때는 어떤 상황인가? 당신은 그러한 상황을 어떻게 다루었는가? 그러한 상황에서 당신이 이 활동에서 배운 것을 어떻게 적용할 수 있는가?
16. 당신이 자신을 다른 사람과 비교하는 때는 어떤 상황 또는 관계인가? 그러한 비교가 당신 그리고/또는 당신의 관계에 미치는 영향은 무엇인가? 그러한 상

황 또는 관계에서 자신을 다른 사람들과 비교하는 것에 대해 당신이 이 활동에서 배운 것을 어떻게 적용할 수 있는가?

17. 당신은 보통 좌절을 어떻게 다루는가? 그러한 상황에서 좌절을 다루는 것에 대해서 이 활동에서 당신이 배운 것을 어떻게 적용할 수 있는가?
18. 성공을 위해서 당신이 통제하지 못하고 다른 사람에게 의존해야만 하는 상황을 다루는 방법을 어떻게 향상시킬 수 있는가? 그러한 상황에서 당신이 적용할 수 있는 것으로 이 활동에서 당신이 배운 것은 무엇인가?

안전 문제

1. 빨리 움직이는 것에 대한 명확한 주의가 있어야 하는데, 이 활동은 빨리 움직이기 때문에 넘어질 수 있기 때문이다. 이러한 고려사항들은 만약 참여자들이 발목을 묶고 함께 활동하는 변형을 시도하려 한다면 더욱 강조되어야 한다.
2. 플라스틱 뚜껑은 어떤 표면에서는 미끄러울 수 있다. 참여자들이 숫자를 빨리 치기 위해 열정적으로 움직일 때 넘어지지 않도록 참여자들이 밟을 때 안정적이어야 하거나 고정되어 있어야 한다.

이것은 매듭이다! 아니다, 그게 아니다. 음, 아마도……

활동명: 매듭일까 아닐까

활동 유형: 빗장 풀기, 도전하기

대상: 1학년 이상

집단 크기: 1~20명 또는 매듭인지 아닌지를 쉽게 알 수 있는 한 많이

목적 1. 의사소통 및 인간관계 능력 향상

목표

1A. 이해를 증명하고 기본적 의사소통 기술을 적용하기(예: 비언어적 증거 인식하기, 나 전달법 사용하기)

1D. 생각을 명확하고 건설적으로 표현하기

1E. 타인의 말을 적극적으로 경청하기

1F. 타인을 신뢰하는 의지를 증명하기

1G. 관계를 형성하고 유지하기 위한 기술을 개발하기

1H. 또래 압력을 인식하고 다루기

1I. 갈등 해결을 위한 의사소통 기술을 사용하기

1J. 도움의 필요성을 인식하고 그것을 요청할 능력을 개발하기

1L. 집단에 효과적으로 참여하기 위한 기술을 개발하기

목적 3. 문제 해결과 의사결정 기술의 개발과 적용

목표

3B. 문제 확인하기

3C. 문제 해결과 의사결정 단계의 이해를 설명하기(정보 수집, 대안과 결과 탐색, 계획과 행동)

3D. 결정 평가하기

3F. 갈등 해결을 위한 의사결정 기술 적용하기

3G. 일상의 상황에서 의사결정 기술을 적용하기
3H. 문제를 다루는 효과적 대처 기술 설명하기
3I. 또래 압력이 의사결정에 영향을 줄 때를 인식하기
3J. 문제 해결과 목표 달성을 위한 대안적 방법 확인 능력 개발하기

목적 6. 학습 관련 긍정적 태도와 기술 향상

목표

6C. 학습 과정의 일부로서 실수를 수용하기
6G. 지식 공유 능력 개발하기
6H. 비판적 사고 기술을 발달시키기

재료

밧줄, 끈, 띠, 실, 또는 매듭을 묶을 수 있는 다양한 재료. 보통 밧줄이나 띠를 사용하곤 하는데 4.5~6m 정도 사용한다. 줄을 3~6m 정도로 짧게 할 수도 있다. 더 짧은 재료를 사용한다면 더 딱딱해야 하는데, 인원이 더 많은 집단이 사용할 수 있도록 매듭이 묶이는지 아닌지를 보고 판단할 수 있다(당신이 어떻게 생각하느냐에 따라 도전적으로 사용할 수 있다).

준비

밧줄, 끈 또는 이용할 수 있는 다른 재료들로 한 번 묶기(구두 끝의 첫 부분처럼 묶기)를 하거나 묶지 않는다. 엉켜 있는 밧줄이나 끈을 양끝을 꽉 펴서 바닥에 쌓아 배열한다.

놀이 방법

1. 이 활동에서 집단은 밧줄이 완전히 펼쳐진 후에 매듭이 묶여 있는지 또는 매듭 없이 직선으로 펼쳐져 있는지 여부를 결정해야 한다. 밧줄 더미를 정렬하기 전에 밧줄을 한 번 매기로 묶거나 묶지 않아야 하기 때문에 리더는 확실히 알고 있다.
2. 바닥 위의 밧줄에 매듭이 있는지 없는지를 결정해야 하는 것이 집단의 과제

이다.

3. 참여자는 조사할 수는 있지만 밧줄을 만질 수는 없다.
4. 설정된 시간 후에(집단에 기초하여 시간을 판단하게 되는데 항상 짧을수록 더 낫다) 집단은 밧줄이 매듭지어졌는지에 대한 그들의 생각 여부를 투표한다. 참여자들은 밧줄 더미의 한편에서 "매듭이 있다."라고 가리키고 다른 편에서 "매듭이 없다."라고 가리키면서 움직이며 투표한다.
5. 투표 후에 2명의 참여자는 밧줄이 완전히 펴질 때까지 밧줄의 두 끝을 잡아당기고 집단은 실제로 매듭이 있는지 없는지를 볼 수 있다.

변형

1. 한 가지 변형은 밧줄 더미 주변에 경계선을 만드는 것이다. 보통 1.2~1.5m 정도를 사용한다. 집단은 밧줄 더미를 판단해야 하고 경계선 밖에서 매듭이 있는지 없는지를 결정한다.
2. 경계선이 사용된다면 첫 번째 투표 후에 참여자들은 경계선 안쪽으로 가서 밧줄 더미를 살펴보고 이 새로운 관점으로 다시 투표한다.
3. 경계선을 사용하든 사용하지 않든 간에 첫 번째 투표(또는 두 번째) 후에 2명의 참여자는 밧줄의 끝으로 가서 잡아당긴다. 밧줄 더미가 다소 줄어들면(두 참여자에 의해 당겨졌기 때문에 밧줄의 일부가 더미에서 떨어져서 펴지기 때문이다), 참여자들은 밧줄 끝을 놓고 집단은 새로운 밧줄 더미를 다시 점검하고 다시 투표한다.
4. 이전 단계 이후 또는 참여자가 투표하는 시간에 투표 대신 매듭 유무에 대한 합의에 도달할 수 있는지 확인하도록 요청한다.

개인화 접목질문 예시

1. 당신은 매듭이 있는지 여부를 어떻게 결정했는가? 다른 집단원들은 어떻게 결정했는가? 아이디어를 내고 브레인스토밍을 하는 것이 어떻게 중요했는가? 집단원들이 사용한 다른 문제 해결 과정은 무엇이었는가? 어떤 의사결정 전략이 당신에게 매력적이었는가?
2. 당신이 매듭이 있는지 여부에 대해 확신이 있었다면 집단의 다른 사람들의

의견에 영향을 미치기 위해 애썼는가? 만약 그렇다면 당신이 사용하는 설득 기법은 무엇이었는가? 당신의 지식을 공유하는 더욱 효과적인 방법이 있었는가?

3. 다른 사람들이 매듭이 있는지 여부에 대해 확신을 표현한다면 이것은 당신의 의사결정 과정에 어떻게 영향을 미쳤는가? 자신의 의견에 당신이 동의하도록 설득하려는 누군가가 있었는가?
4. 그 상호작용이 또래 압력처럼 느껴졌는가? 상호작용의 어떤 부분이 또래 압력으로 느껴졌는가? 당신은 그것에 어떻게 대처하였는가?
5. 당신이 맞게 추측했을 때 어떻게 느꼈는가? 당신이 틀리게 추측했을 때 어떻게 느꼈는가? 당신은 그러한 감정을 어떻게 표현했는가? 당신이 틀리게 추측했을 때 당신 자신이나 당신의 능력에 대해서 스스로에게 한 말은 무엇이었는가?
6. 당신은 더욱 자주 맞거나 더욱 자주 틀렸는가? 당신은 이 활동에서 성공을 어떻게 정의하였는가? 성공했을 때 어떻게 느꼈는가? 성공하지 못했을 때 어떻게 느꼈는가?
7. 리더가 경계선에 떨어져서 살펴보게 하는 변형을 사용하였다면 이것은 당신의 정확성에 어떻게 영향을 미쳤는가?
8. 리더가 밧줄로 조금 더 가서 다시 투표하는 변형을 사용하였다면 이것은 당신의 정확성에 어떻게 영향을 미쳤는가?
9. 매듭이 묶여 있는지 여부를 결정하는 이 과정에서 다른 집단원들의 추론을 듣는 것이 당신에게 어떻게 중요하였는가? 그들의 의견이 당신의 의견을 형성하는 데 영향을 미쳤는가?
10. 집단원들 간의 어떤 상호작용이 당신에게 갈등으로 느껴졌는가? 그 갈등을 당신은 어떻게 다루었는가? 더욱 효과적으로 갈등을 다룰 수 있었던 방법은 무엇이었는가?
11. 당신의 생각과 감정을 효과적으로 의사소통하였는가? 어떻게 하였는가? 만약 그렇지 않다면 무엇이 그렇게 하는 것을 어렵게 하였는가?
12. 당신이 혼란스럽고 어떻게 투표할지 결정할 수 없었을 때 다른 집단원들로부터 도움을 요청함으로써 얼마나 편안해질 수 있었는가?

응용 접목질문 예시

1. 생활하면서 당신의 지각이 정확한지에 대해 정해야 할 필요가 있는 어떤 상황이나 관계가 있는가? 이 활동에서 당신이 배운 것을 그리한 상황들에 어떻게 적용할 수 있는가?
2. 다른 사람들이 당신의 결정에 영향을 미치려 하는 어떤 상황이나 관계가 있는가? 이 활동에서 당신이 배운 것을 이러한 상황에 어떻게 적용할 수 있는가?
3. 의사결정을 하는 당신의 일상적인 방법은 무엇인가? 의사결정을 향상시키기 위해 이 활동에서 당신이 배운 것을 어떻게 사용할 수 있는가?
4. 이 집단원들에 의해 사용된 문제 해결 또는 의사결정 방법들 중 생활하면서 다른 상황에서 유용한 것은 무엇인가? 이러한 상황에서 그것을 어떻게 사용할 수 있는가?
5. 다른 사람들의 말을 경청하는 것이 당신에게 유용한 때는 어떤 상황 또는 관계인가? 다른 사람 말에 영향을 받을지 여부를 당신은 어떻게 결정하는가?
6. 이 활동에서 배우고 연습한 갈등 해결 방법들을 다른 상황에 어떻게 적용할 수 있는가?
7. 다른 집단원들이 결정한 것에 당신이 동의하지 않는 상황을 당신은 어떻게 다루는가? 이 활동에서 당신이 배운 것을 그러한 상황에서 어떻게 적용할 수 있는가?
8. 생활하면서 다른 상황에 적용할 수 있는 당신의 비판적 사고 기술에 대해서 무엇을 배웠는가?
9. 생활하면서 다른 사람들과 지식을 공유하는 것이 중요한 때는 어떤 상황인가? 다른 사람과 당신의 지식을 공유하게 될 때 어떻게 느끼는가?
10. 도움을 요청하거나 또래 압력을 다루는 것에 대해서 이 활동에서 배우고 연습한 것을 다른 상황에 어떻게 적용할 수 있는가?
11. 생활하면서 당신이 성공했는지 아닌지를 결정해야 할 필요가 있을 때는 어떤 상황 또는 관계인가? 이 활동에서 당신이 배운 것을 이러한 상황들에 어떻게 적용할 수 있는가?
12. 당신의 수행이 성공하지 못했다고 판단했을 때 이것이 당신에게 어떻게 영향을 미치는가? 그러한 상황에서 당신 자신 또는 능력에 대해서 스스로에게

한 말은 무엇인가? 성공하지 못했을 때 당신 자신 또는 능력에 대해 당신이 더욱 긍정적으로 생각할 수 있는 방법은 무엇인가?

안전 문제

없음

알지 못하는 것을 피하기 위해 많은 노력이 필요하다!

활동명: 알거나 모르거나

활동 유형: 친해지기, 빗장 풀기

대상: 1학년 이상

집단 크기: 8~30명, 그 이상도 가능함

목적 2. 자기인식과 자기수용 증진

목표

2A. 개인적 태도와 가치를 탐색하기

2G. 개인적인 경계, 권리, 사생활 보호의 필요성을 인식하기

2H. 개인 및 사회적 역할 확인하기

목적 3. 문제 해결과 의사결정 기술의 개발과 적용

목표

3A. 개인적 목표 설정하기

3E. 일상생활에서 변화와 이행 조정하기

3H. 문제를 다루는 효과적인 대처 기술 설명하기

3J. 문제 해결과 목표 달성을 위한 대안적 방법 확인 능력 개발하기

목적 5. 일관되게 책임감 있는 행동을 증명

목표

5D. 스트레스를 다루는 대처 기술 개발하기

5E. 자기훈련과 자기조절을 연습하는 방법의 필요성 이해하기

재료
개방된 공간

준비
없음

놀이 방법
1. 이 활동은 몇 가지 움직임을 포함한 간단하고 빠른 게임이다.
2. 먼저 각 집단원들은 조용히 집단에서 자신이 가장 잘 아는 사람(예: 이미 친구인 사람, 이전에 대화를 나누었던 사람)을 찾는다.
3. 각 사람은 아는 사람을 확인한 후 (그들에게 그리고 집단의 나머지 사람에게 누구인지 밝히지 않고) 리더는 집단원들에게 그들이 아는 사람(집단에서 가장 잘 아는 사람)을 생각해 보라고 요청한다. 종종 참여자들에게 만약 '잘 아는 사람'이 있다면 손을 들라고 요청한다.
4. 다음엔 각각의 집단원들이 조용히 집단에서 가장 잘 모르는 사람을 찾을 것을 요청한다.
5. 다시 각 사람들은 가장 잘 모르는 사람을 확인한 다음에 (그들만 확인하고 집단에는 알리지 않고) 리더는 집단원들에게 그들이 잘 모르는 사람이 누구인지 생각해 볼 것을 요청한다. 참여자에게 만약 그들이 '잘 모르는 사람'이 있다면 손을 들라고 다시 요청한다.
6. 일단 각 참여자들이 잘 아는 사람과 잘 모르는 사람을 확인하고 나면 모든 참여자에게 이 활동의 목표를 설명한다. 잘 아는 사람과 잘 모르는 사람을 밝히지 않고 잘 아는 사람과 잘 모르는 사람 사이에 그들이 있는 공간으로 움직이게 한다.
7. 이 활동은 걷는 활동으로 참여자들은 그들이 잘 아는 사람이 항상 그들 자신과 잘 모르는 사람 사이에 있도록 움직이게 시도해야 한다. 물론 어려운 것은 모든 사람에게 각자가 잘 아는 사람과 잘 모르는 사람이 있기 때문에 같은 과제를 성취하기 위해서 집단원 모두 움직이게 된다는 것이다. 결국 당신이 잘 아는 사람과 잘 모르는 사람 사이에 당신이 있게 하려는 도전이 계속된다.

개인화 접목질문 예시

1. 당신은 잘 아는 사람과 잘 모르는 사람을 어떻게 결정했는가?
2. 우정에 대한 당신의 생각이 당신의 선택에 어떻게 영향을 미쳤는가? 당신의 가치가 당신의 선택에 어떻게 영향을 미쳤는가?
3. 누구의 잘 아는 사람이 궁금했는가? 누구의 잘 모르는 사람이 궁금했는가? 만약 당신이 알아내었다면 그에 대해서 어떻게 느꼈는가?
4. 당신의 잘 아는 사람 또는 잘 모르는 사람이 움직였을 때 당신은 어떻게 느꼈는가?
5. 지속적인 움직임이 포함된 이 게임의 변화를 당신은 어떻게 다루었는가?
6. 당신이 잘 아는 사람이 당신과 모르는 사람 사이에 당신이 있기 위해 사용한 전략은 무엇이었는가?
7. 당신의 전략이 효과가 있는지 여부를 어떻게 판단했는가? 효과가 없었다면 더욱 효과적인 새로운 전략을 어떻게 만들어 냈는가?
8. 1부터 10까지의 척도라면 이 활동에 어느 정도 스트레스를 받았는가? 무엇이 스트레스였는가? 당신의 신체 어디에서 스트레스를 느꼈는가? 스트레스를 줄이기 위해서 당신이 한 활동은 무엇인가?
9. 이 활동에서 자기조절과 자기훈련을 연습하는 것이 왜 필요했는가? 당신은 그것을 어떻게 하였는가? 이 활동을 하는 동안 자기조절과 자기훈련을 증대시킬 수 있는 방법은 무엇이었는가?
10. 이 활동에서 당신 자신에 대해서 배운 것은 무엇인가?

응용 접목질문 예시

1. 그 사람을 잘 안다는 것(그 사람과 가깝다고 느끼는지 여부)을 당신은 보통 어떻게 결정하는가? 그 사람을 잘 모른다는 것(그 사람과 거리가 있다고 느끼는지 여부)을 당신은 보통 어떻게 결정하는가?
2. 어떤 사람이 당신이 친구가 되고 싶은 사람인지 아닌지를 어떻게 결정하는가? 당신의 태도와 가치는 이 과정에 어떻게 영향을 미치는가?
3. 당신이 어떤 사람과 친구가 되기로 결정했을 때 그 사람과 어떻게 친구가 되는가?

4. 변화에 대한 당신의 태도는 무엇인가?
5. 생활하면서 일상적으로 경험하는 변화는 어떤 종류인가? 당신은 보통 어떻게 변화를 하는가? 이러한 상황에서 당신과 변화에 대해 이 활동에서 배운 것을 어떻게 적용하는가?
6. 지속적으로 움직이는 것처럼 느끼는 상황(또는 끊임없는 변화 속에 있는 상황)은 어떤 상황인가? 그러한 상황에서 당신 자신에 대해 이 활동에서 배운 것을 어떻게 적용하는가?
7. 당신은 어떤 상황이나 관계에서 스트레스를 받는가? 이러한 상황에서 스트레스를 다루는 것에 대해 이 활동에서 배운 것을 어떻게 적용할 수 있는가?
8. 당신이 자기조절과 자기훈련을 연습해야 하는 상황이나 관계는 어떤 것인가? 그러한 상황에서 스트레스를 다루는 것에 대해 이 활동에서 당신이 배운 것을 어떻게 적용할 수 있는가?

안전 문제

사람들이 걷기만 한다면 없다.

놀라워라! 마치 거울을 보는 것처럼!

활동명: 거울이 되어 보자

활동 유형: 친해지기

대상: 1학년 이상

집단 크기: 8~100명, 더 많이도 가능하나, 같은 수의 짝이 필요하다.

목적 1. 의사소통 및 인간관계 능력 향상

목표

1A. 이해를 증명하고 기본적 의사소통 기술을 적용하기(예: 비언어적 증거 인식하기, 나 전달법 사용하기)

1G. 관계를 형성하고 유지하기 위한 기술을 개발하기

목적 2. 자기인식과 자기수용 증진

목표

2H. 개인 및 사회적 역할 확인하기

목적 4. 다양성의 이해와 가치를 증진

목표

4A. 개인의 차이를 인식하고 인정하기

4B. 자신의 문화에 대한 이해와 인식을 발달시키기

4C. 자신과 다른 문화 집단 모두를 존중하는 것을 설명하기

4D. 문화나 신체적, 학습적 차이가 있는 사람들의 유사점과 차이점을 인식하고 감사하기

목적 5. 일관되게 책임감 있는 행동을 증명

목표

5B. 행동이 적절하고 책임감이 있는지 인식하기

5C. 적절하고 책임감 있는 방법으로 행동하기

5D. 스트레스를 다루는 대처 기술 개발하기

5E. 자기훈련과 자기조절을 연습하는 방법의 필요성 이해하기

5G. 대안적 관점을 위한 존중을 증명하기

목적 6. 학습 관련 긍정적 태도와 기술 향상

목표

6A. 학습자로서 유능감과 자신감을 개발하기

6B. 성취에 대한 자신감 갖기

6C. 학습 과정의 일부로서 실수를 수용하기

6E. 노력과 인내가 학습을 향상시킨다는 것을 인식하기

재료

없음

준비

없음

놀이 방법

1. 참여자는 짝을 찾는다. 때로는 전혀 모르는 누군가가 짝일 때 재미있을 수 있다.
2. 참여자는 짝과 마주보고 선다.
3. 각 조는 누가 먼저 할지를 결정해야 한다.
4. 먼저 하는 사람이 이 활동에서 첫 번째 리더가 된다.
5. 각 조에서 리더는 어떤 신체 동작을 하고(한 손을 흔들거나 한쪽 벽에 붙거나 하는 것처럼 재미있는 동작을 시범 보일 수도 있다), 그 조의 다른 참여자는 리더의

행동을 거울처럼 따라 하면 된다.

6. 재미있는 것은 각 조의 따라 하는 사람이 실제로 리더와 정확히 반대로 행동해야 하는 것이다. 예를 들어, 만약 리더가 오른팔을 들었다면 따라 하는 사람은 리더의 거울처럼 실제로 왼팔을 올린다(왜냐하면 서로 마주보고 있기 때문이다).
7. 참여자들이 말하지 않고 활동을 완수하기를 요청한다.
8. "시작" 하고 소리치고 재미있는 상황을 지켜본다.
9. 짧은 시간(참여자들이 얼마나 재미있었는지, 그들이 이 활동에 얼마나 에너지를 쏟았는지를 기준으로)을 가진 후에 참여자들은 멈추고 역할을 바꾼다.
10. 두 짝이 모두 상대방의 거울 역할을 해 보고 나서 그들에게 짝과 반대로 행동하지 않고 똑같이 해 보도록 한다.
11. 말하자면 따라 하는 사람이 리더와 같은 행동을 똑같이 하는 것이다. 리더가 오른손을 들면 따라 하는 사람도 오른손을 든다. 정확히 같은 행동을 하는 것이다. 그러나 그들은 서로 마주보고 서 있기 때문에 반대로 하는 것처럼 보인다.

개인화 접목질문 예시

1. 리더가 되었을 때 어떻게 느꼈는가? 무엇이 좋았는가? 무엇이 좋지 않았는가? 다른 사람들을 주도하는 것에 어떻게 좀 더 편안함을 느낄 수 있었는가?
2. 따라 하는 사람이 되었을 때 어떻게 느꼈는가? 무엇이 좋았는가? 무엇이 좋지 않았는가? 다른 사람이 이끄는 것을 따라 하는 것에 어떻게 좀 더 편안함을 느낄 수 있었는가?
3. 리더였다가 따라 하는 사람으로 전환되었을 때 어땠는가(또는 그 반대로)? 이 전환을 어떻게 다루었는가? 전환을 더 자연스럽게 할 수 있는 무언가가 있었는가?
4. 짝이 하는 행동을 거울처럼 따라 하는 것에서 그 반대로 행동하는 것으로 전환했을 때 어땠는가? 이 전환을 어떻게 다루었는가? 전환을 더 자연스럽게 할 수 있는 무언가가 있었는가?
5. 시간이 지나고 나서 리더로서 더욱 유능감을 느꼈는가? 따라 하는 사람으로서

더욱 유능감을 느꼈는가?

6. 당신은 정확하게 따라 할 때 어떻게 느꼈는가? 당신의 짝에게 그러한 감정을 말없이 어떻게 의사소통하였는가?
7. 1부터 10까지의 척도라면 이끄는 것에 스트레스가 어느 정도였는가? 무엇 때문에 스트레스를 받았는가? 당신의 신체에서 스트레스를 느낀 곳은 어디였는가? 스트레스를 줄이기 위해서 한 활동은 무엇이었는가?
8. 1부터 10까지의 척도라면 따라 하는 것에 스트레스가 어느 정도였는가? 무엇 때문에 스트레스를 받았는가? 당신의 신체에서 스트레스를 느낀 곳은 어디였는가? 스트레스를 줄이기 위해서 한 활동은 무엇이었는가?
9. 이 활동에서 자기조절과 자기훈련 연습이 왜 필요했는가? 당신은 그것을 어떻게 해내었는가? 이 활동을 하는 동안 당신이 자기조절과 자기훈련을 향상시키기 위해 했던 방법은 무엇이었는가?
10. 당신이 리더였을 때 했던 동작은 짝이 리더였을 때 했던 동작과 어떻게 달랐는가? 집단의 다른 사람들이 선택한 동작과 당신이나 짝이 선택한 동작은 어떻게 달랐는가?
11. 사람들이 선택하는 동작과 관련하여 집단원들에게서 어떤 패턴을 알아차렸는가? 그 패턴은 무엇이었는가? 그러한 패턴은 리더인 사람들의 문화와 어떤 방식이든 관련이 있었는가?
12. 이 과정에서 특정 사람에 대해 가지고 있던 고정관념을 알아차렸는가? 당신이 가진 그러한 고정관념들은 그것이 움직이는 방법에 대해서 당신이 해석하는 방법에 어떻게 영향을 미쳤는가?
13. 이 활동에서 당신의 짝에 대한 당신의 책임은 무엇이었는가? 당신의 책임이 무엇인지 어떻게 판단하였는가?
14. 이 활동을 하면서 자신의 책임을 다할 수 있었는가? 당신이 책임감 있게 한 행동은 무엇인가? 책임감 있는 행동이라고 어떻게 확신할 수 있었는가? 당신이 책임감 없게 했다고 생각하는 행동은 무엇인가? 보다 책임감 있게 행동하기 어려웠던 이유는 무엇인가?
15. 당신의 짝이 당신이 행동을 책임감 있는 것으로 지각하는지를 당신은 어떻게 알 수 있었는가? 이 활동을 하는 동안 당신이 책임감이 있었는지에 대해 당

신의 짝으로부터 어떤 종류의 피드백을 받았는가? 이러한 피드백을 받았을 때 당신은 어떻게 반응하였는가?

16. 만약 당신의 짝이 그가 주도하는 것에 무책임하였다면 당신은 그의 동작을 따라 할지 여부를 어떻게 선택하였는가?
17. 짝의 동작을 당신이 똑같이 하는 것이 어려웠다면 동작을 하는 당신의 능력과 스스로에 대해서 당신 자신에게 한 것은 무엇인가? 당신 짝의 동작을 따라 하는 것이 쉬웠다면 스스로에게 한 말은 무엇인가?
18. 이 활동을 하는 동안 당신 자신에 대해서 배운 것은 무엇인가?

응용 접목질문 예시

1. 당신이 리더가 되는 것은 생활하면서 어떤 상황 또는 관계인가? 리더가 되는 것에 대해 당신은 어떻게 느끼는가? 이 활동에서 리더가 되는 것이 더욱 편안해질 수 있도록 돕는 것에 대해 배운 것은 무엇인가?
2. 생활하면서 당신이 따라 하는 사람이 되는 상황 또는 관계는 무엇인가? 따라 하는 사람이 되는 것에 대해 당신은 어떻게 느끼는가? 이 활동에서 따라 하는 사람이 되는 것이 더욱 편안해질 수 있도록 돕는 것에 대해 배운 것은 무엇인가?
3. 생활하면서 전환(역할, 행동, 우선사항, 책임감 등에서)을 해야 하는 때는 어떤 상황 또는 관계인가? 전환하는 것이 더욱 편해지도록 돕는 것에 대해 이 활동에서 배운 것은 무엇인가?
4. 리더 또는 따라 하는 사람이 되는 것에 대한 당신 가족의 규칙(언어적 또는 비언어적)은 무엇인가? 당신의 문화에서는 어떠한가?
5. 리더로서 사람들의 편안함 수준 차이를 당신은 어떤 상황에서 알아차리는가? 따라 하는 사람이 되는 것은? 당신이 알아차린 차이점은 무엇이었는가? 만약 누군가가 당신이 리더가 되거나 또는 따라 하는 사람이 되는 것에 대해서 하고 있는 것과는 다른 규칙을 가지고 있다면 당신은 적절하고 존중하는 방법으로 이 차이를 어떻게 다룰 수 있는가?
6. 당신의 신체에 대해 완전히 표현하는 것에 대한 당신 가족의 규칙(언어적 또는 비언어적)은 무엇인가? 당신의 문화에서는 어떠한가?
7. 자신의 신체에 대해서 완전히 표현하는 것에 대한 사람들의 편안함 수준 차이

를 당신은 어떤 상황에서 알아차리는가? 당신이 알아차린 차이점은 무엇이었는가? 만약 누군가가 자신의 신체에 대해서 완전히 표현하는 것에 대해서 당신이 하고 있는 것과는 다른 규칙을 가지고 있다면 당신은 적절하고 존중하는 방법으로 이 차이를 어떻게 다룰 수 있는가?

8. 당신이 책임 있는 태도로 행동하는 것이 정말로 중요하다고 느끼는 때는 어떤 상황 혹은 관계인가? 이 상황 또는 관계들을 어떻게 다루는가?
9. 당신이 생각하는 것만큼 책임 있게 행동하지 않았을 때가 있었는가? 그러한 상황에서 보다 책임 있게 행동하기 어려웠던 이유는 무엇인가? 미래에는 그러한 상황을 어떻게 다르게 다룰 것인가?
10. 당신이 책임 있게 행동하지 않았다는 피드백을 받았을 때 어떻게 느끼는가? 이 피드백에 어떻게 반응하는가? 피드백을 주는 사람이 누구인지에 의해 당신의 반응은 어떻게 영향을 받는가? 그런데 피드백은 잘 전달되었는가?
11. 생활하면서 어떤 상황에서 자기조절과 자기훈련을 연습하는 것이 중요한가? 그 상황에서 자기조절과 자기훈련을 하는 당신의 능력에 대해서 이 활동을 하는 동안 배운 것을 어떻게 적용할 수 있는가?
12. 생활하면서 어떤 상황에서 책임 있게 행동하고자 하는 사람들의 의지가 그 사람을 믿는 당신의 능력에 영향을 미칠 수 있는가?
13. 생활하면서 어떤 상황에서 당신 자신의 특별함을 알아차리고 기뻐할 수 있는가? 당신의 성공은 어떠한가?
14. 생활하면서 무책임하게 행동하는 리더를 따르지 않기로 한 때는 어떤 상황인가? 그 상황들을 어떻게 다룰 수 있는가? 이 활동에서 배운 것을 그러한 상황에서 어떻게 적용할 것인가?

안전 문제

리더가 신체 활동에 지나치게 열중하지만 않는다면 없다.

얼마나 높이 갈 수 있나?

활동명: 달 공

활동 유형: 빗장 풀기, 도전하기

대상: 1학년 이상(성인 집단에게도 매우 효과적임)

집단 크기: 5~30명 또는 그 이상

목적 1. 의사소통 및 인간관계 능력 향상

목표

1A. 이해를 증명하고 기본적 의사소통 기술을 적용하기(예: 비언어적 증거 인식하기, 나 전달법 사용하기)

1B. 명확하고 건설적으로 감정 표현하기

1C. 타인의 감정 인식 및 수용하기

1D. 생각을 명확하고 건설적으로 표현하기

1E. 타인의 말을 적극적으로 경청하기

1G. 관계를 형성하고 유지하기 위한 기술을 개발하기

1H. 또래 압력을 인식하고 다루기

1I. 갈등 해결을 위한 의사소통 기술을 사용하기

1J. 도움을 위한 욕구를 인식하고 그것을 요청할 능력을 개발하기

1K. 욕구와 소망을 인식하고 언어화하기

1L. 집단에 효과적으로 참여하기 위한 기술을 개발하기

목적 3. 문제 해결과 의사결정 기술의 개발과 적용

목표

3A. 개인적 목표 설정하기

3B. 문제 확인하기

3C. 문제 해결과 의사결정 단계의 이해를 설명하기(정보 수집, 대안과 결과 탐색,

계획과 행동)

3D. 결정 평가하기

3E. 일상생활에서 변화와 이행 조정하기

3F. 갈등 해결을 위한 의사결정 기술 적용하기

3G. 일상의 상황에서 의사결정 기술을 적용하기

3H. 문제를 다루는 효과적인 대처 기술 설명하기

3I. 또래 압력이 의사결정에 영향을 줄 때를 인식하기

3J. 문제 해결과 목표 달성을 위한 대안적 방법 확인 능력 개발하기

목적 6. 학습 관련 긍정적 태도와 기술 향상

목표

6B. 성취에 대한 자신감 갖기

6C. 학습 과정의 일부로서 실수를 수용하기

6E. 노력과 인내가 학습을 향상시킨다는 것을 인식하기

6F. 의존성과 주도성을 개발하기

6G. 지식 공유 능력 개발하기

6H. 비판적 사고 기술을 발달시키기

재료

개방된 공간과 비치볼

준비

비치볼을 분다.

놀이 방법

1. 이 활동은 비치볼을 공중에 띄우는 단순한 게임이다.
2. 참여자는 배구처럼 기술을 사용하여 공중에 공을 함께 띄운다.
3. 배구와 마찬가지로 공을 두 번 연속 칠 수는 없다.
4. 배구와 달리 참여자들이 공중에서 공을 칠 때마다 집단은 공을 친 횟수를 센다.

5. 비치볼이 땅에 닿으면, 1부터 다시 세는 것을 시작한다.

변형

1. 집단은 공을 땅에 떨어뜨리지 않고 몇 번 공을 칠 수 있는지 목표를 선정한다.
2. 집단은 말하지 않으면서(숫자를 세면서) 이 과업을 완수한다.

개인화 접목질문 예시

1. 집단원들은 한 팀으로서 어떻게 함께 작업하였는가? 한 팀으로 작업하는 것이 왜 중요하였는가?
2. 집단이 한 팀으로 함께 작업할 때 당신은 어떻게 느꼈는가? 집단이 함께 잘 활동하지 못했을 때 어떻게 느꼈는가? 집단의 나머지 사람에게 당신의 기분을 어떻게 표현하였는가?
3. 누군가가 공을 떨어뜨려서 집단이 다시 시작해야만 할 때 당신은 어떻게 느꼈는가? 누군가가 공을 두 번 쳐서 집단이 다시 시작해야만 할 때 당신은 어떻게 느꼈는가? 집단에 당신의 기분을 어떻게 표현하였는가? 집단에 당신의 감정을 더 명확하고 건설적으로 표현할 수 있는 방법은 무엇인가?
4. 당신은 집단원들이 한 팀으로서 함께 작업할 수 있는 능력을 향상시킬 수 있는 방법에 대해 아이디어가 있었는가? 집단에 당신의 아이디어를 어떻게 표현하였는가? 집단에 당신의 아이디어를 더 명확하고 건설적으로 표현할 수 있는 방법은 무엇인가?
5. 집단원들은 공을 얼마나 치는 것이 충분한지를 어떻게 결정했는가(집단은 성공을 어떻게 정의했는가)? 이것에 대해 집단원들은 당신과 동의하였는가? 그렇지 않다면 당신은 그것을 어떻게 다루었는가?
6. 집단의 성공에 당신이 기여한 것은 무엇인가? 당신은 당신의 기여에 대해서 어떻게 느꼈는가?
7. 집단원들은 공을 계속 공중에 띄울 수 있는 더욱 효과적인 방법에 대한 아이디어를 냈는가? 그렇다면 집단원은 이 과정을 어떻게 하였는가? 그렇지 않다면 공을 계속 공중에 띄우는 것에 집단이 효과적이지 못했을 때 당신은 어떻게 느꼈는가?

8. 집단이 전략을 이야기할 때, 공을 계속 공중에 띄울 더욱 효과적인 기술을 당신이 집단에 제안할 때 모든 사람이 귀를 기울였는가? 다른 집단원들이 당신 말에 귀를 기울일 때 당신은 어떻게 느꼈는가? 당신의 말에 귀 기울이지 않았다면, 당신은 어땠는가? 집단원이 당신 말을 들어 주길 바랐다면, 당신 말을 들을 수 있도록 어떻게 다르게 할 수 있었는가?
9. 당신의 생각과 감정을 효과적으로 의사소통하였는가? 그렇다면 이것을 어떻게 할 수 있었는가? 그렇지 않다면 어렵게 하는 이유는 무엇인가?
10. 공을 계속 공중에 띄울 최선의 방법을 결정하기 위해 집단원은 어떠한 과정을 거쳤는가? 집단원은 전략이 효과적인지 어떻게 판단할 수 있었는가? 전략이 효과가 없을 때 집단원은 이를 어떻게 다루었는가? 다른 대안을 찾기 위해 어떻게 하였는가?
11. 당신은 협동할지 하지 않을지를 어떻게 결정하였는가? 협동에 대한 당신의 태도는 집단에서 일어나는 일에 어떠한 영향을 미쳤는가? 다른 집단원의 태도는 어떤 영향을 미쳤는가?
12. 당신은 다른 집단원들의 도움이 필요한지를 어떻게 알 수 있었는가? 도움이 필요할 때 무엇을 하였는가? 당신은 도움이 필요하다고 인식했을 때 도움을 어떻게 요청했는가?
13. 당신이 공을 떨어뜨려서 집단이 다시 시작하게 만든 사람이었다면 이것에 대해서 당신은 어떻게 느꼈는가? 이 일이 일어났을 때 당신의 능력에 대해서 스스로에게 한 말은 무엇인가? 이 일이 일어났을 때 집단원들에 대해서 스스로에게 한 말은 무엇인가? 실수를 했을 때 다른 집단원들과 어떻게 의사소통하였는가?
14. 당신이 공을 한 번도 떨어뜨리지 않았다면 공을 떨어뜨렸던 사람에 대해서 어떻게 느꼈는가? 집단에 당신의 감정을 어떻게 표현하였는가?
15. 당신은 공을 떨어뜨린 사람을 어떻게 대했는가? 이 일이 일어났을 때 당신의 생각과 감정을 더 적절하게 의사소통할 좋은 방법이 있었는가?
16. 이 활동을 하는 동안 당신의 스트레스 수준은 어느 정도였는가? 공을 치는 횟수가 늘어날수록 당신이 스트레스 수준은 어떻게 변화하였는가? 집단이 연달아 많이 치지 못했을 때 당신의 스트레스 수준은 어떻게 변화하였는가? 이

활동을 하면서 스트레스를 대처하기 위해 당신은 어떤 전략을 사용하였는가?

17. 집단원들이 공을 계속 공중에 띄우는 것에 대한 전략에 동의하지 않았을 때, 당신은 그 상호작용을 갈등으로 해석하였는가? 그렇다면 갈등에 대해서 당신은 어떻게 느꼈는가? 당신의 감정에 대해서 당신이 한 것은 무엇인가? 집단원들은 갈등을 어떻게 해결하였는가? 이것을 하기 위한 다른 방법들이 있었는가?
18. 또래 압력은 공을 계속 공중에 띄우는 과정에 어떤 방식으로 영향을 미쳤는가? 집단원들은 또래 압력을 어떻게 다루었는가?
19. 이 과정에서 발휘되었던 당신의 긍정적 성격특성이나 재능은 무엇이었으며 공을 계속 공중에 띄우는 데 도움이 되도록 그것을 어떻게 사용하였는가?
20. 활동 중 낙심하게 되었을 때 이를 어떻게 다루었는가? 다시 계속할 수 있도록 스스로에게 한 말은 무엇인가? 다른 집단원이 낙심했을 때 이에 대해 어떻게 소통하였는가?
21. 집단이 오랫동안 공을 계속 공중에 띄웠을 때 당신은 어떻게 느꼈는가? 집단의 나머지 사람에게 그러한 감정에 대해 어떻게 의사소통하였는가?
22. 인내와 노력은 공을 공중에 계속 띄우기 위한 집단의 능력에 어떤 영향을 미쳤는가?
23. 말하지 않고 활동을 하였다면 말하면서 하는 것과 어떻게 달랐는가?
24. 신체적 장애를 가진 참여자가 있었다면, 집단은 그 사람을 어떻게 다루었는가?

응용 접목질문 예시

1. 생활하면서 다른 상황들에서 성공을 어떻게 정의하는가? 생활하면서 성공에 대해서 생각하고 느끼는 방법과 당신 자신에 대해서 이 활동에서 당신이 배운 것을 다른 상황에 어떻게 적용할 수 있는가?
2. 생활하면서 당신이 공중에 공을 계속 띄워야만 하는 것같이 느끼는 때는 어떤 다른 상황 또는 관계인가? 이러한 상황을 다루는 것을 돕는 당신이 가진 자원은 무엇인가?
3. 생활하면서 성공하기 위해서 협동과 도움(팀으로서의 활동)이 있어야만 하는 상황은 어떤 상황인가? 당신은 이러한 상황을 어떻게 다루는가? 당신은 협동

과 도움을 어떻게 이끌어 내는가? 그러한 상황에 적용할 수 있는 것으로 팀으로서 활동하는 것에 대해 이 활동에서 당신이 배운 것은 무엇인가?

4. 생활하면서 당신 또는 다른 집단원들이 사용하였던 스트레스 관리 방법 중 도움이 될 만한 방법은 어떤 것인가? 당신은 그것을 어떻게 이용할 수 있는가?
5. 도움을 요청할 필요가 있는 상황은 어떤 상황인가? 당신이 도움이 필요하고 요청할 필요가 있다는 것을 어떻게 알아차릴 수 있는가?
6. 생활하면서 자신의 말을 다른 사람이 들어 주는 것이 중요한 어떤 다른 상황이나 관계가 있는가? 그러한 상황에서 남들이 당신의 말을 들을 수 있도록 어떻게 하는가?
7. 감정과 생각을 의사소통하는 방법, 협동을 격려하는 방법, 문제 해결하는 방법 그리고 적절하게 갈등을 해결하는 방법에 대해 이 활동에서 배우고 연습한 것을 다른 상황에 어떻게 적용할 수 있는가?
8. 실수를 다루는 것에 대해서 배웠던 것을 다른 상황에 어떻게 적용할 수 있는가? 부정적 자기대화를 다루는 것은? 인내와 유연성을 격려하는 것은? 또래 압력을 다루는 것은? 스트레스를 다루는 것은?
9. 생활하면서 다른 상황에 적용할 수 있는 비판적 사고 기술에 대해서 배운 것은 무엇인가?
10. 생활하면서 다른 사람들과 정보를 공유하는 것이 중요한 때는 어떤 상황인가? 다른 사람들이 정보를 듣고 이용할 수 있도록 격려하는 방법으로 어떻게 정보를 더 잘 제시할 수 있는가?

안전 문제

사람들이 걷기만 한다면 없다. 열심히 공을 쫓아 달리는 것은 결국 참여자들의 부주의한 충돌을 일으키게 된다.

당신이 그렇게 말할 줄 알았다!

활동명: 협상하는 사각형

활동 유형: 빗장 풀기, 도전하기

대상: 4학년 이상

집단 크기: 8~100명

목적 1. 의사소통 및 인간관계 능력 향상

목표

1A. 이해를 증명하고 기본적 의사소통 기술을 적용하기(예: 비언어적 증거 인식하기, 나 전달법 사용하기)

1B. 명확하고 건설적으로 감정 표현하기

1C. 타인의 감정 인식 및 수용하기

1D. 생각을 명확하고 건설적으로 표현하기

1E. 타인의 말을 적극적으로 경청하기

1H. 또래 압력을 인식하고 다루기

1I. 갈등 해결을 위한 의사소통 기술을 사용하기

1J. 도움의 필요성을 인식하고 그것을 요청할 능력을 개발하기

1K. 욕구와 소망을 인식하고 언어화하기

1L. 집단에 효과적으로 참여하기 위한 기술을 개발하기

목적 3. 문제 해결과 의사결정 기술의 개발과 적용

목표

3A. 개인적 목표 설정하기

3B. 문제 확인하기

3C. 문제 해결과 의사결정 단계의 이해를 설명하기(정보 수집, 대안과 결과 탐색, 계획과 행동)

3D. 결정 평가하기
3F. 갈등 해결을 위한 의사결정 기술 적용하기
3G. 일상의 상황에서 의사결정 기술을 적용하기
3H. 문제를 다루는 효과적인 대처 기술 설명하기
3I. 또래 압력이 의사결정에 영향을 줄 때를 인식하기
3J. 문제 해결과 목표 달성을 위한 대안적 방법 확인 능력 개발하기

목적 6. 학습 관련 긍정적 태도와 기술 향상

목표

6A. 학습자로서 유능감과 자신감을 개발하기
6B. 성취에 대한 자신감 갖기
6C. 학습 과정의 일부로서 실수를 수용하기
6D. 시간 조정과 과업 조절 전략 적용하기
6E. 노력과 인내가 학습을 향상시킨다는 것을 인식하기
6G. 지식 공유 능력 개발하기
6H. 비판적 사고 기술을 발달시키기

재료

없음

준비

없음

놀이 방법

1. 대강 비슷하게 4개의 하위집단으로 나눈다.
2. 네 집단이 사각형의 각 변이 될 수 있도록 한 줄로 정렬할 것을 각 집단에게 설명한다(또는 집단이 비슷하지 않다면 대략적으로 균등하게).
3. 사각형이 완성되고 나면(그리고 집단은 사각형이 무엇과 같은지, 그들이 어디에서 있는지 등에 대한 개념을 가지고 있다), 집단은 뒤로 한 걸음 혹은 두 걸음을

물러서서 각 하위집단들의 집단원들이 서로를 보고 들을 수 있도록 모인다. 4개의 작은 하위집단이 모여 큰 집단이 되는 지점에서 각각의 하위집단은 사각형의 한 변이 되어야 한다.

4. 각 하위집단의 과업(이제 모이면)은 함께 외칠 소리, 단어 또는 구절과 이에 따른 제스처를 결정하는 것이다. 집단은 브레인스토밍을 해야 할 필요가 있을지도 모른다. 이것은 구호, 집단의 표현 또는 그날의 소망이 될 수 있다.
5. 각 집단이 각자의 구호/소리와 제스처를 결정하고 나면 네 집단은 사각형을 다시 만든다.
6. 각 하위집단(사각형의 한 변)은 이제 다른 세 집단에게 자신들의 소리/제스처를 보여 줄 기회를 갖게 된다.
7. 리더가 원하는 순서대로 하위집단(사각형의 한 변)의 집단원들 모두는 소리를 내고(또는 단어를 말하고) 동시에 제스처를 하는 것으로 각 집단은 자신들의 소리/제스처를 뽐낸다.
8. 각 집단이 자신들의 소리/제스처를 뽐내면 다른 집단들은 박수를 친다. 그리고서 모든 집단이 동시에 소리/제스처를 한다. 이 방법으로 하위집단은 다른 집단들에게 그들의 소리/제스처를 알려 준다.
9. 순서대로 네 집단 모두 자신의 소리/제스처를 보여 주고 나면, 전체 집단은 모든 집단들의 소리와 제스처를 연습한다.
10. 모든 소리/제스처를 보여 주고 연습하고 나면 하위집단들(사각형의 한 변)은 다시 모인다.
11. 이 시점에서 다른 하위집단들과 대화하거나 의사소통하지 않으면서 동시에 같은 소리/제스처를 하는 것이 이 활동의 목표임을 하위집단에게 설명해 준다. 즉, 각각의 하위집단은 그들 자신의 소리/제스처를 선택하거나 다른 집단의 소리/제스처를 선택할 수 있다. 각 하위집단의 모든 집단원은 같은 소리/제스처를 해야 한다는 것에 주목하라. 하위집단의 결정은 협상될 필요가 있다.
12. 각 하위집단은 그들이 하려는 소리/제스처(자신들의 것 혹은 다른 하위집단의 것)를 결정한 후에 사각형의 한 변을 다시 만든다.
13. 사각형이 완성되면 각 하위집단(또는 사각형의 한 변)은 결정한 소리/제스처

를 하는데 셋을 세고 네 번째 박자(예: 1, 2, 3, X)에 각 하위집단들은 결정한 소리/제스처를 해야 한다.

14. 환호하며 하나, 둘, 셋을 세고 네 번째 박자에서 모든 집단이 집단 간 의사소통 없이 모두 같은 소리와 제스처를 해야 한다.
15. 만약 실제로 집단들이 같은 소리/제스처를 했다면 집단 리더는 재능 있는 상담자이자 치료자, 촉진자이며, 리더의 기술과 능력은 너무 놀라운 것이다. 그러나 그런 일은 결코 일어나지 않는다.
16. 네 집단이 같은 소리/제스처를 하지 않았다면, 각 하위집단(사각형의 각 변)에게 다음 차례에 할 소리/제스처를 결정하고 다시 모일 것을 요청한다. 집단들은 자신들의 주장을 고수해서 같은 소리/제스처를 할 수도 있고 다른 것으로 바꿀 수도 있다.
17. 각 하위집단들이 이번에 할 소리/제스처를 결정하고 나면 사각형으로 다시 모여 다시 시도한다.
18. 하나 둘 셋을 세고, 네 번째 박자에 하위집단들이 소리/제스처를 한다.
19. 소리/제스처에 대한 합의를 얻거나(예: 동시에 소리/제스처를 하는 것—많은 기쁨이 따르게 된다) 또는 리더가 이 활동이 잘 진행되었다고(예: 세 집단이 같은 소리/제스처를 하고 다른 한 팀이 다른 소리/제스처를 한다. 완전 일치는 고차원적 술책이 없으면 불가능하다고 생각하는데 이것은 허용된 시간을 넘어서는 일이다) 생각될 때까지 이 활동을 지속한다.

변형

때로는 재미를 위해서 각 집단이 자신들의 소리/제스처를 처음에 보여 주고 나서, 소리/제스처 합주를 한다. 리더가 사각형의 중간에 서서 지시를 할 때 집단들이 그들 자신의 소리/제스처를 한다. 간단하게 사각형을 한 방향으로 돌면서 시작하게 되는데 각 집단을 가리켜서 그들이 익숙해지도록 한다. 그러고 나서 자유롭게 하는데 다양한 때에 다양한 집단을 가리키고(때때로 한 집단이 그들의 소리/제스처를 두세번 연속으로 하게 하기도 한다), 모두 소리/제스처 교향곡을 만드는 것을 함께 한다. 간단하게 타악기를 두드려 끝을 내고 박수로 격려하기도 한다. 집단은 종종 이 활동을 즐거워하기 때문에 항상 이 활동을 하게 된다.

개인화 접목질문 예시

1. 이 활동에서 당신은 무엇이 재미있었는가? 무엇이 좌절스러웠는가?
2. 당신의 하위집단은 어떻게 소리를 결정하였는가? 모두 소리를 결정하는 과정에 참여하였는가? 모든 집단이 소리를 시연할 때 당신은 다른 집단과 당신의 집단의 소리를 비교했는가? 당신의 비교에 영향을 미친 것은 무엇인가?(당신의 소리가 여전히 좋은가 또는 새로운 것을 원하는가?)
3. 당신의 하위집단의 집단원들은 모든 하위집단이 사각형에 참여했을 때 소리를 어떻게 결정했는가? 당신의 하위집단은 소리내기에 어떻게 일치하게 되었는가? 당신은 소리를 내는 것에 대한 전략이 효과가 있는지 여부를 어떻게 정하였는가? 당신의 하위집단의 집단원들은 그들의 전략이 효과가 없다고 결정했을 때 어떻게 하였는가?
4. 당신의 하위집단이 실수를 했거나 무언가 잘못되고 있을 때 당신은 어떻게 느꼈는가? 집단에 그러한 감정들을 어떻게 표현하였는가? 잘못되었다고 생각될 때 당신 자신이나 다른 집단원들에 대해 스스로에게 한 말은 무엇인가?
5. 당신의 하위집단이 1개 또는 그 이상의 다른 집단에 대응하는 소리를 냈을 때 어떻게 느꼈는가? 당신은 그러한 감정들을 집단에 어떻게 표현했는가? 잘 되고 있다고 생각될 때 당신 자신이나 당신의 하위집단의 다른 집단원들에 대해 스스로에게 한 말은 무엇인가?
6. 당신이 소리를 내는 것에 대해 매우 확신이 들었다면 다른 집단원들의 의견에 영향을 미치려고 했는가? 당신이 이용하는 설득 기법은 무엇인가? 당신의 지식을 공유하게 하는 효과적이거나 예의 바른 방법은 무엇이었는가?
7. 당신의 하위집단의 다른 사람들이 소리를 내는 것에 대해 확신을 표현한다면 이것이 당신의 의사결정 과정에 어떻게 영향을 미쳤는가? 누군가 자신의 의견에 당신이 동의하도록 설득한 적이 있는가? 그때 기분이 어땠는가?
8. 또래 압력처럼 느꼈던 상호작용이 있었는가? 상호작용의 어떤 부분이 또래 압력이었는가? 당신은 그것에 어떻게 대응했는가?
9. 당신의 하위집단이 옳았거나 틀렸던 적이 있었는가? 이 활동에서 당신이 성공했는지를 어떻게 정의하고 있었는가? 성공했다면 그것에 대해서 어떻게 느꼈는가? 성공하지 못했다면 그것에 대해서 어떻게 느꼈는가?

10. 당신의 하위집단 집단원들은 게임이 진행될 때 이전 차례에서 배운 것을 어떻게 적용하였는가?
11. 당신은 언제 다른 하위집단들이 어떻게 생각할 것인지를 성공적으로 예측하는 과정을 인식해 냈는가? 하위집단은 어떤 방법들을 이용하여 다른 집단들의 관점을 취하였는가? 이것이 왜 중요한가?
12. 당신에게 갈등으로 느껴졌던 집단원 간의 상호작용이 있었는가? 있었다면 그 갈등을 어떻게 다루었는가? 당신이 더욱 효과적으로 갈등을 다룰 수 있었던 방법은 무엇인가?
13. 이 활동에서 당신의 비판적 사고 기술을 어떻게 적용하였는가? 당신의 비판적 사고 기술을 더욱 효과적으로 사용할 수 있었던 방법은 무엇인가?
14. 당신이 하위집단의 성공에 기여한 것은 무엇인가? 전체 집단에서는 무엇인가?
15. 다양한 하위집단이 다른 하위집단이 내려는 소리를 예측하기 위한 전략을 발달시키고자 할 때 모든 사람이 당신 말에 귀를 기울였는가? 다른 집단원이 당신의 말에 귀 기울였을 때 어떻게 느꼈는가? 다른 집단원이 당신 말을 들을 수 있도록 어떻게 했는가?
16. 당신 말에 귀 기울이는 것 같지 않았다면 그때 느낌이 어땠는가? 집단원이 당신 말을 들어 주길 원했다면 당신 말을 들을 수 있도록 어떻게 다르게 행동할 수 있었는가?
17. 당신의 생각과 감정을 효과적으로 의사소통했는가? 그렇다면 어떻게 이렇게 할 수 있었는가? 아니었다면 무엇이 이렇게 하는 데 방해하였는가?

응용 접목질문 예시

1. 게임을 하고 있을 때 당신의 하위집단이 다른 하위집단이 내는 소리를 예측하는 것이 정말로 중요하다고 느꼈는가? 당신이 한 것이 정말로 중요했는가? 실제로는 중요하지 않았으나 그 순간 중요한 것 같은 사실에 대해서 어떻게 생각했는가?
2. 당신이 생각하기에 그 순간에 별로 중요하지 않다고 생각되는 것에 대해 걱정할 때가 학교에서 몇 번이나 있는가? 집에서는? 다른 상황에서는?
3. 정말 중요한 것인지를 결정하는 데 사용될 수 있는 전략은 무엇인가? 정말로

중요한 것인지를 결정하는 더 나은 전략은 무엇인가?

4. 생활하면서 다른 사람들이 당신의 결정에 영향을 미치려고 하는 다른 상황이나 관계가 있는가? 이 활동에서 배운 것을 이러한 상황들에 어떻게 적용할 수 있는가?
5. 당신이 자주 사용하는 의사결정의 방법은 무엇인가? 의사결정을 향상시키기 위해 이 활동에서 당신이 배운 것을 어떻게 사용할 수 있는가?
6. 생활하면서 다른 상황에서 사용할 수 있는 것으로 이 집단의 집단원들에 의해 사용된 문제 해결 또는 의사결정의 방법은 무엇인가? 이러한 상황들에서 당신은 그 방법들을 어떻게 사용할 수 있는가?
7. 당신이 경청을 해서 유용했던 때는 어떤 상황이나 관계인가? 당신은 다른 사람들에게 이야기를 들은 것으로 영향을 받을지 말지를 어떻게 판단하는가?
8. 이 활동에서 배우고 연습한 갈등 해결 방법을 다른 상황에 어떻게 적용할 수 있는가?
9. 집단에서 반드시 의견 일치가 되어야 할 때 당신은 상황을 어떻게 다루는가? 그런 상황에서 이 활동에서 배운 것을 어떻게 적용할 수 있는가?
10. 생활하면서 다른 상황에 적용할 수 있는 비판적 사고 기술에 대해 배웠던 것은 무엇인가?
11. 생활하면서 다른 사람들과 당신의 지식을 공유하는 것이 중요한 어떤 상황이 있는가? 다른 사람들과 지식을 공유할 때 당신은 어떻게 느끼는가?
12. 또래 압력을 다루는 것에 대해 이 활동에서 배우고 연습한 방법을 다른 상황에 어떻게 적용할 수 있는가? 스트레스를 다루는 것은? 실수로부터 배우는 것은? 학습을 향상시키는 노력과 인내를 인식하는 것은?
13. 생활하면서 당신이 성공했는지 여부를 결정하는 데 필요한 어떤 상황 또는 관계가 있는가? 이 활동에서 배운 것을 이러한 상황에 어떻게 적용할 수 있는가?
14. 당신이 당신의 수행을 성공적이지 않다고 판단할 때 이것이 어떻게 당신에게 영향을 미치는가? 그런 상황에서 당신 또는 당신의 능력에 대해서 스스로에게 하는 말은 무엇인가? 당신이 성공하지 못했을 때 당신이나 당신의 능력에 대해서 더욱 긍정적으로 생각하게 하는 방법은 무엇인가?
15. 당신이 당신 자신을 다른 사람과 비교하는 때는 어떤 다른 상황이나 관계인

가? 그러한 비교가 당신이나 당신의 관계에 영향을 미치는 것은 무엇인가? 그러한 상황에서 당신 자신을 다른 사람과 비교하는 것에 대해 이 활동에서 배운 것을 어떻게 적용할 수 있는가?

16. 당신은 보통 좌절을 어떻게 다루는가? 좌절을 다루는 것에 대해 이 활동에서 배운 것을 그러한 상황에 어떻게 적용할 수 있는가?

안전 문제

없음

오, 그래. 큰 캔버스!

활동명: 당신의 이름을 그리시오

활동 유형: 친해지기, 빗장 풀기

대상: 2학년 이상과 특별히 재미있어 하는 성인

집단 크기: 8~30명 혹은 그 이상(원 안에서 가장 재미있다.)

목적 1. 의사소통 및 인간관계 능력 향상

목표

1H. 또래 압력을 인식하고 다루기

1K. 욕구와 소망을 인식하고 언어화하기

목적 2. 자기인식과 자기수용 증진

목표

2B. 개인적인 긍정적 특질, 재능, 성취를 확인하고 인식하기

2E. 자신의 특별함에 감사하기

2G. 개인적인 경계, 권리, 사생활 보호의 필요성을 인식하기

목적 4. 다양성의 이해와 가치를 증진

목표

4A. 개인의 차이를 인식하고 인정하기

4B. 자신의 문화에 대한 이해와 인식을 발달시키기

목적 6. 학습 관련 긍정적 태도와 기술 향상

목표

6B. 성취에 대한 자신감 갖기

재료

참여자들이 이동할 수 있는 열린 공간

준비

없음

놀이 방법

1. 이것은 스트레칭과 움직임이 있는 간단하고 빠른 활동이다. 참여자들은 자신의 이름을 쓸 수 있어야 한다. 만약 필기체로 쓸 수 있을 만큼 나이가 들었다면 좋겠지만 꼭 필요하지는 않다.
2. 참여자들은 둥글게 선다.
3. 참여자들에게 오른손을 사용하여(왼손잡이일지라도) 가능한 한 크게 공중에 이름을 써야 한다고 설명한다. 우리는 항상 공중에 높이 닿게 하고(발끝으로 서서) 무릎까지 내려오는 모양을 만들어 시범을 보인다. 이를 통해 참여자들은 우리가 말하는 '크게'의 의미를 알 수 있다.
4. 또한 참여자들이 원 안에서(오른쪽으로—라틴어 기반의 언어 글쓰기를 전제로 함) 움직여서 공중의 글자가 서로 위에 있지 않고 옆에 있어야 한다고 설명해 준다(당신이 방금 한 장소에 서 있었다면 그렇게 될 것이다. 그런 식으로 읽는 것은 매우 어렵다).
5. 우리는 종종 참여자들에게 세상에서 가장 큰 그림이나 놀랍도록 큰 수표에 서명하는 것을 상상하도록 한다.
6. "시작"이라는 말에 모든 참여자는 원 안에서 오른쪽으로 움직일 때 각 글자를 쓰는 척하면서 그 사람의 이름을 쓰게 한다.
7. 각 사람이 끝나면(다른 사람은 이름이 더 길거나 이름의 일부 또는 전체 이름을 쓰기로 하여 일부 참여자가 글자를 쓰고 난 후에도 원이 계속 움직일 수도 있음에 유의한다) 집단에서 그들의 이름을 다시 쓰도록 하며 왼손으로 하도록 한다.
8. 마지막으로 양손으로 글쓰기가 끝나면 참여자들에게 배꼽에 펜이나 붓을 놓았다고 상상하고 배꼽을 이용하여 마지막으로 이름을 쓰도록 한다. 솔직히 말해 이는 너무 재미있다.

개인화 접목질문 예시

1. 당신의 신체로 완전하게 표현되는 것에 대해 어떻게 느꼈는가? 이것을 우스꽝스럽게 행해 본 것에 대해 어떻게 느꼈는가? 펜이나 붓의 위치에 따라 기분이 어떻게 달라졌는가? 모두가 우스꽝스럽게 보이는 것은 당신의 감정에 어떤 영향을 미쳤는가?
2. 원에서 움직이는 속도는 당신에게 편안했는가? 그렇지 않았다면 당신은 어떻게 했는가? 당신이 원의 움직이는 속도를 익히기 위해 필요한 것과 원하는 것을 다른 사람들에게 어떻게 알렸는가?
3. 이 활동을 하는 동안 어떤 종류이든 또래 압력에 대해 알았는가?(예: 원 안의 다른 사람들이 당신이 속도를 더 빠르게 하기를 원했기 때문에 더 빠르게 움직이면서, 만약 당신이 신체로 완전히 표현하면 다른 사람들이 놀릴까 봐 두려웠다 등) 또래 압력을 느꼈다면 그것을 어떻게 다루었는가?
4. 다른 누군가가 당신에게 너무 친밀하게 다가오거나 사적 공간을 침범하여 편안하지 않게 느낀 적이 있는가? 그것을 어떻게 다루었는가?
5. 당신이 다른 사람의 사적 공간을 침범하여 이에 대한 피드백을 받은 적이 있는가? 그것을 어떻게 다루었는가?
6. 당신이 서명한 방식이 당신이 누구인지를 표현했는가? 당신의 이름을 어떤 독특한 방법으로 서명했는가?
7. 이 활동에 접근하는 방식에 있어서 집단원 간의 차이점에 대해 무엇을 알게 되었는가?
8. 대중 앞에서 우스꽝스럽게 행동하는 것에 대해 당신의 가족 규칙(언어적 또는 비언어적)은 어떠한가? 당신의 문화에서는 어떠한가? 이 규칙들 중 당신에게 적합하지 않은 규칙은 무엇인가? 당신은 이것을 어떻게 처리하는가?
9. 당신이 자랑스럽게 여기는 성취는 무엇인가? 이를 어떻게 표현하는가?
10. 당신의 성취에 대한 자부심에 대해서 당신 가족 내의 규칙(언어적 또는 비언어적)은 어떠한가? 이 규칙들 중 당신에게 적합하지 않은 규칙은 무엇인가? 당신은 이것을 어떻게 처리하는가?
11. 당신의 신체로 완전히 표현하는 것에 대해 당신의 가족 규칙(언어적 또는 비언어적)은 어떠한가? 당신의 문화에서는 어떠한가? 이 규칙들 중 당신에게 적

합하지 않은 규칙은 무엇인가? 당신은 이것을 어떻게 처리하는가?

응용 접목질문 예시

1. 당신의 삶에서 이색적인 서명식을 갖기 위해 할 수 있는 몇 가지 일은 무엇인가?
2. 당신의 삶에서 당신의 특별함을 표현할 기회가 되는 어떤 상황이나 관계가 있었는가? 특별함을 어떻게 표현하였는가?
3. 당신의 특별함을 표현할 기회가 주어진 수에 만족했는가? 만일 그렇지 않다면 당신은 그 기회를 어떻게 증대시켰는가?
4. 당신의 삶에서 우스꽝스럽게 행동하거나 그렇지 않게 행동하라는 또래 압력을 어떤 상황에서 경험했는가? 당신의 특별함이나 성취를 숨기도록 하는 또래 압력을 경험하였는가? 이 상황을 어떻게 다루었는가? 이 게임에서 배운 것을 그 상황에 어떻게 적용할 수 있는가?
5. 당신이 필요로 하고 원하는 것이 무엇인지 물어보는 것이 중요할 수 있는 삶의 다른 상황은 무엇인가? 이 게임을 통해 그러한 상황에 적용할 수 있는 것으로 무엇을 배웠는가?
6. 개인적인 경계, 권리, 사생활 보호의 필요성을 인식하고 유지하는 것이 중요할 수 있는 다른 삶의 상황은 무엇인가? 그러한 상황에 적용하기 위한 것으로 이 게임을 통해 배운 것은 무엇인가?
7. 생활하면서 가족이나 문화의 규칙을 따를 필요가 없어 보이는 다른 상황은 어떤 것이 있는가? 그러한 상황을 어떻게 다루는가? 이 활동에서 배운 것을 그러한 상황에 어떻게 적용할 수 있는가?

안전 문제

상상의 글쓰기가 너무 날카로운 것이 아닌 한 없다.

다음 사람에게 전달하기

활동명: 타이어를 옮겨라

활동 유형: 친해지기, 빗장 풀기

대상: 유치원 이상

집단 크기: 6~20명

목적 1. 의사소통 및 인간관계 능력 향상

목표

1D. 생각을 명확하고 건설적으로 표현하기

1E. 타인의 말을 적극적으로 경청하기

1F. 타인을 신뢰하는 의지를 증명하기

1H. 또래 압력을 인식하고 다루기

1J. 도움의 필요성을 인식하고 그것을 요청할 능력을 개발하기

1L. 집단에 효과적으로 참여하기 위한 기술을 개발하기

목적 2. 자기인식과 자기수용 증진

목표

2C. 부정적 자기대화를 인식하기 위한 능력 개발하기

2D. 부정적 자기대화를 대체할 긍정적 자기대화의 기술 개발하기

2F. 자신에 대한 긍정적 태도 개발하기

2G. 개인적인 경계, 권리, 사생활 보호의 필요성을 인식하기

목적 3. 문제 해결과 의사결정의 기술의 개발과 적용

목표

3H. 문제를 다루는 효과적인 대처 기술 설명하기

3I. 또래 압력이 의사결정에 영향을 줄 때를 인식하기

3J. 문제 해결과 목표 달성을 위한 대안적 방법 확인 능력 개발하기

목적 4. 다양성의 이해와 가치를 증진

목표

4A. 개인의 차이를 인식하고 인정하기

4E. 고정관념이 대인관계와 타인에 대한 태도에 어떠한 영향을 줄 수 있는지 인식하기

목적 5. 일관되게 책임감 있는 행동을 증명

목표

5D. 스트레스를 다루는 대처 기술 개발하기

5E. 자기훈련과 자기조절을 연습하는 방법의 필요성 이해하기

목적 6. 학습과 관련된 긍정적 태도와 기술 향상

목표

6B. 성취에 대한 자신감 갖기

재료

낡은 자전거 타이어 내부 튜브

준비

없음

놀이 방법

1. 모두 원의 안쪽을 향해 둥글게 선다.
2. 원의 한 지점을 끊고 한 사람에게 팔을 타이어 내부 튜브의 안쪽을 통과하게 한다. 그 사람이 옆에 있는 사람과 다시 손을 잡게 한다.
3. 집단원들에게 이 활동의 목표는 손을 놓지 않고 전체 원을 따라 타이어 내부 튜브를 통과하는 것이라고 설명한다.

4. 이를 완수하기 위해 각 참여자는 자신의 신체를 튜브에 통과시켜야 할 것이고 튜브는 자신의 반대쪽 손으로 이동한다.
5. 타이어 내부 튜브를 통과하는 동안 자신에 대해 이야기하도록 한다.
6. 참여자들이 서로의 손을 놓을 수는 없지만 타이어 내부 튜브를 통과하려는 참여자를 도울 수 있다.

변형

1. 튜브의 매듭을 묶어 튜브를 더 작게 만든다. 더 작은 튜브일수록 활동에 더 많은 도전이 된다.
2. 더 쉽게 하기 위해서 타이어 내부 튜브 대신 훌라후프를 사용할 수 있다. 그러나 튜브는 크기를 바꾸기에 더 유연하고 늘일 수 있다(참여자들에게는 그 크기가 작게 느껴질 수 있지만 어떤 체격의 사람에게도 늘어날 것이다. 우리는 한 집단에서 휠체어를 탄 사람이 튜브를 통과하는 것을 보았다). 게다가 낡은 튜브는 자전거 가게에서 종종 무료로 얻을 수 있다.
3. 각 사람이 튜브를 통과할 때마다 질문에 답하게 한다.
4. 타이어 튜브 2개를 사용하여 각각의 방향으로 가게 하고 어디에서 튜브들이 만나게 되는지 본다.
5. 타이어 튜브를 사용하는 대신 튜브로 된 관(3~6m 길이)을 사용한다. 띠를 큰 고리에 묶은 다음 큰 고리의 중간에 다른 매듭을 두어 동일한 크기의 2개의 작은 고리를 만든다. 한 사람의 팔 위에 2개의 고리를 놓는다. 고리 중 하나가 시계 방향으로 전달되고, 다른 하나는 반시계 방향으로 전달되도록 집단에 지시한다. 어떤 시점에서 고리는 서로 교차하며 원을 따라 이동한다.[7]
6. 참여자의 원이 2개 이상인 경우 큰 관(2.5cm 튜브로 된 관 2.5~3m)을 사용하여 고리를 만든다. 그리고 함께 집중할 수 있는 방법으로 다른 두 원에 있는 서로 다른 두 사람의 팔에 고리를 놓는다. 이제 두 사람(각 원에서 1명)이 함께 고리를 통과하게 된다. 이 시나리오에서는 2개 이상의 집단이 있는 경우 이 방법으로 모든 집단을 연결할 수 있다(모든 집단은 2개의 다른 집단에 연결된다).

---

7) Cain, J., & Smith, T. (2002). *The book of raccoon circles*. Dubuque, IA: Kendall Hunt.

7. 1명이 의자에 앉고 집단원들은 그 사람이 일어서지 않고 타이어 튜브를 통과하도록 돕는다. 활동을 하는 사람들은 집단의 다른 사람들에게 도움을 줄 수 있다.

개인화 접목질문 예시

1. 리더가 활동에 대해 설명했을 때 당신의 초기 반응은 무엇이었는가?
2. 당신의 몸 전체가 타이어 튜브를 통과하는 능력에 대해 무슨 생각을 했는가? 만약 당신이 튜브를 통과하는 가능성에 대해 비관적이었다면 이는 어떻게 당신에게 영향을 미쳤는가? 튜브를 통과할 가능성에 대해 낙관적이었다면 그것이 튜브를 통과하는 데 어떻게 영향을 미쳤는가?
3. 사람들의 신체 이미지가 이 활동에 어떻게 영향을 미칠 수 있는가? 당신의 신체 이미지는 이 활동에 어떻게 반응했는가?
4. 집단의 다른 사람들과 손을 잡는 것에 대해 어떻게 느꼈는가? 당신이 손을 잡고 싶지 않았다면 이를 어떻게 다루었는가?
5. 이 활동에서 다른 사람을 신뢰하도록 한 것이 어땠는가? 그 경험은 어땠는가?
6. 타이어 튜브를 통과하는 데 도움이 필요하다는 것을 어떻게 결정했는가? 튜브를 통과하기 위해 다른 사람들의 도움을 요청해야 할 때 어떻게 느꼈는가? 어떻게 도움을 요청했는가? 어떻게 하면 도움 요청하기가 더 편할 수 있었는가?
7. 타이어 튜브를 통과하고 자신에 대한 이야기를 하면서 주목을 받는 기분이 어땠는가? 당신에게 가장 힘든 것은 무엇이었는가?(예: 집단의 모든 사람이 당신의 말을 듣고 있는 것, 당신이 튜브를 통과하는 것을 지켜보는 것 등) 그것에 대해 무엇이 힘들었는가? 왜 그렇게 힘들었는가?
8. 주목의 중심이 되는 것은 당신의 스트레스 수준에 어떤 영향을 미쳤는가? 스트레스를 받았다면 그것을 어떻게 다루었는가?
9. 당신 자신에 대해 집단에 무엇을 말하기로 어떻게 결정하게 되었는가? 어떤 종류(긍정적인 것, 부정적인 것, 성취한 것, 실수한 것, 재미있는 것 등)에 대해 말했는가?
10. 다른 사람이 그들 자신에 대해 말한 것과 당신이 자신에 대해 말한 것에 어떤 차이점이 있는가? 당신의 어떤 특별함을 알게 되었는가?

11. 다른 사람이 그들 자신에 대해 말한 것과 당신이 자신에 대해 말한 것에 어떤 유사점이 있는가? 당신은 집단의 다른 사람들과 공통점이 있었던 것에 대해 무엇을 알게 되었는가?
12. 튜브를 통과하는 특정한 사람에 대한 당신의 지각에 영향을 미친 고정관념이 있었는가? 그러한 고정관념을 지니고 있는 것은 어떤 영향을 미쳤는가?
13. 다른 사람들과 가까이 서고 손을 잡는 것은 당신의 개인적 경계에 대한 느낌에 어떠한 영향을 미쳤는가?
14. 이 활동에 참여한 경험에서 또래 압력이 일부분 있었음을 알았는가? 만약 그렇다면 어떻게 알게 되었는가? 그에 대해 어떻게 느꼈는가?
15. 만약 당신이 타이어 튜브를 통과하는 데 어려움이 있었다면 그에 대해 어떻게 느꼈는가? 당신 자신과 당신의 능력에 대해 어떻게 생각했는가? 만약 당신 자신과 당신의 능력에 대해 비관적 생각을 했다면 그 생각에 대해 당신은 무엇을 했는가? 부정적인 자기대화를 좀 더 긍정적인 자기대화로 바꾸는 방법에 대해 어떻게 생각하는가?

응용 접목질문 예시

1. 성공 가능성에 대해 낙관적이거나 비관적인 것이 결과에 영향을 미칠 수 있는 다른 상황에는 어떤 것들이 있는가? 이러한 상황에 대해 낙관적인지 비관적인지에 대해 배운 것을 어떻게 적용할 수 있는가?
2. 당신의 신체 이미지는 어떠한가? 당신의 신체 이미지가 당신의 태도와 행동에 어떻게 영향을 미쳤는가?
3. 당신은 주목받는 것을 대부분 어떻게 다루었는가?
4. 당신의 삶에서 당신이 원하지 않는 일(손잡기와 같은)을 해야 하는 상황은 무엇이었는가? 그러한 상황을 어떻게 다루었는가? 이 활동에서 그러한 상황을 좀 더 쉽게 다룰 수 있도록 하는 것으로 무엇을 배웠는가?
5. 당신이 집단 앞에서 말할 때 무엇을 말할지 어떻게 결정하였는가? 그러한 환경은 당신이 말하기로 결정한 것에 어떤 영향을 미쳤는가?
6. 당신의 특별한 방법은 무엇인가? 자신만의 특별함에 주목하는 다른 상황은 어떤 것이 있는가? 그 특별함을 어떻게 기념할 수 있는가?

7. 다른 사람과 공통점이 있다는 것을 알게 되는 다른 상황은 무엇이 있었는가? 그러한 상황에서 당신은 다른 사람들과 어떤 종류의 공통점이 있었는가?
8. 또래 압력을 다루는 다른 상황으로는 무엇이 있었는가? 당신은 그러한 상황을 대부분 어떻게 다루는가? 그러한 상황에서 또래 압력을 다루는 것에 대하여 이 활동에서 배운 것을 어떻게 적용할 수 있는가?
9. 당신이 도움을 요청할 필요가 있는 또 다른 상황은 무엇이었는가? 그러한 상황을 일반적으로 당신은 어떻게 다루는가? 그러한 상황에서 도움을 요청하는 것에 대하여 이 활동에서 배운 것을 어떻게 적용할 수 있는가?
10. 다른 사람을 신뢰해야 하는 다른 상황은 무엇이었는가? 그러한 상황을 당신은 일반적으로 어떻게 다루는가? 그러한 상황에서 다른 사람을 신뢰하는 것에 대해 이 활동에서 배운 것을 어떻게 적용할 수 있는가?
11. 당신이 실패할까 봐 두려워할 때 당신은 대개 어떻게 반응하는가? 당신 자신과 당신의 능력에 대해 자기 자신에게 대부분 어떤 종류의 말을 하는가?
12. 부정적인 자기대화를 인식하는 능력을 어떻게 키울 수 있는가? 부정적인 자기대화를 긍정적인 자기대화로 대체하는 것이 어떻게 나아질 수 있는가?

안전 문제

1. 밸브를 타이어 내부 튜브에서 잘라 내거나 밸브가 다른 사람에게 상처 내지 않도록 묶는 것에 주의한다.
2. 덧붙여서 당신은 집단원의 체격과 신체 이미지와 관련된 문제를 알고 있어야 한다. 당신은 자전거 타이어 튜브가 어떤 사람에게나 맞도록 늘어날 것임을 알고 있을지라도, 몇몇 참여자(특히 자의식이 강한 경우)는 이 활동을 다른 사람들 앞에서 해야 하는 것에 불안해할 수 있다. 우리(최소한 디그라프와 애슈비)는 거대한 사람에게도 타이어가 잘 어울리고, 옷을 들어올리지 않고도 튜브를 통과하는 방법을 시범 보여 주기 위해 시작할 때 종종 활동에 참여한다.

맨 위까지 도전하기

활동명: 달걀에서 익룡 되기

활동 유형: 친해지기, 빗장 풀기

대상: 초등학교 1학년 이상

집단 크기: 8~200명(농담이 아니다. 200명과 작업한다.)

목적 2. 자기인식과 자기수용 증진

목표

2A. 개인적 태도와 가치를 탐색하기

2B. 개인적인 긍정적 특질, 재능, 성취를 확인하고 인식하기

2C. 부정적 자기대화를 인식하기 위한 능력 개발하기

2D. 부정적 자기대화를 대체할 긍정적 자기대화의 기술 개발하기

2F. 자신에 대한 긍정적 태도 개발하기

2H. 개인 및 사회적 역할 확인하기

목적 6. 학습 관련 긍정적 태도와 기술 향상

목표

6A. 학습자로서 유능감과 자신감을 개발하기

6B. 성취에 대한 자신감 갖기

6C. 학습 과정의 일부로서 실수를 수용하기

6D. 시간 조정과 과업 조절 전략 적용하기

6E. 노력과 인내가 학습을 향상시킨다는 것을 인식하기

6F. 의존성과 주도성을 개발하기

6H. 비판적 사고 기술을 발달시키기

재료

없음

준비

없음

놀이 방법

1. 이 게임은 다른 참여자와 가위바위보를 하는 것을 기반으로 한 연속적인 활동이다(보자기는 바위를 이기고, 가위는 보자기를 이기며, 바위는 가위를 이긴다).
2. 참여자들은 (가위바위보에서 이김으로써) 달걀, 닭, 매, 익룡으로 발달한다.
3. 모든 참여자는 달걀부터 시작한다. 달걀을 상징화하기 위해 참여자들은 땅에 가까이 웅크려 그들 자신을 달걀 모양으로 만든다.
4. 달걀들은 다른 달걀에게 가위바위보를 도전할 수 있다. 승자는 닭이 되고 진 사람은 달걀로 남아 있는다.
5. 닭들은 팔꿈치에서 팔을 구부리고 닭처럼 소리를 내야 한다.
6. 닭들은 다른 닭들에게 가위바위보를 도전할 수 있다. 승자는 매로 진화하고 패자는 다시 달걀이 된다(예: 땅바닥에 웅크리고 도전할 다른 달걀을 찾는다).
7. 매들은 날아오르는 것처럼 날개를 활짝 편다(사용하는 공간에 따라 높은 소리를 낼 수도 있다. 아주 재미있다).
8. 매들은 다른 매들에게 가위바위보를 도전할 수 있다. 승자는 익룡으로 진화하고 패자는 다시 달걀이 된다(예: 땅바닥에 웅크리고 도전할 다른 달걀을 찾는다).
9. 익룡들은 팔을 높이 들고 위계의 가장 높은 위치처럼 보이도록 최선을 다해야 한다.
10. 익룡들은 누구에게나 가위바위보를 도전할 수 있다. 익룡들이 달걀, 닭 또는 매에게 도전하고, 익룡이 지면 도전자는 다음 단계로 진화하지만(즉, 달걀은 닭으로, 닭은 매로, 매는 익룡으로) 익룡은 달걀로 퇴화하지 않는다.
11. 익룡이 가위바위보로 또 다른 익룡에게 도전하면 승자는 익룡을 유지하고 패자는 달걀이 된다.

변형

실제로 변형된 형태는 아니지만 리더가 놀이하는 것은 재미있다. 익룡 단계에 도달할 수 있다면, 다른 참여자(특히 공저자 디그라프처럼 조금 느린 사람들)가 달걀에서 다른 단계로 올라갈 수 있도록 도와줄 수 있다. 당신이 익룡이라면 이는 당신에게 실제 위험이 되지 않는다. 우리는 종종 참여자들에게 "바위를 낼 거야."라고 말하면서 그들이 보자기를 내는 것을 결정할 수 있도록 하여 그들이 다음 단계로 나아갈 수 있도록 한다.

개인화 접목질문 예시

1. 리더가 처음 규칙을 설명했을 때, 당신의 반응은 어떠했는가?
2. 혼란스럽다면 규칙을 이해하기 위해 무엇을 했는가?
3. 게임 규칙을 어떻게 계속 지켰는가?
4. 달걀로 돌아가야 했을 때 어떻게 느꼈는가? 그 경험을 어떻게 처리했는가?
5. 달걀로 돌아가야 했을 때 당신이 있던 단계는 당신의 반응에 어떻게 영향을 미쳤는가?
6. 다음 단계로 가야 할 때 어떻게 느꼈는가? 그 감정을 표현하기 위해 당신은 무엇을 했는가?
7. 이 활동을 하는 동안 당신의 강점(자산)은 어떻게 작용했는가?
8. 실수하고 달걀로 돌아가야 할 때 자신이나 자신의 능력에 대해 자신에게 무엇을 말했는가? 당신이 부정적인 자기대화를 했다면 어떻게 알았는가? 부정적인 자기대화를 긍정적인 자기대화로 대체하는 방법에 대해 어떻게 생각하는가?
9. 실수를 통해 무엇을 배웠는가?

응용 접목질문 예시

1. 과업에 대한 지시에 혼란스러워하는 상황에서 명확해지기 위해 보통 무엇을 하는가? 이 활동에서 배운 것을 그 상황에 어떻게 적용할 수 있는가?
2. 다른 역할보다 더 많은 권력을 가진 특정 역할이 있는 상황에 대해 어떻게 생각하는가? 낮은 단계의 역할을 수행할 때 어떻게 처리하는가? 당신은 높은 단

계의 역할을 할 때 어떻게 처리하는가?

3. 어려운 작업을 성공적으로 마쳤다고 느낀 시간을 설명한다. 당신의 성취에 대해 어떻게 생각했는가? 그 상황에서 당신의 감정은 이 활동에서 당신의 감정과 어떻게 유사했는가?
4. 어려운 작업을 완수하는 데 실패했다고 느낀 시간을 설명한다. 성취의 부족에 대해 어떻게 생각하는가? 그 상황에서 당신의 감정은 이 활동에서 당신의 감정과 어떻게 유사했는가?
5. 당신이 성공을 느끼는 상황에서 도움이 될 수 있는 이 활동에서 자신에 관해 무엇을 배웠는가? 당신이 실패로 느낀 상황은 어떠하였는가?
6. 당신의 지위가 정기적으로 도전을 받는 상황에서 당신은 대개 어떻게 반응하는가? 노력, 지속성, 신뢰 및 주도권이 이러한 상황에 대한 당신의 경험에 어떤 영향을 미칠 수 있는가?
7. 일이 어려울 때나 낙담할 때조차 계속 노력하는 것이 중요한 이유는 무엇인가?
8. 당신의 성공이 다른 사람의 실패를 의미할 때 어떻게 좋은 스포츠가 될 수 있는가? 그것이 왜 중요한가?

안전 문제

없음

모든 것은 당신의 관점에 달려 있다.

활동명: 관점

활동 유형: 도전하기

대상: 중학생 이상

집단 크기: 15~30명

목적 1. 의사소통 및 인간관계 능력 향상

목표

1D. 생각을 명확하고 건설적으로 표현하기

1G. 관계를 형성하고 유지하기 위한 기술을 개발하기

1H. 또래 압력을 인식하고 다루기

1I. 갈등 해결을 위한 의사소통 기술을 사용하기

1L. 집단에 효과적으로 참여하기 위한 기술을 개발하기

목적 6. 학습 관련 긍정적 태도와 기술 향상

목표

6A. 학습자로서 유능감과 자신감을 개발하기

6B. 성취에 대한 자신감 갖기

6C. 학습 과정의 일부로서 실수를 수용하기

6D. 시간 조정과 과업 조절 전략 적용하기

6E. 노력과 인내가 학습을 향상시킨다는 것을 인식하기

6F. 의존성과 주도성을 개발하기

6G. 지식 공유 능력 개발하기

6H. 비판적 사고 기술을 발달시키기

재료

아동 도서 『Zoom』(Banyai, 1995)[8](Amazon.com을 통해 제공되며 가격이 비교적 저렴함)

준비

『Zoom』 책의 페이지를 뜯어 내어 각 페이지를 다른 참여자들에게 나눠 줄 수 있다. 우리는 실제로 얇은 페이지를 보호하기 위해 라미네이트 코팅을 하였다.

놀이 방법

1. 각 참여자에게 그림을 준다. 즉, 참여자 수(15명의 참여자라면 이야기의 처음 15페이지를 가져간다)만큼 책의 페이지 수를 가져와서 무작위로 집단 참여자에게 넘겨 준다.
2. 참여자들에게 자신의 그림을 보게 하고, 집단의 다른 누구에게도 보여 주지 않도록 한다.
3. 목표는 집단이 가지고 있는 그림에서 말한 대로 이야기를 올바른 순서로 나열하는 것이다. 이 순서를 결정할 때 참여자는 구두 설명만 사용할 수 있다. 따라서 참여자는 자신의 그림을 보고 다른 참여자에게 설명하려고 할 수는 있지만 그림을 보여 주거나 다른 사람의 그림을 볼 수는 없다.
4. 집단원 모든 사람이 올바른 순서로 있다고 생각하면 모두가 자신의 그림을 바닥에 놓을 수 있다.
5. 순서에서 실수를 포함하여 이야기가 펼쳐지는 모습을 보면서 재미있는 시간을 가진다.

---

8) 역자 주: 『Zoom』은 카메라 렌즈가 축소되어 나타나는 효과를 만들어 내는 그림책이다. 예를 들어, 첫 번째 그림은 나무로 만들어진 농장 조각을 가지고 놀고 있는 소녀를 보여 주고, 다음 그림은 그 소녀가 잡지의 표지에 있는 것을 보여 준다. 그 잡지는 다음 그림에서 유람선의 소년이 들고 있는 잡지이다. 그림이 펼쳐지면서 유람선이 실제로는 버스의 포스터라는 것을 알 수 있다. 이렇게 하면 책의 각 페이지가 바로 앞뒤에 연결되어 이전 페이지가 각각의 다음 페이지에 작은 형태로 나타난다. 마지막 그림은 우주에서 지구의 모습을 보여 준다.

변형

당신은 책『Re-zoom』(Banyai, 1998)을 대신 활용할 수 있다.

개인화 접목질문 예시

1. 집단이 문제 해결을 위해 노력했는가? 당신 말을 귀 기울여 듣지 않았다면 당신은 어땠는가? 다른 집단원이 당신 말을 들어주는 것을 원했다면, 그들이 당신 말을 들었는지 확인하기 위해 무엇을 다르게 할 수 있었는가?
2. 생각을 효과적으로 전달했는가? 그렇다면 어떻게 했는가? 그렇지 않다면 무엇이 이를 막았는가?
3. 집단원들이 사진을 정렬하는 방법을 결정하기 위해 어떤 과정을 사용했는가? 이 과정을 더 쉽게 만들었을 다른 방법이 있었는가?
4. 이 일을 성취하기 위해 집단원들이 서로 협력한 방법은 무엇인가? 협력은 어떻게 도움이 되었는가?
5. 협력 여부를 어떻게 결정했는가? 협력에 대한 당신의 태도는 집단에서 일어난 일에 어떤 영향을 주었는가? 다른 집단원들의 태도는 어떠했는가?
6. 사진의 순서에 대해 다른 집단원들과 의견이 다른 경우 이 의견 차이를 어떻게 표현했는가? 동의하지 않는 것을 표현하는 좀 더 건설적이고 공손한 방법은 무엇인가?
7. 다른 사람들의 생각을 기꺼이 고려했는가? 어떻게 다른 관점을 고려할 의지를 증대시켰는가? 이를 기꺼이 해 본 적이 있다면 어떻게 도움이 되었는가?
8. 집단원들이 그림의 순서에 동의하지 않을 때 이 의견 차이가 갈등으로 인식되었는가? 의견 불일치가 갈등으로 확대되면 갈등에 대해 어떻게 생각하는가? 당신의 감정이 어떠하였는가? 집단원들은 갈등을 어떻게 해결했는가? 갈등 해결에 당신은 무엇을 기여했는가? 이것을 하기 위한 다른 방법은 무엇인가?
9. 의견 불일치가 갈등으로 확대하는 데 있어서 당신은 무엇을 했는가? 당신은 불일치가 갈등을 확대시키는 것을 방지하도록 할 수 있었던 일이 있었는가?
10. 어떤 면에서 또래 압력이 과정에 영향을 미쳤는가? 또래 압력은 어떻게 전달되었는가? 집단원들은 어떻게 또래 압력을 다루었는가? 당신은 또래 압력에 어떻게 반응했는가? 당신은 이 과정에서 다른 사람에게 또래 압력을 행사했는가?

11. 집단이 실수를 하고 사진을 잘못 배열하는 경우, 당신은 이 실수에 대해 어떻게 생각했는가? 당신의 감정을 어떻게 다루었는가? 실수가 있었을 때 집단의 나머지 사람들과 무엇을 의사소통했는가?
12. 활동의 나머지 과정에서 당신을 도운 실수로부터 무엇을 배웠는가?
13. 집단이 그림을 배열할 때 어떻게 느꼈는가? 그런 감정을 집단의 다른 사람들과 어떻게 나누었는가?
14. 이 활동에서 노력과 끈기가 어떤 방식으로 중요했는가? 신뢰성과 주도성은? 지식을 나누는 능력은? 비판적 사고 기술은? 시간 관리 기술은?

응용 접목질문 예시

1. 이 활동에서 제기된 도전과 비슷한 문제를 어떻게 풀어 나갈 수 있는가? 당신의 집단원이 사용하는 문제 해결 방법 중 당신이 생활하면서 다른 상황에서 사용할 수 있는 방법은 무엇인가? 이러한 상황에서 어떻게 사용할 수 있는가?
2. 당신 또는 집단원이 사용한 스트레스 관리 방법 중 당신이 생활하면서 다른 상황에 도움이 될 수 있는 방법은 무엇인가? 어떻게 적용할 수 있는가?
3. 듣는 것이 중요할 수 있는 다른 상황이나 관계는 어떠한가? 어떻게 그런 상황에서 들었다는 것을 확신할 수 있는가?
4. 이 활동에서 배운 방법이나 연습한 방법을 적용하여 아이디어를 분명하게 전달하는 방법은 무엇인가?
5. 실수로부터 배우는 것을 다른 상황에 어떻게 적용할 수 있는가? 또래 압력을 다루었는가?
6. 비판적 사고 기술을 어떻게 향상시킬 수 있는가?
7. 다른 사람들의 관점을 좀 더 존중한다면 어떤 상황이나 관계가 개선되는가? 다른 사람들의 관점을 듣고 무엇을 배울 수 있는가? 다른 사람들의 관점을 듣는 것이 왜 유익한가?
8. 무언가를 배우기 위해 노력과 끈기를 가져야 하는 다른 상황으로는 어떤 것들이 있는가? 어떻게 하면 이 활동에서 배운 것을 적용하여 자신의 노력과 끈기를 향상시킬 수 있는가?
9. 신뢰할 수 있고 주도권을 행사하는 것이 중요한 다른 상황으로는 어떤 것들이

있는가? 어떻게 하면 더 신뢰할 수 있고 그러한 상황에서 보다 주도성을 발휘할 수 있는가?

10. 학습자로서 유능하고 자신감을 느끼는 다른 상황에는 어떤 것들이 있는가? 학습자로서의 이러한 역량과 자신감을 어떻게 높일 수 있는가?
11. 또래 압력이 긍정적일 수 있는 몇 가지 방법은 무엇인가? 또래 압력이 어떻게 부정적일 수 있는가?

안전 문제

없음

학교, 가족, 지역사회에서 보물은 무엇인가? 이 보물들을 어떻게 돌보고 보호하는가?

활동명: 보물 지키기

활동 유형: 도전하기

대상: 5학년 이상

집단 크기: 8~25명

목적 1. 의사소통 및 인간관계 능력 향상

목표

1D. 생각을 명확하고 건설적으로 표현하기

1J. 도움의 필요성을 인식하고 그것을 요청할 능력을 개발하기

1K. 욕구와 소망을 인식하고 언어화하기

1L. 집단에 효과적으로 참여하기 위한 기술을 개발하기

목적 2. 자기인식과 자기수용 증진

목표

2A. 개인적 태도와 가치를 탐색하기

목적 3. 문제 해결 및 의사결정 기술의 개발과 적용

목표

3A. 개인적 목표 설정하기

3B. 문제 확인하기

3C. 문제 해결과 의사결정 단계의 이해를 설명하기(정보 수집, 대안과 결과 탐색, 계획과 행동)

3D. 결정 평가하기

3E. 일상생활에서 변화

3H. 문제를 다루는 효과적인 대처 기술 설명하기

3J. 문제 해결과 목표 달성을 위한 대안적 방법 확인 능력 개발하기

재료

보물을 나타내기 위한 손수건, 부드러운 공 또는 어떤 종류의 자루/봉지(예: 비닐 봉지), 밧줄 또는 다른 경계선(예: 마스킹 테이프)

준비

이 게임을 실행하려면 원형(또는 적어도 닫힌 기하학적 모양)의 경계선이 필요하다. 예를 들어, 지름이 약 3~4.5m인 원을 만들기 위해 종종 밧줄 또는 긴 테이프를 배치한다. 경계선 안의 영역은 집단원들이 둘 사이에 충분한 공간을 둘 수 있을 정도로 충분히 커야 한다.

놀이 방법

1. 손수건, 공 또는 가방은 다른 참여자가 가져가지 못하도록 보호해야 하는 보물 또는 좋은 재료가 된다. 보물을 지키는 사람은 보물을 만질 수는 없지만 서 있거나 주위를 맴돌 수 있다. (우리는 종종 모든 참여자가 이 활동에서 무릎을 꿇게 한다.)
2. 보물을 지키는 사람은 보물의 안쪽이나 바깥쪽에 위치하며 다른 모든 사람은 주변에 무릎을 꿇고 원을 만든다.
3. 활동이 시작되면 경계선 주변의 참여자가 함께 이동하여 보물을 지키는 사람에게 잡히지 않고 안쪽에서 보물을 안전하게 꺼낸다.
4. 보물을 가져오려고 하는 동안 보물을 지키는 사람에게 잡히면 주변으로 돌아와 보물을 훔치려고 다시 시도해야 한다.
5. 참여자가 성공적으로 보물을 낚아채서 보물을 지키는 사람에게 잡히지 않고 원에서 꺼내면 그 사람이 보물을 지키는 사람이 된다.
6. 이 게임은 함께 활동하는 참여자가 더 성공적으로 협력한다는 점에서 협력적이다. 이것은 참여자 자신이 발견할 수도 있고, 집단에 따라 리더가 미묘하게

장려할 수도 있다.[9)]

변형

1. 보물 지키는 사람을 1명으로 하여 몇 라운드를 한 후 다른 사람을 추가하여 중간에 2~3명이 보물을 지키게 한다. 어떻게 두 사람이 보물이나 좋은 물건을 보호하는 것을 성공했는지 흥미롭지 않은가?
2. 참여자가 잡히면, 참여자는 제자리에 고정되어 보물을 훔치려는 다른 참여자에게 장애물이 된다.
3. 다음과 같은 비유를 사용하여 활동을 구성할 수 있다. 게임의 기본 규칙을 설정한 후 참여자들에게 "학교/지역사회/가족의 보물은 무엇입니까? 학교/지역사회/가족을 보호하고 돌보고 싶습니까?"라고 묻는다. 학생들에게 3×5 카드에 이런 것들을 쓰게 하고 작은 자루에 넣게 할 수도 있다. 자루는 보호받고 있는 보물이 될 수 있다. 모두 하나의 특성을 확인한 후 참여자들에게 "언급된 특성 중 하나를 망칠 수 있는 것은 무엇입니까?"라고 묻는다. 대답은 시간이 걸리지 않고 부정적이며 짓궂고 보살피지 않는 것 등이 포함될 수 있다. 참여자들이 보물을 훔치기 위해 기어갈 때 좋은 물건들을 도둑 맞을지도 모른다고 속삭일 수 있다. 예를 들어, 참여자는 "여기에 나쁜 것이 온다. 나쁜 일이 생긴다."라고 속삭일 수 있다.
4. 보물을 지키고 있는 1명 이상의 사람과 활동을 하는 경우, 추가된 사람은 교사, 학생 관리자, 학부모와 같이 어떤 집단을 대표할 수 있는지 파악할 수 있다.

개인화 접목질문 예시

1. 보물을 지키는 사람이 될 사람을 어떻게 결정했는가?
2. 보물을 지키는 사람을 선택하는 과정에서 모든 사람이 들어주었는가?
3. 보물을 지키는 사람이 되고 싶었지만 선택받지 못한 사람들이 있었는가? 당신이 이 사람들 중 하나였다면 선택되지 못해 기분이 어땠는가? 당신이 원하는

---

9) Fluegelman, A. (1976). *The new games book*. San Francisco, CA: New Games Foundation.

것을 가질 가능성을 높이기 위해 다르게 할 수 있었던 것 같은가?

4. 당신이 보물을 지키는 사람이었다면 어떻게 느꼈는가? 재미있었는가? 그것에 대해 도전적인 것은 무엇이었나?
5. 보물을 지키는 사람이었다면 보물을 지키는 전략은 무엇이었는가? 어떤 전략이 가장 효과적일 것이라고 생각했는가? 전략이 효과적이지 않은 경우 어떻게 결정했는가?
6. 당신이 보물을 지키는 사람이었고 보물을 성공적으로 지켰다면 성공에 대해 어떻게 생각했는가? 당신이 보물을 지키는 사람이었고 누군가 보물을 훔쳤다면 어떻게 느꼈는가? 이런 일이 일어났을 때 당신의 능력에 대해 당신 자신에게 무엇이라고 말했는가?
7. 보물을 훔치려고 했다면 목표를 달성하고 보물을 얻었을 때 어떻게 느꼈는가? 당신이 성공하지 못했다면 어떻게 생각했는가? 이런 일이 일어났을 때 당신의 능력에 대해 자신에게 무엇이라고 말했는가?
8. 보물을 훔치려고 사람들이 서로 어떻게 상호작용했는가? 협력했거나 경쟁했는가?
9. 보물을 훔치려는 사람들은 어떤 전략이 가장 효과적일 것이라고 결정했는가? 전략이 효과적이지 않은 경우 어떻게 결정했는가? 전략이 효과적이지 않은 경우 대안 전략을 어떻게 개발했는가?
10. 전략을 수립하는 과정에서 아이디어를 얻는 가장 좋은 방법은 무엇인가?
11. 보물을 훔치려고 했던 사람과 지키는 사람이 되는 것 사이의 전환은 어떻게 되었는가?
12. 보물을 지키는 사람에서 보물을 훔치려는 사람이 되는 느낌이 어땠는가?
13. 둘 이상의 지키는 사람이 있을 때 경험은 어떻게 다른가?
14. 보물을 지키는 사람이 둘 이상 있는 경우 그들이 보물을 성공적으로 보호하기 위해 어떻게 협력했는가?
15. 더 많은 사람과 함께 보물을 지키는 것은 더 쉬웠는가, 아니면 어려웠는가?
16. 보물을 훔치려는 사람들이 주변으로 돌아가서 다시 시작하기보다는 잡힌 장소에서 움직이지 못할 때 이 경험은 어떻게 다른가?
17. 집단이 보물을 설명하는 비유를 사용했다면, 보물은 무엇이었는가? 무엇인

지 어떻게 결정했는가? 당신의 아이디어가 포함되었는가?

18. 보물을 지키는 사람이 지키고자 하는 것이 정확히 무엇인지 알고 있을 때 이를 지키도록 더 많이 결정했다고 생각하는가?
19. 집단의 좋은 물건을 훔칠 수 있는 방법은 무엇이었는가?

응용 접목질문 예시

1. 지켜야 할 중요한 것을 어떻게 결정하는가?
2. 지켜야 할 중요한 것을 지키려면 어떻게 해야 하는가?
3. 다른 사람에게 중요한 것을 위협했을 때를 설명한다. 어떻게 이런 일이 생겼는가? 경험을 되돌아보니 일어난 일에 대해 어떻게 생각하는가?
4. 다른 사람들이 당신을 도울 수 있을 때 당신에게 중요한 것을 지키기가 더 쉬운가? 또는 혼자 작업하는 것을 더 좋아하는가?
5. 이러한 상황에서 중요한 것을 보호하기 위한 최선의 전략을 어떻게 결정하는가?
6. 전략을 사용하여 문제를 해결하는 경우 해당 전략의 작업 여부를 어떻게 결정하는가?
7. 전략이 효과가 없다고 판단되면 어떻게 대안을 만들어 낼 것인가?
8. 대부분 어떻게 한 역할에서 다른 역할로 전환하는가? 전환하는 것에 대해 이 활동에서 배운 것을 이러한 상황에 어떻게 적용할 수 있는가?
9. 상대방을 보호해야만 한다고 느낀 관계가 있었는가? 그 경험은 어떠하였는가? 어떤 전략을 사용했는가? 다른 사람을 특정 상황에서 보호해야 하는지 여부는 어떻게 결정했는가?
10. 다른 사람이 당신을 보호하고 있는 관계에 있었던 적이 있는가? 그 경험은 어떠하였는가? 정말로 보호가 필요하다고 생각했는가?
11. 도움이 필요한지 어떻게 결정하는가? 도움을 요청하는 방법에 대해 어떻게 생각하는가?
12. 협력이 목표 달성을 위한 최선의 방법인 다른 상황에는 어떤 것들이 있는가? 이러한 상황에 오늘의 경험으로부터 무엇을 적용할 수 있는가?

안전 문제

1. 부드럽고 평평한 곳(예: 잔디)에서 활동을 한다. 체육관 바닥은 무릎을 꿇기가 더 어렵다.
2. 짧은 시간에 최대한 많은 사람을 잡기 위해 보물을 지키는 사람이 거칠게 움직이지 않도록 한다.

당신이 찾는다면 항상 밝은 희망이 있어요.

활동명: 밝은 희망

활동 유형: 친해지기

대상: 3학년 이상

집단 크기: 3~93명, 3개의 하위집단으로 나눌 수 있게(각 하위집단에서 홀수의 사람들과 작업할 것이지만, 우리는 단지 3명이라는 것만으로도 재미있을 것이라고 생각한다.)

목적 1. 의사소통 및 인간관계 능력 향상

목표

1D. 생각을 명확하고 건설적으로 표현하기

1G. 관계를 형성하고 유지하기 위한 기술을 개발하기

1L. 집단에 효과적으로 참여하기 위한 기술을 개발하기

목적 2. 자기인식과 자기수용 증진

목표

2A. 개인적 태도와 가치를 탐색하기

2C. 부정적 자기대화를 인식하기 위한 능력 개발하기

2D. 부정적 자기대화를 대체할 긍정적 자기대화의 기술 개발하기

2F. 자신에 대한 긍정적 태도 개발하기

목적 3. 문제 해결과 의사결정 기술의 개발과 적용

목표

3E. 일상생활에서 변화와 이행 조정하기

3F. 갈등 해결을 위한 의사결정 기술 적용하기

3H. 문제를 다루는 효과적인 대처 기술 설명하기

3J. 문제 해결과 목표 달성을 위한 대안적 방법 확인 능력 개발하기

재료

없음

준비

큰 집단을 3개의 하위집단으로 나눈다(또는 5~7개로 나눈다. 당신이 정한 숫자가 무엇이든, 각 하위집단의 참여자 수는 홀수여야 한다).

놀이 방법

1. 각 하위집단을 하나의 원으로 앉게 한다. 각 집단에서 이야기를 시작할 사람을 자원하도록 한다.
2. 모든 구름의 은빛으로 빛나는 가장자리(불행 속에도 한 가닥 희망이 있음)를 배우는 재구조화라는 새로운 기술을 연습할 것이라고 집단에 말한다.
3. 말하기를 시작할 사람에게 사람이나 집단에게 일어날 수 있는 불행한 것을 생각하도록 질문한다. 그들은 무슨 일이 일어났는지 '불행히도'라는 말로 시작하여 자신의 소집단에 말해야 한다. (단, 1~2문장으로 너무 길지 않도록 한다. 예: '불행히도 소풍 갔을 때 비가 내리기 시작했다.')
4. 원에서 시계 방향으로 돌아가면서 다음 사람은 건설적이거나 행운인 것을 발견하여 이야기를 할 수 있다. '다행히도'를 사용하여 그가 이야기의 다음 부분을 시작하도록 요청한다. (예: '다행히도 그들은 모두 우산을 가져왔다.')
5. 원 안에 있는 다음 사람은 이야기를 계속하지만 상황에 대해 불행한 것을 찾아 '불행히도'라고 하며 이야기의 다음 부분을 시작한다. (예: '불행히도 루크의 우산이 부러졌다.')
6. 이야기는 자연스러운 결론에 도달할 때까지(또는 시간이 다 되었다고 말할 때까지) 운이 좋고 불행한 상황을 번갈아 가면서 얘기하는 것을 계속 진행하며, 운이 좋았던 긍정적인 결론으로 끝난다. (예: '다행히도 루크는 아직 우산이 고장 나지 않은 캐롤에게 반했다.' '불행히도 작은 우산이었다.' '다행히도 캐롤도 루크를 좋

아했기 때문에 둘은 가까워졌다.' 등)[10]

개인화 접목질문 예시

1. 다행히도 혹은 불행히도 어느 입장이 가장 편안했는가? 그중 무엇이 편안했는가? 다른 입장에 대해 불편한 점은 무엇이었는가?
2. 각 입장에 대해 무엇이 좋았는가? 각 입장에 대해 무엇이 싫었는가?
3. 집단이 말한 이야기에 대해 어떻게 생각했는가? 그 이야기에 당신이 기여한 것에 대해 어떻게 느꼈는가? 당신은 어떻게 집단에 그 감정을 표현했는가?
4. 이야기를 할 때 주목의 중심이 되어 기분이 어땠는가?
5. 이야기에 기여할 것인지 어떻게 결정했는가?
6. 이야기에 당신이 기여한 것은 자신의 개인적인 태도와 가치를 어떻게 반영했는가?
7. 다음 사람이 당신이 방금 말한 부분과 반대 방향으로 이야기했을 때 어떻게 느꼈는가?
8. 왜 이 활동에서 듣기가 중요했는가? 당신이 좋은 경청자인지 확인하기 위해 당신은 무엇을 했는가?
9. 이야기가 당신이 편하게 느끼지 못하는 방향으로 간다면 어떻게 느꼈는가? 당신이 편안함을 느낄 수 있는 방향으로 이야기를 되돌리려고 무엇을 했는가?
10. 당신의 이야기에 갈등이 생겼다면 어떻게 집단이 그것을 다루었는가?
11. 이 활동에 영향을 받는 끊임없는 전환에 대해 기분이 어땠는가? 그 전환을 어떻게 처리했는가?

응용 접목질문 예시

1. 당신은 대개 운이 좋은가, 나쁜가? 어떤 면에서 그런가?
2. 운이 나쁜 사람이 되는 경향이 있는 상황은 무엇인가? 운이 좋은 사람이 되는 경향이 있는 상황은 무엇인가? 이러한 상황에서 당신에게 어떤 변화가 있는가?
3. 부정적인 자기대화를 할 때를 인식하는 것에 대해 이 활동에서 무엇을 배웠는

10) Beaudion, M., & Walden, S. (1998). *Working with groups to enhance relationships*. Duluth, MN: Whole Person Associates.

가? 부정적인 자기대화를 긍정적인 자기대화로 대체하는 것에 대해 이 활동에서 무엇을 배울 수 있는가?

4. 당신의 삶에서 부정적인 경향이 있는 상황이나 관계는 무엇인가? 이러한 상황에 어떻게 대처하는가? 이런 상황에서 희망을 찾는 것에 대해 이 활동에서 배운 것을 어떻게 적용할 수 있는가?
5. 당신이 부정적인 경향이 있는 상황이나 관계는 무엇인가? 이러한 상황을 어떻게 대처하는가? 이런 상황에서 희망을 찾는 것에 대해 이 활동에서 배운 것을 어떻게 적용할 수 있는가?
6. 다른 사람들이 관련된 부정적인 경향이 있는 상황이나 관계는 무엇인가? 이러한 상황에 어떻게 대처하는가? 이런 상황에서 희망을 찾는 것에 대해 이 활동에서 배운 것을 어떻게 적용할 수 있는가?
7. 당신이나 다른 사람들이 비현실적으로 낙관적인 경향이 있고 현실 확인이 필요한 상황이나 관계는 무엇인가? 이러한 상황을 어떻게 대처하는가? 이러한 상황에 대한 단점을 찾는 것에 대해 이 활동에서 배운 것을 어떻게 적용할 수 있는가?
8. 당신이 주목의 중심에 있게 되는 다른 상황에는 어떤 것들이 있는가? 이러한 상황에 대해 어떻게 생각하는가? 주목의 중심이 되는 것을 어떻게 다루는가?
9. 당신이 이야기를 소집단(다른 2명의 사람들)에게 하는 것과 더 큰 집단에게 하는 것 중 어느 것이 더 쉬운가? 당신의 편안함에 영향을 미치는 요인은 무엇이라고 생각하는가?
10. 집단 앞에서 이야기해야 할 때, 어떻게 할 말을 결정할 수 있는가? 당신이 말하기로 결정한 것에 환경이나 청중은 어떤 영향을 미치는가?
11. 좋은 이야기꾼이 되는 몇 가지 특징은 무엇인가? 그중 어느 특징을 가지고 있는가?
12. 당신이 말하는 것이 특별함을 지닐 방법은 무엇인가? 자신만의 특별함에 주목하는 다른 상황에는 어떤 것들이 있는가? 그 특별함을 어떻게 기념할 수 있는가?
13. 또래 압력에 대처해야 하는 다른 상황에는 어떤 것들이 있는가? 그런 상황을 어떻게 대처하는가? 이 상황에서 또래 압력을 다루는 것에 대해 이 활동에서

배운 것을 어떻게 적용할 수 있는가?

14. 당신이 동의하지 않는 방향으로 가는 상황을 다룰 수 있도록 배운 것을 다른 상황에 어떻게 적용할 수 있는가?
15. 다른 사람들의 말을 듣는 것이 중요한 다른 상황이나 관계는 무엇인가? 그러한 상황이나 관계 속에서 다른 사람들의 이야기를 듣는 것이 중요한 이유는 무엇인가?

안전 문제

이야기를 할 때 모든 사람이 몸짓을 제어할 수 있도록 한다. 문제가 없어야 한다. 중고등학생 연령에서 우리는 참여자들에게 G에서 PG까지[11] 범위의 이야기를 유지하도록 격려한다.

11) 역자 주: G는 General Audiences로 모든 연령에 적합함. PG는 Parental Guidance Suggested로 부모의 지도가 필요하고 일부는 아동에게 적합하지 않을 수 있음.

난 너를 알아! 너는 음, 음…….

활동명: 슬라이드 쇼

활동 유형: 친해지기

대상: 1학년 이상

집단 크기: 6~30명

목적 3. 문제 해결과 의사결정 기술의 개발과 적용

목표

3E. 일상생활에서 변화와 이행 조정하기

3G. 일상의 상황에서 의사결정 기술을 적용하기

3H. 문제를 다루는 효과적인 대처 기술 설명하기

3I. 또래 압력이 의사결정에 영향을 줄 때를 인식하기

3J. 문제 해결과 목표 달성을 위한 대안적 방법 확인 능력 개발하기

목적 6. 학습 관련 긍정적 태도와 기술 향상

목표

6A. 학습자로서 유능감과 자신감을 개발하기

6B. 성취에 대한 자신감 갖기

6C. 학습 과정의 일부로서 실수를 수용하기

6D. 시간 조정과 과업 조절 전략 적용하기

6E. 노력과 인내가 학습을 향상시킨다는 것을 인식하기

6F. 의존성과 주도성을 개발하기

6G. 지식 공유 능력 개발하기

6H. 비판적 사고 기술을 발달시키기

재료

파티션처럼 참여자들이 볼 수 없도록 하는 시트, 테이블 천, 커튼, 방수 천

준비

공동 리더가 없는 경우 활동 중에 파티션을 들고 있기 위해 당신과 비슷한 키의 도우미를 선택해야 한다.

놀이 방법

1. 이것은 참여자의 속도와 정확성을 테스트하는 이름 인식 게임이다(즉, 얼마나 빨리 다른 참여자의 이름을 인식하고 올바르게 말할 수 있는가 하는 것이다).
2. 집단을 2개의 대략 동일한 팀으로 나눈다.
3. 새로 만들어진 두 팀 사이에 서서 도우미와 함께 파티션의 한쪽 끝을 잡아 세로로 잡고 있기 때문에 반대편 팀은 뒤에 숨어 있을 수 있다.
4. 각 팀은 1명의 참여자를 앞으로 보내서 파티션 근처에 있는 다른 팀과 마주하고 있거나 (당신과 당신의 도우미가 얼마나 큰지, 참여자의 키가 얼마나 큰지에 따라) 웅크리거나 서 있도록 한다.
5. 이 시점에서 각 팀은 대표자 1명을 파티션 근처에 세우도록 한다. 나머지 팀은 파티션 뒤에 숨어 있으므로 다른 팀에서 볼 수 없다. 이 방법으로 각 팀은 앞에 나간 사람이 있으며, 어느 팀도 다른 팀이 앞에 내보낸 사람을 알지 못한다.
6. 이 시점에서 당신과 도우미는 파티션의 끝에서 1, 2, 3을 세고 두 팀의 집단원이 갑자기 서로 볼 수 있도록 파티션을 내려놓는다.
7. 앞에 나와 있는 다른 사람의 이름을 올바르게 말하는 사람이 승리한다.
8. 진 사람은 이긴 팀에 합류하고, 다음 라운드를 위해 파티션을 다시 올린다.
9. 각 라운드마다 앞에 한 사람을 내보내기 전에 팀은 누가 앞으로 나갈지 전략을 짤 수 있다(예: "나는 그들이 틀림없이 우리가 ○○을 앞으로 보낼 것이라고 생각한다고 본다").
10. 팀에 남아 있는 사람이 단 1명이거나(이런, 단 1명의 집단원만 남았네. 파티션 뒤에 누가 서 있을지 궁금하네) 당신이 승리를 선언할 때 게임이 끝난다.

개인화 접목질문 예시

1. 당신의 팀은 누구의 이름을 부를 것인지 어떻게 결정했는가?
2. 집단원들이 전략이 제대로 작동하는지 어떻게 결정했는가? 전략이 작동하지 않았다고 결정했다면 집단원들은 무엇을 했는가?
3. 팀이 실수를 해서 추측을 잘못했을 때 어떻게 느꼈는가? 그 감정을 어떻게 표현하였는가? 당신이 잘못 추측했을 때 당신 자신과 당신의 능력에 대해 스스로에게 한 말은 무엇이었는가?
4. 팀이 이겼을 때 어떻게 느꼈는가? 그 감정을 집단에게 어떻게 표현했는가? 팀이 올바르게 추측할 때 자신과 자신의 능력에 대해 스스로에게 한 말은 무엇이었는가?
5. 이름을 부를 사람을 확신했다면 집단의 다른 사람들의 의견에 영향을 주려고 했는가? 그렇다면 어떤 설득 기법을 사용했는가? 지식을 공유할 수 있는 보다 효과적인 방법이 있는가?
6. 다른 사람들이 누구의 이름을 부를지 확실하게 표현하면 이것이 당신의 의사결정 과정에 어떻게 영향을 미쳤는가? 누구라도 그들의 의견에 동의하도록 당신을 설득하려 했는가?
7. 이러한 상호작용이 또래 압력처럼 느껴졌는가? 그렇다면 상호작용의 어떤 부분이 또래 압력으로 느껴졌는가? 어떻게 대처했는가?
8. 팀이 지게 되어 당신이 다른 팀에 합류해야만 했을 때 당신은 어떻게 느꼈는가? 이 전환은 당신에게 어땠는가? 그 전환이 어려웠다면 무엇이 좀 더 쉽게 만들었는가?
9. 당신은 더 자주 맞혔는가 아니면 자주 틀렸는가? 이 활동에 성공했는지를 어떻게 정의했는가? 당신이 성공했다면 그것에 대해 어떻게 느꼈는가? 당신이 실패했다면 어떻게 느꼈는가?
10. 게임이 진행됨에 따라 이전 차례에서 배운 것을 어떻게 적용했는가?
11. 누구의 이름을 부를지 결정하는 과정에서 다른 집단원의 추론을 듣는 것이 얼마나 중요했는가? 그들의 의견이 당신의 의견 형성에 영향을 미쳤는가?
12. 집단원 간의 상호작용 중 일부가 당신과 갈등을 일으키는 것처럼 느껴졌는가? 그렇다면 갈등을 어떻게 처리했는가? 갈등을 보다 효과적으로 처리할 수

있었던 몇 가지 방법은 무엇이었는가?

13. 이 활동에 비판적인 사고 기술을 어떻게 적용했는가? 비판적 사고 기술을 보다 효과적으로 사용할 수 있었던 몇 가지 방법은 무엇인가?
14. 집단의 성공에 기여하기 위해 무엇을 했는가?

응용 접목질문 예시

1. 게임을 할 때 올바른 이름을 부르는 것이 중요하다고 느꼈는가? 이는 정말 중요했는가? 그 당시에는 중요한 것처럼 보였지만 실제로 중요하지 않았을 수도 있다는 사실에 대해 어떻게 생각하는가?
2. 학교에서 몇 번이나 중요하지 않을 수도 있는 것에 대해 걱정할 때가 있지만 그때는 중요하다고 생각하는 경우는 무엇이었는가? 집에서는 어떠한가?
3. 무엇이 중요한지 결정할 때 어떤 전략을 사용할 수 있는가? 무엇이 정말로 중요한지를 더 잘 결정할 수 있는 방법은 무엇인가?
4. 다른 사람들이 당신의 결정에 영향을 줄 수 있는 다른 상황이나 관계는 무엇인가? 이런 상황에서 이 활동에서 배운 것을 어떻게 적용할 수 있는가?
5. 평소 결정을 내리는 방법은 무엇인가? 이 활동에서 배운 것을 어떻게 활용하여 의사결정을 향상시킬 수 있는가?
6. 이 집단원들이 사용하는 문제 해결 또는 의사결정 방법은 당신의 인생의 다른 상황에서 유용할 수 있는가? 이러한 상황에서 어떻게 사용할 수 있는가?
7. 다른 사람들의 말을 듣는 것이 유용할 수 있는 다른 상황이나 관계는 무엇인가? 다른 사람들의 말을 듣고 자신의 영향력을 행사할 수 있는 방법을 결정하는 방법에 대해 어떻게 생각하는가?
8. 이 활동에서 배우거나/연습한 갈등 해결 방법을 다른 상황에서 어떻게 적용할 수 있는가?
9. 다른 집단원이 결정하는 것에 동의하지 않는 상황을 어떻게 처리했는가? 이 활동에서 배운 것을 그 상황에 어떻게 적용할 수 있는가?
10. 일상생활에서 다른 상황에 적용할 수 있는 비판적 사고 기술에 대해 무엇을 배웠는가?
11. 생활하면서 당신의 지식을 다른 사람들과 나누는 것이 중요한 상황은 무엇

인가? 다른 사람들과 지식을 공유할 때 어떤 기분이 드는가?

12. 다른 상황에서 또래 압력을 다루기 위해 이 활동에서 배우고 연습한 방법 중 일부를 어떻게 적용할 수 있는가?
13. 생활하면서 당신의 성공 여부에 관한 결정을 내릴 필요가 있는 다른 상황들 또는 관계들은 무엇인가? 이 활동에서 배운 것을 그 상황에 어떻게 적용할 수 있는가?
14. 당신이 수행한 것이 성공적이지 과하다고 판단되면 이것은 당신에게 어떤 영향을 미치는가? 그 상황에서 당신 자신과 당신의 능력에 대해 스스로에게 한 말은 무엇인가? 자신이 성공하지 못했을 때 자신과 자신의 능력에 대해 생각해 볼 수 있는 좀 더 긍정적인 방법은 무엇인가?

안전 문제

없음

1-2-3-당신은 얼마나 느리게 갈 수 있는가?

활동명: 슬로 모션 술래잡기

활동 유형: 친해지기

대상: 3학년 이상

집단 크기: 8~40명

목적 2. 자기인식과 자기수용 증진

목표

2C. 부정적 자기대화를 인식하기 위한 능력 개발하기

2D. 부정적 자기대화를 대체할 긍정적 자기대화의 기술 개발하기

2E. 자신의 특별함에 감사하기

2F. 자신에 대한 긍정적 태도 개발하기

2G. 개인적인 경계, 권리, 사생활 보호의 필요성을 인식하기

2H. 개인 및 사회적 역할 확인하기

목적 5. 일관되게 책임감 있는 행동을 증명

목표

5A. 개인적 책임을 인식하기

5B. 행동이 적절하고 책임감이 있는지 인식하기

5C. 적절하고 책임감 있는 방법으로 행동하기

5D. 스트레스를 다루는 대처 기술 개발하기

5E. 자기훈련과 자기조절을 연습하는 방법의 필요성 이해하기

재료

없음

준비

경계 또는 규정된 영역을 지정하는 것 이외에는 없다.

놀이 방법

1. 집단을 정해진 구역에 흩어지게 한다. 집단원이 많을수록 필요한 구역이 커진다. 이상적으로 구역은 참여자들이 그 구역에 퍼져 다른 누군가에게 닿지 않을 수 있을 만큼 충분히 커야 한다. 또한 참여자가 너무 멀리 떨어져 있지 않는 것이 도움이 되며 게임이 더 빠르게 진행되는 데 도움이 된다.
2. 이것은 잡기 게임이며 이 게임에서는 모두가 술래가 된다. 목표는 잡히기 전에 다른 사람을 잡는 것이다. 이 게임은 느린 동작으로 진행된다.
3. 참여자는 한 번에 한 단계씩 이동할 수 있다. 게임의 가장 중요한 점은 리더가 "1-2-3-이동"을 세며, 리더가 "이동"이라고 말하면 모든 사람이 한 걸음씩 나가야 한다는 것이다. 이 새로운 입장에서 참여자들은 다른 사람들을 잡는 동안 다른 사람에게 잡히는 것을 피하려고 한다.
4. 참여자가 잡히면 참여자는 단순히 게임을 그만둔다. 잡힌 참여자는 주변에 모여 리더와 함께 "1-2-3-이동"이라고 말할 수 있다.

변형

움직일 수 있는 경계선(밧줄 또는 끈)을 이용할 수 있다. 집단 수가 줄어들면 경계선의 크기를 줄여 조금 작게 만들어 게임을 조금 더 재미있게 만들 수 있다!

개인화 접목질문 예시

1. 이 게임은 다른 게임과 어떻게 다른가?
2. 이 잡기 게임에서는 잡히는 사람과 잡는 사람 사이에 명확한 역할 구분이 없다. 그렇게 하는 것이 어땠는가?
3. 잡히는 것을 피하는 것 또는 다른 사람을 잡는 것에 대해 걱정했는가? 어떠한 생각이 그 특정 활동을 가장 중요한 것으로 만들었는가?
4. 당신의 움직임을 통제하는 다른 사람에 대해 어떻게 느꼈는가? 당신이 정말로 천천히 움직여야 하는 이유는 무엇인가?

5. 다른 사람을 잡을 수 있는 자신의 능력에 대해 부정적인 것을 이야기할 때가 있었는가? 천천히 움직이는 능력? 어떤 종류의 것을 당신 자신에게 말하고 있었는가?
6. 이 부정적인 자기대화를 어떻게 긍정적인 자기대화로 바꿀 수 있었는가? 어떤 종류의 긍정적인 것들을 스스로에게 말할 수 있는가?
7. 이 게임에 관한 당신의 방식은 모든 집단원이 게임에 관해 했던 방식과 어떻게 다른가?
8. 집단이 움직임을 멈췄을 때 누군가 당신에게 정말로 가까이 다가와 있었다면, 어떻게 느꼈는가? 그것이 당신의 개인적 경계에 대한 감각에 어떻게 영향을 미쳤는가?
9. 이 활동에서 집단에 대한 당신의 책임은 무엇인가? 당신의 책임은 어떻게 결정되었는가?
10. 이 활동을 할 때 그 책임을 존중했는가? 그렇다면 책임이 있다고 느낀 어떤 일을 했는가? 당신의 행동에 책임이 있음을 어떻게 확신했는가? 그렇지 않다면 책임이 없다고 느낀 어떤 일을 했는가? 무엇이 당신이 이 활동 중에 책임을 지지 못하게 했는가?
11. 다른 사람들이 당신의 행동을 책임감으로 인식했는지 어떻게 알 수 있는가? 이 활동 중에 당신이 책임지고 있는지에 대해 다른 사람들(집단원, 리더)로부터 어떤 피드백을 받았는가? 이런 종류의 피드백을 받을 때 어떻게 대응했는가?
12. 이 활동으로 인해 자기훈련과 자기조절을 연습하는 것이 중요하게 되었는가?
13. 이 활동에서 무엇이 스트레스가 되었는가? 이 스트레스에 대처하기 위해 어떤 전략을 사용했는가?

응용 접목질문 예시

1. 친구, 연인(나이에 따라 시간의 변화가 있긴 하지만 아마도 1학년과 2학년의 질문에 그 부분을 포함하고 싶지 않을 것이다), 가족들과의 사이에서 쫓는 사람과 쫓기는 사람 사이에 명확한 구분이 있는가? 명확한 구분이 없을 때 어떻게 대처할 수 있는가?

2. 쫓는 사람과 쫓기는 역할 중 당신이 가장 좋아하는 역할은 무엇인가? 그 역할에 대해 무엇을 좋아하는가? 얼마나 자주 당신은 다른 역할을 하는가? 그 역할에 대해 당신에게 불편한 점은 무엇인가?
3. 당신이 쫓거나 쫓기는 당신의 관계에서 다른 역할을 하는가? 그것은 무엇인가? 얼마나 자주 그 역할을 하는가? 그 역할들 각각에 대해 얼마나 편안한가?
4. 역할이 명확하게 정의되어 있지 않은 상황이나 관계에 있을 때 어떻게 처리하는가?
5. 당신 자신이나 능력에 대해 스스로에게 부정적인 것을 말하는 다른 상황이나 관계는 무엇인가? 그러한 상황이나 관계에서 어떻게 느끼는가?
6. 자기대화를 보다 긍정적인 방향으로 바꾸기 위해 사용한 전략에는 어떤 것들이 있는가?
7. 개인적인 경계, 권리, 사생활 보호의 필요성을 인식하고 유지하는 것이 중요한 상황에 대해 이 게임을 통해 무엇을 배울 수 있는가?
8. 다른 사람들이 당신이 무엇을 하는지, 어떻게 하는지 통제하고 있는 것처럼 느껴지는 상황은 무엇인가? 어떻게 그 상황을 처리하는가?
9. 생활하면서 책임 있는 태도로 행동하는 것이 정말로 중요하다고 느끼는 상황이나 관계는 무엇인가? 이러한 상황이나 관계를 어떻게 처리하는가?
10. 당신이 해야 한다고 생각하는 만큼 책임감 있게 행동하지 않을 때는 어떤 때인가? 무엇이 그 상황에서 당신이 책임지지 못하도록 한다고 생각하는가? 앞으로 어떻게 다르게 대응할 수 있는가?
11. 책임감 있게 행동하지 않는다는 피드백을 받았을 때 어떤 느낌이 드는가? 그 피드백에 어떻게 반응하는가? 피드백을 제공하는 사람이 반응에 어떤 영향을 주는가?
12. 친구나 가족 구성원이 책임감 있게 행동하지 않는 상황을 어떻게 처리하는가? 그러한 상황에서 보통 어떤 종류의 피드백을 제공하는가? 지인 또는 낯선 사람들이 책임감 있게 행동하지 않는 상황을 어떻게 처리하는가? 그러한 상황에서 보통 어떤 종류의 피드백을 제공하는가?
13. 생활하면서 어떤 상황에서 이 활동 중에 느낀 것과 동일한 스트레스를 느끼는가? 이 활동에서 스트레스를 다루는 방법에 대해 배운 것을 다른 상황에 어

떻게 적용할 수 있는가?

14. 자기조절과 자기훈련을 연습하는 것이 중요한 다른 상황은 무엇인가? 그러한 상황에서 자기조절과 자기훈련을 발휘할 수 있는 능력에 대해 이 활동에서 배운 것을 어떻게 적용할 수 있는가?

안전 문제

참여자들이 단계 사이에서 '얼어붙어' 있기 때문에 때때로 이러한 자세가 안정적이지 않으므로 잔디나 다른 부드러운 바닥에서 활동하는 것이 좋다.

아무도 가 보지 못한 곳

활동명: 스타게이트

활동 유형: 도전하기

대상: 1학년 이상

집단 크기: 5~25명(더 많은 사람과 더 많이 시간을 보낸다.)

목적 1. 의사소통 및 인간관계 능력 향상

목표

1A. 이해를 증명하고 기본적 의사소통 기술을 적용하기(예: 비언어적 증거 인식하기, 나 전달법 사용하기)

1B. 명확하고 건설적으로 감정 표현하기

1C. 타인의 감정 인식 및 수용하기

1D. 생각을 명확하고 건설적으로 표현하기

1F. 타인을 신뢰하는 의지를 증명하기

1G. 관계를 형성하고 유지하기 위한 기술을 개발하기

1H. 또래 압력을 인식하고 다루기

1I. 갈등 해결을 위한 의사소통 기술을 사용하기

1J. 도움의 필요성을 인식하고 그것을 요청할 능력을 개발하기

1K. 욕구와 소망을 인식하고 언어화하기

1L. 집단에 효과적으로 참여하기 위한 기술을 개발하기

목적 3. 문제 해결과 의사결정 기술의 개발과 적용

목표

3A. 개인적 목표 설정하기

3B. 문제 확인하기

3C. 문제 해결과 의사결정 단계의 이해를 설명하기(정보 수집, 대안과 결과 탐색,

계획과 행동)

3D. 결정 평가하기

3G. 일상의 상황에서 의사결정 기술을 적용하기

3H. 문제를 다루는 효과적인 대처 기술 설명하기

3I. 또래 압력이 의사결정에 영향을 줄 때를 인식하기

3J. 문제 해결과 목표 달성을 위한 대안적 방법 확인 능력 개발하기

목적 4. 다양성의 이해와 가치를 증진(신체장애가 있는 참여자 또는 1명 이상의 참여자에게 장애를 지정하는 경우, 변형을 참조한다)

목표

4A. 개인의 차이를 인식하고 인정하기

4D. 문화나 신체적, 학습적 차이가 있는 사람들의 유사점과 차이점을 인식하고 감사하기

4E. 고정관념이 대인관계와 타인에 대한 태도에 어떠한 영향을 줄 수 있는지 인식하기

목적 5. 일관되게 책임감 있는 행동을 증명

목표

5D. 스트레스를 다루는 대처 기술 개발하기

5E. 자기훈련과 자기조절을 연습하는 방법의 필요성 이해하기

목적 6. 학습 관련 긍정적 태도와 기술 향상

목표

6B. 성취에 대한 자신감 갖기

6C. 학습 과정의 일부로서 실수를 수용하기

6D. 시간 조정과 과업 조절 전략 적용하기

6E. 노력과 인내가 학습을 향상시킨다는 것을 인식하기

6F. 의존성과 주도성을 개발하기

6G. 지식 공유 능력 개발하기

6H. 비판적 사고 기술을 발달시키기

재료

공기가 빠진 자전거 내부 튜브(65cm 정도가 바람직함)

준비

없음

놀이 방법

1. 참여자들에게 손을 잡고 둥글게 서게 한다.
2. 둥글게 선 참여자 중 두 집단원이 서로 손을 놓게 하고 내부 튜브의 반대쪽을 잡는다. 이 방법으로 원은 여전히 완성되어 있지만, 두 사람은 서로의 손이 아니라 내부 튜브를 잡고 있는 것이다.
3. 참여자들에게 활동 목표는 전체 집단이 두 참여자가 들고 있는 튜브를 통과하는 것이라고 말한다. 집단은 계속 손을 잡고 있어야 하며 2명의 지정된 참여자는 튜브를 계속 잡고 있어야 한다.
4. 짧은 순간이 지나고 나서 또는 눈살이 찌푸려지고 혼란스러워지는 경우, 반대쪽에 있는 사람들이 튜브 쪽으로 움직여 타이어를 통과할 수 있도록 노력할 수 있다. 또한 타이어를 잡고 있는 것은 참여자들이 타이어를 통과하는 것을 촉진하는 데 크게 도움이 될 수 있음이 분명해질 수 있다.
5. 활동은 참여자들이 만든 원이 뒤집히고 멋진 성취감으로 끝난다!

변형

1. 이 활동은 장애가 있는 사람(예: 휠체어 사용자)이 있더라도 잘 수행된다. 사실, 우리는 이 역동을 너무 좋아한다. 때로는 1명 이상의 참여자에게 장애를 지정한다(예: 눈이 안 보이게 하고 팔을 사용한다). 이러한 변형으로 다루어야 할 완전히 새로운 일련의 문제가 발생할 수 있다(목적 4 참조).
2. 타이어를 옮겨라(p. 285) 활동과 같이 이 활동에 2개 이상의 튜브를 포함할 수 있다. 원은 튜브 중 하나를 통과한 다음 다른 튜브를 통과할 수 있다. 이것은

활동을 조금 더 길게 만들 수 있다(참여자가 첫 번째 타이어를 통과하는 방법을 알아낸 후에는 일반적으로 그다음 타이어를 다루기가 쉬워진다).

3. 우리가 좋아하는 한 가지 변형은 전체 집단이 튜브를 통과해야 하지만 손에 튜브를 든 참여자만 튜브를 만질 수 있다는 것이다. 집단은 아무런 접촉 없이 튜브를 통과할 때까지 계속 시도하거나 가능한 한 적게 닿으며 활동을 시도하게 할 수 있다. 후자의 경우 집단에서 접촉 횟수에 대한 목표를 설정하거나 닿지 않고 계속 시도할 수 있다.

개인화 접목질문 예시

1. 리더가 활동을 설명했을 때 당신의 초기 반응은 무엇이었는가?
2. 전체 집단이 튜브를 통과하는 것에 대해 어떻게 생각했는가? 전체 집단이 튜브를 통과할 가능성에 대해 비관적이었던 경우, 이는 그것을 통과하는 당신에게 어떻게 영향을 미쳤는가? 집단 전체가 튜브를 통과할 가능성에 대해 낙관적인 전망을 했다면 그것은 튜브를 통과할 가능성에 어떻게 영향을 미쳤는가?
3. 사람들의 신체 이미지가 이 활동에 어떻게 영향을 미칠 수 있는가? 당신의 신체 이미지가 이 활동에 어떻게 영향을 미쳤는가?
4. 집단의 다른 사람들과 손을 잡는 것에 대해 어떻게 느꼈는가? 손을 잡고 싶지 않다면 이를 어떻게 처리했는가?
5. 다른 사람을 신뢰하도록 하는 이 활동은 어떠하였는가? 그 경험은 어떠하였는가?
6. 튜브를 통과하는 데 도움이 필요하다면 어떻게 결정했는가? 튜브를 통과하기 위해 다른 사람들의 도움을 요청해야 했다면 어떻게 느꼈는가? 어떻게 도움을 요청했는가? 어떻게 하면 도움을 요청하기가 더 편할 수 있었는가?
7. 튜브를 통과하면서 주목받을 때 어떻게 느꼈는가? 그 감정을 집단에 어떻게 표현했는가? 이 과정에서 관심의 중심이 되는 것이 어려웠다면 무엇이 어려웠는가? 당신 또는 다른 집단원이 당신을 더 수월하게 만들 수 있는 무언가가 있었는가?
8. 주목받는 것은 스트레스 수준에 어떤 영향을 주었는가? 스트레스를 받으면 어떻게 대처했는가?

9. 집단원들은 모두 튜브를 통과하는 문제를 어떻게 처리했는가? 그들은 단지 시작했는가, 아니면 먼저 전략을 세웠는가? 집단이 이 활동을 수행하는 방법에 대해 어떻게 생각했는가?
10. 집단이 전략을 세웠다면 당신은 그 과정에서 무엇에 기여했는가?
11. 다른 집단원들과 지식이나 정보를 공유하고 싶다면 그들이 당신 말을 들은 것을 어떻게 확인했는가?
12. 집단원들은 모두 튜브를 통과하는 전략이 효과가 있었는지 여부를 어떻게 결정했는가? 그것이 효과적이지 않았다면 집단원들은 어떻게 대안적인 전략을 만들었는가?
13. 튜브를 통과하는 특정 사람들에 대한 당신의 관점에 영향을 미치는 고정관념이 있는가? 그러한 당신의 고정관념에 무엇이 영향을 미쳤는가?
14. 이 활동에 참여한 경험에서 또래 압력이 일부 영향을 미쳤다는 것을 알아차렸는가? 그렇다면 어떻게 알아차렸는가? 당신은 그것에 대해 무엇을 했는가?
15. 왜 이 활동에서 경청이 중요했는가? 이 활동에서 경청자로서 어떻게 활동했는가? 어떻게 경청을 향상시킬 수 있었는가?
16. 이 활동에서 신뢰가 어떤 역할을 했는가? 당신과 다른 집단원들이 집단에 대한 신뢰를 높이기 위해 무엇을 할 수 있었는가?
17. 이 활동에서 협력이 중요한 이유는 무엇인가? 이를 성취하기 위해 집단원들이 서로 협력한 몇 가지 방법은 무엇이었는가? 협력은 어떻게 도움이 되었는가?
18. 이 과정에서 당신은 어떤 역할(리더, 추종자, 관찰자)을 했는가? 집단은 모두 통과할 수 있도록 하는 리더가 필요했는가? 그렇다면 누가 이끌어 갈 것인지, 누가 따라야 할 것인지를 어떻게 다루었는가? 활동 도중 역할이 바뀌었는가? 어떻게 바뀌었는가?
19. 집단원 모두가 튜브를 통과하는 전략에 동의하지 않는다면 그 의견 불일치를 갈등으로 정의했는가? 그렇다면 그 갈등에 대해 어떻게 생각했는가? 그에 대한 당신의 감정은 어땠는가? 집단원들은 갈등을 어떻게 해결했는가? 이것을 하기 위한 다른 방법은 무엇인가?
20. 집단이 튜브를 통과하는 데 성공했을 때 당신은 어떻게 느꼈는가?

21. 1에서 10까지의 척도로 보면 이 활동으로 얼마나 스트레스를 받았는가? 무엇 때문에 스트레스를 받았는가? 당신의 신체 어디에서 스트레스를 느꼈는가? 이 활동에서 스트레스를 덜 받기 위해 당신은 무엇을 할 수 있었는가?
22. 이 활동 과정에서 또래 압력이 집단원들에게 영향을 미친 적이 있는가? 또래 압력이 당신에게 어떤 영향을 미쳤는가? 또래 압력에 대처하기 위해 당신은 무엇을 했는가?
23. 집단에 신체적인 어려움을 가진 사람이 있다면 집단이 어떻게 그것을 처리했는가?
24. 집단이 사람들 간의 차이를 존중할 수 있었던 몇 가지 방법은 무엇이었는가?

응용 접목질문 예시

1. 생활하면서 어떤 다른 상황이나 관계가 어떤 일이 일어나도록 다른 사람들과 협력해야 하는 것처럼 느끼게 하는가? 그러한 상황을 처리하는 데 도움이 되는 자원이나 전략은 무엇인가?
2. 이러한 상황이나 관계에서 협력은 어떤 역할을 하는가? 어떻게 협력을 이끌어 내고 도움을 주는가?
3. 고정관념이 다른 사람과의 상호작용에 영향을 줄 수 있는 다른 상황에는 어떤 것들이 있는가? 어떻게 하면 앞으로 이러한 일이 발생할 가능성을 줄일 수 있는가?
4. 당신은 보통 어떻게 문제를 해결하려고 하는가? 집단원이 사용하는 문제 해결 방법 중의 다른 상황에서 유용할 수 있는 방법은 무엇인가? 그러한 상황에서 어떻게 그것을 사용할 수 있는가?
5. 도움을 청할 필요가 있는 다른 상황에는 어떤 것들이 있는가? 도움이 필요하다는 것을 어떻게 인식하고 도움을 구할 수 있는가?
6. 당신 말을 귀 기울여 듣는 것이 중요할 수 있는 다른 상황이나 관계는 무엇인가? 그런 상황에서 들었다는 것을 어떻게 확신할 수 있는가?
7. 당신이 좋은 경청자가 되는 것이 중요할 수 있는 다른 상황이나 관계는 무엇인가? 그러한 상황에서 효과적인 경청 기술을 사용하고 있는지 어떻게 확신할 수 있는가?

8. 갈등 해결 기술을 사용해야 하는 다른 상황이나 관계는 무엇인가? 갈등을 적절하게 해결하기 위해 이 활동에서 배우거나 연습한 방법을 그러한 상황에 어떻게 적용할 수 있는가?
9. 다른 사람들과 정보를 공유하는 것이 중요한 상황에 적용할 수 있도록 이 활동에서 무엇을 배울 수 있는가? 비판적 사고 기술을 사용하는가?
10. 다른 사람들을 신뢰하는 것이 중요한 다른 상황은 무엇인가? 이 활동에서 다른 사람들을 신뢰하는 것에 대해 배운 것을 다른 상황에 어떻게 적용할 수 있는가?
11. 생활하면서 어떤 상황에서 당신은 리더가 되기로 결정하는가? 당신은 어떻게 이끌어 갈 것인가? 어떤 상황에서 당신은 추종자가 되기로 결정하는가? 당신은 어떻게 따라가는가? 어떤 상황에서 당신은 관찰자가 되기로 결정하는가? 당신은 어떻게 관찰하는가?
12. 성공 가능성에 대해 낙관적이거나 비관적인 것이 결과에 영향을 미칠 수 있는 다른 상황에는 어떤 것들이 있는가? 낙관적이거나 비관적이 되는 것에 대해 배운 것을 그러한 상황에 어떻게 적용할 수 있는가?
13. 당신의 신체 이미지는 어떠한가? 당신의 신체 이미지는 당신의 태도와 행동에 어떤 영향을 미치는가?
14. 당신은 보통 주목의 중심이 되는 것을 어떻게 다루는가?
15. 당신이 손잡기와 같이 하고 싶지 않은 일들을 해야 할 수도 있는 상황은 무엇인가? 어떻게 그 상황을 다루는가? 이 상황에서 당신이 보다 쉽게 이를 다룰 수 있도록 배운 점은 무엇인가?
16. 또래 압력에 대처해야 하는 다른 상황에는 어떤 것들이 있는가? 그런 상황에 어떻게 대처하는가? 그러한 상황에서 또래 압력을 처리하는 것에 대해 이 활동에서 배운 내용을 어떻게 적용할 수 있는가?
17. 다른 사람들을 신뢰해야 하는 다른 상황에는 어떤 것들이 있는가? 그런 상황을 어떻게 대처하는가? 이 활동에서 다른 사람들을 신뢰하는 것에 대해 배운 것을 그런 상황에 어떻게 적용할 수 있는가?

안전 문제

참여자들이 튜브를 통과하는 것을 관찰하는 것이 중요할 수 있다(예: 어떤 집단은 사람을 땅에서 들어 올리기로 결정한다).

이 활동은 꽤 거칠 수 있다. 그러므로 집단원의 공격성 및 충동조절 수준을 고려해야 하며, 다른 사람을 '밟아 버리고' 싶어 하는 집단원과는 이 게임을 하지 않도록 한다. 통제권이 항상 당신에게 있길 바란다.

활동명: 스타워즈 피구

활동 유형: 빗장 풀기, 도전하기

대상: 1학년 이상

집단 크기: 10~100명

목적 3. 문제 해결과 의사결정 기술의 개발과 적용

목표

3A. 개인적 목표 설정하기

3B. 문제 확인하기

3C. 문제 해결과 의사결정 단계의 이해를 설명하기(정보 수집, 대안과 결과 탐색, 계획과 행동)

3D. 결정 평가하기

3E. 일상생활에서 변화와 이행 조정하기

3H. 문제를 다루는 효과적인 대처 기술 설명하기

3J. 문제 해결과 목표 달성을 위한 대안적 방법 확인 능력 개발하기

목적 5. 일관되게 책임감 있는 행동을 증명

목표

5A. 개인적 책임을 인식하기

5B. 행동이 적절하고 책임감이 있는지 인식하기

5C. 적절하고 책임감 있는 방법으로 행동하기

5D. 스트레스를 다루는 대처 기술 개발하기

5E. 자기훈련과 자기조절을 연습하는 방법의 필요성 이해하기

5G. 대안적 관점을 위한 존중을 증명하기

목적 6. 학습 관련 긍정적 태도와 기술 향상

목표

6A. 학습자로서 유능감과 자신감을 개발하기

6B. 성취에 대한 자신감 갖기

6C. 학습 과정의 일부로서 실수를 수용하기

6E. 노력과 인내가 학습을 향상시킨다는 것을 인식하기

6F. 의존성과 주도성을 개발하기

6G. 지식 공유 능력 개발하기

6H. 비판적 사고 기술을 발달시키기

재료

넓은 공간, 부활 지팡이로 쓸 막대기 2개, 두 팀을 나눌 표시물(마스킹 테이프나 끈), 공(오래됐지만 깨끗한 양말을 돌돌 말아 발가락만 남은 공이나 맞아도 다치지 않을 만큼 부드러운 공 등 어느 것이든 사용할 수 있다). 사용할 공의 수는 집단 크기 및 집단원의 활동성에 따라 달라진다. 하지만 집단과 상관없이 공은 많을수록 더 즐겁다.

준비

공간 가운데에 나누는 표시를 하고 주변에 공들을 놓아둔다.

놀이 방법

1. 집단을 두 팀으로 나눈다. 이때 집단원끼리 팀을 정하지 않고, 리더가 자의적으로 팀을 나누어 줄 수 있다(초등학교 때 항상 집단원으로 마지막에 뽑혔던 것에 대해 간혹 여전히 외상을 갖고 있는 사람들이 있다).
2. 각 팀에 루크 스카이워커나 레아 공주(혹은 제다이 마스터)를 선정한다. 그는 팀을 위해 부활 지팡이를 휘두를 수 있는 부활 전문가이다. (각 팀이 직접 뽑도록 하거나, 원하는 사람이 자원할 수 있다. 혹은 리더가 각 집단에서 지위가 필요해

보이는 사람을 지목할 수 있다.)

3. 새로운 규칙이 추가된 피구라고 설명한다. 게임 목표는 상대 집단원 모두를 얼리는 것이다. "얼음이 되게 하는 방법은 공으로 맞추는 것입니다. 공을 맞았을 때 얼음에서 풀리는 방법은 자기 팀의 루크 스카이워커나 레아 공주에게 부활 지팡이로 쳐 달라고 하는 것이에요. 그 지팡이를 사용할 수 있는 사람은 각 팀에 지정된 부활 전문가뿐입니다."라고 말한다.
4. 각 팀이 효과적인 전략을 세울 수 있도록 시간을 몇 분 할애한다. 시작 신호가 울리면 달려나가 공을 주워 상대팀에게 던지기를 시작하라고 알리는데, (이것이 정말 중요한 부분이다) 바로 몸을 피해야 한다고 덧붙인다(그러지 않으면 얼음이 될지도 모르는데 그건 정말 원치 않는 일일 테니까). 설명이 끝난 후 시작 신호를 울린다.
5. 한 팀의 모든 집단원이 얼게 되면 상대 팀이 이긴다.

변형

1. 부활 전문가가 가장 중요한 사람이라고 게임을 시작하기 전에 알려 줄 수 있다. 혹은 자기 팀의 루크 스카이워커나 레아 공주가 공에 맞는, 사망 선고나 다름없는 일이 일어나서 집단원들이 다시 살아날 기회를 잃고 팀이 전멸함으로써 직접 혹독하게 깨닫도록 하는 방법도 있다.
2. "만약 던진 공을 상대편에서 잡으면 던진 사람은 얼음이 된다."와 같은 새로운 규칙을 추가할 수 있다.
3. 게임은 몇 라운드 진행하면서 중간에 전략을 세우는 시간을 주면 좋다. 이때 얼음을 풀어 줄 유일한 사람을 보호하는 것이 진짜 중요하다고 팁을 1~2개 줄 수 있다. 또한 우리는 도움을 요청할 경우 더 좋은 전략을 짤 수 있도록 돕기도 한다.

개인화 접목질문 예시

1. 이 활동에서 재미있었던 점은 무엇인가?
2. 이 활동에서 힘들었던(혹은 좌절스러웠던) 점은 무엇인가?
3. 당신 팀에서 가장 중요한 사람은 누구였는가? 그 사람이 중요했던 이유는 무

엇인가?

4. 그 사람을 보호하기 위해 당신 팀은 어떻게 했는가?
5. 집단원들은 전략을 짤 기회가 생겼을 때 가장 중요한 사람을 보호하기 위한 전략을 실제로 세울 수 있었는가? 전략을 세우지 못했을 때 팀은 어떻게 되었는가? 만약 세웠다면, 그 사람을 보호하기에 가장 좋은 전략인지 어떻게 판단할 수 있었는가?
6. 가장 중요한 사람을 보호하기 위한 팀 전략이 효과적인지에 대해 당신 팀은 어떻게 판단할 수 있었는가? 전략이 기대했던 것만큼 효과가 없었을 때 집단원들은 어떻게 했는가?
7. 상대편 모두를 얼리기 위한 팀 전략이 있었는가? 만약 없었다면 그것은 당신 팀에게 어떻게 작용했는가? 만약 있었다면 그 전략을 어떻게 결정하였는가? 전략이 기대했던 것만큼 잘 작용하지 않았을 때 집단원들은 어떻게 하였는가?
8. 이 활동에서 당신이 성취하고 싶은 것을 이루기 위한 개인적인 전략이 있었는가? 만약 그렇다면 그 전략을 어떻게 정했는가? 그 전략이 기대한 만큼 효과적이지 않았을 때 어떻게 하였는가?
9. 당신이 얼음이 되었을 때 기분이 어떠했는가? 그때 어떻게 대처하였는가?
10. 얼음이 되었을 때 어떻게 도움을 구하였는가? 도움을 요청할 때 심정이 어떠했는가?
11. 공에 맞았을 때 항상 정직하게 얼음이 되었는가? 정직하게 할지 아니면 속일지를 어떻게 결정하였는가? 정직하기로 선택했을 때 기분이 어떠했는가? 속이기로 선택했을 때 기분이 어떠했는가?
12. 다른 사람이 공에 맞았으나 정직하지 않게 행동하는 모습을 목격했을 때 기분이 어떠했는가? 어떻게 대처하였는가? 그 상황을 다룰 수 있는 다른 방법으로는 어떤 것이 있었을까?
13. 정직하지 않은 선택을 하는 사람을 보았을 때, 그 사람과의 관계에 따라 행동이 달라졌는가? 당신의 반응은 어떻게 달랐는가? 어떤 요인들이 당신 반응에 영향을 미쳤는가?
14. 첫 번째나 두 번째 라운드를 하고 터득하게 된 것 중, 이후 라운드에 적용한

것이 있는가?

15. 이 활동에서 스트레스 수준은 어떠했는가? 시간이 지남에 따라 어떻게 변화하였는가? 활동을 하면서 느끼는 스트레스를 다루기 위해 당신이 사용한 전략은 무엇인가?
16. 상대 팀을 얼리거나 자기 팀의 중요한 사람을 보호하기 위한 전략을 세우면서 집단원 간 의견이 일치하지 않았을 때 당신은 어떤 느낌이 들었는가? 그 느낌을 어떻게 다루었는가? 집단원들은 그 갈등을 어떻게 해결하였는가? 다른 방식으로 해결한다면 어떻게 할 수 있었을까?
17. 또래 압력은 집단원들에게 어떻게 작용하였는가? 당신은 또래 압력을 어떻게 다루었는가?
18. 팀의 수고에 당신이 기여한 바는 무엇인가?
19. 활동 중 낙심했을 때 어떻게 대처하였는가? 어떠한 점이 실망스러웠는가? 스스로 다시 마음을 다잡기 위해 스스로에게 한 말은 무엇인가? 집단원이 낙심하였을 때 당신은 어떻게 의사소통을 나누었는가?
20. 상대 팀이 모두 얼음이 되어 당신 팀이 이겼을 때 기분이 어떠하였는가? 모두 얼음이 된 팀이 당신 팀이었을 때 기분이 어떠하였는가? 이러한 기분을 당신 집단원이나 다른 팀과 어떻게 나누었는가?
21. 이 활동에서 당신은 팀에서 무슨 책임을 맡았는가? 이 활동에 참여한 전체 집단에서 당신이 맡은 책임은 무엇이었는가? 당신의 책임이 무엇인지 어떻게 판단할 수 있었는가?
22. 이 활동을 하면서 당신은 이러한 책임을 중시하였는가? 만약 그렇다면 자신의 책임이라고 느껴서 한 행동은 무엇인가? 그것이 책임감 있는 행동이었다고 어떻게 확신할 수 있었는가? 이와 달리 책임감 없었다고 여겨지는 행동은 무엇인가? 좀 더 책임감 있게 행동할 수 없었던 이유는 무엇인가?
23. 당신 팀이 성공적이었는지 아닌지를 어떻게 판단하였는가? 개인적으로 당신이 성공적인지 아닌지에 대해서는 어떻게 판단하였는가?
24. (공주/루크/제다이 마스터에게) 집단에서 가장 중요한 사람이 된 느낌이 어떠했는가? 당신 팀에서 가장 중요한 사람이 되었을 때 느꼈던 기분이 활동을 진행하면서 변하였는가? 부활 전문가라는 일에 대해 스트레스 받은 점은 무엇

인가? 그 일을 맡았기 때문에 재미있었던 점은 무엇인가? 보호받는다는 것에 대한 느낌은 어떠했는가? 보호를 제대로 받지 못했을 때 느낌이 어땠나? 좀 더 잘 보호해 달라고 어떻게 요청하였는가? 모든 집단원이 도와 달라고 당신에게 매달릴 때 어떻게 대응하였는가? 당신이 얼음이 되었을 때 심정이 어떠하였는가?

응용 접목질문 예시

1. 당신이 생활하면서 겪는 여러 상황에서 성공을 무엇이라 정의하는가? 자기 자신에 대해 그리고 당신이 성공이라고 생각하는 방식에 대해 이 활동에서 배운 점이 있다면, 다른 상황에 어떻게 적용해 볼 수 있겠는가?
2. 생활하면서 마치 미사일을 던지는 동시에 피해야 할 것같이 느껴지는 상황이나 관계는 언제인가? 그러한 상황에서 당신을 도울 수 있는 자원들로 어떠한 것을 가지고 있는가?
3. 성공하기 위해 (팀으로) 협동하고 도와야 하는 다른 상황으로 어떤 때가 있는가? 이러한 상황에서 어떻게 대처하는가? 당신은 협동과 도움을 어떻게 이끌어 내는가?
4. 미사일이 날아가고 날아오는 것 같은 상황에서 당신은 문제를 해결하기 위해 어떻게 하는가?
5. 이 활동을 하면서 스트레스를 조절하기 위해 시도한 방법 중 어떤 것이 다른 상황에서도 도움이 되겠는가? 그것을 어떻게 활용할 수 있는가?
6. 어떨 때 도움을 요청하는 것이 필요한가? 어떻게 자신이 도움이 필요하다는 것을 알아차리고 도움을 요청할 수 있을까? 도움이 주어졌을 때 잘 받아들이는 능력을 기르는 방법은 무엇인가?
7. 이 활동을 하면서 실수를 다루는 방법에 대해 배운 점을 다른 상황에 적용한다면 어떻게 할 수 있을까? 또래 압력을 다루는 것에 대해서는?
8. 비판적 사고 기술에 대해 배운 점을 생활하면서 겪는 다른 상황에 어떻게 적용할 수 있는가?
9. 정직하기를 선택하는 것이 중요한 상황은 언제인가? 보통 그러한 상황에서 어떻게 대처하는가? 그러한 상황에서 정직해야 되는지 아닌지를 어떻게 결정하

는가?

10. 생활하면서 다른 사람의 정직함에 의존해야 하는 때가 있었는가? 어떤 사람이 정직하지 않은 상황을 다루는 방법을 어떻게 결정하는가?
11. 어떠한 상황에서 정직하지 않은 행동이 수용 가능한가? 그때 정직하지 않은 행동이 괜찮은 이유는 무엇인가?
12. 생활하면서 다른 사람에게 책임감을 느끼거나 책임을 져야 하는 상황은 언제인가? 이 활동에서 배운 점을 그러한 상황에 어떻게 적용할 수 있겠는가?
13. 당신이 보호받을 필요가 있는 상황은 언제인가? 보호가 필요한 상황임을 어떻게 알아차릴 수 있겠는가? 그러한 상황에서 보호를 받을 수 있도록 어떻게 할 수 있겠는가? 보호가 주어질 때 잘 받아들이는 능력을 기르는 방법은 무엇인가?
14. 생활하면서 정말로 중요한 것이 무엇인지 어떻게 결정하는가? 삶에서 정말 중요한 것이 생활에서 우선순위가 되도록 하려면 어떻게 해야 하겠는가?

안전 문제

공을 조심한다. 안전을 지키기 위해 다른 사람의 머리를 맞추는 사람이 자동적으로 얼음이 되도록 하는 규칙을 만들 수도 있다.

어둡고 폭풍우 치는 밤이었어요. 그때…….

활동명: 이야기 이어 가기

활동 유형: 친해지기, 빗장 풀기

대상: 1학년 이상

집단 크기: 1~20명(참여자가 1명이라면 단순히 리더와 둘이서 이야기를 주고받는다. 내가 다음 이야기를 정할 수 있어서 매우 재미있다.)

목적 1. 의사소통 및 인간관계 능력 향상

목표

1A. 이해를 증명하고 기본적 의사소통 기술을 적용하기(예: 비언어적 증거 인식하기, 나 전달법 사용하기)

1B. 명확하고 건설적으로 감정 표현하기

1D. 생각을 명확하고 건설적으로 표현하기

1E. 타인의 말을 적극적으로 경청하기

1G. 관계를 형성하고 유지하기 위한 기술을 개발하기

1J. 도움의 필요성을 인식하고 그것을 요청할 능력을 개발하기

1L. 집단에 효과적으로 참여하기 위한 기술을 개발하기

목적 2. 자기인식과 자기수용 증진

목표

2A. 개인적 태도와 가치를 탐색하기

2B. 개인적 긍정적인 특질, 재능, 성취를 확인하고 인식하기

2C. 부정적 자기대화를 인식하기 위한 능력 개발하기

2D. 부정적 자기대화를 대체할 긍정적 자기대화의 기술 개발하기

2E. 자신의 특별함에 감사하기

2F. 자신에 대한 긍정적 태도 개발하기

2G. 개인적인 경계, 권리, 사생활 보호의 필요성을 인식하기
2H. 개인 및 사회적 역할 확인하기

목적 4. 다양성의 이해와 가치를 증진

목표

4A. 개인의 차이를 인식하고 감사하기
4B. 자신의 문화에 대한 이해와 인식을 발달시키기
4C. 자신과 다른 문화 집단 모두를 존중하는 것을 설명하기
4D. 문화나 신체적, 학습적 차이가 있는 사람들의 유사점과 차이점을 인식하고 감사하기
4E. 고정관념이 대인관계와 타인에 대한 태도에 어떠한 영향을 줄 수 있는지 인식하기

재료

없음

준비

없음

놀이 방법

1. 이 활동은 각 집단원이 이야기의 부분들을 이어 나감으로써 하나의 이야기를 완성하는 활동이다. 말하는 사람은 이야기에서 일어나는 일을 직접 행동으로 연기하고 다른 집단원들은 그 행동을 따라 하게 된다.
2. 집단원에게 원을 만들도록 한 후, 한 사람씩 돌아가면서 이야기를 할 것이고 말할 때 그 내용을 연기로 보여 주어야 한다고 설명한다. 이야기를 하는 사람이 그 내용을 어떻게 연기할지도 정하게 된다. 그리고 듣고 있는 사람들은 말하는 사람의 행동을 똑같이 따라 한다.
3. 이야기가 어느 정도 이어지면, 말하고 연기하는 역할은 원 안의 다음 사람에게 넘어간다.

4. 보통 이야기를 할 때 우리 자신이 화자가 되므로, 이야기에서 일어나는 것이 무엇이든 바로 연기할 수 있다(예: "어느 날 밤 내가 산책하러 나갔는데 그때……"). 저녁 산책을 묘사한다면 그 자리에서 걸으면서 집단원에게 따라 걷도록 상기시켜 줄 수 있다. 이야기를 어느 정도 말한 후 당신 옆에 있는 참여자에게 이야기를 건네주는데, "그리고 그때"와 같은 전환 어구를 사용하여 바로 이야기를 받아서 계속해 나갈 수 있도록 한다.
5. 이야기가 원을 돌아 처음 말한 리더에게 돌아오면 리더가 이야기를 성대하게 마무리하여 끝낸다.
6. 처음 시작을 리더가 맡음으로써 어느 정도 이야기해야 하는지(예: 얼마나 오래 말하는지) 시범 보일 수 있다. 큰 집단의 경우 15명의 집단원이 각자 3분씩 맡으면 너무 길 것이다(아~ 하품!). 1명의 참여자가 이야기를 독차지하거나, 이야기를 구성하면서 길을 잃고 마무리하지 못하는 것처럼 보인다면, "그리고 그때"라고 다 같이 크게 말함으로써 이야기가 다음 사람에게 넘어가도록 한다.

변형

1. 목적 2를 쉽게 달성하기 위해, 특정한 한 사람과 그가 자신을 어떻게 인식하고 수용하는지에 대해 이야기를 꾸밀 수 있도록 맥락을 제공할 수 있다. 예를 들어, "2명의 친구에 대해 이야기를 만들어 봅시다. 1명은 매우 자신에 차 있고 다른 1명은 자기의심으로 가득해요." 혹은 "학교에 다니는 친구들의 부류에 대해 이야기해 볼까요? 인기 많은 아이, 문제를 일으키는 아이, 진짜 똑똑한 아이처럼요."라고 말한다.
2. 목적 4를 쉽게 달성하기 위해 특정한 문화 및 집단의 사람들에 대해 이야기하게 할 수 있다(예: "아프리카에 사는 어떤 사람에 대해 이야기를 만들어 봐요." 혹은 "뉴욕시에서 일어났던 일에 대해 이야기를 만들어 봅시다." 혹은 "매우 작은 마을과 거기서 일어날 수 있는 일에 대해 이야기해 볼까요?").

개인화 접목질문 예시

1. 이야기할 때 모든 사람에게 주목받는 기분이 어떠했는가?
2. 이야기 전개 방향을 어떻게 결정하였는가? 당신의 이야기는 어느 쪽(예: 무서운, 슬픈, 웃긴)이었는가? 이야기를 어디서 시작할지 어떻게 결정하였는가?
3. 앞서 이야기한 사람과 같은 방향으로 이어 나갈지 아니면 새로운 방향으로 전환할지 어떻게 결정하였는가?
4. 당신이 덧붙인 내용이 다른 사람들이 덧붙인 내용과 다른 점은 어떤 것들인가? 당신의 특별함이 이야기에 어떻게 반영된 것 같은가?
5. 당신이 덧붙인 내용 중 다른 사람들이 덧붙인 내용과 비슷한 것은 어떤 점인가? 당신이 다른 집단원과 공통으로 가지고 있다고 여겨지는 것은 무엇인가?
6. 당신이 만든 이야기 부분은 당신의 가치나 태도를 어떻게 표현하고 있는가?
7. 당신 앞 사람이 이야기를 하고 있고 그다음 차례가 당신이었을 때 느낌이 어떠했는가? 당신은 그 사람이 말하고 있을 때 이야기를 어떻게 준비하였는가?
8. 다음 사람에게 이야기를 건네줄 때 기분이 어떠하였는가?
9. 또래 압력이 이야기의 방향에 어떠한 영향을 미쳤는가? 당신은 그러한 또래 압력을 어떻게 다루었는가?
10. 이야기에서 당신이 만든 부분은 당신의 문화를 어떻게 반영하였는가? 당신이 말하기에 대해 갖는 느낌에 문화가 영향을 준 점은 무엇인가?
11. 이 활동에서 경청이 왜 중요한가? 좋은 경청자가 되기 위해 당신이 한 일은 무엇인가?
12. 이야기가 불편하게 흘러갈 때 기분이 어떠했는가? 이야기를 더 편안한 흐름으로 돌리기 위해 어떠한 노력을 하였는가?
13. 만약 변형 1을 활용했다면 자신을 좋게 생각하는 것에 대해 이야기가 말하는 바는 무엇인가?
14. 만약 변형 1을 활용했다면 부정적인 자기대화를 하고 있을 때 알아차리는 것에 대해 이야기가 시사하는 바는 무엇인가? 부정적인 자기대화를 긍정적인 자기대화로 바꾸는 것에 대하여 이야기가 말하는 바는 무엇인가?
15. 만약 변형 2를 활용했다면 이야기 속에서 부각된 문화에 대해 배운 점은 무엇인가? 문화를 존중하는 태도가 이야기에서 어떻게 표현되었는가? 이야기가

문화 간 공통점 및 차이점을 보여 주고 있는가?

16. 만약 변형 2를 활용했다면 이야기는 고정관념으로 이루어졌는가? 이에 대해 당신은 어떻게 느꼈는가? 이야기에서 전개되는 고정관념이 불편하게 여겨졌을 때 어떻게 대처하였는가? 고정관념에 대해 집단원에게 피드백을 줄 때보다 건설적인 방식으로 한다면 어떻게 할 수 있었을까?

응용 접목질문 예시

1. 당신이 주목의 중심이 되는 다른 상황이 있는가? 그러한 상황에서 당신은 어떻게 느끼는가? 사람들의 관심이 당신에게 집중될 때 어떻게 대처하는가?
2. 집단 앞에서 말할 때 무엇을 말할지 어떻게 결정하는가? 무엇을 말할지 결정할 때 영향을 미치는 상황적 요인들은 무엇인가?
3. 이야기를 잘하는 사람의 특징은 무엇인가? 이러한 특징 중 당신은 어떤 것을 갖고 있는가?
4. 당신의 말하기에서 특별한 점은 무엇인가? 언제 또 자신의 특별함을 발견하는가? 그러한 특별함을 어떻게 축하해 줄 수 있을까?
5. 또래 압력을 다루어야 하는 다른 상황이 있는가? 보통 그러한 상황에 어떻게 대처하는가? 이 활동을 통해 또래 압력에 대하여 배운 점을 그러한 상황에 어떻게 적용하겠는가?
6. 현재 일어나는 일이 자신이 원하는 방향과 다르게 흘러갈 때 대처법에 대해 오늘 배운 점이 있다면, 다른 상황에 어떻게 적용해 볼 수 있겠는가?
7. 문화는 당신의 행동이나 다른 사람과의 관계에 어떤 영향을 미치는가? 문화가 행동이나 관계에 미치는 영향에 대해 더 민감해질 수 있는 방법은 무엇인가? 다른 사람이 속한 문화가 그들의 행동 및 관계에 미치는 영향에 대해 어떻게 더 민감해질 수 있겠는가? 어떻게 하면 다른 사람의 문화를 더 존중할 수 있겠는가?
8. 고정관념을 줄이고 타인을 존중하며 실제로 존중하는 태도로 대하는 데 도움이 되기 위하여 오늘 자기 자신 및 다른 사람의 문화에 대해 배운 점을 어떻게 활용할 수 있겠는가?
9. 당신의 개인적인 태도와 가치는 관계에 어떠한 영향을 미치는가? 태도 및 가

치를 보다 건설적으로 표현하기 위해 이 활동에서 개인적 태도 및 가치에 대해 배운 점을 어떻게 활용할 수 있는가?

10. 다른 사람에게 귀 기울이는 것이 중요한 어떤 다른 상황이나 관계가 있는가? 그러한 상황이나 관계에서 다른 사람의 말을 잘 듣는 것은 왜 중요한가?
11. 어떠한 상황에서 사람들의 고정관념을 알아차리는가? 그럴 때 느낌이 어떠한가? 당신은 그런 상황을 어떻게 대처하는가? 다른 사람과 고정관념에 대해 명확하고 건설적으로 의사소통하기 위해 이 활동에서 배운 것을 어떻게 활용하겠는가?

안전 문제

위험한 이야기가 아니라면 없다.

조금 늘어난 것 같은데, 아닌가?

활동명: 한계를 늘려라

활동 유형: 도전하기

대상: 3학년 이상

집단 크기: 6~60명. 공간 크기에 따라 다르다.

목적 1. 의사소통 및 인간관계 능력 향상

목표

1A. 이해를 증명하고 기본적 의사소통 기술을 적용하기(예: 비언어적 증거 인식하기, 나 전달법 사용하기)

1D. 생각을 명확하고 건설적으로 표현하기

1E. 타인의 말을 적극적으로 경청하기

1H. 또래 압력을 인식하고 다루기

1I. 갈등 해결을 위한 의사소통 기술을 사용하기

1K. 욕구와 소망을 인식하고 언어화하기

1L. 집단에 효과적으로 참여하기 위한 기술을 개발하기

목적 2. 자기인식과 자기수용 증진

목표

2G. 개인적인 경계, 권리, 사생활 보호의 필요성을 인식하기

2H. 개인 및 사회적 역할 확인하기

목적 3. 문제 해결과 의사결정 기술의 개발과 적용

목표

3A. 개인적 목표 설정하기

3H. 문제를 다루는 효과적인 대처 기술 설명하기

3I. 또래 압력이 의사결정에 영향을 줄 때를 인식하기

3J. 문제 해결과 목표 달성을 위한 대안적 방법 확인 능력 개발하기

목적 5. 일관되게 책임감 있는 행동을 증명

목표

5A. 개인적 책임을 인식하기

5B. 행동이 적절하고 책임감이 있는지 인식하기

5C. 적절하고 책임감 있는 방법으로 행동하기

5D. 스트레스를 다루는 대처 기술 개발하기

5E. 자기훈련과 자기조절을 연습하는 방법의 필요성 이해하기

5F. 시간 조정 기술 적용하기

5G. 대안적 관점을 위한 존중을 증명하기

재료

없음

준비

준비할 것은 없지만 어느 정도의 공간은 필요하다. 사람이 많을수록 더 큰 공간이 필요하다.

놀이 방법

1. 활동 목표는 오로지 자신의 몸과, 몸에 지닌 벨트나 신발끈, 모자, 여분의 옷 등을 사용하여 줄이 길고 끊어지지 않게 이어지도록 하는 것이다.
2. 줄을 잇는 참여자 및 사용된 물건들은 모두 끝에서 끝이 닿은 채로 연결되어야 한다고 설명한다.
3. 시간제한을 두어 조직적으로 줄을 만들도록 하고, 시간이 끝나갈 때 카운트다운을 하여 언제까지 줄을 완성해야 하는지 혼란이 없게 한다.
4. 집단이 1개 이상이라면 집단끼리 경쟁할 수 있다.
5. 집단이 줄을 완성하면 리더는 줄 길이를 확정하고 집단의 성취를 기념하기 위

해 표식을 갖다 놓을 수 있다.[12)]

변형

집단 목표를 세우게 하여 목표를 이루었는지 혹은 초과 달성하였는지 집단원이 직접 확인하도록 할 수 있다. 활동이 끝나면 어떻게 목표가 세워지고 그 목표를 이루기 위해 어떤 과정을 거쳤는지 살펴보도록 한다. 많은 경우에 집단은 초반에 세운 목표를 훌쩍 넘어선다.

개인화 접목질문 예시

1. 집단원은 줄을 만드는 전략을 결정하기 위해 어떤 과정을 거쳤는가?
2. 집단의 성공에 기여하기 위해 당신이 한 일은 무엇인가? 당신이 기여한 바에 대해 어떻게 느끼는가?
3. 집단원은 그들의 목표를 어떻게 결정하였는가? 이 목표가 실현 가능한 것인지를 어떻게 평가할 수 있었는가?
4. 만약 집단이 하나 이상이었다면, 당신 집단은 자기 집단의 목표를 다른 집단과 비교하였는가? 자기 집단이 만든 줄 길이를 다른 집단과 비교하였는가? 비교는 어떤 효과가 있었는가?
5. 줄 만들기를 논할 때 집단원은 당신 말을 들어 주는 것 같았는가? 집단원들이 당신의 말을 들어 줄 때 기분이 어떠했는가?
6. 집단원이 자신의 말을 들어 주는 것 같지 않았을 때는 느낌이 어떠했는가? 만약 다른 사람들이 당신 말을 들어 주기를 원했다면 다른 사람들이 잘 들을 수 있도록 어떻게 다르게 행동할 수 있었을까?
7. 당신은 자신의 생각을 효과적으로 소통할 수 있었는가? 만약 그렇다면 어떻게 그렇게 할 수 있었는가? 만약 아니라면 그렇게 할 수 없었던 이유는 무엇인가?
8. 줄 만들기 작업이 순조롭게 진행되도록, 당신이 다른 사람 말을 들을 때 한 일은 무엇인가?

---

12) Cain, J., & Jolliff, B. (1998). *Teamwork and teamplay*. Dubuque, IA: Kendall Hunt.

9. 과제를 달성하기 위해 집단원은 서로 어떻게 협동하였는가? 협동이 도움이 되었는가?
10. 당신은 협력할지 안 할지를 어떻게 결정하였는가? 협동에 대한 당신의 태도가 집단에서 일어나는 일에 미친 영향은 무엇인가? 다른 집단원들의 태도는 어떤 영향을 미쳤는가?
11. 줄 만들기 전략을 세우는 과정에서 당신이 맡은 역할은 무엇이었는가? 실제로 줄을 만드는 것이었는가? 줄을 만드는 과정에서 다른 집단원은 어떠한 역할을 했는가? 집단원 중 누가 이끌고 누가 따를지를 어떻게 정하였는가? 활동이 진행되는 동안 그 역할은 변하였는가? 어떻게 변하였는가?
12. 줄을 만들 때 서로 신체적 친밀감이나 신체 접촉에 대해 당신은 느낌이 어떠하였는가? 활동을 하는 동안 신체적 친밀감이나 신체 접촉이 불편했을 때 어떻게 대처하였는가?
13. 또래 압력은 어떤 식으로 영향을 미쳤는가? 당신과 다른 집단원은 또래 압력을 어떻게 다루었는가?
14. 목표를 달성했거나 초과했다면, 그때 기분이 어떠했는가? 만약 목표 달성에 실패했다면, 그때 기분이 어떠했는가?
15. 당신은 활동을 진행하면서 욕구나 소망을 어떻게 표현하였는가? 욕구나 소망이 충족되지 않았을 때 어떻게 하였는가?
16. 이 활동에서 당신이 스스로에게 지운 책임은 무엇이었는가? 당신이 집단에느낀 책임은 무엇이었는가? 당신의 책임이 무엇인지 어떻게 결정할 수 있었는가?
17. 이 활동을 하면서 그러한 책임을 지킬 수 있었는가? 당신은 스스로에 대한 책임에 더 주의를 기울였는가, 아니면 집단에 대한 책임에 더 주의를 기울였는가? 어떻게 그렇게 되었는가? 당신 책임이라고 느껴서 한 일은 무엇인가? 책임감 있는 행동이었다고 어떻게 확신하는가? 책임감 없는 행동이었다고 여겨지는 것은 무엇인가? 당신이 보다 더 책임감 있게 행동할 수 없었던 이유는 무엇인가?
18. 이 활동을 하는 동안 스트레스 수준은 어떠하였는가? 시간제한은 스트레스에 어떻게 영향을 미쳤는가? 이 활동과 관련된 스트레스를 다루기 위해 당신은 어떤 전략을 사용하였는가?

응용 접목질문 예시

1. 사적 공간이나 접촉에 있어 좀 더 편안한 경계가 설정되도록 어떻게 할 수 있겠는가?
2. 성공하기 위하여 (팀으로) 협동하거나 도와야만 하는 상황으로 어떠한 경우가 있는가? 이러한 상황을 어떻게 다루는가? 도움이나 협력을 어떻게 이끌어 내는가?
3. 자신의 목표를 어떻게 정하는가? 이 활동에서 개인적인 목표를 세우고 달성하는 것에 대하여 배운 점은 무엇인가?
4. 이 집단에서 당신이 한 역할은 당신이 가족에서 하는 역할과 어떤 점이 닮았는가? 다른 집단에서는 어떠한가? 오늘 집단원들이 행한 다른 많은 역할은 당신이 살면서 만나는 다른 사람들과 어떻게 비슷한가? 이러한 다양한 역할에 대해 당신은 얼마나 편안하게 느끼는가?
5. 오늘 활동과 비슷한 문제를 어떻게 다루는가? 다른 집단원이 보여 준 문제 해결 방법 중 당신이 겪는 다른 상황에서 유용하게 쓸 수 있는 것은 무엇인가? 그것을 어떻게 활용하겠는가?
6. 스트레스를 조절하기 위해 당신이나 다른 집단원이 사용한 방법 중 어떤 것이 당신이 생활하면서 겪는 다른 상황에 도움이 될 것 같은가? 그 방법을 어떻게 활용하겠는가?
7. 도움을 요청하는 것이 필요한 상황으로 어떤 경우를 들 수 있는가? 당신이 도움이 필요하다는 것을 어떻게 알아차리고 요청할 수 있는가? 도움을 받아들이는 능력을 증진시키기 위해 당신이 할 수 있는 일은 무엇인가?
8. 남들이 당신 이야기를 들을 수 있도록 하는 것이 중요한 어떤 상황이나 관계가 있는가? 그러한 상황에서 사람들이 당신 말을 잘 들을 수 있도록 어떻게 할 수 있겠는가?
9. 욕구나 소망을 남들에게 말할 필요가 있는 상황이나 관계는 언제인가? 당신에게 욕구나 소망이 있을 때 어떻게 이를 더 잘 알아차릴 수 있는가? 욕구나 바람을 남들에게 잘 요청할 수 있는 방법은 무엇인가?
10. 느낌과 생각을 나누고 협동할 수 있게 격려하고 문제를 풀고 갈등을 적절하게 해결하는 방법에 대해 이 활동에서 배운 점을 다른 상황에 어떻게 적용할

수 있겠는가?

11. 스트레스를 조절하는 것에 대해 배운 점을 어떻게 다른 상황에서 활용할 수 있는가? 또래 압력을 다루는 것에 대해서는 어떠한가?
12. 개인적인 경계, 권리, 사생활 보호에 대한 욕구를 알아차리고 지키는 것이 중요한 상황일 때, 오늘 이 게임에서 배운 점을 어떻게 활용할 수 있겠는가?
13. 가족끼리 사적 공간 및 접촉에 대해 규칙(언어적 또는 비언어적)은 무엇인가? 당신 문화에서는 어떠한가?
14. 책임감 있게 행동하는 것이 중요한 상황은 언제인가? 이 활동에서 책임감 있게 행동하는 것에 대해 배운 점을 어떻게 그러한 상황에 적용하겠는가?
15. 당신이 당신 자신에 대해 갖는 책임은 무엇인가? 어떻게 하면 당신 자신에 대한 책임에 더 주의를 기울일 수 있겠는가?

안전 문제

없다. 하지만 원한다면 한계를 늘릴 때 옷을 어디까지 벗을 수 있는지 기준을 세울 수 있다.

우리도 하고 싶어요. 하지만 모두 묶여 있는 걸요!

활동명: 매듭 안에 묶이다

활동 유형: 빗장 풀기, 도전하기

대상: 3학년 이상

집단 크기: 5~20명

목적 1. 의사소통 및 인간관계 능력 향상

목표

1A. 이해를 증명하고 기본적 의사소통 기술을 적용하기(예: 비언어적 증거 인식하기, 나 전달법 사용하기)

1B. 명확하고 건설적으로 감정 표현하기

1C. 타인의 감정 인식 및 수용하기

1D. 생각을 명확하고 건설적으로 표현하기

1E. 타인의 말을 적극적으로 경청하기

1F. 타인을 신뢰하는 의지를 증명하기

1G. 관계를 형성하고 유지하기 위한 기술을 개발하기

1H. 또래 압력을 인식하고 다루기

1I. 갈등 해결을 위한 의사소통 기술을 사용하기

1J. 도움의 필요성을 인식하고 그것을 요청할 능력을 개발하기

1K. 욕구와 소망을 인식하고 언어화하기

1L. 집단에 효과적으로 참여하기 위한 기술을 개발하기

목적 2. 자기인식과 자기수용 증진

목표

2B. 개인적인 긍정적 특질, 재능, 성취를 확인하고 인식하기

2C. 부정적 자기대화를 인식하기 위한 능력 개발하기

2D. 부정적 자기대화를 대체할 긍정적 자기대화의 기술 개발하기
2G. 개인적인 경계, 권리, 사생활 보호의 필요성을 인식하기

목적 3. 문제 해결과 의사결정 기술의 개발과 적용

목표

3A. 개인적 목표 설정하기
3B. 문제 확인하기
3C. 문제 해결과 의사결정 단계의 이해를 설명하기(정보 수집, 대안과 결과 탐색, 계획과 행동)
3D. 결정 평가하기
3E. 일상생활에서 변화와 이행 조정하기
3F. 갈등 해결을 위한 의사결정 기술 적용하기
3G. 일상의 상황에서 의사결정 기술을 적용하기
3H. 문제를 다루는 효과적인 대처 기술 설명하기
3I. 또래 압력이 의사결정에 영향을 줄 때를 인식하기
3J. 문제 해결과 목표 달성을 위한 대안적 방법 확인 능력 개발하기

목적 4. 다양성의 이해와 가치를 증진

목표

4A. 개인의 차이를 인식하고 인정하기
4B. 자신의 문화에 대한 이해와 인식을 발달시키기
4C. 자신과 다른 문화 집단 모두를 존중하는 것을 설명하기
4D. 문화나 신체적, 학습적 차이가 있는 사람들의 유사점과 차이점을 인식하고 감사하기
4E. 고정관념이 대인관계와 타인에 대한 태도에 어떠한 영향을 줄 수 있는지 인식하기

목적 5. 일관되게 책임감 있는 행동을 증명

목표

5B. 행동이 적절하고 책임감이 있는지 인식하기

5C. 적절하고 책임감 있는 방법으로 행동하기

5D. 스트레스를 다루는 대처 기술 개발하기

5E. 자기훈련과 자기조절을 연습하는 방법의 필요성 이해하기

5G. 대안적 관점을 위한 존중을 증명하기

목적 6. 학습 관련 긍정적 태도와 기술 향상

목표

6A. 학습자로서 유능감과 자신감을 개발하기

6B. 성취에 대한 자신감 갖기

6C. 학습 과정의 일부로서 실수를 수용하기

6D. 시간 조정과 과업 조절 전략 적용하기

6E. 노력과 인내가 학습을 향상시킨다는 것을 인식하기

6F. 의존성과 주도성을 개발하기

6G. 지식 공유 능력 개발하기

6H. 비판적 사고 기술을 발달시키기

재료

모든 집단원이 양손으로 잡을 수 있을 만큼 충분히 긴 줄로 참여자들 사이에 0.9~1.2m 거리를 띄운다(예: 10명일 경우 약 9~12m).

준비

줄에 매듭을 몇 개 묶어 놓는다(매듭이 많을수록 시간이 오래 걸릴 것이다).

놀이 방법

1. 집단원이 서 있는 앞 바닥에 중간중간 매듭이 묶인 줄을 놓는다.
2. 모든 집단원이 서로 거리를 두고 서서 양손으로 줄을 잡도록 한다.

3. 줄을 잡을 때 어느 누구도 자기의 양손 안에 매듭이 있지 않도록 지시한다.
4. 집단원들이 양손으로 줄을 잡으면 활동이 끝날 때까지 어느 손도 줄에서 떼면 안 된다고 설명한다.
5. 마지막으로, 과제 목표가 누구도 줄에서 손을 떼지 않고 모든 매듭을 푸는 것이라고 설명한다.
6. 활동을 중간에 멈추고 어떻게 이 과제를 더 성공적으로 할 수 있을지 집단원끼리 고민해 볼 수 있는 기회를 주기도 한다.

변형

1. 시간제한을 두고 활동을 진행한다(시간제한은 집단의 능력이나 매듭이 묶인 정도에 따라 다르다).
2. 집단원이 시간 목표를 세울 수 있게 한다(예: "우리는 이 매듭을 ○분 안에 풀 수 있어요.")

개인화 접목질문 예시

1. 문제를 해결하려고 작업하는 동안 집단원은 당신의 말을 들어 주었는가? 집단원이 당신 말에 귀 기울이는 것 같지 않았을 때 느낌이 어떠했는가? 집단원이 당신 말을 들어 주길 원했다면 당신 말이 잘 들리도록 어떻게 다르게 행동할 수 있었을까?
2. 자신의 생각과 느낌을 효과적으로 소통할 수 있었는가? 만약 그렇다면 어떻게 그럴 수 있었는가? 만약 아니라면 그렇게 할 수 없게 한 것은 무엇인가?
3. 매듭 푸는 방법을 정하기 위해 집단원은 어떤 과정을 거쳤는가?
4. 이 과제를 해결하기 위해 집단원이 서로 어떻게 협력하였는가? 협력이 어떻게 도움이 되었는가?
5. 당신은 협력할지 안 할지 어떻게 결정하였는가? 협력에 대한 당신의 태도가 집단에서 일어나는 일에 어떠한 영향을 미쳤는가? 다른 집단원의 태도는 어떠한 영향을 미쳤는가?
6. 다른 집단원으로부터 도움 받을 필요가 있는지를 어떻게 알 수 있었는가? 도움이 필요하였을 때 어떻게 했는가? 도움이 필요하다는 것을 알았을 때 어떻

게 요청하였는가?

7. 매듭을 풀기 위해 다른 집단원들은 어떠한 역할을 하였는가? 집단원은 누가 지시하고 누가 따를지 어떻게 결정하였는가? 활동을 하면서 그 역할에 변화가 생겼는가? 어떻게?
8. 매듭을 풀 때 신체적으로 가까워지는 것에 대해 느낌이 어떠했는가? 당신은 어느 정도의 사적 공간을 필요로 하는가? 다른 집단원들이나 그들이 필요로 하는 사적 공간과 어떻게 다른가?
9. 활동을 하는 동안 스트레스 수준은 어떠하였는가? 시간이 흐름에 따라 스트레스가 어떻게 변화하였는가? 시간제한은 당신의 스트레스에 영향을 미쳤는가? 활동 중 스트레스를 조절하기 위해 어떤 전략을 사용하였는가?
10. 매듭을 푸는 전략에 대해 집단원 간 동의가 이루어지지 않았을 때 그러한 의견 불일치가 어떻게 느껴졌는가? 그러한 느낌을 어떻게 다루었는가? 집단원은 그 갈등을 어떻게 해결했는가? 해결하기 위한 다른 방법이 있었는가?
11. 또래 압력은 이 과정에 어떤 영향을 미쳤는가? 집단원은 이를 어떻게 다루었는가?
12. 이 과정에서 자신이 가진 긍정적인 자질과 재능 중 당신은 무엇을 어떻게 활용하였는가?
13. 매듭을 풀기 위해 무슨 방법을 사용할지 어떻게 결정하였는가? 선택한 방법이 효과가 있을지 어떻게 판단하였는가? 당신은 효과가 없었을 때 어떻게 새로운 방법을 생각해 냈으며, 무슨 방법을 사용할지 어떻게 결정하였는가?
14. 집단이 실수를 해서 매듭이 더 꼬였거나, 풀 수 없는 매듭이 당신에게 있었을 때 심정이 어떠했는가? 이러한 느낌을 어떻게 다루었는가? 당신의 능력에 대해 스스로에게 뭐라고 했는가? 집단원의 능력에 대해 어떤 생각이 들었는가? 실수가 생겼을 때 다른 집단원과 어떻게 소통하였는가?
15. 활동 중 낙심하게 됐을 때 어떻게 대처하였는가? 계속 활동을 이어 나가도록 스스로 힘을 북돋기 위해 자신에게 한 말은 무엇인가? 다른 집단원이 낙심하였을 때 그들과 어떻게 상호작용하여 이를 다루었는가?
16. 매듭을 풀었을 때 느낌이 어떠했는가? 이러한 느낌을 다른 집단원과 어떻게 나누었는가?

17. 이 활동을 하면서 당신이 집단에 가진 책임은 무엇이었는가? 당신의 책임이 무엇인지 어떻게 결정할 수 있었는가?
18. 이 활동을 하면서 이러한 책임을 지킬 수 있었는가? 만약 그렇다면 당신이 책임감 있게 한 행동은 어떤 것들인가? 당신 행동이 책임감 있었다는 것을 어떻게 확신할 수 있는가? 만약 그렇지 않다면 책임감 없이 한 행동은 어떤 것들인가? 당신이 이 활동에서 책임감 있게 행동할 수 없었던 이유는 무엇인가?

응용 접목질문 예시

1. 줄의 매듭은 당신 가족이 놓인 상황과 어떻게 닮았는가? 친구 관계와는 어떤가? 다른 인간관계와 비교하면 어떠한가?
2. 이 집단에서 당신이 맡은 역할은 당신이 가족에서 맡는 역할과 어떻게 비슷한가? 다른 집단에서는 어떠한가? 다양한 집단원이 행한 역할은 당신의 일상에서 다른 사람들이 하는 역할과 어떻게 비슷한가?
3. 매듭이 묶인 것과 비슷한 문제 상황을 해결하기 위해 당신은 어떻게 대처하는가? 집단원이 문제를 풀기 위해 사용한 방법 중 당신이 처한 상황에서 유용하게 쓸 수 있는 것은 무엇인가? 그 방법을 어떻게 활용하겠는가?
4. 스트레스를 조절하기 위해 당신이나 다른 집단원이 사용한 방법 중 어떤 것이 당신이 겪는 상황에 도움이 될 것 같은가? 그 방법을 어떻게 활용하겠는가?
5. 도움을 요청하는 것이 필요한 상황으로 어떤 경우가 있는가? 당신은 도움이 필요하다는 것을 어떻게 알아차리고 요청하는가?
6. 어떤 상황이나 관계에서 당신의 말을 들어주는 것이 중요하겠는가? 그러한 상황에서 사람들이 당신 말을 들을 수 있도록 어떻게 할 수 있는가?
7. 감정과 생각을 나누고 협동할 수 있게 격려하며 문제를 풀고 갈등을 적절하게 해결하는 방법으로 이 활동에서 배운 점을 다른 상황에서 어떻게 활용할 수 있는가?
8. 실수를 다루는 것에 대해 오늘 배운 점을 다른 상황에 어떻게 활용할 수 있는가? 부정적인 자기대화를 다루는 것에 대해서는 어떠한가? 끈기와 융통성을 고취시키는 것에 대해서는 어떠한가? 또래 압력 다루기? 스트레스 조절? 이 게임을 통해 배운 것 중 개인적인 경계, 권리, 사생활 보호가 중요한 상황에서

활용할 수 있는 것은 무엇인가?

9. 당신 가족끼리 사적 공간에 대한 규칙(언어적 또는 비언어적)은 무엇인가? 당신 문화에서는 어떠한가?
10. 사적 공간에 대해 사람들이 편안하게 느끼는 수준이 다르다는 것을 당신은 어떤 상황에서 알게 되었는가? 차이는 무엇이었는가?
11. 다른 문화 집단 및 그들의 사적 공간에 대한 규칙에 있어 당신은 어떠한 것들을 알게 되었는가?
12. 만약 누군가 사적 공간에 대해 당신과 다른 규칙을 가지고 있다면 이를 어떻게 적절하고 정중한 방식으로 다루겠는가?
13. 비판적 사고 기술에 대해 배운 점 중에서 당신이 살면서 겪는 다른 상황에 적용할 수 있는 것은 무엇인가?
14. 당신의 특별함을 알아차리고 축하할 수 있는 어떤 상황이 있는가? 당신의 재능이나 능력, 기여에 대해서는 어떠한가? 당신의 성공에 대해서는 어떠한가?

안전 문제

없음

안 돼! 안 돼! 저걸 만져! 난 만지지 마!

활동명: 깡통 만지기

활동 유형: 믿음 쌓기, 도전하기

대상: 3학년 이상

집단 크기: 8~40명

목적 1. 의사소통 및 인간관계 능력 향상

목표

1A. 이해를 증명하고 기본적 의사소통 기술을 적용하기(예: 비언어적 증거 인식하기, 나 전달법 사용하기)

1B. 명확하고 건설적으로 감정 표현하기

1C. 타인의 감정 인식 및 수용하기

1D. 생각을 명확하고 건설적으로 표현하기

1E. 타인의 말을 적극적으로 경청하기

1F. 타인을 신뢰하는 의지를 증명하기

1G. 관계를 형성하고 유지하기 위한 기술을 개발하기

1J. 도움의 필요성을 인식하고 그것을 요청할 능력을 개발하기

1K. 욕구와 소망을 인식하고 언어화하기

1L. 집단에 효과적으로 참여하기 위한 기술을 개발하기

목적 2. 자기인식과 자기수용 증진

목표

2G. 개인적인 경계, 권리, 사생활 보호의 필요성을 인식하기

목적 3. 문제 해결과 의사결정 기술의 개발과 적용

목표

3A. 개인적 목표 설정하기

3B. 문제 확인하기

3C. 문제 해결과 의사결정 단계의 이해를 설명하기(정보 수집, 대안과 결과 탐색, 계획과 행동)

3D. 결정 평가하기

3H. 문제를 다루는 효과적인 대처 기술 설명하기

3J. 문제 해결과 목표 달성을 위한 대안적 방법 확인 능력 개발하기

목적 4. 다양성의 이해와 가치를 증진

목표

4A. 개인의 차이를 인식하고 인정하기

4B. 자신의 문화에 대한 이해와 인식을 발달시키기

4D. 문화나 신체적, 학습적 차이가 있는 사람들의 유사점과 차이점을 인식하고 감사하기

목적 5. 일관되게 책임감 있는 행동을 증명

목표

5A. 개인적 책임을 인식하기

5B. 행동이 적절하고 책임감이 있는지 인식하기

5C. 적절하고 책임감 있는 방법으로 행동하기

5D. 스트레스를 다루는 대처 기술 개발하기

5E. 자기훈련과 자기조절을 연습하는 방법의 필요성 이해하기

재료

활동에 필요한 유일한 준비물은 만질 수 있는 물건이다. 우리는 (청량음료 캔과 같은) 알류미늄 깡통이나 병을 사용하기 좋아한다. 그러나 돌이나 스테이플러 혹은 손에 쥘 만한 것 중 당신이 생각하기에 재미있을 것 같은 어떤 것이라도 괜찮다. 주

의할 점은 물건이 작아질수록 과제가 더 어려워진다는 점이다.

준비

없음

놀이 방법

1. 활동 목표는 깡통(혹은 다른 어떤 물건이든)을 모든 참여자가 동시에 만지는 것(말 그대로 신체적으로 접촉하는 것)이라고 설명한다.
2. 또한 모든 참여자가 서로 닿지 않으면서 깡통을 잡아야 한다고 설명한다.

변형

1. 노래 하나를 부르거나 환호를 외칠 만큼 긴 시간 동안 집단원 모두가 서로 건드리지 않으면서 깡통을 잡고 있는 자세를 유지하게 할 수 있다.
2. 과제가 보다 도전적이 되도록 집단원에게 활동을 하는 동안 어느 순간에도 서로를 만지면 안 된다고 지시한다(단지 깡통을 잡는 동안 서로를 건드리지 않는 것이 아니라 어떤 순간에도 서로를 만지지 않고 활동을 마쳐야 하며, 그렇지 않으면 처음부터 다시 시작해야 한다).

개인화 접목질문 예시

1. 이 활동에 대한 지시사항을 처음 들었을 때 느낌이 어떠했는가? 당신에게 든 생각과 감정을 어떻게 표현하였는가? 집단이 전략을 논의함에 따라 당신의 반응은 변화가 있었는가? 어떻게 변화했는가?
2. 집단의 성공에 당신은 어떠한 기여를 하였는가? 당신이 기여한 점에 대해 어떻게 느꼈는가?
3. 집단원이 문제를 해결하면서 당신의 말을 들었는가? 다른 집단원들이 당신 말을 들어 줄 때 기분이 어떠했는가?
4. 자신의 말을 들어 주는 것 같지 않았을 때 기분이 어떠하였는가? 당신 말을 집단원이 들어 주기를 바랐다면, 당신의 말을 잘 듣도록 어떻게 다르게 행동할 수 있었을까?

5. 생각이나 감정을 효과적으로 소통할 수 있었는가? 만약 그렇다면 어떻게 그럴 수 있었는가? 만약 그러지 못했다면 그렇게 행동하기 어려웠던 이유는 무엇인가?
6. 활동이 보다 순조롭게 진행되도록 당신이 경청자의 위치에 있을 때 한 행동은 무엇인가?
7. 이 활동에서 신뢰는 어떠한 역할을 했는가?
8. 서로를 만지지 않으면서 깡통을 만질 수 있는 방법을 정하기 위해 집단은 어떠한 과정을 거쳤는가? 전략이 효과적인지를 집단원은 어떻게 판단하였는가? 만약 전략이 효과가 없으면 집단원은 어떻게 대응하였는가? 어떤 방법이 효과적이지 않을 때 당신은 다른 대안을 찾기 위해 어떻게 하는가?
9. 이 과제를 달성하기 위해 집단원이 서로 협력한 방법은 무엇인가? 협력이 어떻게 도움이 되었는가?
10. 당신은 협력할지 안 할지를 어떻게 결정하였는가? 협력에 대한 당신의 태도는 집단에서 일어나는 일에 어떻게 영향을 미쳤는가? 다른 집단원의 태도는 어떠한 영향을 미쳤는가?
11. 다른 집단원에게 도움 받을 필요가 있는지 없는지를 어떻게 알 수 있었는가? 도움이 필요했을 때 어떻게 했는가? 당신이 도움을 받을 필요가 있다는 것을 알았을 때 어떻게 요청하였는가?
12. 서로 닿지 않으면서 깡통을 만지는 과정에서 다양한 집단원은 어떤 역할을 했는가? 집단에서 누가 이끌고 누가 따를지는 어떻게 정해졌는가? 활동이 진행되면서 그 역할은 변화하였는가? 어떻게 변화하였는가?
13. 신체적으로 가까이 있으면서 서로 닿지 않아야 한다는 것이 어떻게 느껴졌는가? 당신은 얼마나 많은 사적 공간을 필요로 하는가? 그것은 다른 집단원이 필요로 하는 사적 공간과 얼마나 다른가?
14. 당신이 다른 집단원에게 필요하거나 원하는 것이 있다는 것을 어떻게 알아차리는가? 당신은 필요하거나 원하는 것을 어떻게 요청하는가?
15. 1에서 10까지의 척도(1은 전혀 스트레스가 없을 때, 10은 엄청난 양의 스트레스일 때)로 스트레스를 표현한다면 이 활동을 하는 동안 당신의 스트레스는 어느 정도였는가? 시간이 지남에 따라 어떻게 변화하였는가? 깡통을 만지는 동안 노래를 불러야 했을 때 스트레스는 어떻게 영향을 받았는가? 만약 누군가

가 다른 사람에게 닿아서 처음부터 시작해야 했을 때 스트레스 수준은 어떻게 되었는가? 이 활동에서 스트레스를 다루기 위해 어떤 전략을 사용했는가?

16. 이 활동에서 자기조절 및 자기훈련이 왜 필요한가? 당신은 자기조절 및 자기훈련을 어떻게 다루었는가?
17. 당신 집단은 이 과제에 성공적이었는가? 성공하거나 혹은 성공하지 못했을 때 느낌이 어떠했는가? 이러한 느낌을 다른 집단원과 어떻게 소통하였는가?
18. 활동에서 당신이 집단에서 가진 책임은 어떤 것이었는가? 당신의 책임이 무엇인지 어떻게 결정할 수 있었는가?
19. 활동을 하면서 그 책임을 다할 수 있었는가? 만약 그렇다면 당신이 책임감 있게 한 행동은 무엇인가? 그것이 책임감 있는 행동이라는 것을 어떻게 확신할 수 있었는가? 만약 그렇지 않았다면 당신이 책임감 없이 한 행동은 무엇인가? 보다 책임감 있게 행동하기 힘들게 한 것은 무엇인가?
20. 당신이 과제에 접근하는 방식과 다른 집단원이 과제에 접근하는 방식은 차이가 있었는가? 당신이 과제에 접근하는 방식과 다른 집단원이 과제에 접근하는 방식에서 비슷했던 점은 무엇인가?
21. 다른 사람과 다르다는 것에 대해 당신의 문화는 어떠한 메시지를 전달하는가? 당신 문화가 성공에 대하여 전달하는 메시지는 무엇인가?
22. 변형 2를 활용했다면, 활동 중 누군가 다른 사람과 닿아서 집단 전체가 처음부터 시작해야 했을 때 기분이 어떠했는가? 만약 당신이 그 누군가였다면 기분이 어떠하였는가? 이러한 일이 벌어졌을 때 집단원은 어떻게 의사소통하였는가?

응용 접목질문 예시

1. 불가능해 보이는 일을 해야만 하는 상황이나 관계라고 느껴진 때가 언제인가? 그러한 상황에 대처하기 위해 활용한 자원이나 전략은 무엇인가?
2. 성공하기 위하여 팀으로 협력하거나 도와야 하는 상황은 언제인가? 이러한 상황을 어떻게 다루는가? 협력과 도움을 어떻게 이끌어 내는가?
3. 집단 과정을 성공시키기 위하여 당신은 보통 어떻게 기여하는가? 당신이 세상에 하는 좋은 일은 무엇인가?

4. 집단에서 당신이 한 역할과 가족에서 하는 역할 중 어떤 점이 비슷한가? 다른 집단에서는 어떠한가? 다양한 집단원이 행한 역할은 당신이 살면서 겪는 다른 사람들과 어떤 점이 비슷한가? 이러한 다양한 역할에 대해 얼마나 편안하게 느끼는가?
5. 이 활동의 상황과 비슷한 문제를 맞닥뜨리면 당신은 문제를 해결하기 위해 어떻게 하는가? 집단원이 문제를 풀기 위해 사용한 방법 중 어떤 것이 당신이 살면서 겪는 다른 상황에 유용하겠는가? 그러한 상황에서 이 방법을 어떻게 활용할 수 있겠는가?
6. 스트레스를 조절하기 위해 당신이나 집단원이 사용한 방법 중 어떤 것이 당신이 살면서 마주치는 상황에 도움이 될 것 같은가? 그 방법을 어떻게 활용하겠는가?
7. 도움을 요청할 필요가 있는 상황은 어떠한 때인가? 어떻게 당신에게 도움이 필요하다는 것을 알아차리고 도움을 요청할 수 있겠는가?
8. 남들이 당신의 말을 들어 주는 것이 중요한 어떤 상황이나 관계가 있는가? 그 상황에서 사람들이 당신 말을 들을 수 있도록 어떻게 하면 좋을까?
9. 느낌 및 생각을 나누고 협동할 수 있게 격려하고 문제를 풀고 갈등을 적절하게 해결하는 방법으로 이 활동에서 배운 것을 다른 상황에서 어떻게 활용할 수 있는가?
10. 도전 과제를 해결하는 방법에 대해 이 활동에서 배운 점을 다른 상황에 어떻게 활용할 수 있는가?
11. 오늘 이 게임에서 배운 개인적인 경계, 권리, 사생활 보호의 필요성을 알아차리고 지키는 것 중 중요한 상황에 활용할 수 있는 것은 무엇인가?
12. 사적 공간 및 신체 접촉에 대해 당신 가족의 규칙(언어적 또는 비언어적)은 무엇인가? 당신 문화에서는 어떠한가?
13. 사적 공간 및 신체 접촉에 대해 사람들이 편안하게 느끼는 수준이 다르다는 것을 알게 된 상황은 어떠한 때였는가? 당신이 알게 된 차이는 어느 정도였는가? 만약 누군가 사적 공간에 대한 규칙이 당신의 규칙과 다르다면 어떻게 적절하면서도 정중하게 대응할 수 있겠는가?
14. 다른 문화 집단의 사적 공간 및 신체 접촉에 대해 무엇을 알게 되었는가?

15. 비판적 사고 기술에 대해 배운 것 중 당신의 생활에 적용할 수 있는 것은 무엇인가?
16. 살면서 당신이 책임감 있게 행동하는 것이 중요한 상황은 언제인가? 책임감 있는 행동에 대해 이 활동에서 배운 것을 그러한 상황에 어떻게 적용할 수 있겠는가?
17. 살면서 다른 사람을 믿는 것이 중요한 다른 상황은 언제인가? 사람을 믿는 것에 대해 이 활동에서 배운 점을 그러한 상황에 어떻게 적용할 수 있겠는가?
18. 살면서 욕구 및 소망에 대해 의사소통하는 것이 중요한 다른 어떤 상황이 있는가? 욕구 및 소망을 소통하는 것에 대해 이 활동에서 배운 점을 그러한 상황에 어떻게 적용할 수 있겠는가?

안전 문제

참여자들은 서로 닿지 않으면서 깡통을 만지기 위해 가끔 몸 자세를 창의적으로 취할 수 있으므로 잔디나 부드러운 바닥에서 활동하는 것이 좋다.

이런, 교통체증이군.

활동명: 교통체증

활동 유형: 도전하기

대상: 6학년 이상(이 활동은 어른에게 좌절스러운 반면, 나이 어린 집단에게는 더 쉬울 수 있다. 아마도 거기서 교훈을 배울 수도 있을 것이다.)

집단 크기: 8~20명

목적 1. 의사소통 및 인간관계 능력 향상

목표

1A. 이해를 증명하고 기본적 의사소통 기술을 적용하기(예: 비언어적 증거 인식하기, 나 전달법 사용하기)

1B. 명확하고 건설적으로 감정 표현하기

1C. 타인의 감정 인식 및 수용하기

1D. 생각을 명확하고 건설적으로 표현하기

1E. 타인의 말을 적극적으로 경청하기

1F. 타인을 신뢰하는 의지를 증명하기

1G. 관계를 형성하고 유지하기 위한 기술을 개발하기

1H. 또래 압력을 인식하고 다루기

1I. 갈등 해결을 위한 의사소통 기술을 사용하기

1J. 도움의 필요성을 인식하고 그것을 요청할 능력을 개발하기

1K. 욕구와 소망을 인식하고 언어화하기

1L. 집단에 효과적으로 참여하기 위한 기술을 개발하기

목적 2. 자기인식과 자기수용 증진

목표

2C. 부정적 자기대화를 인식하기 위한 능력 개발하기

2D. 부정적 자기대화를 대체할 긍정적 자기대화의 기술 개발하기

2F. 자신에 대한 긍정적 태도 개발하기

2G. 개인적인 경계, 권리, 사생활 보호의 필요성을 인식하기

목적 3. 문제 해결과 의사결정 기술의 개발과 적용

목표

3A. 개인적 목표 설정하기

3B. 문제 확인하기

3C. 문제 해결과 의사결정 단계의 이해를 설명하기(정보 수집, 대안과 결과 탐색, 계획과 행동)

3D. 결정 평가하기

3E. 일상생활에서 변화와 이행 조정하기

3F. 갈등 해결을 위한 의사결정 기술 적용하기

3G. 일상의 상황에서 의사결정 기술을 적용하기

3H. 문제를 다루는 효과적인 대처 기술 설명하기

3I. 또래 압력이 의사결정에 영향을 줄 때를 인식하기

3J. 문제 해결과 목표 달성을 위한 대안적 방법 확인 능력 개발하기

목적 5. 일관되게 책임감 있는 행동을 증명

목표

5B. 행동이 적절하고 책임감이 있는지 인식하기

5C. 적절하고 책임감 있는 방법으로 행동하기

5D. 스트레스를 다루는 대처 기술 개발하기

5E. 자기훈련과 자기조절을 연습하는 방법의 필요성 이해하기

5F. 시간 조정 기술 적용하기

목적 6. 학습 관련 긍정적 태도와 기술 향상

목표

6A. 학습자로서 유능감과 자신감을 개발하기

6B. 성취에 대한 자신감 갖기

6C. 학습 과정의 일부로서 실수를 수용하기

6D. 시간 조정과 과업 조절 전략 적용하기

6E. 노력과 인내가 학습을 향상시킨다는 것을 인식하기

6F. 의존성과 주도성을 개발하기

6G. 지식 공유 능력 개발하기

6H. 비판적 사고 기술을 발달시키기

재료

집단원 수 만큼의 표식(예: 테이프 조각이나 고무 받침, 식탁 받침 등)과 여분의 표식 하나 더

준비

바닥에 직선이나 곡선(반달)을 따라 표식들을 놓는다.

놀이 방법

1. 중앙에 있는 표식 하나만 남겨 두고 모든 사람이 각각의 표식 위에 서도록 한다.
2. 아무도 서지 않은 빈 표식을 중앙에 두고 양측으로 참여자들이 마주보고 서게 한다.
3. 이 활동의 목표는 각 참여자들이 다음의 규칙에 따라 빈 표식의 반대편 사람과 자리를 바꾸는 것이라고 알려 준다.
   1) 한 번에 오직 한 사람만 이동할 수 있다.
   2) 참여자는 오직 앞으로만 이동할 수 있다.
   3) 참여자는 자기 바로 앞에 빈 표식이 있을 경우 앞으로 이동하거나 반대 방향을 바라보고 있는 참여자를 1명 지나서 빈 표식으로 이동할 수 있다.

4) 길이 막히면(예: 규칙을 지키며 이동해 갈 빈 표식이 하나도 없을 때, 집단이 심각한 실수를 저질러서 앞으로 곧 갇히게 된다는 것을 깨달았을 때), 표식에서 벗어나 원래 처음의 순서대로 자리 잡은 후 다시 시도한다.

변형

1. 집단이 성공하면(어떻게 하는지 알게 되면) 얼마나 빨리 할 수 있는지 다시 해 본다. 상당히 빨리 할 수 있게 되면 목표를 세우고 그만큼 빨리 할 수 있는지 확인하게 해 본다.
2. 집단이 성공하면 침묵 속에 과제를 해 보도록 한다.
3. 집단이 성공하든 하지 못하든 일정 시간을 두고 다시 해 보도록 한다.

개인화 접목질문 예시

1. 리더가 규칙을 처음 설명했을 때 집단이 성공할 확률에 대해 어떤 생각이나 느낌이 들었는가? 그러한 생각과 느낌을 어떻게 표현하였는가? 초기의 태도는 당신이 문제를 풀어 나가는 데에 영향을 미쳤는가?
2. 집단이 문제를 해결하는 데 당신이 기여한 바는 무엇인가? 당신의 기여에 대해 어떻게 느끼는가?
3. 만약 집단이 성공적으로 문제를 해결하지 못했다면, 그때 당신은 기분이 어떠했는가? 그 실패를 어떻게 다루었는가? 실패와 관련하여 자기 자신이나 능력에 대해 스스로에게 한 말이 있는가? 실패와 관련하여 다른 집단원에 대해 든 생각은 무엇인가? 보다 건설적으로 다룰 수 있는 방법이 있었을까?
4. 만약 집단이 성공적으로 문제를 해결했다면, 그때 당신은 기분이 어떠했는가? 그 성공을 어떻게 다루었는가? 성공과 관련하여 자기 자신이나 능력에 대해 스스로에게 한 말이 있는가? 집단원들에 대해 스스로에게 한 말은 무엇인가? 이를 보다 건설적으로 다룰 수 있는 방법이 있었을까?
5. 집단이 성공한 후 리더가 이번에는 최대한 빨리 해 보라고 했을 때 느낌이 어떠하였는가?
6. 이 활동에서 당신과 집단원 간에 의사소통이 얼마나 중요했는가?
7. 문제를 해결하기 위해 작업할 때 집단원이 당신의 말을 듣는다고 느꼈는가?

다른 집단원들이 당신 말을 들어 줄 때 기분이 어떠했는가?

8. 당신의 말을 듣는 것 같지 않았다면 그때 느낌이 어떠했는가? 파트너가 당신 말을 들어 주기를 바랐다면, 당신 말을 잘 들을 수 있도록 다르게 행동할 수 있는 방법은 무엇이었을까?
9. 당신의 생각이나 감정을 효과적으로 소통할 수 있었는가? 욕구나 소망을 효과적으로 소통할 수 있었는가? 어떻게 그럴 수 있었는가? 만약 아니라면 그럴 수 없었던 이유는 무엇인가?
10. 이 활동에서 경청자로서 당신은 어떻게 했는가? 보다 잘 듣기 위해 어떻게 다르게 할 수 있었을까?
11. 이 활동에서 신뢰는 얼마나 중요했는가? 집단원 간 신뢰를 높이기 위해 당신이 할 수 있는 것은 무엇이었나? 다른 집단원이 할 수 있는 것은 무엇이었을까?
12. 문제를 해결하는 전략을 찾기 위해 당신과 집단원은 어떠한 과정을 거쳤는가? 전략이 효과적인지를 어떻게 판단하였는가? 전략이 효과가 없을 때 어떻게 대처하였는가? 방법이 효과적이지 않을 때 어떻게 다른 대안을 찾았는가?
13. 과제를 달성하기 위해 집단원끼리 서로 어떻게 협력하였는가? 협력은 얼마나 도움이 되었는가?
14. 당신은 협력할지 안 할지를 어떻게 결정하였는가? 협력에 대한 당신 태도는 집단에서 일어나는 일에 어떠한 영향을 미쳤는가?
15. 다른 집단원에게 도움을 받을 필요가 있는지를 어떻게 알아차렸는가? 더 많은 도움이 필요했을 때 어떻게 했는가? 도움이 필요하다는 것을 알았을 때 어떻게 요청할 수 있었는가?
16. 문제를 해결하기 위해 각 집단원이 한 역할은 무엇인가? 집단이 성공하기 위해 누군가 리더가 되는 것이 필요했는가? 만약 그렇다면 집단에서 누가 이끌고 누가 따를지는 어떻게 정해졌는가? 활동을 하면서 그 역할이 변했는가? 어떻게 변했는가?
17. 집단원 간 문제 해결 전략에 대해 의견이 달랐을 때 느낌이 어떠했는가? 그러한 느낌이 들어서 어떻게 행동했는가? 의견 불일치가 점점 고조되어 갈등으로 번졌는가? 그 갈등을 어떻게 다루었는가? 해결하기 위한 다른 방법으로는 어떤 것이 있었을까?

18. 활동 중 낙심하거나 좌절했을 때 이를 어떻게 다루었는가? 다시 계속할 동기를 얻기 위해 스스로에게 한 말은 무엇인가? 다른 집단원이 낙심해 보였을 때 이에 대해 어떻게 소통하였는가?
19. 문제를 해결하기 위해 시도했으나 실패한 것으로부터 당신이 배운 점은 무엇인가? 문제 해결 전략을 더욱 발전시키는 데 배운 것을 어떻게 활용하겠는가?
20. 활동을 하는 중 집단에서 당신이 맡은 책임은 무엇이었는가? 당신의 책임 영역을 어떻게 결정할 수 있었는가?
21. 이 활동을 하면서 자신의 책임을 다할 수 있었는가? 만약 그렇다면 당신이 책임감 있게 한 행동은 무엇인가? 책임감 있는 행동이라는 것을 어떻게 확신하였는가? 만약 그렇지 않았다면 책임감 없이 한 행동은 무엇인가? 책임감 있는 행동을 보이기 힘들었던 이유는 무엇인가?
22. 문제를 해결하는 능력에 대해 스스로 부정적으로 생각하게 된 때가 있었는가? 자신에게 무슨 말을 했는가?
23. 부정적인 자기대화를 어떻게 하면 보다 긍정적인 자기대화로 바꿀 수 있겠는가? 자신에 대해 말할 수 있는 긍정적인 점들은 어떤 것이 있는가?
24. 노력과 끈기는 집단이 문제를 성공적으로 해결하는 데 어떠한 역할을 했는가?
25. 당신은 문제를 해결하기 위해 노력하면서 당신의 기여와 다른 집단원의 기여를 비교하였는가? 그러한 비교는 당신 자신이나 노력에 어떠한 영향을 미쳤는가?
26. 하나 이상의 집단이 이 퍼즐을 푸는 활동을 했다면, 당신은 자기 집단을 다른 집단과 비교하였는가? 이는 당신 자신이나 노력에 어떠한 영향을 미쳤는가?

응용 접목질문 예시

1. 무언가를 달성하기 위해 다른 사람과 함께 일해야만 한다고 느끼는 상황이나 관계는 언제인가? 그러한 상황에서 당신에게 도움이 되는 자원이나 전략은 무엇인가?
2. 그러한 상황이나 관계에서 협력은 어떠한 역할을 하는가? 당신은 협력과 도움을 어떻게 이끌어 내는가?
3. 당신이 집단에서 한 역할은 당신이 가족에서 하는 역할과 어떻게 비슷한가?

친구 관계에서는 어떠한가? 당신은 역할들에 대해 얼마나 융통적인 편인가?

4. 이 활동 상황과 비슷한 문제를 해결하기 위해 당신은 보통 어떻게 하는가? 당신과 집단원이 문제를 해결하기 위해 사용한 방법 중 어떤 것이 살면서 다른 상황에 도움이 될 것 같은가? 그러한 상황에서 이 방법을 어떻게 활용할 수 있는가?
5. 어떤 상황일 때 당신은 도움을 요청할 필요가 있는가? 도움이 필요하다는 것을 어떻게 알아차리고, 어떻게 요청할 수 있는가? 어떤 상황일 때 당신은 원하거나 필요한 것을 요청할 필요가 있는가? 당신의 욕구나 필요를 어떻게 알아차리고, 어떻게 요청하겠는가?
6. 어떤 상황이나 관계에서 다른 사람이 당신의 말을 들어 주는 것이 중요한가? 그러한 상황에서 당신 말을 들어 준다고 어떻게 확신하겠는가?
7. 어떤 상황이나 관계에서 당신이 남들의 말을 잘 들어 주는 것이 중요한가? 그러한 상황에서 경청 기술을 잘 쓸 수 있도록 어떻게 하겠는가?
8. 감정과 생각을 나누고, 협력하도록 격려하며, 문제를 해결하고, 적절하게 갈등을 해결할 수 있도록 오늘 활동에서 배운 점을 어떻게 다른 상황에 활용할 수 있겠는가?
9. 부정적인 자기대화에 대해 배운 점을 어떻게 활용하겠는가?
10. 다른 사람과 정보를 공유하는 것이 중요한 상황에 적용할 만한 것으로 오늘 이 활동에서 배운 점은 무엇인가?
11. 비판적 사고 기술에 대해 오늘 배운 점 중 살면서 다른 상황에 적용할 수 있는 것은 무엇인가?
12. 살면서 어떠한 상황에서 책임감 있게 행동하는 것이 중요한가? 이 활동에서 책임감 있게 행동하는 것에 대해 배운 점을 그러한 상황에 어떻게 활용할 수 있는가?
13. 살면서 남을 신뢰하는 것이 중요한 상황은 언제인가? 사람을 신뢰하는 것에 대해 이 활동에서 배운 점을 그러한 상황에 어떻게 활용하겠는가?
14. 성공이라고 느꼈던 때는 어떠한 상황이었는가? 그때 어떻게 행동했는가? 이 활동에서 배운 점을 그러한 상황에 어떻게 적용할 수 있는가?
15. 실패라고 느꼈던 때는 어떠한 상황이었는가? 그때 상황을 어떻게 다루었는

가? 이 활동에서 배운 점을 그러한 상황에 어떻게 적용할 수 있는가?

16. 자신을 남과 비교하게 되는 때는 어떤 상황인가? 그러한 비교는 당신 및 관계에 어떠한 영향을 미쳤는가? 자신을 남과 비교하는 것에 대해 이 활동에서 배운 점을 그러한 상황이나 관계에 어떻게 적용할 수 있는가?
17. 당신은 보통 좌절을 어떻게 다루는가? 이 활동에서 좌절을 다루는 방법에 대해 배운 점을 그런 상황에 어떻게 적용하겠는가?

안전 문제

심각한 좌절을 불러일으킬 수 있다는 점을 제외하고는 없다.

전적으로 신뢰의 문제입니다.

활동명: 신뢰로 걷기

활동 유형: 믿음 쌓기

대상: 1학년 이상

집단 크기: 2~?(안전 문제가 없는 한 하늘만큼 땅만큼)

목적 1. 의사소통 및 인간관계 능력 향상

목표

1A. 이해를 증명하고 기본적 의사소통 기술을 적용하기(예: 비언어적 증거 인식하기, 나 전달법 사용하기)

1B. 명확하고 건설적으로 감정 표현하기

1C. 타인의 감정 인식 및 수용하기

1D. 생각을 명확하고 건설적으로 표현하기

1E. 타인의 말을 적극적으로 경청하기

1F. 타인을 신뢰하는 의지를 증명하기

1G. 관계를 형성하고 유지하기 위한 기술을 개발하기

1H. 또래 압력을 인식하고 다루기

1J. 도움의 필요성을 인식하고 그것을 요청할 능력을 개발하기

1K. 욕구와 소망을 인식하고 언어화하기

1L. 집단에 효과적으로 참여하기 위한 기술을 개발하기

목적 2. 자기인식과 자기수용 증진

목표

2A. 개인적 태도와 가치를 탐색하기

2B. 개인적인 긍정적 특질, 재능, 성취를 확인하고 인식하기

2C. 부정적 자기대화를 인식하기 위한 능력 개발하기

2D. 부정적 자기대화를 대체할 긍정적 자기대화의 기술 개발하기

2E. 자신의 특별함에 감사하기

2F. 자신에 대한 긍정적 태도 개발하기

2G. 개인적인 경계, 권리, 사생활 보호의 필요성을 인식하기

2H. 개인 및 사회적 역할 확인하기

목적 5. 일관되게 책임감 있는 행동을 증명

목표

5A. 개인적 책임을 인식하기

5B. 행동이 적절하고 책임감이 있는지 인식하기

5C. 적절하고 책임감 있는 방법으로 행동하기

5D. 스트레스를 다루는 대처 기술 개발하기

5E. 자기훈련과 자기조절을 연습하는 방법의 필요성 이해하기

재료

눈가리개를 사용할 수 있다. 이 경우 스카프를 말아서 사용하기도 한다(세탁하기 쉬운 데다 많은 재미있는 색깔을 구비할 수 있다).

준비

참여자가 걸을 길이 안전하면서도 충분히 도전적인지 함께 고려한다.

놀이 방법

1. 참여자들이 짝을 정하게 한다(혹은 적절히 배정한다).
2. 짝끼리 먼저 할 사람을 정하게 한다.
3. 짝 활동에서 한 명은 시야를 가릴 것이라고 설명한다(눈을 감거나 눈가리개를 할 수 있다).
4. 눈이 보이는 사람(눈가리개가 없거나 눈을 감지 않은 사람)은 자신의 짝이 안전하도록 모든 노력을 기울이고, 리더를 따르면서 짝을 보조하며, 걷기가 끝날 때까지 침묵한다.

5. 리더는 참여자와 리더 자신의 안전 예방 능력을 평가하여 걷기를 적절하게 조율한다. 예를 들어, 어떤 집단에게는 문을 통과하도록 하지만, 다른 집단에게는 (문에 치이지 않도록 참여자가 충분히 주의를 기울일지 확신할 수 없을 때) 그 문을 통과하도록 하지 않을 것이다. 만약 보조 리더가 있다면 내리막길을 가게 할 수도 있다. 내리막길을 갈 때 리더가 집단을 이끄는 동안 보조 리더가 참여자의 안전을 모니터링할 수 있기 때문이다.
6. 첫 번째 걷기가 끝난 후 참여자들에게 역할을 바꾸도록 한다.
7. 단계 3~5를 반복한다.

변형

1. 눈이 보이는 짝이 걷는 동안 침묵하게 한다.
2. 눈이 보이는 짝이 걷는 동안 일부에서는 침묵하고 나머지 부분에서는 다른 짝을 격려하는 말을 지속해서 쏟아내게 한다.

개인화 접목질문 예시

1. 눈이 보이는 짝이 되는 것이 어떠했는가? 짝을 이끈다는 것에 대해 어떤 느낌이 들었는가? 활동을 진행하는 동안 느낌이 변했는가? 만약 그렇다면 어떻게 변했는가?
2. 눈이 안 보이는 짝이 되는 것이 어떠했는가? 짝에게 이끌리는 것은 어떤 느낌이 들었는가? 활동을 진행하는 동안 당신의 느낌은 변화하였는가? 만약 그렇다면 어떻게 변했는가?
3. 어떤 역할이 더 좋았는가? 그 역할에서 좋았던 점은 무엇인가? 다른 역할에 대해 좋아하지 않은 점은 무엇인가?
4. 이끌릴 때 당신이 통제할 수 없다는 것이 어떻게 느껴졌는가?
5. 당신이 이끌 때 책임을 맡는다는 것이 어떻게 느껴졌는가?
6. 짝에게 이끌릴 때 당신이 필요한 것을 알리는 것은 얼마나 어려웠는가?
7. 역할을 바꿨을 때 짝은 당신과 다른 요구를 하였는가? 짝은 이를 어떻게 표현하였는가?
8. 당신이 볼 수 있었을 때 짝이 보다 편안하게 느끼고 안전할 수 있도록 돕기 위

해 어떻게 했는가? 노력은 성공적이었는가? 짝은 당신의 노력에 대해 어떠한 표현을 하였는가? 당신이 사용한 방법 중 어떤 것이 효과가 있었는가? 효과가 없었던 것은 무엇인가?

9. 당신이 눈을 가렸을 때 편안하고 안전하게 느끼도록 돕기 위해 짝이 한 일은 무엇인가? 그 방법은 성공적이었는가? 어떤 방법은 효과가 없었는가? 이것에 대해 짝과 어떻게 의사소통하였는가?
10. 집단 토의 중 눈이 가려진 사람이 공통적으로 느끼거나 필요로 했던 것이 있는가? 어떤 사람의 눈이 가려졌는가?
11. 이 활동의 명칭은 '신뢰로 걷기'이다. 신뢰가 어떻게 연관되는 것 같은가?
12. 당신은 짝을 어떻게 신뢰했는가? 어떤 면에서 당신의 짝을 신뢰할 수 없었는가? 신뢰 수준은 상호작용에 어떠한 영향을 미쳤는가?
13. 이 활동에서 당신이 짝에게 갖는 책임은 무엇이었는가? 집단에 대해 갖는 책임은 무엇이었는가? 당신의 책임이 무엇인지 어떻게 결정하였는가?
14. 활동을 하면서 자신의 책임을 다하였는가? 만약 그렇다면 책임감 있었다고 여겨지는 행동은 무엇인가? 그것이 책임감 있는 행동이었다고 어떻게 확신할 수 있는가? 만약 그렇지 않았다면 책임감 없었다고 여겨지는 행동은 무엇인가? 책임을 다하기 힘들었던 이유는 무엇인가?
15. 다른 사람들이 당신의 행동을 책임감 있다고 보는지를 어떻게 판단할 수 있었는가? 다른 사람(짝이나 집단원, 리더)으로부터 당신의 책임감에 대해 어떠한 피드백을 들었는가? 이러한 피드백을 받았을 때 당신은 어떻게 반응하였는가?
16. 활동을 하는 동안 당신의 짝이 책임을 다한다고 느꼈는가? 활동 중 짝이 책임을 다한 것(혹은 하지 않은 것)에 대해 어떻게 피드백을 주었는가?
17. 당신의 짝이 책임감 있게 행동하는 능력은 당신이 그를 믿는 데 어떠한 영향을 미쳤는가?
18. 이 활동에서 자기훈련 및 자기조절 연습은 어째서 중요한가?
19. 1에서 10까지의 척도로 표현한다면 이 활동을 하는 동안 당신의 스트레스 수준은 어떠하였는가? 무엇이 스트레스였는가? 당신 몸의 어디에서 스트레스를 느꼈는가? 이러한 스트레스를 다루기 위해 어떠한 전략을 사용했는가? 스트레스를 줄이는 다른 방법으로는 어떤 것이 있는가?

20. 이 활동에서 당신 자신에 대해 배운 점은 무엇인가? 당신 짝에 대해 배운 점은 무엇인가?

응용 접목질문 예시

1. 당신은 살면서 어떠한 역할(리더 혹은 추종자)을 할지 어떻게 결정하는가?
2. 당신은 살면서 어떠한 상황이나 관계에서 장님이 된 채로 무언가를 하려고 노력하는 것처럼 느끼는가? 그러한 상황이 당신은 어떤 영향을 미치는가? 이 활동에서 배운 것을 그러한 상황에 어떻게 적용하겠는가?
3. 다른 사람에게 도움을 요청해야 할 수도 있는 상황은 언제인가? 당신은 도움이 필요하다는 것을 어떻게 알아차리고 도움을 요청하겠는가?
4. 다른 사람이 당신의 도움을 필요로 하는 상황은 언제인가? 그러한 상황에서 어떻게 하면 가장 도움이 되겠는가?
5. 무엇이 필요한지 물어볼 필요가 있는 다른 상황은 언제인가? 무엇이 필요한지 어떻게 판단하는가? 어떻게 하면 무엇이 필요한지 더 편하게 물어볼 수 있는가?
6. 어떤 상황이나 관계에서 다른 사람들이 당신의 말을 들어 주는 것이 중요한가? 그러한 상황에서 사람들에게 당신의 말이 들리도록 어떻게 하는가?
7. 어떤 상황이나 관계에서 당신이 다른 사람들의 말을 잘 들어 주는 것이 중요한가? 그러한 상황에서 당신은 경청 기술을 잘 사용하기 위해 어떻게 하는가?
8. 만약 다른 사람이 당신에게 도움/이해/다른 무언가를 요청한다면, 당신은 그 요구를 들어 주고 싶은지(혹은 들어 줄 수 있는지) 어떻게 결정하는가?
9. 만약 당신이 다른 사람의 요구를 들어 줄 수 없다고 결정했을 때, 당신은 이를 어떻게 처리하는가?
10. 당신이 다른 사람을 믿는 것이 중요한 상황은 무엇인가? 이 활동에서 배운 점을 다른 사람을 신뢰하는 것에 어떻게 적용하겠는가?
11. 당신은 어떠한 상황에서 리더가 되기로 결정하는가? 당신은 어떤 식으로 리더십을 발휘하는가? 당신은 어떠한 상황에서 추종자가 되기로 결정하는가? 당신은 어떤 식으로 따르는가? 당신은 어떠한 상황에서 관찰자가 되기로 결정하는가? 당신은 어떤 식으로 관찰하는가?
12. 책임감 있게 행동하는 것이 정말 중요하다고 느끼는 상황이나 관계는 언제

인가? 그러한 상황이나 관계를 어떻게 다루는가?

13. 당신이 생각하는 만큼 책임감 있게 행동하지 못하는 경우는 어느 때인가? 그러한 상황에서 당신이 책임감 있게 행동하기 어려운 이유는 무엇인가? 앞으로 그러한 상황에 처한다면 어떻게 다르게 대처할 수 있겠는가?
14. 당신의 행동이 무책임했다고 피드백을 받았을 때 기분이 어떠했는가? 당신은 이러한 피드백에 어떻게 반응하는가? 그 피드백을 주는 사람이 당신의 반응에 어떤 영향을 미치는가?
15. 당신은 친구나 가족이 무책임하게 행동하는 상황을 어떻게 다루는가? 그러한 상황에서 당신은 주로 어떠한 피드백을 하는가? 지인이나 낯선 사람이 무책임하게 행동할 때 어떻게 대처하는가? 그러한 상황에서 당신은 주로 어떠한 피드백을 하는가?
16. 이 활동을 하는 동안 느꼈던 것과 같은 종류의 스트레스를 겪는 상황은 언제인가? 이 활동에서 배운 스트레스를 다루는 방법을 그러한 상황에 어떻게 적용할 수 있겠는가?
17. 당신의 삶에서 자기훈련이나 자기조절을 하는 것이 중요한 상황은 언제인가? 이 활동에서 배운 자기훈련이나 자기조절 방법을 그러한 상황에 어떻게 적용할 수 있겠는가?
18. 다른 사람이 책임감 있게 행동하려는 의지가 당신이 그를 신뢰하는 것에 영향을 미치는 때는 당신 삶에서 어떠한 경우인가?

안전 문제

넘어진다거나 하는 등의 위험요소들이 있기 마련이다. 리더가 안전에 대해 주의깊게 신경을 쓰지 못하거나 다른 사람이 부딪히는 것이 재미있다고 생각하는 경향이 있다면 특히 그렇다. 그러한 경우 다른 활동을 선택해야 한다.

돌아라 돌아라 회전문

활동명: 회전문

활동 유형: 도전하기

대상: 3학년 이상

집단 크기: 8~16명

목적 1. 의사소통 및 인간관계 능력 향상

목표

1H. 또래 압력을 인식하고 다루기

1I. 갈등 해결을 위한 의사소통 기술을 사용하기

1J. 도움의 필요성을 인식하고 그것을 요청할 능력을 개발하기

1K. 욕구와 소망을 인식하고 언어화하기

1L. 집단에 효과적으로 참여하기 위한 기술을 개발하기

목적 2. 자기인식과 자기수용 증진

목표

2C. 부정적 자기대화를 인식하기 위한 능력 개발하기

2D. 부정적 자기대화를 대체할 긍정적 자기대화의 기술 개발하기

2F. 자신에 대한 긍정적 태도 개발하기

목적 4. 다양성의 이해와 가치를 증진

목표

4A. 개인의 차이를 인식하고 인정하기

4E. 고정관념이 대인관계와 타인에 대한 태도에 어떠한 영향을 줄 수 있는지 인식하기

목적 5. 일관되게 책임감 있는 행동을 증명

목표

5A. 개인적 책임을 인식하기

5D. 스트레스를 다루는 대처 기술 개발하기

5E. 자기훈련과 자기조절을 연습하는 방법의 필요성 이해하기

재료

9~11m 이상 되는 밧줄 1개(우리는 암벽타기용 줄을 사용하길 좋아하지만, 어떤 줄이든 사용할 수 있다.)

준비

없음

놀이 방법

1. 이 놀이는 줄넘기 놀이이다. 그러므로 당신은 줄을 돌릴 수 있는 2명의 사람이 필요하다. 보통 공동 리더 둘이 함께 줄을 돌리지만(운이 좋아서 공동 리더가 있다면) 가끔은 참여자 2명이 밧줄을 돌리는 것도 재미있다.
2. 줄을 돌리기 시작하면(일반적인 방식으로) 모든 집단원에게 다음과 같은 방법 중 하나를 사용해서 줄을 넘어가야 한다고 알린다.
   1) 집단이 할 수 있는 어떤 방법으로든 그 줄을 넘어가게 한다. 이 방법은 단순히 시간에 쫓기지 않고 그 집단이 밧줄을 넘어 다른 쪽으로 가도록 하는 것이라는 점에 유의해야 한다.
   2) 집단 전체가 밧줄을 넘는 데 걸린 최소 회전 수가 몇 번이었는지를 확인한다.
   3) 줄을 넘어 (밧줄이 땅에 닿아 있는 곳을) 빠져나오기 전에 단순히 뛰어넘기보다는 한 사람씩 한번에 점프를 하도록 하는 조건하에 움직여야 한다.
   4) 집단은 밧줄이 한 번 돌 때마다 1명씩 내보낸다(밧줄이 돌 때마다 한 사람씩 통과해야 한다).
   5) 집단 전체가 밧줄 중간에 들어가서 그 집단이 얼마나 많이 뛰어넘을 수 있

는지를 본다.

6) 참여자들이 한 번에 하나씩 뛰어넘도록 한다. 하지만 집단이 한 바퀴 다 돌아가고 한 사람씩 점프를 하는 동안 밧줄이 있는 공간이 비지 않도록 뛰어넘는 사람이 다음 사람의 이름을 부르며 통과해야 한다. (꽤 까다롭다.)
7) 집단이 밧줄을 점프하며 통과할 때 일정한 수의 공이나 풍선을 가지고 통과하도록 한다.
8) 약간의 새로운 변화를 만들어 내고 우리에게도 보내 줄 것!

변형

1. 만약 어떤 한 사람이 밧줄을 뛰어넘지 못하면(예: 밧줄이 넘어간 후에 밧줄을 멈추고 다른 방식으로 두 번을 넘어가면 규칙을 위반한 것이 된다) 전체 집단은 다시 그 활동을 시작해야만 한다는 조건을 걸어 둔다.
2. 밧줄을 돌리고 싶어 하는 지원자를 찾는 것은 활동에 참여는 하고 있지만 밧줄을 통과하기는 싫어하는 참여자들에게 친절을 베풀 수 있는 기회이다. 가능한 한 능동적인 참여를 독려하면서 그러한 선택을 하게 된 도전 정신에 대해서 민감하게 반응해야 한다는 점을 기억해야 한다.
3. 집단원들은 밧줄을 돌릴 뿐 아니라 집단의 나머지 사람들과 함께 밧줄을 통과해야 한다.
4. 큰 집단의 경우 3개의 밧줄로 커다란 삼각형을 만든다. 모든 집단원을 3개의 밧줄 가운데에 서게 한다. 3개의 밧줄을 한번에 모두 돌리고 모든 사람이 돌아가고 있는 밧줄 중 1개를 통과해서 바깥으로 나와야 한다고 설명한다. 복잡하지만 재미있다.

개인화 접목질문 예시

1. 당신은 리더가 이 규칙에 대해서 처음 설명할 때 집단이 성공할 수 있을 것이라고 느끼거나 생각했는가? 당신의 생각이나 감정을 어떻게 표현할 수 있는가? 활동을 시작할 때 가졌던 당신의 태도가 문제를 해결하기 위한 방식에 어떻게 영향을 주었는가?
2. 당신이 밧줄을 넘는 데 문제가 있었다면 어떻게 그렇게 되었는가? 당신은 당

신의 어려움을 실패로 규정했는가? 만약 그렇다면 그 실패를 당신은 어떻게 다뤘는가? 이 실패와 관련해서 당신 자신과 당신의 능력에 대해 당신은 스스로에게 뭐라고 말해 줬는가? 그 실패와 관련된 다른 집단원들에 대해 당신은 스스로에게 뭐라고 말해 줬는가? 어떻게 하면 이것을 좀 더 건설적으로 다룰 수 있을 것인가?

3. 만약 당신이 밧줄을 넘는 데 문제없이 성공했다면 어떻게 그렇게 되었는가? 당신은 당신의 어려움을 성공으로 규정했는가? 만약 그렇다면 이 성공을 당신은 어떻게 다루었나? 그 성공과 관련해서 당신 자신과 당신의 능력에 대해 당신은 스스로에게 뭐라고 말해 주었나? 그 성공과 관련된 다른 집단원들에 대해 당신은 자신에게 뭐라고 말해 주었나? 그것을 좀 더 건설적으로 다룰 수 있는 다른 방법들이 있는가?
4. 이 활동에서 신뢰가 어떤 역할을 했는가? 집단원들 사이의 신뢰를 높이기 위해 무엇을 했는가? 다른 집단원들은 신뢰를 높이기 위해서 무엇을 했는가?
5. 다른 집단원들에게 당신이 더 많은 도움을 필요로 하는지 여부를 어떻게 말할 수 있는가? 당신이 더 많은 도움이 필요할 때 무엇을 했는가? 당신이 도움이 더 필요해서 좀 더 도와 달라고 요청할 때 어떻게 했는가?
6. 다른 사람들이 어떤 제안을 했다면 그 도움이나 제안을 받아들였는가? 다른 사람의 도움이나 제안을 수용하기 위해 당신의 능력을 어떻게 향상시킬 수 있는가?
7. 당신은 이 활동을 다른 집단원들과 어떻게 다르게 접근했는가? 그 접근 방법이 다른 집단원들의 방법과 얼마나 비슷한가?
8. 그 과정에서 어떤 갈등이 있었는가? 당신은 그 갈등이 어떻게 느껴졌는가? 그 감정을 어떻게 했는가? 갈등은 어떻게 다루었는가? 이것을 할 수 있는 (아마도 좀 더 건설적인) 다른 방법은 무엇이 있는가?
9. 이 활동에서 당신의 책임은 무엇인가? 당신의 책임이 무엇인지는 어떻게 결정했는가?
10. 당신은 이 활동을 하면서 이러한 책임감을 존중했는가? 그렇다면 당신에게 책임이 있다고 느껴서 한 일은 무엇인가? 당신의 행동에 책임감이 있었는지 어떻게 확인했는가? 그렇지 않다면 당신은 어떤 종류의 활동들에서 책임감이

없다고 느꼈는가? 무엇이 당신을 책임감 없게 만들었는가?

11. 당신이 줄을 뛰어넘을 수 있는 능력에 대해서 스스로에게 부정적으로 이야기했던 때가 있었는가? 당신 자신에게 어떤 종류의 부정적인 말을 했는가?
12. 어떻게 부정적인 자기대화를 긍정적인 자기대화로 바꿀 수 있었는가? 어떤 종류의 긍정적인 말을 당신 자신에게 할 수 있는가?
13. 이 활동에서 자기조절과 자기훈련은 어떤 역할을 했는가? 좀 더 자기조절과 자기훈련을 잘하게 하려면 어떻게 연습해야 하는가?
14. 이 활동 중 어떤 부분에서 또래 압력을 느꼈는가? 당신이 느꼈던 다른 사람들의 압력에 어떻게 대처했는가? 당신은 그 집단의 다른 사람에게 압력을 행사했는가? 또래 압력에 대처할 수 있는 능력을 향상시키기 위해 어떤 전략을 사용할 수 있는가?
15. 이 활동을 하면서 특정한 사람에 대한 고정관념이 있다는 것을 알았는가? 이런 고정관념을 유지하는 것이 다른 집단원들과 당신의 참여 혹은 상호작용에 어떤 영향을 주었는가?
16. 이 활동에서 얼마나 스트레스를 받았는가? 스트레스를 받았다면 어떤 점이 당신에게 스트레스였는가? 이런 스트레스에 대처하는 능력을 어떻게 향상시킬 수 있는가?

응용 접목질문 예시

1. 생활하면서 다른 상황이나 관계에서 당신이 훌라후프를 뛰어넘어야 하는 것처럼 (그것을 극복해야 한다고) 느꼈던 적이 있는가? 이러한 상황을 처리하는 데 도움이 되는 자원이나 전략에는 무엇이 있는가?
2. 이런 상황이나 관계에서 협력은 어떤 작용을 하는가? 당신은 어떻게 협력과 도움을 이끌어 낼 수 있는가?
3. 도움을 요청할 만한 다른 비슷한 상황에는 어떤 것들이 있는가? 도움이 필요하다는 것을 인식하고 그것에 대해 요청할 수 있는 방법에는 어떤 것이 있는가? 당신이 원하거나 필요로 하는 것을 요구할 만한 어떤 비슷한 상황이 있는가? 당신이 뭔가를 원하고 필요로 한다는 것을 깨닫고 그것을 요청한다면 어떻게 할 수 있는가?

4. 어떻게 하면 이 활동에서 배우고 연습한 갈등 상황을 다른 비슷한 상황에 적용하여 적절하게 해결할 수 있는가?
5. 부정적인 자기대화를 다루기 위해 배운 것을 어떻게 적용할 수 있는가?
6. 생활하면서 이 활동처럼 당신이 책임져야 하는 비슷한 상황이 있었는가? 이런 상황에서 책임감이 중요한가? 이 활동을 통해 배운 책임감을 일상에 어떻게 적용할 수 있는가? 또는 이런 상황에서 책임감 있는 사람이 되려면 어떻게 해야 하는가?
7. 생활하면서 다른 사람을 신뢰하는 것이 중요하다고 생각하는 비슷한 다른 상황에는 어떤 것이 있는가? 이 활동에서 배운 타인을 신뢰하는 방법을 비슷한 다른 상황에서는 어떻게 적용할 수 있는가?
8. 당신이 성공했다고 느낀 다른 상황은 무엇인가? 당신이 그런 상황들을 다룰 수 있겠는가? 이 활동에서 배운 것들을 그런 상황에 어떻게 적용할 수 있는가?
9. 당신이 실패라고 느꼈던 다른 상황은 무엇인가? 그런 상황들을 당신이 다룰 수 있겠는가? 이 활동에서 배운 것들을 그런 상황에 어떻게 적용할 수 있는가?
10. 당신이 다른 사람과 당신 자신을 비교하게 되는 상황이나 관계에는 어떤 것이 있는가? 그런 비교가 당신 자신과 타인과의 관계에 어떤 영향을 주는가? 이 활동에서 배운 것을 통해 다른 상황이나 관계에서 당신 자신과 다른 사람들을 비교하는 것을 어떻게 적용해 볼 수 있는가?
11. 생활하면서 또래 압력을 인식하고 대처하는 것이 중요한 다른 비슷한 상황에는 어떤 것이 있는가? 이 활동에서 배운 것을 통해 다른 상황에서 또래 압력을 인식하고 대처하는 방식을 어떻게 적용할 수 있는가?
12. 생활하면서 당신이 자기조절과 자기훈련이 중요한 다른 상황이 있는가? 이 활동에서 배운 것을 통해 다른 비슷한 상황에서 자기조절과 자기훈련을 어떻게 적용할 수 있는가?
13. 다른 사람과의 관계와 태도에서 고정관념은 어떻게 영향을 주는가? 이런 일이 벌어지지 않도록 무엇을 할 수 있는가? 어떻게 하면 당신이 다른 사람들로부터 좀 더 지속적으로 존중받을 수 있는가?

안전 문제

가급적 부드러운 공간(즉, 잔디밭)에서 활동한다. 참여자들이 놀다가 넘어질 수 있다(우리는 그래 본 적이 없지만).

다행히 진짜 토하는 건 아니야.

활동명: 토하기

활동 유형: 도전하기

대상: 5학년 이상

집단 크기: 8~40명

목적 1. 의사소통 및 인간관계 능력 향상

목표

1D. 생각을 명확하고 건설적으로 표현하기

1E. 타인의 말을 적극적으로 경청하기

1G. 관계를 형성하고 유지하기 위한 기술을 개발하기

1H. 또래 압력을 인식하고 다루기

1J. 도움의 필요성을 인식하고 그것을 요청할 능력을 개발하기

1K. 욕구와 소망을 인식하고 언어화하기

1L. 집단에 효과적으로 참여하기 위한 기술을 개발하기

목적 2. 자기인식과 자기수용 증진

목표

2C. 부정적 자기대화를 인식하기 위한 능력 개발하기

2D. 부정적 자기대화를 대체할 긍정적 자기대화의 기술 개발하기

2F. 자신에 대한 긍정적 태도 개발하기

2H. 개인 및 사회적 역할 확인하기

목적 3. 문제 해결과 의사결정 기술의 개발과 적용

목표

3A. 개인적 목표 설정하기

3B. 문제 확인하기

3C. 문제 해결과 의사결정 단계의 이해를 설명하기(정보 수집, 대안과 결과 탐색, 계획과 행동)

3D. 결정 평가하기

3E. 일상생활에서 변화와 이행 조정하기

3J. 문제 해결과 목표 달성을 위한 대안적 방법 확인 능력 개발하기

재료

부드러운 공이나 참여자들끼리 던질 수 있는 도구

준비

없음

놀이 방법

1. 활동 목표는 참여자들이 자신의 공을 위로 높이 던지고 모든 공을 다 잡아내는 것이다. 참여자가 자신이 던진 공은 잡을 수 없다는 조항이 있다.
2. 집단원들은 둥근 원 안에 서거나 뭉쳐서 있거나 집단이 자체적으로 만든 모양대로 서 있는다.
3. 실제 활동을 시작하기 전에 연습을 해 보길 바란다. 모든 참여자가 자신의 공을 하늘 위로 3m 이상 던졌다가 다시 자기 공을 잡아 보도록 한다. 이런 연습을 2~3번 해 보는 것이 좋다.
4. 이렇게 던지고 잡는 연습을 모든 사람이 다 했다고 생각되면 그 집단에게 다음 번에 던질 때는 모든 사람이 한꺼번에 공을 하늘 위로 던지고 나서 자신이 던지지 않은 공을 잡아야 한다고 설명해 준다.
5. 던지고 잡는 시도를 해 본 후에 그 집단에서 잡지 못한 공이 몇 개인지 세어본다. 우리는 공이 바닥에 최대한 적게 떨어지거나 모든 공을 참여자들이 다

잡아내는지를 보기 위해서 이 도전을 한다.[13]

변형

1. 집단은 하늘 높이 공을 1개씩 던지고 누군가 다른 사람의 공을 받는다. 다음 번에는 2개의 공을 던지고, 계속해서 모든 공을 던지고 잡을 때까지 계속 한다. 만약 공을 떨어뜨리면 집단은 1개의 공을 던지는 것부터 다시 시작할 수 있다.
2. 공 모양의 다른 물건을 준비했다면 공중에 잘 날아오를 수 있는 부드럽고 가벼운 것을 사용해야 한다.

개인화 접목질문 예시

1. 이 활동에서 당신은 어떤 점이 즐거웠는가? 즐거움과 관련된 당신의 기분을 어떻게 표현할 수 있는가? 이 활동에서 도전이라고 생각되었던 것은 무엇이었는가? 당신에게 도전이었던 것들을 어떻게 다루었는가?
2. 당신이 속한 집단은 이 활동을 얼마나 성공적으로 해냈는가? 성공을 뭐라고 정의했는가? 다른 집단원들은 성공을 다르게 정의했는가? 이러한 차이점들이 집단의 의사소통과 협력에 어떻게 영향을 미치고 있는가?
3. 집단이 실패할 때 당신은 어떠했는가? 그런 실패를 어떻게 다루었는가? 그런 실패와 관련해서 당신 자신과 당신의 능력에 대해 당신은 스스로에게 뭐라고 말해 주었는가? 실패한 당신의 집단원들에 대해 당신은 스스로에게 뭐라고 말해 줬는가? 어떻게 하면 이것을 좀 더 건설적으로 다룰 수 있는가?
4. 만약 집단이 성공했다면 당신은 어떠했는가? 그런 성공과 관련해서 당신 자신과 당신의 능력에 대해 당신은 스스로에게 뭐라고 말해 주었는가? 성공한 당신의 집단원들에 대해 당신은 스스로에게 뭐라고 말해 주었는가?
5. 이 활동을 하는 작은 집단이 여러 개 있었다면 당신의 집단을 다른 집단과 비교했는가? 그런 비교가 당신에게 어떤 영향을 주었는가? 당신은 다른 집단원들과 당신 자신을 비교했는가? 그런 비교가 당신에게 어떤 영향을 주었는가?

---

13) Rohnke, K., & Butler, S. (1995). *Quicksilver*. Dubuque, IA: Kendall Hunt.

6. 이 활동에서 당신과 다른 집단원들 간의 의사소통은 얼마나 중요한가?
7. 당신이 그 물건을 던지고 받으면서 다른 집단원들이 당신 말을 듣는 것을 느꼈는가? 당신이 전략 세우길 포기했다면 다른 사람이 하는 말을 듣고 포기했는가? 만약 당신 말을 들었다고 느꼈다면 당신은 어떠했는가? 만약 당신 말을 듣지 않았다고 느꼈다면 당신은 어떠했는가?
8. 만약 당신이 가끔씩 다른 집단원들의 말을 들었다고 느낀다면, 당신이 다른 집단원들의 말을 들었는지 아닌지를 어떻게 아는가? 다른 집단원들이 계속 당신 말을 더 듣기 원했다면 당신 말을 듣는다고 확신하기 위해 무엇을 다르게 했는가?
9. 당신의 생각이 효과적으로 전달되었는가? 당신은 자신의 욕구와 소망을 효과적으로 전달했는가? 그렇다면 그것을 어떻게 전달했는가? 그렇지 않다면 무엇 때문에 그렇게 할 수 없었는가? 어떻게 하면 당신의 생각과 욕구, 소망들을 좀 더 효과적으로 전달할 수 있는가?
10. 이 활동에서 경청이 왜 중요한가? 이 활동에서 당신은 경청자로서 어떻게 행동했는가? 당신의 경청 능력은 얼마나 향상되었는가?
11. 어떻게 공을 던지고 잡을 것인지에 대한 결정을 집단원들은 어떤 과정을 거쳐서 했는가? 집단이 전략을 사용할지 여부를 어떻게 결정했는가? 전략을 사용하지 않았다면 어떻게 하기로 했는가? 뭔가 잘 되지 않을 때 대안 전략을 어떻게 세웠는가?
12. 집단원들이 공을 떨어뜨렸다면 집단이 이를 보완하기 위해 실수에서 배운 것을 어떻게 적용했는가?
13. 이 활동에서 왜 협력이 중요한가? 집단원들이 이 과업을 완수하기 위해서 서로 협력하는 방법은 어떤 것이었는가? 협력은 어떻게 도움이 되었는가?
14. 당신은 협력할지 안 할지를 어떻게 결정했는가? 협력에 대한 당신의 태도가 집단원 간에 어떤 영향을 주었는가?
15. 다른 집단원들로부터 더 많은 도움을 받고 싶으면 어떻게 말하는가? 당신이 좀 더 도움이 필요할 때 당신은 무엇을 하는가? 당신이 도움이 필요할 때 당신은 어떻게 요청하는가?
16. 이 과정에서 당신은 어떤 역할(리더, 추종자, 관찰자)을 하는가? 집단에 물건

을 던지고 잡을 수 있는 리더가 필요했는가? 그렇다면 당신은 리더나 추종자와 어떻게 함께 활동을 했는가? 그 활동 과정에서 규칙을 바꿨는가? 어떻게 바꿨는가?

17. 집단원들이 물건을 던지고 잡는 전략에 동의하지 않았다면 갈등으로서 의견 불일치를 정의할 것인가? 그렇다면 그 갈등에 대해서 당신은 어떻게 느끼는가? 당신의 감정을 위해서 무엇을 했는가? 그 갈등을 집단원들이 어떻게 해결했는가? 이를 해결하기 위한 다른 방법이 있는가?
18. 집단이 물건을 던지고 모두 잡았을 때 당신은 어떻게 느꼈는가?
19. 다른 사람에게 다른 의견이 있을 때 당신은 어떻게 반응했는가? 집단이 시도해 보기를 바라는 생각들에 대한 결정은 어떻게 했는가?
20. 1부터 10까지의 척도로 표시할 때 이 활동은 당신에게 얼마나 힘들었다고 표시할 수 있는가? 무엇이 당신을 힘들게 했는가? 당신 몸의 어떤 부분이 가장 스트레스를 받는다고 느껴졌는가? 어떤 활동이 당신에게 덜 힘들게 느껴졌는가?
21. 이 과정에서 또래 압력이 집단원에게 영향을 주는 경우가 있었는가? 또래 압력이 당신에게 어떤 영향을 주었는가?
22. 물건을 잡을지를 어떻게 결정했는가? 당신이 잡으려고 하는 물건이 잡기 어려울 때 무슨 일이 생겼는가?
23. 공을 떨어뜨린다면 당신은 어떤 느낌인가? 공을 떨어뜨린다면 당신은 당신 자신의 능력에 대해서 스스로 뭐라고 말할 것인가? 부정적인 자기대화를 사용했다면 어떻게 좀 더 긍정적인 자기대화로 바꿀 수 있는가?

응용 접목질문 예시

1. 다른 사람들과 같이 지내면서 어떤 비슷한 상황이나 관계에 대한 경험을 통해 이런 감정을 느껴 본 적이 있는가? 이런 상황들을 다루기 위해서 당신은 어떤 자원이나 전략을 사용하는가?
2. 이런 비슷한 상황이나 관계에서 어떤 부분에 협력해야 하는가? 당신은 어떻게 협력과 도움을 이끌어 낼 수 있는가?
3. 생활하면서 다른 상황에서 당신은 어떤 역할을 할지 어떻게 결정하는가?
4. 당신은 문제 해결을 일반적으로 어떻게 하는가? 집단원들이 사용했던 문제 해

결 방법 중 어떤 것이 비슷한 상황에서 당신에게 유용한가? 당신은 그런 상황에서 그것을 어떻게 사용하는가?

5. 도움을 요청할 필요가 있는 비슷한 상황에는 어떤 것이 있는가? 당신은 도움이 필요해서 요청할 필요가 있다고 인식되면 어떻게 하는가?
6. 당신 말을 귀 기울여 들어 주는 것이 중요할 수 있는 비슷한 상황이나 관계로는 어떤 것이 있는가? 어떻게 그런 상황에서 당신의 말을 들어 주었다고 확인할 수 있는가?
7. 당신이 좋은 경청자가 되는 것이 중요한 어떤 다른 상황이나 관계에는 어떤 것이 있는가? 이런 상황에서 효과적인 경청 기술을 사용한다는 것을 어떻게 확인할 수 있는가?
8. 당신의 갈등 해결 기술을 사용할 필요가 있는 다른 상황이나 관계에는 무엇이 있는가? 이러한 상황에서 갈등을 적절하게 해결하기 위해 이 활동에서 배우거나 연습한 방법을 어떻게 적용할 수 있는가?
9. 당신이 실패했다고 느꼈던 것과 비슷한 다른 상황들은 무엇이었는가? 그런 상황들을 당신이 조절할 수 있었는가? 이 활동에서 배운 것들을 이런 상황에 어떻게 적용할 수 있는가?
10. 당신이 다른 사람과 당신 자신을 비교하게 되는 상황이나 관계로는 어떤 것이 있는가? 그런 비교가 당신 자신과 타인과의 관계에 어떤 영향을 주는가? 이 활동에서 배운 것을 통해 다른 상황이나 관계에서 당신 자신과 다른 사람들을 비교하는 것을 어떻게 적용해 볼 수 있는가?
11. 당신은 지금까지 리더가 되기로 결심해 본 적이 있었는가? 어떻게 이끌었는가? 당신은 지금까지 추종자가 되기로 결심해 본 적이 있는가? 어떻게 따랐는가? 당신은 지금까지 관찰자가 되기로 결심해 본 적이 있었는가? 어떻게 관찰했는가?
12. 당신은 생활하면서 공중에 던져져 잡혀야 할 물체가 된 것 같은 경험을 해 본 적이 있는가? 그런 상황에서 당신은 어떻게 대처하는가? 이 활동을 통해서 비슷한 상황이 됐을 때 도움이 될 만한 것을 배웠는가?
13. 생활하면서 당신이 공을 떨어뜨린 것처럼 느낄 만한 다른 상황이 있었는가? 그런 상황에 어떻게 대처했는가? 이 활동을 통해서 앞으로 비슷한 상황을 다

루는 데 도움이 될 만한 것을 배웠는가?

안전 문제

공(예: 폼볼, 비치볼, 오재미)이 부드러운지, 물체(예: 플라스틱 재질)가 가벼운지 확인한다.

뒤덮는 것처럼 인간 거미줄 – 정말 다른 점을 제외하고.

활동명: 인간 거미줄

활동 유형: 믿음 쌓기, 도전하기

대상: 중학생 이상

집단 크기: 8~15명

목적 1. 의사소통 및 인간관계 능력 향상

목표

1C. 타인의 감정 인식 및 수용하기

1D. 생각을 명확하고 건설적으로 표현하기

1F. 타인을 신뢰하는 의지를 증명하기

1G. 관계를 형성하고 유지하기 위한 기술을 개발하기

1L. 집단에 효과적으로 참여하기 위한 기술을 개발하기

목적 2. 자기인식과 자기수용 증진

목표

2B. 개인적인 긍정적 특질, 재능, 성취를 확인하고 인식하기

2C. 부정적 자기대화를 인식하기 위한 능력 개발하기

2D. 부정적 자기대화를 대체할 긍정적 자기대화의 기술 개발하기

2F. 자신에 대한 긍정적 태도 개발하기

2G. 개인적인 경계, 권리, 사생활 보호의 필요성을 인식하기

목적 5. 일관되게 책임감 있는 행동을 증명

목표

5A. 개인적 책임을 인식하기

5C. 적절하고 책임감 있는 방법으로 행동하기

5D. 스트레스를 다루는 대처 기술 개발하기

5E. 자기훈련과 자기조절을 연습하는 방법의 필요성 이해하기

목적 6. 학습 관련 긍정적 태도와 기술 향상

목표

6A. 학습자로서 유능감과 자신감을 개발하기

6B. 성취에 대한 자신감 갖기

6C. 학습 과정의 일부로서 실수를 수용하기

6D. 시간 조정과 과업 조절 전략 적용하기

6E. 노력과 인내가 학습을 향상시킨다는 것을 인식하기

6F. 의존성과 주도성을 개발하기

6G. 지식 공유 능력 개발하기

6H. 비판적 사고 기술을 발달시키기

재료

2~3cm 정도의 관 모양의 긴 띠를 돌돌 말아서 짠 것처럼 만든 공 같은 것(털실 뭉치처럼). 짜인 띠는 집단원들이 서로 감당할 수 있을 정도의 150~180cm 정도로 충분한 길이여야 한다. 관 모양의 긴 띠는 대부분의 야외활동 장비 매장에서 구입할 수 있으며 비교적 저렴하다.

준비

없음

놀이 방법

1. 이 활동의 목표는 길게 짜인 띠를 이용해서 학생들을 들어 옮기는 데 있다는 점을 설명한다.
2. 집단원들은 원 안쪽에 서 있는다(둥글게 서서 어깨동무를 한다).
3. 집단원 중 지원자를 뽑고 원 밖으로 나가 서 있도록 한다.
4. 원에 서 있는 집단원 중 1명이 띠의 끝을 잡고 나머지 띠를 원의 반대편에 던

진다. 두 번째 사람이 양손으로 띠를 잡은 상태에서 한 손에 있는 띠를 원의 건너편에 있는 사람에게 던져야 한다. 이 과정은 집단의 한가운데에 그물이 만들어지도록 모든 사람이 띠를 손에 쥘 때까지 계속되어야 한다.

5. 모든 사람이 띠를 손에 잡게 되면 계속해서 원 주위에 띠공을 서로 던지고 그물이 계속 만들어지게 된다.
6. 띠를 다 엮은 후에 집단원들은 무릎을 굽혀 바닥에 대고 그물을 바닥에 내려놓는다.
7. 원 밖에 서 있던 사람은 그 그물을 자신의 취향에 맞게 조정할 수 있다. 또한 집단원들은 지원자에게 자신들이 진행하는 과정에 대한 피드백을 해 줄 것을 요청하거나(예: "우리가 너를 잡았어."라는 언어적 격려), 지원자가 편안함을 느낄 수 있는 어떤 것이든 요청할 수 있도록 한다.
8. 지원자는 얼굴을 위로 하고 그물에 눕는다.
9. 지원자가 그물 위에 눕고 나면, 집단은 그물을 잡고 서 있다가 바닥에 내려놓는다.
10. 집단이 그물에 누워 있는 참여자를 지정된 거리만큼 이동시켜서 다시 땅에 내려놓도록 한다. 멋진 탈것이 되었다.
11. 한 사람 이상 탈 수 있는지는 시간에 달려 있다. (이렇게 하기 위해서 우리는 보통 바꿔 앉을 사람을 정한다. 이렇게 바꾸는 과정만으로도 재미있을 수 있다.)

변형

1. 문제 해결의 변형: 집단에게 도구를 제공하고 집단원에게 신체적으로 접촉하지 않으면서 지정된 한 집단원을 특정 거리만큼 이동시켜야 한다고 설명한다.
2. 가능한 후속 활동: 그물은 집단 내의 모든 사람이 어떻게 연결되어 있는지를 상징하는 데 사용되는 것이며, 성공을 위해서는 집단 전체가 집중하고 함께 작업할 수 있어야 한다. 집단원을 이동시켜 땅에 눕힌 후 이 점을 강조하려면 띠를 들고 있는 사람에게 기다리게 하고 다른 한 사람에게 그물을 놓고 다른 집단원들이 그 띠를 사용해서 그 사람을 다시 들어올릴 수 있는지 확인하도록 한다.
3. 추가적 후속 활동: 각 집단원들에게 집단을 성공시킬 수 있도록 기여한 자신

만의 방법이 무엇이었는지를 확인하게 한다.

개인화 접목질문 예시

1. 이 활동을 위한 지시사항을 처음 들었을 때 당신은 어떻게 반응했는가? 당신의 생각과 감정을 어떻게 표현했는가? 집단에서 논의된 전략대로 반응이 바뀌었는가? 어떻게 바뀌었는가?
2. 집단이 성공하도록 하는 데 있어서 당신이 기여한 것은 무엇인가? 당신은 당신의 기여에 대해서 어떻게 느꼈는가?
3. 당신이 옮겨진 사람 중 1명이었다면 어떻게 느꼈는가? 재미있었는가? 무엇이 당신을 재미있게 했는가? 무엇이 두려움이나 모험이었는가? 무엇이 두려움이나 모험으로 생각하게 만들었는가?
4. 이 활동에서 신뢰가 어떤 역할을 했는가?
5. 당신이 옮겨진 사람 중 하나였다면 띠를 들고 준비하고 있는 사람들을 신뢰할 것인지 아닌지를 어떻게 결정했는가? 당신의 신뢰 수준이나 안전감을 향상시킨 것은 무엇이었는가?
6. 당신이 옮겨진 사람 중 하나였다면 띠에 올라가기 전에 띠를 다시 정리할지 여부를 어떻게 결정했는가?
7. 당신이 옮겨진 사람 중 하나였다면 당신이 띠에서 옮겨지기 전에 어떤 종류의 피드백을 해 주었는가?
8. 당신이 옮겨진 사람 중 하나였다면, 다른 사람들에게 어떤 것을 요청했는가? 무슨 요청을 할지는 어떻게 결정했는가? 당신의 요구나 필요가 무엇인지를 요청하는 것이 얼마나 편했는가?
9. 당신이 그물을 정렬하고 들고 있었던 사람 중 하나였을 때 당신이 옮겨 주는 사람에게 신뢰감과 안정감을 향상시켜 주기 위해서 무엇을 했는가?
10. 이 활동에서 책임감이 왜 중요한가?
11. 집단원들이 띠를 정렬하고 들고 있는 방법을 결정하기 위해서 어떤 과정을 거쳤는가? 집단원들은 그 전략이 제대로 작용했는지 여부를 어떻게 알았는가? 전략이 제대로 작용하지 않았다면 집단원들은 그 문제를 어떻게 다루었나? 뭔가 잘 되지 않았을 때 대안 전략을 어떻게 개발하는가?

12. 집단원들이 어떻게 그물에 태우고 옮길 것인지에 대한 전략을 세울 때 다른 집단원들이 당신 말을 듣고 있는지를 느꼈는가? 다른 사람들이 당신 말을 들어 주었을 때 기분이 어땠는가?
13. 당신 말을 듣지 않았다고 느꼈다면 그때는 어땠는가? 다른 집단원들이 당신 말을 듣길 원한다면, 그들이 당신 말을 듣는다고 확인하기 위해서 다르게 해야 할 것은 무엇인가?
14. 당신은 자신의 생각과 감정들을 효과적으로 의사소통했는가? 그렇다면 이를 위해서 어떻게 했는가? 그렇지 않다면 무엇 때문에 하지 못했는가?
15. 당신 말을 듣길 원하는 사람들이 다 들었는지 확인하기 위해서 무엇을 했는가?
16. 그물이 미끄러져 떨어뜨린 적이 있다면 이러한 실수를 통해서 배운 방법을 통해 그물을 더 잘 정리하고 유지하기 위해서 어떤 방법을 사용했는가?
17. 집단원들이 이 활동을 더 잘 완수하기 위해서 서로 협력한 방법에는 어떤 것들이 있는가? 왜 협력이 필요한가?
18. 협력이 필요한지 아닌지를 어떻게 결정하는가? 협력에 대한 당신의 태도가 집단에서 발생한 일들에 어떤 영향을 미치는가? 집단원들의 태도는 어떠한가?
19. 당신은 사람이 타고 있는 그물을 옮길 때 다른 집단원들로부터 도움이 필요한지 여부를 어떻게 말하는가? 도움이 필요할 때 어떻게 하는가? 당신에게 도움이 필요하다고 여겨질 때 어떻게 도움을 요청하는가?
20. 그물에 있는 사람을 들고 옮길 때 신체적으로 가까이 있으면서 서로가 접촉하는 것에 대해서 어떻게 느꼈는가? 당신이 필요한 사적 공간은 얼마나 되는가? 당신의 사적 공간과 다른 집단원들이 필요로 하는 사적 공간은 얼마나 차이가 있는가?
21. 이 활동을 하는 동안 당신의 스트레스 수준은 어느 정도였는가? 이 활동에서 무엇이 스트레스였는가? 이 활동에서 생기는 스트레스를 다루기 위해서 사용한 전략은 무엇이었는가?
22. 어떤 면에서 또래 압력이 그 과정에 영향을 주었는가? 당신이 속한 집단의 집단원들은 어떻게 또래 압력을 처리했는가?

23. 이 활동에서 집단에 대한 당신의 책임은 무엇이었는가? 옮기는 사람에 대해 어떤 책임감이 들었는가? 당신의 책임이 무엇인지를 어떻게 결정했는가?
24. 이 활동을 하면서 책임을 존중했는가? 그렇다면 당신이 책임감을 느꼈던 일은 무엇이었는가? 당신의 행동에 책임감이 있었는지 어떻게 확인했는가? 반대로 책임감을 느끼지 않았다면 어떤 행동을 했는가? 무엇이 당신에게 책임감을 느끼지 않게 했는가?
25. 집단의 성공에 기여할 수 있는 당신의 능력에 대해서 스스로에게 부정적인 것들을 말했을 때가 있었는가? 스스로에게 한 말의 종류는 어떤 것이었나?
26. 이런 부정적인 자기대화를 긍정적인 자기대화로 어떻게 바꿀 수 있는가? 스스로에게 말해 줄 수 있는 긍정적인 것들에는 어떤 것들이 있는가?
27. 이 활동에서 신뢰성과 주도성은 어떤 역할을 했는가? 집단원들이 모두 신뢰할 수 있어야 하는 이유는 무엇인가? 당신은 얼마나 신뢰를 했는가? 당신이 신뢰할 수 있는지 여부는 어떻게 결정했는가?

응용 접목질문 예시

1. 생활하면서 당신이 다른 사람들을 이끌어야 한다고 느끼는 상황들과 관계들에는 어떤 것이 있는가? 이런 상황들을 처리하는 데 도움이 되는 자원들이나 전략들은 무엇인가?
2. 생활하면서 당신이 다른 사람에 의해서 이끌려야 한다고 느끼는 상황들과 관계들에는 어떤 것이 있는가? 이런 상황들을 처리하는 데 도움이 되는 자원들이나 전략들은 무엇인가?
3. 생활하면서 당신이 성공을 위해서 협력을 하거나 (집단원으로서) 도움을 줘야 한다고 생각되는 다른 상황들에는 어떤 것들이 있는가? 당신은 그런 상황들을 어떻게 다루는가? 당신은 어떻게 협력과 도움을 이끌어 내는가?
4. 당신은 이 활동과 비슷한 상황에서 문제 해결을 어떻게 하는가? 집단원들이 사용하는 문제 해결 방법 중에서 어떤 방법이 비슷한 상황에서 당신에게 유용한가? 그런 상황에서 당신은 어떤 방법을 사용하는가?
5. 당신과 집단원들이 사용하는 스트레스 관리 방법 중 생활하면서 비슷한 다른 상황에 도움이 될 만한 방법으로 무엇이 있는가? 어떻게 그 방법을 사용하

는가?

6. 당신이 도움을 요청할 만한 다른 비슷한 상황들에는 어떤 것들이 있는가? 도움이 필요하다고 인식하고 그것을 요청할 수 있는 방법은 무엇인가?
7. 당신 말을 들어 주는 것이 중요할 수 있는 다른 비슷한 상황이나 관계로는 어떤 것이 있는가? 어떻게 그런 상황에서 당신의 말을 들어 주었다고 확인할 수 있는가?
8. 다른 비슷한 상황에서 이 활동을 통해서 배우거나 연습한 감정과 생각에 대한 의사소통 방법, 협력을 권장하는 방법, 문제 해결 방법, 적절하게 갈등을 해결하는 방법들을 어떻게 적용할 수 있는가?
9. 부정적 자기대화를 다루는 방법에 대해서 배운 것을 어떻게 다른 상황에 적용할 수 있는가? 또래 압력을 다루는 것은 어떠한가?
10. 개인적인 경계, 권리, 사생활 보호의 필요성을 인식하고 유지하는 것이 중요한 상황에서 이 활동을 통해 당신이 적용해 보고 배울 수 있는 것은 무엇인가?
11. 사적 공간 혹은 가족과 접촉하는 것에 관한 규칙은 무엇인가? 당신의 문화적 배경에서는 어떠한가?
12. 생활하면서 다른 상황에 적용할 수 있는 비판적 사고 기술에 대해 무엇을 배웠는가?
13. 당신이 생활하면서 책임을 지는 것이 중요하다고 여겨지는 다른 상황은 어떤 경우인가? 이 활동에서 책임지는 것에 대해 배운 것을 다른 비슷한 상황에 어떻게 적용할 수 있는가?
14. 생활하면서 타인을 신뢰하는 것이 중요하게 여겨지는 다른 상황은 어떤 경우인가? 이 활동에서 신뢰하는 것에 대해 배운 것을 다른 비슷한 상황에 어떻게 적용할 수 있는가?

안전 문제

1. 적절한 들어 올리기 기술을 집단에게 알려 준다. 집단은 등이 아닌 다리를 구부릴 때(무릎 굻기 대 구부리기) 발을 올려놓고 양손으로 그물을 잡고 있어야 한다.

2. 집단이 집중할 수 있도록 관찰한다.
3. 옮겨지는 사람의 머리를 신체의 다른 부분보다 높게 유지한다.
4. 잔디나 다른 부드러운 바닥 위에서 활동한다.

이봐, 우리는 원숭이야!(그들의 걸음걸이를 기억하지?)

활동명: 용접된 발목 경기

활동 유형: 도전하기

대상: 5학년 이상

집단 크기: 10~20명

목적 1. 의사소통 및 인간관계 능력 향상

목표

1B. 명확하고 건설적으로 감정 표현하기

1C. 타인의 감정 인식 및 수용하기

1D. 생각을 명확하고 건설적으로 표현하기

1E. 타인의 말을 적극적으로 경청하기

1G. 관계를 형성하고 유지하기 위한 기술을 개발하기

1H. 또래 압력을 인식하고 다루기

1I. 갈등 해결을 위한 의사소통 기술을 사용하기

1J. 도움의 필요성을 인식하고 그것을 요청할 능력을 개발하기

1K. 욕구와 소망을 인식하고 언어화하기

1L. 집단에 효과적으로 참여하기 위한 기술을 개발하기

목적 2. 자기인식과 자기수용 증진

목표

2B. 개인적인 긍정적 특질, 재능, 성취를 확인하고 인식하기

2C. 부정적 자기대화를 인식하기 위한 능력 개발하기

2D. 부정적 자기대화를 대체할 긍정적 자기대화의 기술 개발하기

2F. 자신에 대한 긍정적 태도 개발하기

2G. 개인적인 경계, 권리, 사생활 보호의 필요성을 인식하기

2H. 개인 및 사회적 역할 확인하기

목적 3. 문제 해결과 의사결정 기술의 개발과 적용

목표

3A. 개인적 목표 설정하기

3B. 문제 확인하기

3C. 문제 해결과 의사결정 단계의 이해를 설명하기(정보 수집, 대안과 결과 탐색, 계획과 행동)

3D. 결정 평가하기

3F. 갈등 해결을 위한 의사결정 기술 적용하기

3G. 일상의 상황에서 의사결정 기술을 적용하기

3H. 문제를 다루는 효과적인 대처 기술 설명하기

3I. 또래 압력이 의사결정에 영향을 줄 때를 인식하기

3J. 문제 해결과 목표 달성을 위한 대안적 방법 확인 능력 개발하기

목적 5. 일관되게 책임감 있는 행동을 증명

목표

5A. 개인적 책임을 인식하기

5B. 행동이 적절하고 책임감이 있는지 인식하기

5C. 적절하고 책임감 있는 방법으로 행동하기

5D. 스트레스를 다루는 대처 기술 개발하기

5E. 자기훈련과 자기조절을 연습하는 방법의 필요성 이해하기

5G. 대안적 관점을 위한 존중을 증명하기

목적 6. 학습 관련 긍정적 태도와 기술 향상

목표

6B. 성취에 대한 자신감 갖기

6C. 학습 과정의 일부로서 실수를 수용하기

6D. 시간 조정과 과업 조절 전략 적용하기

6E. 노력과 인내가 학습을 향상시킨다는 것을 인식하기

6F. 의존성과 주도성을 개발하기

6G. 지식 공유 능력 개발하기

6H. 비판적 사고 기술을 발달시키기

재료

없음

준비

집단이 가로질러 다닐 수 있도록 개방된 공간(일반적으로 6~12m 공간)

놀이 방법

1. 이 활동은 개방된 공간을 가로질러서 집단이 함께 완전히 협력해서 걸어야 하는 간단한 활동이다. 쉽게 들리지만 꼭 그렇지는 않다.
2. 참여자들이 일직선으로 서서 자신의 발이나 신발의 한쪽 면이 다른 참여자의 발이나 신발의 한쪽 면과 닿게 서도록 한다. 선에 서 있는 사람은 서로 다른 사람의 한쪽 발에만 줄이 연결되어 있을 것이다.
3. 이 활동의 목표는 집단이 형태를 유지한 채로 지정된 개방된 공간을 가로질러 가는 것이며 이들이 한쪽 신발이나 발을 묶은 채로 유지하면서 연결된 상태(즉, 그들의 발목이 용접된 것처럼)로 가야만 하는 것이라는 점을 설명한다. 또한 묶인 끈이 풀어지면 이 활동을 처음부터 다시 시작해야만 한다는 점을 설명해 준다.

변형

집단이 발을 묶고 원 안에 서도록 한다. 그들이 시계라고 상상하며 집단원들의 묶은 발이 아무도 풀어지지 않도록 하고 12시 방향에서 6시 방향으로 이동하게 한다.

개인화 접목질문 예시

1. 이 활동에서 가장 재미있었던 것은 무엇이었는가? 집단의 다른 사람들에게 당신의 감정을 어떻게 표현했는가?
2. 이 활동에서 가장 도전적이거나 좌절스럽게 여겨지는 부분은 무엇이었는가? 집단의 다른 사람들에게 당신의 기분을 어떻게 표현했는가? 좌절을 당신은 어떻게 다루었는가? 좀 더 적절한 방법으로 당신의 좌절을 어떻게 다룰 수 있는가?
3. 당신에게 도전적이지 않거나 좌절을 덜 겪게 만든 것은 무엇이었는가?
4. 집단원들이 성공적으로 공간을 건너갔다면 그 성공에 대해서 어떻게 느꼈는가? 성공적으로 건너간 것에 대해서 어떤 기여를 했는가? 당신의 기여에 대해서 어떻게 느꼈는가?
5. 만약 당신의 집단이 처음부터 다시 시작해야 한다면 당신의 기분은 어땠는가? 당신이 발목이 풀어져 다시 시작하게 만든 사람 중 하나였다면 당신의 능력에 대해서 스스로에게 뭐라고 말했는가? 당신이 스스로에게 부정적으로 말했다면 좀 더 긍정적으로 말해 줄 수 있는 다른 무엇이 있는가?
6. 당신이 발목이 풀어진 사람 중 하나였다면 이 실수를 어떻게 다루었는가? 이걸 좀 더 잘 다룰 수 있는 방법이 있는가? 이 실수를 통해서 무엇을 배웠는가? 그 실수를 통해 배운 점을 다음번 시도에 어떻게 적용하였는가?
7. 집단에서는 공간을 건너가는 데 대한 전략을 세웠는가? 전략이 없다면 그건 당신에게 어떠했는가? 집단원들이 하기를 원했던 것은 무엇인가?
8. 당신의 집단이 전략을 세웠다면 집단원들은 그 공간을 건너가면서 묶은 발목을 유지하기 위한 방법을 결정하기 위해서 어떤 과정을 거쳤는가? 그 전략이 제대로 작용하는지 여부를 어떻게 확인했는가? 전략이 제대로 작용하지 않았다면 집단원들은 그걸 어떻게 다루었는가? 뭔가가 잘 되지 않을 때 대안 전략을 어떻게 개발했는가?
9. 당신의 생각과 감정들을 효과적으로 의사소통했는가? 그렇다면 그걸 어떻게 의사소통했는가? 그렇지 않았다면 무엇이 그렇게 하지 못하게 했는가?
10. 이 과제를 완수하기 위해서 서로 협력한 몇 가지 방법은 무엇이었는가? 이 과제를 완수하기 위해서 어떤 협력이 필요한가?
11. 협력을 할지 안 할지 어떻게 결정했는가? 협력에 대한 당신의 태도가 집단에

서 일어난 일에 어떤 영향을 주었는가?

12. 집단원들과 의사소통을 더 잘 할 수 있는 방법에는 어떤 것이 있었는가? 어떻게 더 협력적일 수 있었는가?
13. 당신은 다른 집단원들로부터 도움이 필요한지 여부를 어떻게 말하는가? 도움이 필요할 때 당신은 무엇을 하는가? 도움이 필요하다고 여겨질 때 어떻게 도움을 요청하는가? 도움을 요청하지 않았다면 그걸 방해한 것은 무엇인가?
14. 집단이 이 활동을 성공적으로 수행하기 위해서 리더가 필요한가? 리더가 없었다면 집단은 이 활동을 어떻게 다뤘는가? 리더가 있었다면 어떤 일이 벌어졌는가?
15. 공간을 건너면서 다른 사람과 신체적으로 가까워지거나 접촉을 하는 것에 대해서 어떻게 느꼈는가? 당신이 필요한 사적 공간은 얼마나 되는가? 당신의 이런 요구는 다른 사람들이 필요로 하는 사적 공간의 요구와 어떤 차이가 있는가?
16. 실수를 했을 때 집단의 다른 사람들과 어떻게 의사소통을 하는가?
17. 당신이 실수를 한 사람 중 하나가 아니었다면, 비록 당신의 실수가 아니지만 활동을 다시 처음부터 시작하는 것에 대해서 어떻게 느꼈는가? 당신의 이런 느낌을 집단의 다른 사람에게 어떻게 표현했는가?
18. 이 활동을 하는 동안 당신의 스트레스는 얼마나 되었는가? 처음부터 다시 시작해야 했던 횟수가 얼마나 달라졌는가? 당신에게 시간제한이 있었다면 그 시간제한이 당신의 스트레스 수준에 얼마나 영향을 미쳤는가?
19. 집단원들이 발목을 묶고 공간을 건너기 위한 전략에 동의하지 않을 때 이러한 의견 불일치에 대해서 어떻게 생각했는가? 이런 상황이 갈등인지 아닌지 어떻게 결정했는가? 갈등이라고 한다면 집단원들은 그것을 어떻게 해결하는가? 이러한 해결을 위한 다른 방법들에는 무엇이 있었는가?
20. 어떤 측면에서 또래 압력이 그 과정에 영향을 주었는가? 또래 압력이 어떻게 표현되거나 가해졌는가?
21. 개인의 어떠한 긍정적 특성과 재능을 이 과정에서 발휘했는가? 그리고 당신이 발을 묶고 건너가는 데 이런 능력을 어떻게 사용했는가?
22. 당신이 이 과정에서 실망했다면 그 감정을 어떻게 다루었는가? 당신에게 동

기를 계속 부여하기 위해서 스스로에게 뭐라고 말했는가? 다른 집단원들이 실망감을 느꼈다면 그들의 실망에 대해서 어떻게 소통했는가?

23. 이 활동에서 집단에 대한 당신의 책임은 무엇이었는가? 당신의 책임이 무엇인지는 어떻게 결정했는가?
24. 이 활동의 집단 경험에서 노력과 끈기가 어떤 부분에 영향을 주었는가? 독립성과 주도성? 자기훈련과 자기조절? 대안적 관점에 대한 존중? 비판적 사고 기술?

응용 접목질문 예시

1. 생활하면서 벌어지는 다른 상황에서는 성공을 어떻게 정의하는가? 이 활동을 통해 당신 자신에 대해 배운 점과 성공에 대해 생각하고 느끼는 방식을 다른 상황에 어떻게 적용할 수 있는가?
2. 그 결과가 당신의 통제하에 이루어진 것이 아닌 것처럼 느껴지는 비슷한 다른 상황이나 관계는 어떤 것이 있는가? 이런 상황을 다룰 수 있도록 돕는 데 당신이 가지고 있는 자원은 무엇인가?
3. 인생에서 당신이 집단원으로 활동하며 협력하고 성공을 위해 도움을 받아야 하는 비슷한 다른 상황들로는 어떤 것이 있는가? 그런 상황들을 당신은 어떻게 다루는가? 협력과 도움을 당신은 어떻게 이끌어 내는가?
4. 집단에 리더가 있었다면 성공 가능성이 높았을 상황을 어떻게 다루는가? 그런 상황에서 리더십이 부족하다면 당신은 어떻게 반응하는가? 당신은 그런 상황에서 리더가 될 수 있는가? 당신이 그렇게 할 것인지 여부는 어떻게 결정하는가?
5. 집단원들이 사용하는 문제 해결 방법은 생활하면서 다른 상황에서 유용한가? 그런 상황에서 당신은 어떻게 그 방법을 사용할 수 있는가?
6. 당신과 집단원들이 사용하는 스트레스 관리 방법 중 생활하면서 도움이 되는 것은 무엇인가? 이를 어떻게 사용할 수 있는가?
7. 당신이 도움을 요청할 수도 있는 다른 상황들에는 어떤 것들이 있는가? 도움이 필요하다는 것을 인식하고 그것에 대해서 요청할 수 있는 방법은 무엇인가?

8. 이 활동을 통해서 배우거나 연습한 감정과 생각에 대한 의사소통 방법, 협력을 권장하는 방법, 문제 해결 방법, 적절하게 갈등을 해결하는 방법들을 비슷한 다른 상황에 어떻게 적용할 수 있는가?
9. 실수를 다루는 것에 대해서 당신이 배운 것들을 다른 상황에 어떻게 적용할 수 있는가? 부정적인 자기대화를 다루는 것은? 끈기와 유연성을 격려하는 것은? 또래 압력을 다루는 것은? 자기조절과 자기훈련을 연습하는 것은? 독립성과 주도성을 가지는 것은? 자기훈련과 자기조절을 사용하는 것은? 대안적 측면을 가지는 것은?
10. 개인적인 경계, 권리, 사생활 보호의 필요성을 인식하고 유지하는 것이 중요한 상황에서 적용할 수 있는 것으로 당신이 이 활동에서 배운 것은 무엇인가?
11. 당신 가족에게 사적 공간 혹은 접촉에 대한 규칙(언어적 또는 비언어적)은 무엇인가?
12. 사적 공간 혹은 신체 접촉에 대해 사람마다 안정감의 수준에 차이가 있다는 점을 알게 된 다른 상황은 무엇이었는가? 당신이 알게 된 차이점은 무엇이었는가? 다른 누군가가 사적 공간에 대해 당신과 다른 기준을 가지고 있다면 당신은 적절하고 정중한 방식으로 어떻게 이 문제를 다룰 것인가?
13. 생활하면서 다른 상황에 적용할 수 있는 비판적 사고 기술에 대한 어떤 점을 배웠는가?
14. 당신만의 특별함을 알아채고 축하해 줄 수 있는 다른 상황에는 어떤 것이 있는가? 당신의 재능, 능력, 기여는 어떠한가? 당신의 성공은 어떠한가?

안전 문제

잔디나 다른 부드러운 바닥에서 진행하면 움직이거나 발목을 묶은 상태로 유지하는 것이 어색할 수 있다.

나는 그들의 리더야! 그들은 어떤 길로 갔지?

활동명: 누구를 따라 할래?

활동 유형: 빗장 풀기

대상: 5학년 이상

집단 크기: 8~25명

목적 2. 자기인식과 자기수용 증진

목표

2C. 부정적 자기대화를 인식하기 위한 능력 개발하기

2D. 부정적 자기대화를 대체할 긍정적 자기대화의 기술 개발하기

2F. 자신에 대한 긍정적 태도 개발하기

2H. 개인 및 사회적 역할 확인하기

목적 3. 문제 해결과 의사결정 기술의 개발과 적용

목표

3D. 결정 평가하기

3H. 문제를 다루는 효과적인 대처 기술 설명하기

3J. 문제 해결과 목표 달성을 위한 대안적 방법 확인 능력 개발하기

목적 6. 학습 관련 긍정적 태도와 기술 향상

목표

6A. 학습자로서 유능감과 자신감을 개발하기

6B. 성취에 대한 자신감 갖기

6C. 학습 과정의 일부로서 실수를 수용하기

6H. 비판적 사고 기술을 발달시키기

재료

없음

준비

없음

놀이 방법

1. 이 활동에서 모든 참여자는 리더를 따른다. 모든 참여자는 리더가 하는 대로 따라 한다. 재미있는 점은 참여자 중 1명은 리더가 누구인지 모르고 그 리더를 찾아야 한다는 점이다. 까다로운 일이다.
2. 원을 만든 후 한 사람을 뽑아서 밖으로 내보낸다(그 사람은 리더가 누가 될지 모른다). 밖으로 나갔다는 느낌과 누가 리더인지 모르는 것에 대한 느낌 때문에 이는 전략적인 선택이 될 수도 있다는 점을 명심하도록 한다.
3. 남은 참여자들 중에서 리더를 뽑는다. 모든 사람은 행동을 통해서 이 리더를 따라 할 것이다. 당신을 제외한 집단의 모든 사람이 당신이 하려는 동작을 알고 움직인다는 느낌 때문에 이것은 전략적 선택이 될 수 있다는 점을 명심해야 한다. 몹시 흥분되는 일이다.
4. 리더가 해야 할 일은 빠르게 움직임과 자세를 바꿔야 하는 것이라는 점을 설명한다(실제 리더가 누구인지 식별하는 것이 조금 더 어렵게). 우리는 자세를 더 크게 하고 좀 더 재미있고 좀 더 산만하게 이상한 동작을 하도록 부추긴다.
5. 다른 집단원들에게는 리더가 새롭게 바꿔서 하는 모든 것을 따라 해야 한다고 설명한다. 집단원들은 리더가 행동을 바꾸면 가능한 빨리 그들의 자세를 바꾸도록 독려된다.
6. 리더가 선정되고 설명이 끝난 후에 원 밖에 있던 참여자는 돌아온다.
7. 리더가 선출되는 동안 방 밖에 서 있던 1명의 참여자는 집단의 리더를 맞추기 위한 세 번의 기회가 있다.
8. 리더를 정확하게 맞히거나 맞히지 못하면 게임의 라운드가 끝나고 새로운 참여자가 각각의 역할로 선택된다.

변형

1. 당신은 추측하는 사람을 1명 이상 다른 방으로 내보내서 게임에 경쟁이나 협력을 더할 수 있는데 그러면 참여자들은 서로 협력하거나 경쟁할 수도 있다.
2. 우리가 했던 우스꽝스러운 반전은 실제로 추측하는 사람을 리더로 만들어 집단이 그 사람이 하는 행동을 따라 한 것이다.

개인화 접목질문 예시

1. 만약 당신이 방 안에 남겨진 한 사람이고 리더가 누군지를 추측했다면 그 과정이 당신에게 어떠했는가? 당신이 방에 혼자 남겨졌을 때 어떤 느낌이었는가? 당신이 다시 돌아오고 당신만 모르고 다른 사람들이 모두 리더를 알고 있을 때 어떻게 느꼈는가?
2. 당신이 만약 추측하는 사람이었다면 누가 리더인지 어떻게 결정했는가? 당신의 추측이 틀렸다면 당신은 어떠했는가? 처음의 추측에서 한 실수를 통해 배우고 나서 리더가 누구인지 알아내기 위한 전략을 바꿨는가?
3. 당신의 추측이 맞았다면 어떻게 느꼈는가? 그렇게 된 것에 대해 당신 자신 혹은 당신의 능력에 대해서 스스로에게 뭐라고 말할 것인가?
4. 당신의 추측이 세 번 다 틀렸다면 그것에 대해서 당신은 어떻게 느꼈는가? 그렇게 된 것에 대해 당신 자신 혹은 당신의 능력에 대해서 스스로에게 뭐라고 말할 것인가? 당신이 좀 더 긍정적인 자기대화를 원했다면 당신 자신에게 그렇게 말하는 대신에 뭐라고 말할 수 있었는가?
5. 사람들이 당신을 리더로 뽑고 모두 당신를 따라 하면 기분이 어떨 것인가?
6. 당신이 리더로 뽑힌 사람 중 하나였는데 추측하는 사람이 당신을 빨리 맞혔다면 기분이 어떨 것인가? 추측하는 사람이 당신을 맞추지 못하면 당신 기분이 어떨 것인가?
7. 이 과정에서 비판적 사고 기술을 어떻게 사용할 것인가?
8. 이 활동을 하는 동안 당신 자신에 대해서 배운 건 무엇인가?

응용 접목질문 예시

1. 비판적 사고 기술을 사용하여 무언가를 파악해야 하는 상황에는 어떤 것이 있

는가? 당신과 당신의 비판적 사고 기술에 대해 이 활동에서 배운 것을 어떻게 활용할 수 있는가?

2. 당신이 관심의 중심이 되는 상황들은 어떤 것인가? 관심의 중심이 되는 것에 대해서 어떻게 생각하는가? 당신이 관심의 중심이 되는 것이 불편하다면 어떻게 하면 좀 더 편안하게 할 수 있는가?
3. 당신이 집단에서 빠진 것 같은 느낌이 드는 상황은 어떤 상황이었는가? 이런 상황에 대해서 어떻게 느꼈는가?
4. 당신이 빠졌다고 느꼈을 때 어떻게 그 문제를 다루었는가? 그런 상황에서 당신이 힘든 점은 무엇이었는가? 당신이 빠졌다고 느낄 때 스스로에게 당신은 뭐라고 말할 것인가? 그런 상황을 어떻게 처리하기를 바라는가? 경험을 좀 더 긍정적이거나 덜 고통스럽게 만드는 상황에서는 다르게 할 수 있는가?
5. 당신이 당신의 신체로 충분히 표현할 수 있는 다른 상황으로는 어떤 것이 있는가? 이런 상황에서 당신은 어떻게 표현할 것인가? 당신의 신체로 충분히 표현하도록 좀 더 편안하게 만드는 방법이 있는가?
6. 실제 생활에서 당신은 누구를 따를지 어떻게 결정하는가? 그 사람을 계속 따를지 아닐지는 어떻게 결정하는가? 어떤 사람을 따르는 것을 멈추는 것이 더 현명할 것임을 납득시킬 수 있도록 다른 사람이 할 수 있는 일은 무엇인가?
7. 부정적인 자기대화에 영향을 주는 상황이나 관계는 무엇인가? 당신은 어떤 종류의 부정적인 자기대화를 하는가?
8. 부정적인 자기대화를 어떻게 인식할 수 있는가? 어떻게 부정적인 자기대화를 긍정적인 자기대화로 대체할 수 있는가?

안전 문제

없음

그래, 하지만 누가 누구를 잡고 있는 거니?

활동명: 유르트 당기기

활동 유형: 믿음 쌓기

대상: 5학년 이상

집단 크기: 8~40명(짝수 인원이 필요하기에 당신도 물론 참여할 수 있다.)

목적 1. 의사소통 및 인간관계 능력 향상

목표

1B. 명확하고 건설적으로 감정 표현하기

1C. 타인의 감정 인식 및 수용하기

1E. 타인의 말을 적극적으로 경청하기

1F. 타인을 신뢰하는 의지를 증명하기

1G. 관계를 형성하고 유지하기 위한 기술을 개발하기

1K. 욕구와 소망을 인식하고 언어화하기

1L. 집단에 효과적으로 참여하기 위한 기술을 개발하기

목적 5. 일관되게 책임감 있는 행동을 증명

목표

5A. 개인적 책임을 인식하기

5B. 행동이 적절하고 책임감이 있는지 인식하기

5C. 적절하고 책임감 있는 방법으로 행동하기

5D. 스트레스를 다루는 대처 기술 개발하기

5E. 자기훈련과 자기조절을 연습하는 방법의 필요성 이해하기

재료

없음

준비

없음

놀이 방법

1. 이 활동은 훌륭한 협력 학습 활동이다.
2. 활동을 시작하기 위해서 참여자들(기억하라. 인원은 반드시 짝수이어야 한다.)은 커다란 원 모양을 만든다.
3. 참여자들이 하나의 원 모양을 만들고 나면 그 원 주위로 또 하나의 원을 만든다.
4. 첫 번째 원의 모든 사람은 원의 가운데를 바라보고 두 번째의 원을 만든 참여자들은 원의 바깥쪽을 바라보고 선다.
5. 두 원의 모든 사람들이 원으로 서서 손을 잡는다(두 원의 사람들이 사이사이에 서서 서로 반대편을 바라보고 있어야 한다는 점을 명심한다).
6. 셋을 세면서 각 참여자들은 손을 잡고 있으면서 등을 기대듯 몸을 눕힐 수 있다고 설명한다. 원을 만들고 있는 모든 개개인은 다른 방향으로 기댈 것이고, 결과적으로 서로가 서로를 버틸 수 있게 해 준다. 우리는 이것이 종종 서로를 지탱해 주는 인간 지그재그처럼 보인다고 생각한다.
7. 셋을 세고 이 신기한 상황을 경험한다.
8. 모든 사람이 균형을 이루면 당신이 다시 셋을 셀 때 모든 참여자가 기대지 않고 다시 똑바로 서야 한다고 설명한다.
9. 셋을 세고 참여자들은 일반적인 기립 자세로 다시 돌아온다.

변형

1. 집단이 이 활동을 즐거워하면 원을 더 좁게 만든다. 원 안에서 서로 더 가까운 참여자들끼리는 기울어지는 각도가 더 커진다.
2. 집단이 뒤로 기울이는 것에 성공하면 앞으로 기울이기를 시도해 본다.

개인화 접목질문 예시

1. 리더가 그 규칙을 처음 설명했을 때 성공 가능성에 대해서 어떻게 느끼고 생

각했는가? 당신 생각과 감정을 어떻게 표현했는가?

2. 성공적으로 기댈 수 있도록 당신이 기여한 점은 무엇인가? 당신의 기여에 대해서 어떻게 느꼈는가?
3. 이 활동에서 당신과 다른 집단원들 간의 의사소통이 얼마나 중요한가?
4. 당신의 생각과 감정을 효과적으로 전달했는가? 당신의 욕구와 소망들을 효과적으로 전달했는가? 그렇다면 어떻게 했는가? 그렇지 않았다면 무엇이 방해하여 못하였는가?
5. 이 활동에서 당신은 경청자로서 어떻게 했는가? 어떻게 하면 당신의 경청하는 자세를 향상시킬 수 있는가?
6. 이 활동에서 신뢰가 어떤 역할을 했는가? 신뢰를 향상시키기 위해서 당신이 할 수 있었던 것은 무엇인가?
7. 당신과 다른 집단원들이 활동을 수행하기 위해 서로 협력한 방법들은 무엇인가? 왜 협력이 중요한가?
8. 이 활동을 하면서 집단원들에 대한 당신의 책임은 무엇이었는가? 당신의 책임이 무엇인지는 어떻게 결정했는가?
9. 이 활동에서 이런 책임을 존중했는가? 그렇다면 당신의 책임이라고 느꼈던 행동은 무엇인가? 당신의 행동이 책임감이었다는 것을 어떻게 확신하는가? 그렇지 않았다면 당신이 책임감이라고 느끼지 않고 행동했던 것은 무엇인가? 무엇이 책임감을 가지지 못하게 했는가?
10. 다른 집단원들이 당신의 행동을 책임감으로 인식했는지는 어떻게 알 수 있는가? 이 활동을 하면서 당신이 책임지고 있는지에 대해 다른 사람들(집단원들, 리더)로부터 어떤 피드백을 받았는가? 그런 피드백을 받았을 때 당신은 어떻게 반응했는가?
11. 이 활동을 할 때 다른 집단원들이 책임감이 있었다고 느꼈는가? 이 활동에서 다른 사람들이 책임감이 없었다고 느꼈다면 당신은 어떤 피드백을 해 줬는가?
12. 집단원들과 책임감 있는 방식으로 행동하는 것은 그들을 신뢰하는 데 어떤 영향을 주는가?
13. 이 활동에서 스트레스가 무엇인지 찾았는가? 이 스트레스에 대처하기 위해 어떤 전략을 사용했는가? 이 활동에서 스트레스를 줄이기 위해서 도움이 되었

던 것은 무엇이었는가?

14. 이 활동에서 자기훈련과 자기조절을 연습하는 것이 왜 중요한가? 당신의 자기훈련과 자기조절 수준은 어떠했는가? 자기훈련과 자기조절을 좀 더 잘하기 위해서 어떻게 연습해야 하는가?

응용 접목질문 예시

1. 다른 상황이나 관계 속에서 어떠한 일이 생길 때 다른 사람들과 협력해야만 한다고 느끼는가? 당신은 이런 상황을 다루는 데 도움이 될 수 있는 어떤 방법이나 전략들을 가지고 있는가?
2. 이런 상황이나 관계에서 협력은 어떤 역할을 하는가? 당신은 다른 사람들에게 어떻게 협력을 이끌어 내는가?
3. 당신의 인생에서 책임감이 중요하다고 여겨지는 다른 상황들에는 어떤 것이 있는가? 이 활동에서 배운 책임감을 이런 다른 상황들에 어떻게 적용할 수 있는가?
4. 당신의 인생에서 타인에 대한 신뢰가 중요하다고 여겨지는 다른 상황들에는 어떤 것이 있는가? 이 활동에서 배운 타인에 대한 신뢰를 다른 상황들에 어떻게 적용할 수 있는가?
5. 당신이 해야 한다고 생각하는 만큼 책임감 있게 행동하지 않을 때는 어떤 상황인가? 당신은 그 상황에서 당신이 책임감 있게 행동하지 못하게 하는 것이 무엇이라고 생각하는가? 앞으로 어떻게 다른 상황을 다룰 수 있는가?
6. 책임감 있게 행동하지 않는다는 피드백을 받았을 때는 어떤 기분인가? 이 피드백에 대해서 어떻게 반응하는가? 피드백을 주는 사람은 당신의 반응에 어떤 영향을 주는가?
7. 친구나 가족이 책임감 있게 행동하지 않는 상황을 어떻게 다루는가? 그런 상황에서 당신은 일반적으로 어떤 종류의 피드백을 주는가? 지인 혹은 낯선 사람들이 책임감 있게 행동하지 않는 상황을 어떻게 다루는가? 어떻게 하면 다른 사람들에게 피드백을 줄 때 도움이 될 수 있는가?
8. 생활하면서 이 활동을 하는 동안 느낀 것과 같은 종류의 스트레스를 느낀 상황은 어떤 것인가? 이 활동에서 배운 것을 적용해서 다른 상황에서의 스트레

스를 어떻게 다룰 수 있는가?

9. 생활하면서 자기조절과 자기훈련을 연습하는 것을 중요하게 여기는 다른 상황들은 어떤 것이 있는가? 이 활동에서 배운 것을 적용하여 다른 상황에서 자기조절과 자기훈련을 어떻게 다룰 수 있는가?
10. 당신의 삶에서 책임 있는 태도로 행동하려는 의지가 그 사람을 신뢰하는 능력에 영향을 줄 수 있는 다른 상황에는 무엇이 있는가? 책임 있는 태도로 행동하려는 의지가 그 사람을 신뢰하는 능력에 어떻게 영향을 주는가?

안전 문제

짝수로 맞춰야 한다. 잔디나 다른 부드러운 바닥에서 한다. 참여자들에게 셋을 셀 때까지 제대로 돌아왔는지 확인한다. 활동 전후에 집단원들이 두려움과 신뢰에 관한 주제들을 이야기 나눌 수 있도록 한다.

제압당하지 않기!

활동명: 손가락 씨름

활동 유형: 친해지기

대상: 3학년 이상

집단 크기: 2~100명(짝수여야 하기에 당신도 참여할 수 있다.)

목적 1. 의사소통 및 인간관계 능력 향상

목표

1B. 명확하고 건설적으로 감정 표현하기

1C. 타인의 감정 인식 및 수용하기

목적 2. 자기인식과 자기수용 증진

목표

2G. 개인적인 경계, 권리, 사생활 보호의 필요성을 인식하기

목적 5. 일관되게 책임감 있는 행동을 증명

목표

5B. 행동이 적절하고 책임감이 있는지 인식하기

5C. 적절하고 책임감 있는 방법으로 행동하기

5D. 스트레스를 다루는 대처 기술 개발하기

5E. 자기훈련과 자기조절을 연습하는 방법의 필요성 이해하기

재료

없음

준비
없음

놀이 방법
1. 이 활동은 빠르고 활기차고 다소 경쟁적인 게임이다.
2. 시작하려면 모두가 짝을 찾고 그 사람을 가리켜야 한다(총으로 사람을 겨냥한 것처럼 집게손가락을 펴고 엄지를 올린다).
3. 각자의 파트너와 손을 말아서 잡고 검지손가락을 펴서 뻗어 있게 한다. 이렇게 하는 이유는 검지손가락을 계속 펴고 있으면서 다른 사람을 가리키는 멋진 악수처럼 보이기 때문이라는 점을 명심한다.
4. 이 게임은 자신의 짝 무릎 아래로 자신이 뻗은 검지손가락으로 자신의 파트너를 치거나 잡으면서 상대방이 자신의 무릎 아래에 치거나 잡지 못하게 하는 것이다(게임을 하는 동안에는 감아서 잡은 손가락은 계속 유지되어야 한다).
5. 시간을 짧게는 30초에서 길게는 90초까지로 제한한다.
6. 재미를 위해서 참여자들은 서로에게 축하를 해 주고 다시 새로운 파트너를 찾아서 진행할 수 있도록 한다.

변형
참여자들이 눈을 감고 이 활동을 해 보게 할 수도 있다.

개인화 접목질문 예시
1. 이 활동에서 무엇이 재미있었는가? 도전이나 좌절은 무엇이었는가? 짝에게 당신의 느낌을 어떻게 표현했는가? 집단에게는 어떻게 표현했는가?
2. 이 활동에서 경쟁적으로 반응했는가? 그런 경쟁심을 어떻게 표현했는가? 좀 더 건설적인 방식으로 당신의 경쟁심을 표현할 수 있는 방법은 무엇인가?
3. 경쟁심이 당신의 수행이나 게임하는 방법을 향상시켜 주었는가?
4. 이 활동에서 무엇이 스트레스인지를 찾았는가? 이 스트레스에 대처하기 위해 사용한 전략은 무엇이었는가? 스트레스를 덜 받을 수 있도록 하는 것은 무엇인가?
5. 당신이 제압했다면 기분이 어땠는가? 당신의 기분을 짝에게 어떻게 표현했는가?

6. 당신이 제압당했다면 기분이 어땠는가? 당신의 기분을 짝에게 어떻게 표현했는가?
7. 당신이 제압한 것보다 제압을 더 많이 당했다면 어땠는가? 그런 실패를 어떻게 다루었는가? 그 실패와 관련하여 당신 자신과 당신의 능력에 대해서 스스로에게 뭐라고 말했는가? 이 실패와 관련하여 짝에 대해서 스스로에게 뭐라고 말했는가? 어떻게 좀 더 건설적으로 이것을 다룰 수 있을까?
8. 누군가 당신의 사적 공간에서 당신이 원하지 않는 것을 하려고 했다면 어땠는가?
9. 이 경험을 통해서 개인적인 경계, 권리, 사생활 보호에 대해 어떤 것을 배웠는가?
10. 이 활동을 하면서 짝이 자신의 감정을 표현했을 때 당신은 어떻게 반응했는가? 짝의 감정이 부정적이었다면 당신의 행동에 어떤 영향을 주었는가? 짝꿍이 자신의 감정을 표현하는 방식은 당신의 반응에 어떻게 영향을 주었는가?
11. 이 활동에서 짝에 대한 당신의 책임은 무엇이었는가? 당신의 책임이 무엇인지는 어떻게 결정했는가?
12. 짝에 대한 당신의 책임을 존중했는가? 그렇다면 당신이 책임감을 가지고 했던 행동은 어떤 것이었는가? 당신의 행동이 책임감 있었다는 것을 어떻게 확신하는가? 그렇지 않았다면 당신이 책임감 없게 했던 행동은 어떤 종류의 것이었는가? 무엇이 더 큰 책임감을 가지지 못하게 했는가?
13. 짝이 당신의 행동을 책임감으로 인식했는지는 어떻게 알 수 있는가? 이 활동을 하면서 당신이 책임감 있는지 여부에 대해서 짝에게 어떤 피드백을 받았는가? 그런 종류의 피드백을 받았을 때 당신은 어떻게 반응했는가?
14. 이 활동에서 자기훈련과 자기조절을 연습하는 것이 중요했는가?

응용 접목질문 예시

1. 당신이 경쟁심을 가지게 되는 다른 상황이나 관계에는 어떤 것이 있는가? 그런 상황에서 당신의 경쟁심이 당신의 수행에 어떤 영향을 주는가?
2. 어떤 상황에서 경쟁이 긍정적인가? 어떻게 하면 경쟁이 부정적 경험이 되는가? 경쟁심을 표현할 수 있는 적절한 방법은 무엇인가?

3. 개인적인 경계, 권리, 사생활 보호의 필요성을 인식하고 유지하는 것이 중요한 상황에서 이 활동을 적용함으로써 당신이 배울 수 있는 것은 무엇인가?
4. 당신의 가족에게 신체 접촉이나 신체적 친밀감에 대한 규칙(언어적 또는 비언어적)은 무엇인가? 당신의 문화적 배경에서는 어떠한가?
5. 신체 접촉이나 신체적 친밀감에 대한 사람들의 안정감 수준의 차이를 발견할 수 있는 다른 상황은 어떤 것이 있는가? 당신이 주목한 차이점은 무엇인가? 어떤 사람이 당신의 신체 접촉이나 신체적 친밀감에 대한 규칙과 다르다면, 그 사람을 존중하는 방식으로 어떻게 이를 적절하게 다룰 수 있는가?
6. 누군가 당신의 사적 공간을 침범하거나 당신이 원하지 않는 것을 당신에게 하고 있다면 당신은 그 상황을 어떻게 처리할 수 있는가? 어떻게 하면 다른 사람들이 당신의 사적 공간을 침범하거나 당신이 원하지 않는 일을 하지 않도록 할 수 있는가?
7. 책임감 있는 태도로 행동하는 것이 정말로 중요하다고 느끼는 어떤 상황이나 관계가 있는가? 그런 상황이나 관계를 당신은 어떻게 다루는가?
8. 당신이 해야 한다고 생각하는 만큼 책임감 있게 행동하지 않을 때는 어떤 상황인가? 그 상황에서 당신이 더 책임감 있지 못하게 하는 것은 무엇인가? 앞으로 어떻게 이런 상황을 다르게 다룰 수 있는가?
9. 당신이 책임감 있게 행동하지 않았다는 피드백을 받았을 때 기분이 어떠한가? 이런 피드백에 어떻게 반응하는가? 피드백을 주는 사람은 당신의 반응에 어떤 영향을 주는가? 피드백은 어떻게 전달하는가?
10. 생활하면서 자기조절과 자기훈련을 연습하는 것이 중요한 다른 상황들은 어떤 것이 있는가? 이 활동에서 배운 것을 적용하여 다른 상황에서 자기조절과 자기훈련을 어떻게 다룰 수 있는가?
11. 당신이나 다른 사람들에게 경쟁이 이루어지고 있다고 느끼는 상황에서 당신이 적용할 수 있는 것으로 이 활동을 통해서 배운 것은 무엇인가?
12. 이 활동에서 당신 자신에 대해서 배운 것은 무엇인가?

안전 문제

조금 지나치게 공격적으로 변할 수 있는 사람들의 과도한 열정을 제외하고는 없다.

참고문헌

American School Counselor Association. (1984). *The school counselor and developmental guidance* (position statement revised from 1978). Alexandria, VA: Author.

American School Counselor Association. (2005). *The ASCA National Model: A framework for school counseling programs* (2nd ed.). Alexandria, VA: Author.

Arlow, J. (2005). Psychoanalysis. In R. Corsini & D. Wedding (Eds.), *Current psychotherapies* (7th ed., pp. 15-51). Belmont, CA: Thompson/Wadsworth.

Baack, S. (1989). *Adventure recreation*. Nashville, TN: Convention Press.

Bandura, A. (1986). *Social foundations of thought and action: A social cognitive therapy*. Englewood Cliffs, NJ: Prentice Hall.

Banyai, I. (1995). *Zoom*. New York: Viking/Penguin.

Banyai, I. (1998). *Re-zoom*. New York: Viking/Penguin.

Beaudion, M., & Walden, S. (1998). *Working with groups to enhance relationships*. Duluth, MN: Whole Person Associates.

Beck, A. T. (1976). *Cognitive therapy and the emotional disorders*. New York: International Universities Press.

Bennis, W. (2003). *On becoming a leader*. New York: Basic Books.

Cain, J., & Jolliff, B. (1998). *Teamwork and teamplay*. Dubuque, IA: Kendall Hunt.

Cain, J., & Smith, T. (2002). *The book of raccoon circles*. Dubuque, IA: Kendall Hunt.

Cobb, N. J. (2001). *Adolescence: Continuity, change, and diversity* (4th ed.). Mountain Vies, CA: Mayfield.

Corey, G. (2007). *Theory and practice of group counseling* (7th ed.). Pacific Grove, CA: Brooks/Cole.

Cornell, J. (1989). *Sharing the joy of nature.* Nevada City, CA: Dawn.

Fluegelman, A. (1976). *The new games book.* San Francisco, CA: New Games Foundation.

Frank, L. (2001). *The caring classroom: Using adventure to create community in the classroom and beyond.* Madison, WI: Goal Consulting.

Gelso, C. J., & Carter, J. A. (1985). The relationship in counseling and psychotherapy: Components, consequences, and theoretical antecedents. *Counseling Psychologist, 13,* 155-243.

Gladding, S. (2002). *Group work: A counseling specialty* (4th ed.). Upper Saddle River, NJ: Merrill.

Hans, T. (2000). A meta-analysis of the effects of adventure programming on locus of control. *Journal of Contemporary Psychotherapy, 30,* 33-60.

Hattie, J., Marsh, H. W., Neill, J. T., & Richards, G. E. (1997). Adventure education and Outward Bound: Out-of-class experiences that make a lasting difference. *Review of Educational Research, 67,* 43-87.

Henton, M. (1996). *Adventure in the classroom.* Dubuque, IA: Kendall Hunt.

Jongsma, A., Peterson, L. M., & McInnis, W. (2002). *The child psychotherapy treatment planner* (3rd ed.). Hoboken, NJ: Wiley.

Jongsma, A., Peterson, L. M., & McInnis, W. (2006). *The adolescent psychotherapy treatment planner* (4th ed.). Hoboken, NJ: Wiley.

Kaplan, P. (2000). *A child's odyssey* (3rd ed.). Belmont, CA: Wadsworth.

Kottman, T. (2001). *Play therapy: Basics and beyond.* Alexandria, VA: American Counseling Association.

Kottman, T. (2002). *Partners in play: An Adlerian approach to play therapy.* Alexandria, VA: American Counseling Association.

Kottman, T., & Ashby, J. S. (2002). Custom designing metaphoric stories for children in play therapy. In C. E. Schaefer & D. M. Cangelosi (Eds.), *Innovative psychotherapy techniques in child and adolescent therapy* (pp. 133-142). New York: Wiley.

Kottman, T., Ashby, J. S., & DeGraaf, D. (2001). *Adventures in guidance: How to integrate fun into your guidance program.* Alexandria, VA: American Counseling Association.

Michaelis, B., & O'Connell, J. (2000). *The game and play leader's handbook.* State College, PA: Venture.

Morris, D., & Stiehl, J. (1989). *Changing kids' games.* Champaign, IL: Human Kinetics.

Muro, J., & Kottman, T. (1995). *Guidance and counseling in the elementary and middle schools: A practical approach*. Dubuque, IA: Brown & Benchmark.

Priest, S., & Rohnke, K. (1999). *101 of the best corporate team-building activities we know*. Dubuque, IA: Kendall Hunt.

Rogers, C. R. (1959). A theory of therapy, personality, and interpersonal relationships, as developed in the client-centered framework. In S. Koch (Ed.), *Psychology: A study of science* (pp. 184-256). New York: McGraw-Hill.

Rohnke, K. E. (1984). *Silver bullets*. Dubuque, IA: Kendall Hunt.

Rohnke, K. E. (1991). *Bottomless baggie*. Beverly, MA: Wilkscraft Creative.

Rohnke, K. E., & Butler, S. (1995). *Quicksilver*. Dubuque, IA: Kendall Hunt.

Schave, D., & Schave, B. (1989). *Early adolescent and the search for self: A developmental perspective*. New York: Praeger.

Schoel, J., & Maizell, R. (2002). *Exploring islands of healing: New perspectives on adventure based counseling*. Beverly, MA: Project Adventure.

Schoel, J., Prouty, D., & Radcliffe, P. (1988). *Islands of healing: A guide to adventure based counseling*. Beverly, MA: Project Adventure.

Thompson, C., & Henderson, D. (2006). *Counseling children* (7th ed.). Belmont, CA: Wadsworth.

Vernon, A. (2002). *What works when with children and adolescents: A handbook of individual counseling techniques*. Champaign, IL: Research Press.

Vernon, A. (2004). Working with children, adolescents, and their parents. In A. Vernon (Ed.), *Counseling children and adolescents* (3rd ed., pp. 1-34). Denver, CO: Love.

Vernon, A., & Clemente, R. (2005). *Assessment and intervention with children and adolescents: Developmental and multicultural approaches* (2nd ed.). Alexandria, VA: American Counseling Association.

Viata Training Manual. (2005). Lupeni, Romania: New Horizon.

Wampold, B. E. (2001). *The great psychotherapy debate: Models, methods, and findings*. Mahwah, NJ: Erlbaum.

Yalom, I. D. (1985). *The theory and practice of group psychotherapy* (3rd ed.). New York: Basic Books.

Yontef, G., & Jacobs, L. (2005). Gestalt therapy. In R. Corsini & D. Wedding (Eds.), *Current psychotherapies* (7th ed., pp. 299-336). Belmont, CA: Thompson/Wadsworth.

부록 A

행동 목적과 목표

목적 1. 의사소통 및 인간관계 능력 향상

목표

1A. 이해를 증명하고 기본적 의사소통 기술을 적용하기(예: 비언어적 증거 인식하기, 나 전달법 사용하기)

1B. 명확하고 건설적으로 감정 표현하기

1C. 타인의 감정 인식 및 수용하기

1D. 생각을 명확하고 건설적으로 표현하기

1E. 타인의 말을 적극적으로 경청하기

1F. 타인을 신뢰하는 의지를 증명하기

1G. 관계를 형성하고 유지하기 위한 기술을 개발하기

1H. 또래 압력을 인식하고 다루기

1I. 갈등 해결을 위한 의사소통 기술을 사용하기

1J. 도움의 필요성을 인식하고 그것을 요청할 능력을 개발하기

1K. 욕구와 소망을 인식하고 언어화하기

1L. 집단에 효과적으로 참여하기 위한 기술을 개발하기

목적 2. 자기인식과 자기수용 증진

목표

2A. 개인적 태도와 가치를 탐색하기

2B. 개인적인 긍정적 특질, 재능, 성취를 확인하고 인식하기

2C. 부정적 자기대화를 인식하기 위한 능력 개발하기

2D. 부정적 자기대화를 대체할 긍정적 자기대화의 기술 개발하기

2E. 자신의 특별함에 감사하기

2F. 자신에 대한 긍정적 태도 개발하기
2G. 개인적인 경계, 권리, 사생활 보호의 필요성을 인식하기
2H. 개인 및 사회적 역할 확인하기

목적 3. 문제 해결과 의사결정 기술의 개발과 적용

목표

3A. 개인적 목표 설정하기
3B. 문제 확인하기
3C. 문제 해결과 의사결정 단계의 이해를 설명하기(정보 수집, 대안과 결과 탐색, 계획과 행동)
3D. 결정 평가하기
3E. 일상생활에서 변화와 이행 조정하기
3F. 갈등 해결을 위한 의사결정 기술 적용하기
3G. 일상의 상황에서 의사결정 기술 적용하기
3H. 문제를 다루는 효과적인 대처 기술 설명하기
3I. 또래 압력이 의사결정에 영향을 줄 때를 인식하기
3J. 문제 해결과 목표 달성을 위한 대안적 방법 확인 능력 개발하기

목적 4. 다양성의 이해와 가치를 증진

목표

4A. 개인의 차이를 인식하고 인정하기
4B. 자신의 문화에 대한 이해와 인식을 발달시키기
4C. 자신과 다른 문화 집단 모두를 존중하는 것을 설명하기
4D. 문화나 신체적, 학습적 차이가 있는 사람들의 유사점과 차이점을 인식하고 감사하기
4E. 고정관념이 대인관계와 타인에 대한 태도에 어떠한 영향을 줄 수 있는지 인식하기

목적 5. 일관되게 책임감 있는 행동을 증명

목표

5A. 개인적 책임을 인식하기
5B. 행동이 적절하고 책임감이 있는지 인식하기

5C. 적절하고 책임감 있는 방법으로 행동하기

5D. 스트레스를 다루는 대처 기술 개발하기

5E. 자기훈련과 자기조절을 연습하는 방법의 필요성 이해하기

5F. 시간 조정 기술 적용하기

5G. 대안적 관점을 위한 존중을 증명하기

목적 6. 학습 관련 긍정적 태도와 기술 향상

목표

6A. 학습자로서 유능감과 자신감을 개발하기

6B. 성취에 대한 자신감 갖기

6C. 학습 과정의 일부로서 실수를 수용하기

6D. 시간 조정과 과업 조절 전략 적용하기

6E. 노력과 인내가 학습을 향상시킨다는 것을 인식하기

6F. 의존성과 주도성을 개발하기

6G. 지식 공유 능력 개발하기

6H. 비판적 사고 기술을 발달시키기

부록 B

활동 목적, 목표, 학년에 대한 행렬표

목적 1. 의사소통 및 인간관계 능력 향상

활동명	최소 학년	목표											
		A	B	C	D	E	F	G	H	I	J	K	L
동물 과자	4		●	●			●	●	●	●	●		●
쿵	3		●	●	●				●	●	●		●
짐을 옮겨요	5	●	●	●	●	●	●	●	●	●	●	●	●
병아리와 암탉	1					●	●	●			●		
편안한 원	3		●	●	●	●		●	●				●
공동체 퍼즐	5											●	●
외눈박이 술래잡기	3						●	●					
전기담장	6	●	●	●	●	●	●	●	●	●	●	●	●
모두들 위로!	2	●	●	●	●	●	●	●		●	●	●	●
가이드라인	4		●	●	●	●		●	●	●			●
손 찾기	1						●	●					
헬륨 막대	5	●	●	●	●	●	●	●	●	●	●	●	●
모두 함께 붙잡기	3	●			●	●		●	●	●	●	●	●
허그 태그	1						●	●	●		●		
사람으로 모양 만들기	3				●	●				●	●	●	●
얼음 녹이기	3				●				●				●
타자치기	4		●	●	●	●			●	●	●		●
매듭일까 아닐까	1	●			●	●	●	●	●	●	●		●
거울이 되어 보자	1	●						●					
달 공	1	●	●	●	●	●		●	●	●	●	●	●
협상하는 사각형	4	●	●	●	●	●			●	●	●	●	●
당신의 이름을 그리시오	2								●			●	
타이어를 옮겨라	K				●	●	●		●		●		●
관점	7				●			●	●	●			●

보물 지키기	5				●						●	●	●
밝은 희망	3				●			●					●
스타게이트	1	●	●	●	●		●	●	●	●	●	●	●
이야기 이어 가기	1	●	●		●	●		●			●		●
한계를 늘려라	3	●			●	●			●	●		●	●
매듭 안에 묶이다	3	●	●	●	●	●	●	●	●	●	●	●	●
깡통 만지기	3	●	●	●	●	●	●	●			●	●	●
교통체증	6	●	●	●	●	●	●	●	●	●	●	●	●
신뢰로 걷기	1	●	●	●	●	●	●	●	●		●	●	●
회전문	3								●	●	●	●	●
토하기	5				●	●		●	●		●	●	●
인간 거미줄	7			●	●		●	●					●
용접된 발목 경기	5		●	●	●	●		●	●	●	●	●	●
유르트 당기기	5		●	●		●	●	●				●	●
손가락 씨름	3		●	●									

목표

A. 이해를 증명하고 기본적 의사소통 기술을 적용하기(예: 비언어적 증거 인식하기, 나 전달법 사용하기)

B. 명확하고 건설적으로 감정 표현하기

C. 타인의 감정 인식 및 수용하기

D. 생각을 명확하고 건설적으로 표현하기

E. 타인의 말을 적극적으로 경청하기

F. 타인을 신뢰하는 의지를 증명하기

G. 관계를 형성하고 유지하기 위한 기술을 개발하기

H. 또래 압력을 인식하고 다루기

I. 갈등 해결을 위한 의사소통 기술을 사용하기

J. 도움의 필요성을 인식하고 그것을 요청할 능력을 개발하기

K. 욕구와 소망을 인식하고 언어화하기

L. 집단에 효과적으로 참여하기 위한 기술을 개발하기

목적 2. 자기인식과 자기수용 증진

활동명	최소 학년	목표							
		A	B	C	D	E	F	G	H
동물 과자	4	●		●	●		●		
짐을 옮겨요	5			●	●		●	●	●
병아리와 암탉	1			●	●	●	●		●
편안한 원	3	●		●	●	●			●
공동체 퍼즐	5		●			●	●	●	●
외눈박이 술래잡기	3								●
전기담장	6		●	●	●	●	●	●	●
모두들 위로!	2			●	●		●		●
새를 던져 줘	5			●	●	●	●	●	●
잡았다!	3			●	●				
가이드라인	4	●							●
손 찾기	1			●	●	●		●	
머리 아님 꼬리	1								●
헬륨 막대	5			●	●		●	●	●
모두 함께 붙잡기	3	●							
허그 태그	1							●	●
인간 카메라	7	●	●			●	●	●	
내가 할 수 있는 것!	1		●			●			
얼음 녹이기	3	●	●			●	●		●
타자치기	4		●	●	●		●		●
알거나 모르거나	1	●						●	●
거울이 되어 보자	1								●
당신의 이름을 그리시오	2		●			●		●	
타이어를 옮겨라	K			●	●		●	●	
달걀에서 익룡 되기	1	●	●	●	●		●		●
보물 지키기	5	●							
밝은 희망	3	●		●	●		●		
슬로 모션 술래잡기	3			●	●	●	●	●	●

이야기 이어 가기	1	●	●	●	●	●	●	●	●
한계를 늘려라	3							●	●
매듭 안에 묶이다	3		●	●	●			●	
깡통 만지기	3							●	
교통체증	6			●	●		●	●	
신뢰로 걷기	1	●	●	●	●	●	●	●	●
회전문	3			●	●		○		
토하기	5			●	●		●		●
인간 거미줄	7		●	●	●		●	●	
용접된 발목 경기	5		●	●	●		●	●	●
누구를 따라 할래?	5			●	●		●		●
손가락 씨름	3							●	

목표

A. 개인적 태도와 가치를 탐색하기

B. 개인적인 긍정적 특질, 재능, 성취를 확인하고 인식하기

C. 부정적 자기대화를 인식하기 위한 능력 개발하기

D. 부정적 자기대화를 대체할 긍정적 자기대화의 기술 개발하기

E. 자신의 특별함에 감사하기

F. 자신에 대한 긍정적 태도 개발하기

G. 개인적인 경계, 권리, 사생활 보호의 필요성을 인식하기

H. 개인 및 사회적 역할 확인하기

목적 3. 문제 해결과 의사결정 기술의 개발과 적용

활동명	최소 학년	목표									
		A	B	C	D	E	F	G	H	I	J
동물 과자	4					●			●	●	
쿵	3	●	●	●	●	●			●	●	●
짐을 옮겨요	5	●	●	●	●		●	●	●	●	●
병아리와 암탉	1								●		●
전기담장	6	●	●	●	●	●	●	●	●	●	●
모두들 위로!	2	●	●	●							●
머리 아님 꼬리	1				●	●		●	●	●	●
헬륨 막대	5	●	●	●	●		●		●	●	●
모두 함께 붙잡기	3			●	●	●	●	●	●	●	●
사람으로 모양 만들기	3		●	●	●				●	●	●
타자치기	4	●	●	●	●		●	●	●	●	●
매듭일까 아닐까	1		●	●	●		●	●	●	●	●
알거나 모르거나	1	●				●			●		●
달 공	1	●	●	●	●	●	●	●	●	●	●
협상하는 사각형	4	●	●	●	●		●	●	●	●	●
타이어를 옮겨라	K								●	●	●
보물 지키기	5	●	●	●	●	●			●		●
밝은 희망	3					●	●		●		●
슬라이드 쇼	1					●		●	●	●	●
스타게이트	1	●	●	●	●			●	●	●	●
스타워즈 피구	1	●	●	●	●	●			●		●
한계를 늘려라	3	●							●	●	●
매듭 안에 묶이다	3	●	●	●	●	●	●	●	●	●	●
깡통 만지기	3	●	●	●	●				●		●
교통체증	6	●	●	●	●	●	●	●	●	●	●
토하기	5	●	●	●	●	●					●
용접된 발목 경기	5	●	●	●	●		●	●	●	●	●
누구를 따라 할래?	5				●				●		●

목표

A. 개인적 목표 설정하기

B. 문제 확인하기

C. 문제 해결과 의사결정 단계의 이해를 설명하기(정보 수집, 대안과 결과 탐색, 계획과 행동)

D. 결정 평가하기

E. 일상생활에서 변화와 이행 조정하기

F. 갈등 해결을 위한 의사결정 기술 적용하기

G. 일상의 상황에서 의사결정 기술 적용하기

H. 문제를 다루는 효과적인 대처 기술 설명하기

I. 또래 압력이 의사결정에 영향을 줄 때를 인식하기

J. 문제 해결과 목표 달성을 위한 대안적 방법 확인 능력 개발하기

목적 4. 다양성의 이해와 가치를 증진

활동명	최소 학년	목표				
		A	B	C	D	E
짐을 옮겨요	5	●	●	●	●	
편안한 원	3	●	●	●	●	
공동체 퍼즐	5	●		●		
전기담장	6	●	●	●	●	●
잡았다!	3	●				
가이드라인	4	●	●	●	●	●
손 찾기	1	●	●	●	●	
모두 함께 붙잡기	3	●		●	●	
허그 태그	1	●	●	●	●	
인간 카메라	7	●	●	●	●	●
내가 할 수 있는 것!	1	●		●		●
얼음 녹이기	3	●	●	●	●	
거울이 되어 보자	1	●	●	●	●	
당신의 이름을 그리시오	2	●	●			
타이어를 옮겨라	K	●				●
스타게이트	1	●			●	●
이야기 이어 가기	1	●	●	●	●	●
매듭 안에 묶이다	3	●	●	●	●	●
깡통 만지기	3	●	●		●	
회전문	3	●				●

목표

A. 개인의 차이를 인식하고 인정하기

B. 자신의 문화에 대한 이해와 인식을 발달시키기

C. 자신과 다른 문화 집단 모두를 존중하는 것을 설명하기

D. 문화나 신체적, 학습적 차이가 있는 사람들의 유사점과 차이점을 인식하고 감사하기

E. 고정관념이 대인관계와 타인에 대한 태도에 어떠한 영향을 줄 수 있는지 인식하기

목적 5. 일관되게 책임감 있는 행동을 증명

활동명	최소 학년	목표						
		A	B	C	D	E	F	G
동물 과자	4				●	●		
쿵	3	●			●	●		●
짐을 옮겨요	5	●	●	●	●	●	●	●
병아리와 암탉	1			●	●	●		
편안한 원	3							●
외눈박이 술래잡기	3	●	●	●	●	●		
전기담장	6	●	●	●	●	●		●
모두들 위로!	2	●	●	●		●		
새를 던져 줘	5	●	●	●	●	●		
잡았다!	3				●	●		
손 찾기	1	●	●	●	●	●		
머리 아님 꼬리	1		●	●	●	●		
헬륨 막대	5	●	●	●	●	●		●
허그 태그	1	●	●	●	●	●		
인간 카메라	7	●	●	●		●		●
사람으로 모양 만들기	3				●			●
타자치기	4	●	●	●	●	●		●
알거나 모르거나	1				●	●		
거울이 되어 보자	1		●	●	●	●		●
타이어를 옮겨라	K				●	●		
슬로 모션 술래잡기	3	●	●	●	●	●		
스타게이트	1				●	●		
스타워즈 피구	1	●	●	●	●	●		●
한계를 늘려라	3	●	●	●	●	●	●	●
매듭 안에 묶이다	3		●	●	●	●		●
깡통 만지기	3	●	●	●	●	●		
교통체증	6		●	●	●	●	●	
신뢰로 걷기	1	●	●	●	●	●		

회전문	3	●			●	●		
인간 거미줄	7	●		●	●	●		
용접된 발목 경기	5	●	●	●	●	●		●
유르트 당기기	5	●	●	●	●	●		
손가락 씨름	3		●	●	●	●		

목표

A. 개인적 책임을 인식하기

B. 행동이 적절하고 책임감이 있는지 인식하기

C. 적절하고 책임감 있는 방법으로 행동하기

D. 스트레스를 다루는 대처 기술 개발하기

E. 자기훈련과 자기조절을 연습하는 방법의 필요성 이해하기

F. 시간 조정 기술 적용하기

G. 대안적 관점을 위한 존중을 증명하기

목적 6. 학습 관련 긍정적 태도와 기술 향상

활동명	최소 학년	목표							
		A	B	C	D	E	F	G	H
동물 과자	4	●	●	●		●			
쿵	3	●	●	●		●	●	●	●
모두들 위로!	2	●	●	●		●	●	●	●
손 찾기	1	●	●	●		●			●
헬륨 막대	5			●				●	●
모두 함께 붙잡기	3	●				●		●	●
사람으로 모양 만들기	3	●	●	●		●		●	●
타자치기	4	●	●	●	●	●		●	●
알거나 모르거나	1			●				●	●
거울이 되어 보자	1	●	●	●		●			
달 공	1		●	●		●	●	●	●
협상하는 사각형	4	●	●	●	●	●		●	●
당신의 이름을 그리시오	2		●						
타이어를 옮겨라	K		●						
달걀에서 익룡 되기	1	●	●	●	●	●	●		●
관점	7	●	●	●	●	●	●	●	●
슬라이드 쇼	1	●	●	●	●	●	●	●	●
스타게이트	1		●	●	●	●	●	●	●
스타워즈 피구	1	●	●	●		●	●	●	●
매듭 안에 묶이다	3	●	●	●	●	●	●	●	●
교통체증	6	●	●	●	●	●	●	●	●
인간 거미줄	7	●	●	●	●	●	●	●	●
용접된 발목 경기	5		●	●	●	●	●	●	●
누구를 따라 할래?	5	●	●	●					●

목표

A. 학습자로서 유능감과 자신감을 개발하기

B. 성취에 대한 자신감 갖기

C. 학습 과정의 일부로서 실수를 수용하기

D. 시간 조정과 과업 조절 전략 적용하기

E. 노력과 인내가 학습을 향상시킨다는 것을 인식하기

F. 의존성과 주도성을 개발하기

G. 지식 공유 능력 개발하기

H. 비판적 사고 기술을 발달시키기

부록 C

네 가지 활동 유형

활동명	친해지기	빗장 풀기	믿음 쌓기	도전하기
동물 과자		●		
쿵		●		●
짐을 옮겨요			●	●
병아리와 암탉		●	●	
편안한 원	●	●		
공동체 퍼즐	●			
외눈박이 술래잡기	●	●		
전기담장				●
모두들 위로!			●	●
새를 던져 줘		●		
잡았다!	●			
가이드라인	●	●		
손 찾기	●		●	
머리 아님 꼬리	●	●		
헬륨 막대				●
모두 함께 붙잡기				●
허그 태그		●		
인간 카메라			●	
사람으로 모양 만들기			●	●
내가 할 수 있는 것!	●	●		
얼음 녹이기	●			
타자치기				●
매듭일까 아닐까		●		●
알거나 모르거나	●	●		
거울이 되어 보자	●			

달 공		●		●
협상하는 사각형		●		●
당신의 이름을 그리시오	●	●		
타이어를 옮겨라	●	●		
달걀에서 익룡 되기	●	●		
관점				●
보물 지키기				●
밝은 희망	●			
슬라이드 쇼	●			
슬로 모션 술래잡기	●			
스타게이트				●
스타워즈 피구		●		●
이야기 이어 가기	●	●		
한계를 늘려라				●
매듭 안에 묶이다		●		●
깡통 만지기			●	●
교통체증				●
신뢰로 걷기			●	
회전문				●
토하기				●
인간 거미줄			●	●
용접된 발목 경기				●
누구를 따라 할래?		●		
유르트 당기기			●	
손가락 씨름	●			

찾아보기

〈인명〉

〈내용〉

저자 소개

제프리 애슈비(Jeffrey S. Ashby) Ph.D. 미국 전문가심리학위원회(ABPP) 위원

조지아주 애틀랜타시에 위치한 조지아 주립대학교의 상담심리학 교수이다. 그는 조지아 주립대학교에서 상담심리학 Ph.D. 프로그램의 원장을 지냈다. 애슈비는 상담, 완벽주의 그리고 스트레스 분야에 대해 집필하고 발표했다. 그는 컨설팅 서비스를 하고 있으며, 애틀랜타에서 아내 루시(Lucy)와 네 아이들 아이작(Isaac), 엘리자(Eliza), 존(John) 그리고 사무엘(Samuel)과 함께 살고 있다.

테리 코트먼(Terry Kottman) Ph.D. 국가인증상담자격(NCC), 미국 놀이치료사학회 공인 슈퍼바이저(RPT-S), 공인 정신건강상담사(LMHC)

성인들을 위한 놀이치료 훈련, 상담, 지도 그리고 '플레이숍(playshop)'을 제공하는 센터인 The Encouragement Zone의 창립자이다. 또한 그녀는 노던 아이오와 대학교에서 교육적 리더십, 상담 그리고 고등교육 학부에서 강의한다. 코트먼은 개인심리학의 아이디어와 기술을 놀이치료와 접목하여 아이들을 상담하는 접근 방식인 아들러 놀이치료(Adlerian play therapy)를 고안하였다. 그녀는 『Partners in Play: An Adlerian Approach to Play Therapy』(초판, 2판, 3판), 『Play Therapy: Basics and Beyond』(초판, 2판) 외에도 놀이치료와 아동상담에 대한 책을 다수 집필하였다. 그리고 가장 중요한 것은 그녀는 제이콥(Jacob)의 엄마이자 릭(Rick)의 아내라는 것이다.

도널드 디그라프(Donald DeGraaf) Ph.D. 미국 치료레크리에이션 전문가(CTRS)

캘빈 대학교의 체육교육 및 레크리에이션학과의 교수이자 학과장이다. 그는 캠핑, 환경윤리, 모험교육 그리고 레저서비스 기관의 관리 분야에 대해 집필하고 발표했다. 디그라프는 『Camps and Youth Serving Programs: A Staff Development Approach』(R. Ramsing, J. Gassman, K. DeGraaf와 공동 집필)의 저자이며, 『Leisure and Life Satisfaction: Foundational Perspectives』(초판, 2판; C. Edginton, D. Jordan, S. Edginton과 공동 집필)의 저자이다. 그는 아내 캐시(Kathy)와 2명의 자녀 아이작(Isaac), 로셸(Rochelle)과 함께 미시간주 그랜드 래피즈시에 살고 있다.

저자들은 사람은 모험교육-치료 프로그램의 개발과 촉진에 관련된 회의에 함께 참석하여 발표하고, 기사를 쓰며, 다양한 수업과 워크숍에서 강의를 하였다. 2001년에 이들은 미국상담학회가 출간한 『Adventures in Guidance』도 공동 집필하였다. 또한 아시아, 유럽, 아프리카 그리고 미국 전역에 걸쳐 모험활동에 대해 발표하고 훈련하였다.

역자 소개

진미경(Jin Mi Kyoung)
숙명여자대학교 대학원 교육학과 석사(상담심리학 전공)
The University of Texas at Austin Ph.D.(Human Development and Family Science)
한국상담심리학회 상담심리전문가 1급
한국놀이치료학회 놀이심리상담사 1급
현 숙명여자대학교 아동복지학부 부교수

〈저서 및 역서〉
Play Therapy in Asia(편저, The Chinese University Press, 2017)
Disorganized Attachment and Caregiving(편저, The Guilford Press, 2011)
Attachment: Expanding the Cultural Connections(편저, Routledge Taylor & Francis Group, 2010)
아들러 놀이치료(공역, 학지사, 2017)

김혜진(Kim Hye Jin)
숙명여자대학교 대학원 아동복지학과 석사(아동복지 전공)
숙명여자대학교 대학원 아동복지학과 문학박사(아동심리치료 전공)
한국놀이치료학회 놀이심리상담사 2급
전 원광아동상담센터 부소장

〈저서 및 역서〉
엄마가 모르는 아이마음(공저, 싸이프레스, 2015)
논문의 저술에서 출판까지(공역, 시그마프레스, 2008)
Can Do play activity series: 멋진 창작(역, 시그마프레스, 2005)
Can Do play activity series: 생태탐험(공역, 시그마프레스, 2003)

박현숙(Park Hyun Sook)
숙명여자대학교 대학원 아동복지학과 석사(아동복지 전공)
숙명여자대학교 대학원 아동복지학과 문학박사(아동심리치료 전공)
한국놀이치료학회 놀이심리상담사 2급
한국놀이치료학회 이사 및 운영위원
현 아름아동심리발달연구소 부소장

채은영(Chae Eun Young)
숙명여자대학교 대학원 아동복지학과 석사(아동복지 전공)
숙명여자대학교 대학원 아동복지학과 문학박사(아동심리치료 전공)
한국상담심리학회 상담심리전문가 1급
한국놀이치료학회 놀이심리상담사 1급
현 더드림상담연구소 상담실장

김모라(Kim Mo Ra)
이화여자대학교 대학원 사회복지학과 석사(사회복지 전공)
동국대학교 대학원 예술치료학과 석사(미술치료 전공)
국제임상미술치료학회 미술심리상담사 1급
현 숙명여자대학교 아동복지학부 박사과정(아동심리치료 전공)

조진희(Joe Jin Hee)
성신여자대학교 대학원 음악치료학과 석사(음악치료 전공)
한국음악치료학회 임상음악전문가 1급
현 숙명여자대학교 아동복지학부 석박사 통합과정(아동심리치료 전공)

이호진(Lee Ho Jin)
고려대학교 대학원 심리학과 석사(임상 및 상담심리 전공)
현 숙명여자대학교 아동복지학부 박사과정(아동심리치료 전공)

모험놀이치료

Active Interventions for Kids and Teens: Adding Adventure and Fun to Counseling!

2018년 6월 20일 1판 1쇄 인쇄
2018년 6월 25일 1판 1쇄 발행

지은이 • Jeffrey S. Ashby · Terry Kottman · Donald DeGraaf
옮긴이 • 진미경 · 김혜진 · 박현숙 · 채은영 · 김모라 · 조진희 · 이호진
펴낸이 • 김진환
펴낸곳 • (주) 학지사
04031 서울특별시 마포구 양화로 15길 20 마인드월드빌딩
대표전화 • 02)330-5114 팩스 • 02)324-2345
등록번호 • 제313-2006-000265호

홈페이지 • http://www.hakjisa.co.kr
페이스북 • https://www.facebook.com/hakjisabook

ISBN 978-89-997-1566-2 93180

정가 23,000원

역자와의 협약으로 인지는 생략합니다.
파본은 구입처에서 교환해 드립니다.

이 도서의 국립중앙도서관 출판시도서목록(CIP)은 서지정보유통지원시스템 홈페이지(http://seoji.nl.go.kr)와 국가자료공동목록시스템(http://www.nl.go.kr/kolisnet)에서 이용하실 수 있습니다.
(CIP 제어번호: CIP2018016439)